U0001782

아틀라스 중앙유라시아사

全彩圖解
中央歐亞史

再現騎馬遊牧民的世界，二千年草原文明演變

作者序

經歷了八年的掙扎時光，筆者終於完成了此書《全彩圖解中央歐亞史》。照理來說，一本小冊子應該能更早就結束，筆者卻到現在才能放下心中的包袱。回顧這一路拖稿的經過，主要是筆者不知道用哪種體裁來寫這本書，因此才猶豫萬分、躊躇不前。

事實上，二〇〇七年筆者曾以〈中央歐亞歷史紀行〉的題目在《週間朝鮮》上連載了二十六篇文章，之後四季出版社提議說，把這些文章作為基礎，補充內容後再以《全彩圖解中央歐亞史》的題目出版。雖然筆者最初也同意這個方案，但馬上就放棄了，最主要的原因就是連載於報紙時的這些文章，無論是內容還是書寫文體都和叢書《圖解地圖史系列》(註)中的其他著作有著明顯差異；即便筆者再怎麼努力，直接改寫的話還是和叢書的總體風格太不協調。雖然很可惜，但一開始筆者就抱著要推倒重來的決心。

在編排本書的架構後，筆者按照章節順序編寫內容，而為了讓這本書符合概論書的要求，內容必須包含從古代到現代的中央歐亞各區域。由於筆者的知識和能力有限，所以這個過程比想像中還困難得多。因此也曾經考慮過和其他人合寫一本歐亞史，但這樣也許會產生新的問題，最後還是決定盡一己之力單獨完成。

選擇這個方法產生了另一個憂慮，就是筆者對於自身瞭解的部分固然可以寫得非常詳細，但不熟悉的部分，也許就下意識地馬虎帶過。舉例來說，在這本書的整體架構中，上古史和現代史（一九五〇年至今）的部分就相較其他內容來的少；而另一方面，蒙古帝國史的比重又比較高。會產生這樣的差異自然和筆者本身的知識密度有關，但若以「中央歐亞區域在世界史中占有的角色」為出發點來思考，我們可發現今天的俄羅斯和中國，它們於蒙古帝國時代其實並不占有重要位置——筆者認為，基於這樣的背景，讀者也許可以理解和接納，為什麼本書的內容分布會這樣的不平均。

一個章節的空間相當有限，因此撰寫適當的內容並不容易，甚至可說是「削足適履」，至於要畫出正確的地圖就更是難上加難。筆者沒有採用直接複製舊地圖的方法，而是學習使用 ArcGIS 軟體，輸入正確的經緯度，並逐一標上地名繪製，就這樣以這個軟體為基礎繪製了一百多張草稿，然後由專門的設計師再次加工和修正，是為本書收錄的地圖。

經歷了如此迂迴曲折的過程，《全彩圖解中央歐亞史》一書終於得以出版，但這本書包含的區域和時代本就非常廣泛，而書中更有為數不少的地圖和圖片，筆者至今仍擔心有錯誤的內容——雖然有同僚和研究生幫助校稿，但也許還是會有疏漏之處，若是讀者們能夠指出這些錯誤，進而使本書得以修正，對筆者來說也是一件幸運的事。

筆者由衷感謝幫助本書出版的每一位朋友，特別是從開始一直等待到結束的 Kang Mark Sil 社長，謹此表達最深切的謝意；另外還要感謝幫忙審閱、細心檢查內容，甚至連大事年表都親自準備的 Kang Chang Hun 老師；還有對本書進度表示關切的同僚們，雖然未能及時感謝，但還是希望在此能對諸位表達心意；最後，儘管這本書還有各種不足之處，但希望能夠成為許多人得以入門「中央歐亞」區域歷史的書籍，對此也通過本篇序言表達筆者的祝福。

二〇一六年一月

金浩東（Kim Ho Dong）

註：本書即為《圖解地圖史系列》叢書之一。

目次 contents

006 ●作者序

●前言

012 中央歐亞：用語和概念

014 草原和沙漠

016 遊牧和家畜

018 遊牧民的社會和國家

020 綠洲和定居民

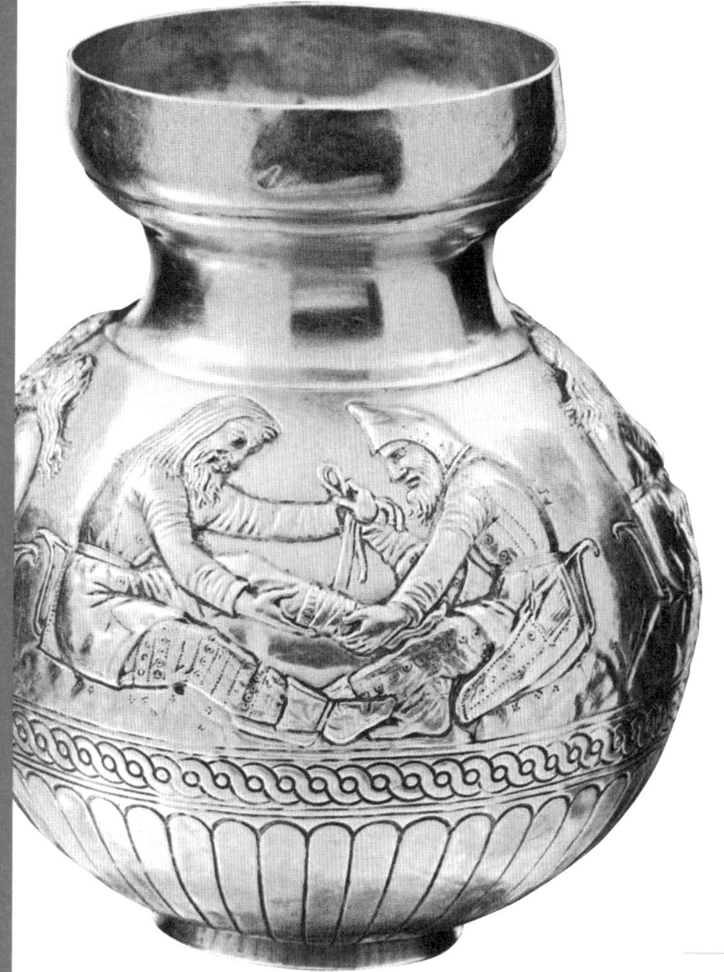

PART 01 | 古代遊牧國家

024 印歐語族的遷徙
026 遊牧民族的出現
028 斯基泰人的出現和起源
030 大流士遠征斯基泰
032 斯基泰國家的發展
034 動物符號的特徵和分布
036 匈奴的起源
038 匈奴帝國的發展
040 匈奴帝國的國家體制
042 匈奴社會和文化
044 月氏西遷
046 漢匈戰爭
048 張騫與絲路
050 匈奴帝國和中亞
052 漢帝國和中亞
054 中亞的城邦
056 匈奴、漢確立朝貢關係
058 匈奴帝國的分裂與南匈奴建國
060 北匈奴西遷與匈人
062 鮮卑族的出現與活躍
064 民族大遷徙時代
066 柔然——功業未竟的遊牧帝國
068 貴霜、寄多羅、嚈噠
070 二至五世紀的中亞城邦
072 國際商人的出現
074 佛教的擴散

PART 02 | 突厥系民族的活動

078 突厥帝國的出現
080 突厥帝國與西方世界
082 突厥帝國的崩潰與唐帝國的統治
084 唐朝進軍突厥斯坦
086 突厥第二帝國的建立
088 古代突厥文字與碑文
090 粟特商人的活動
092 吐蕃崛起
094 阿拉伯勢力東進
096 怛羅斯戰役
098 粟特人的城市生活
100 回鶻帝國的出現
102 安史之亂與回鶻的介入
104 草原上綻放的定居文化
106 回鶻帝國的崩潰
108 甘州回鶻
110 天山回鶻
112 喀喇汗國

● PART 03 | 征服王朝與蒙古帝國

116 契丹帝國的出現
118 契丹帝國的體制
120 女真的出現與金的建立
122 女真帝國的統治體制
124 喀喇契丹（西遼）
126 歐亞大陸西部的征服王朝
128 蒙古族集團的遷徙
130 蒙古帝國誕生前夜
132 成吉思汗統一與對外遠征
134 征服世界之戰
136 拖雷家族掌權
138 忽必烈集權
140 激烈的內鬥
142 內亂的結束與大團結
144 蒙古帝國的統合與延續
146 大元兀魯思的體制
148 大元兀魯思的政治發展
150 察合台兀魯思
152 朮赤兀魯思
154 旭烈兀兀魯思
156 蒙古帝國和高麗
158 蒙古治世
160 大旅行時代
162 對世界的新認知
164 世界帝國的崩壞

● PART 04 | 後蒙古帝國時代

168 明初的蒙古與中國
170 蒙兀兒汗國的成立與發展
172 帖木兒的崛起與征戰
174 帖木兒的後裔們
176 帖木兒帝國的文化
178 烏茲別克、哈薩克、吉爾吉斯的登場
180 中亞諸汗國
182 衛拉特的登場
184 達延汗的統一
186 俺答汗的霸業
188 後期蒙兀兒汗國
190 東突厥斯坦與納格什班迪耶教團
192 藏傳佛教的擴散

● PART 05 ｜遊牧國家的衰退

196 滿洲的興起與蒙古
198 俄羅斯東進
200 俄羅斯與清帝國的外交關係
202 噶爾丹與康熙帝
204 圍繞著西藏的角逐
206 最後的遊牧國家——準噶爾
208 哈薩克的降服
210 準噶爾的滅亡
212 蒙古遊牧社會的變質
214 清帝國統治新疆
216 清帝國統治蒙古
218 統治新疆的弱點與「聖戰」
220 阿古柏政權
222 俄羅斯占領中亞

●後記
224 蘇維埃革命與中亞
226 蒙古社會主義革命與發展
228 中國共產黨收納新疆
230 西藏的命運
232 當代的中央歐亞

234 ●插圖出處
240 ●參考文獻

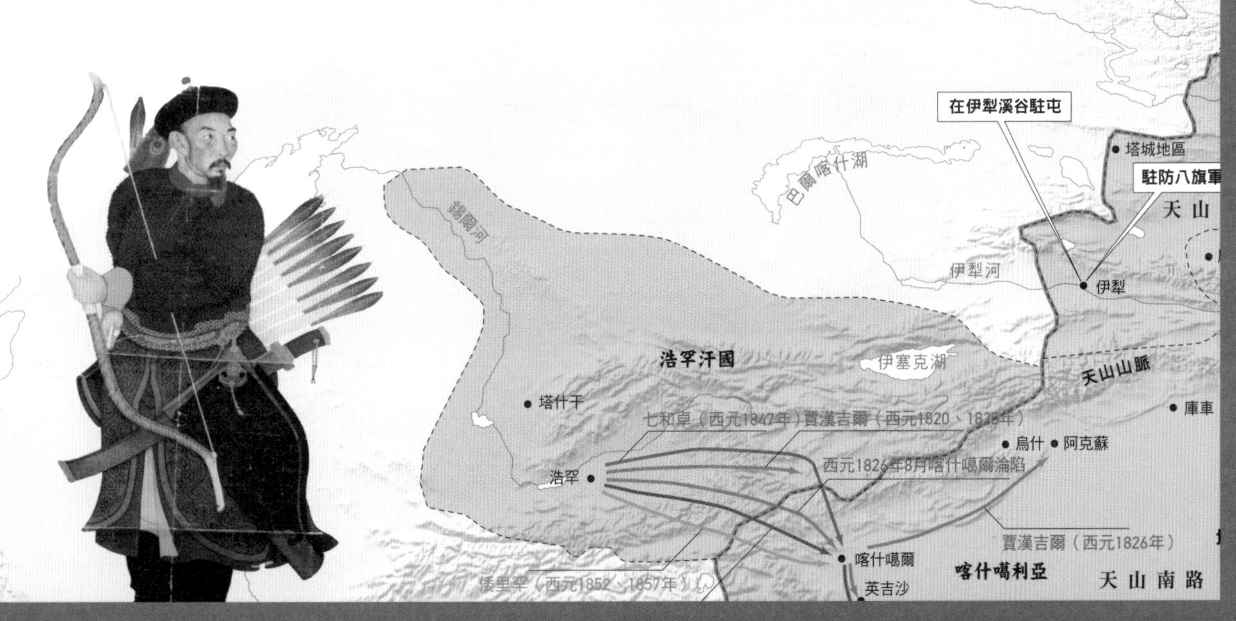

前言

中央歐亞：用語和概念

對於本書提到的「中央歐亞」（Central Eurasia）這個詞所包含的具體區域，首先需要明確定義：從西邊的黑海北部草原，連接到東邊的興安嶺山脈；從北邊的西伯利亞南部森林，一直往南延伸到興都庫什山脈和西藏高原，都在中央歐亞的範圍之內。它包含了今日的俄國、烏克蘭、哈薩克、烏茲別克、吉爾吉斯、土庫曼、塔吉克、伊朗、阿富汗、巴基斯坦、中國和蒙古等國家的全部或一部分領土。

以上地區從古至今有非常多的總稱，首先就是「中央歐亞」這個稱號，正如字面上的意思，它是指「歐亞大陸的中央」。但根據每位學者定義的不同，具體涉及的區域也有很大差別。一般來說，帕米爾高原的兩側雖被認為是東、西突厥斯坦的所在地，但韓國仍將今天有著較多「高麗人」（祖先來自朝鮮半島的當地居民）居住的西部稱為烏茲別克。學界較常使用「內陸亞洲」（Inner Asia）這個詞，這也包括了東、西突厥斯坦之外的西藏和蒙古草原等等的廣闊範圍。從本書的書名「全彩圖解中央歐亞史」就可知道，本書所涉及的區域不只亞洲，也包括歐洲東部一帶，因此稱為「中央歐亞」較為適當。

「中央歐亞」雖然是一個地理學的詞彙，但同時也包含著歷史、文化的意味；換句話說，就像東亞和西亞雖然是地理名詞，然而前者同時也代表著漢字和儒教文化圈，而後者則代表著伊斯蘭文化圈。中央歐亞的各區域在過去數千年來許多共同的歷史經驗，而各地在這個過程中也發展出相似的文化特徵，從外部來看，它們都表現出和其他文化不同的獨特性，而在它們之間比較，則能找到許多相

蒙古草原的遊牧民族

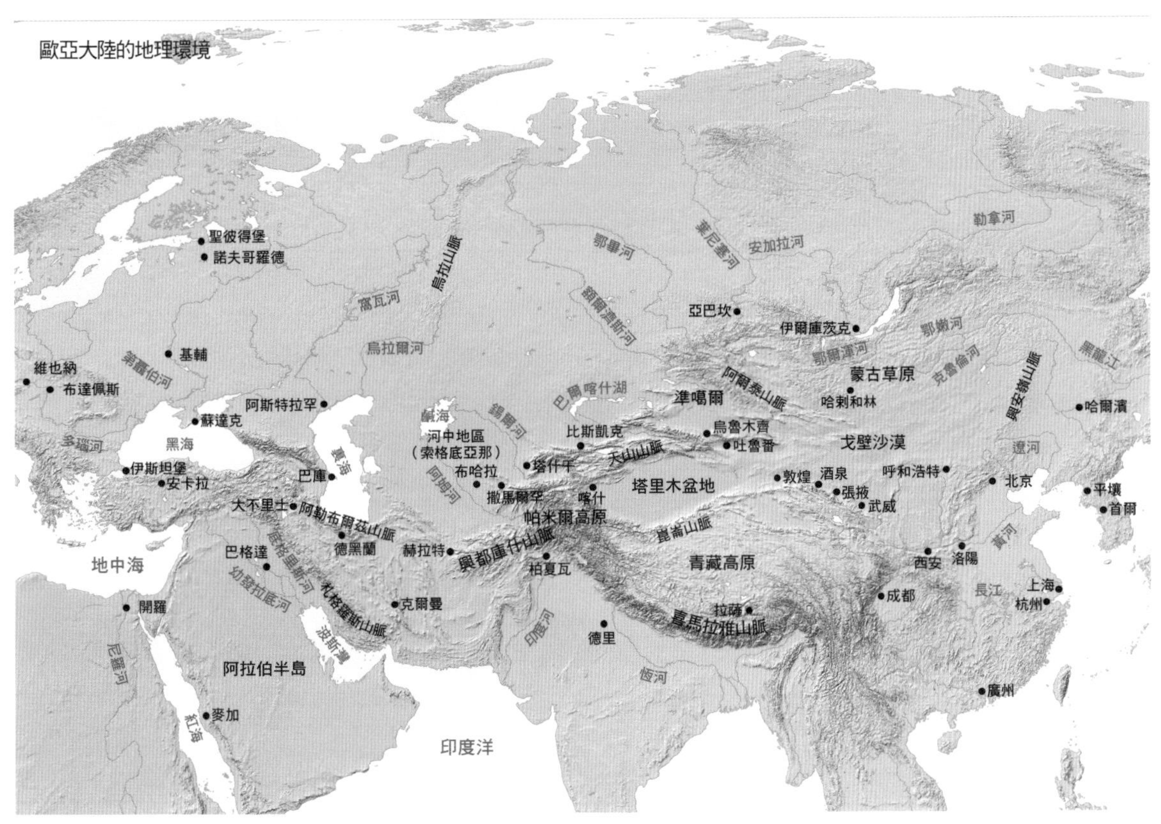

歐亞大陸的地理環境

似的文化要素和共通性，因此可稱為同一文化圈。

若是要用一句話描述中央歐亞的特徵，「遊牧—綠洲文化圈」就是最適當的概括。這個區域的生態環境分為草原和沙漠兩種相異的地形，草原上有遊牧民，而沙漠中的綠洲則有定居民。草原一直以來都由強大的遊牧民統治；反之，生活在綠洲的人因為長期遠離群居、較為分散、人口增長受到限制，所成立的國家領土較為狹小，或者國力較弱，因此不得已受到遊牧民族的支配。此外，因為絲綢之路從這些綠洲穿過的緣故，綠洲的住民也活躍於主導遠距離的商業貿易這一領域，他們幫助遊牧民族建設國家，並將定居區域裡發達的文化和技術，傳授給遊牧民。與此同時，缺少了遊牧民族的保護和合作，絲路貿易也無法順利開展。

遊牧民和定居民，分別居住在草原和綠洲這兩種生態環境差距極大的地區，雖然雙方在政治上是支配者和從屬者的關係，但是透過經濟、文化層面的交流與互惠，這兩個群體在歷史上有著非常緊密的連結。中央歐亞既是絲綢之路的核心區域，同時也是巨大遊牧帝國的發源地，因此對周邊的文明影響深遠，成為歷史上不容忽視的重要文化圈。

草原和沙漠

中央歐亞的生態環境分為針葉林、大草原和沙漠。形成這三種植被類型最重要的原因，就是決定動植物生態的降雨量；更準確地來說，是降雨量與蒸發量的相對關係。

印度洋的季風、內陸地區的眾多廣袤山脈、北冰洋的存在等，這些都是決定降雨量多寡的因素。當帶有豐富水氣的印度洋季風吹往歐亞內陸時，它會被西藏高原、喜馬拉雅山脈、崑崙山脈、帕米爾高原、興都庫什山脈、札格洛斯山脈等擋下而在南端降下大雨，同時北方也因此形成較乾燥的氣候。反之，一路往大陸的北邊去，儘管氣溫降得更低、而蒸發量也較少，但是因為北冰洋帶來大量水氣，因此針葉林得以生長。至於南方山脈和北方針葉林之間的地區，則形成了歐亞大草原。

在歷史上，這片大草原是眾多遊牧民族的故鄉。大草原橫越歐亞大陸，從東到西一路延伸，東西橫跨約七千公里。東部起始於興安嶺山脈的東麓，經過蒙古草原、哈薩克、黑海北岸，一路延伸到匈牙利。整個區域幾乎都由草原組成，中間並沒有阻礙遊牧民族移動的自然障礙。拜綿延不絕的大草原之賜，古代的月氏、匈奴以及後來的突厥、蒙古民族，可以自由地在東西方之間移動。比起擴張到生態環境不同的區域，合併風土相近的地方來得更為容易——因此遊牧帝國的領土通常南北分布較為狹窄，而東西兩端則綿長而廣闊。

但是遊牧民族並不只居住在大草原上，在內蒙古、北疆、西突厥斯坦、阿富汗、伊朗這些半沙漠的區域，也有遊牧民族居住在散落的小草原。雖然都是草原，但大草原和半沙漠地區的草原有必要加以區別：蒙古的草原距離農業區域較遠、是一個獨立的區域，但是突厥斯坦、伊朗或是阿富汗的草原，因為散布在村落或城市周邊，並非是一個獨立的區域空間。前者是隔絕型草原、後者是交叉型草原，這兩者對於遊牧民族社會的政治、經濟結構有著決定性的影響。

而在沙漠區域中，由東部的戈壁沙漠，延伸到位於南疆的塔克拉瑪干沙漠、跨過位於中亞的克孜爾庫姆沙漠，連接到伊朗的卡維爾沙漠，每年的降雨量不到一百五十毫米，可謂極度乾燥的地帶；此

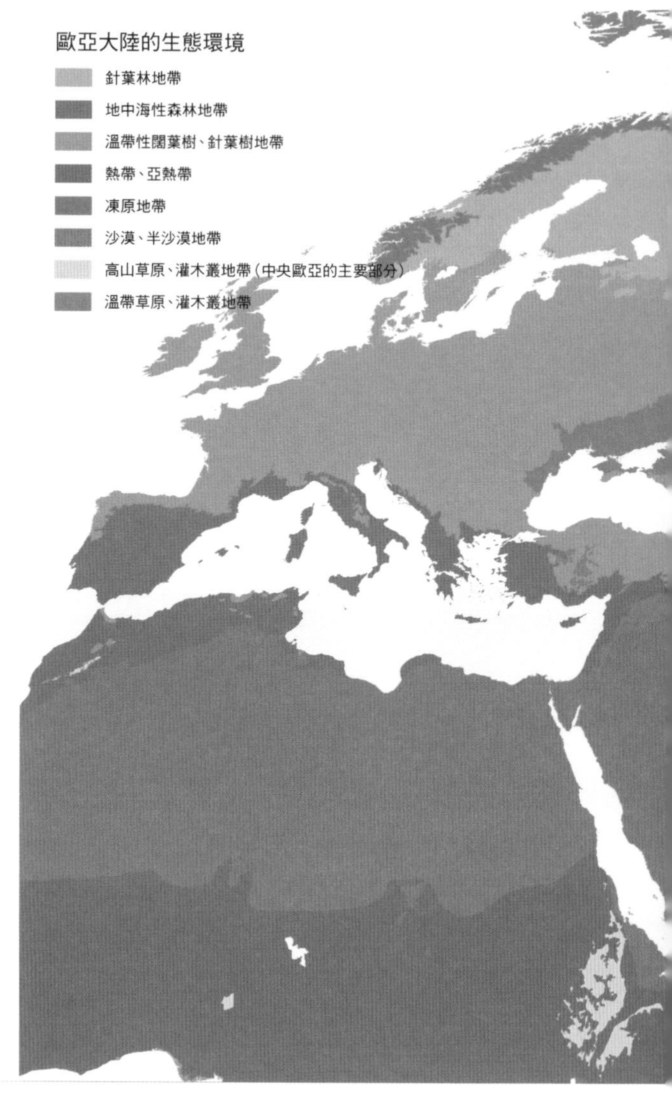

外，位於中央的帕米爾高原給東西方向的交通造成相當大的阻礙，過去無數的使臣、商人、僧侶為了達成目標，必須忍受艱苦直接穿越沙漠地區。就絲路來說，以帕米爾高原為中心點的兩側，大多數住民是突厥人，因而被稱作突厥斯坦。東突厥斯坦的位置，大致是今天的中國新疆維吾爾自治區南部，以塔里木盆地為中心，西至喀什地區，東到維吾爾斯坦（吐魯番一帶）的範圍。西突厥斯坦指的是注入鹹海的阿姆河和錫爾河兩條河之間的地區，也稱為「Transoxiana」（河中地區），在阿拉伯文中則稱為「Mā Warā 'an-Nahr」。

遊牧和家畜

遊牧是畜牧活動的一種特殊型態。所謂「畜牧」，是飼育家畜以獲取所需食物的經濟行為，從這一點來說它和務農同樣屬於「食品生產方式」，唯一的差異點，只在於務農是栽種「植物」、而畜牧是飼育「動物」。因此，過去把人類的經濟活動史劃分為「狩獵→畜牧→務農」這三個遞進發展階段的假說，現在已經不被學者廣泛接受。

而對於「遊牧」的含義，可以用這段話簡要概括：「大多數成員不在固定的地點居住，於廣闊的區域之間根據季節而移動，而飼育動物獲得的畜牧產品能夠滿足基本生存所需的一種生活生產方式。」遊牧民的特徵最早被希臘的歷史學家希羅多德和中國的歷史學家司馬遷所記載，例如「不務農、不建立都市或城鎮」、「帶著家畜，逐水草而居」、「所有人都會騎馬射箭」等等，將遊牧民的移居生活、畜牧經濟、精通馬術等一系列和農業定居民最大的差異點記錄下來。

為了取得足夠的水草餵養牲畜，遊牧民不可避免地必須在各地之間移居，但牧民們並非如吉普賽人那般漫無目的地流浪，他們移動的目標以「Yaylaq」（夏營地）和「Qishlaq」（冬營地）兩個地點為主；也就是說，牧民隨著季節的轉變而改變居住地。雖然也有春營地和秋營地，但因為遊牧民在這些地方逗留的時間較短，相對來說它們的地位就不是很重要。至於來回移居的具體距離，則根據各區域的草被特性而有所不同，以蒙古高原南部來說是一百五十公里、蒙古高原北部和戈壁沙漠一帶是六百公里、哈薩克是一千到一千五百公里左右，而在山間垂直移動的吉爾吉斯人只需要走短短幾十公里的距離。

由於遊牧民需要頻繁的移動，他們居住在活動式而不是固定式的屋宅。牧民們利用樹枝搭建半弧形的骨架，再將毛毯、毛氈覆蓋在骨架上，這種活動式住宅在蒙古語當中稱為「Ger」，在突厥語當中稱為「Yurt」。在較早的時候，遊牧民使用的是以馬車拉動的固定帳篷，後來改為在宿營的時候加以組裝、需要移動的時候則再重新拆解的帳篷。活動式屋宅的型態根據時代而變化，同時也出現多種介乎兩者之間的混合式結構。

遊牧民飼養的家畜一般統稱為「五畜」，主要有綿羊、山羊、牛、馬和駱駝。至於飼養的家畜數目，根據集團大小可以看出差異。二十世紀初在整個蒙古高原的調查結果顯示，每個牧民平均擁有十到十五頭家畜左右。對遊牧民來說，家畜既可以提供衣食住行各方面的原材料，而乾燥的家畜糞便，在缺乏木材的廣闊草原中也可當作燃料使用。

各種家畜的飼育比例，根據地區差異也有所不同，以蒙古草原來說，大約是綿羊占百分之六十、山羊占百分之二十、牛占百分之十、馬占百分之八、駱駝占百分之二的種類組合。綿羊和山羊的肉和奶是遊牧民食糧的主要來源，而羊毛和羊皮更是草原生活所必備的保暖衣物的主要原材料；至於牛和駱駝，主要是用於搬運行李而不是提供食物，駱駝有雙峰和單峰兩種，中央歐亞草原上的駱駝主要是雙峰駱駝；馬既是在戰鬥時不可或缺的坐騎，同時偶爾也會被當作食物，特別是由馬奶發酵而成的「馬奶酒」，屬於遊牧民族喜愛的飲品之一。

組裝蒙古包的人們

穿越沙漠的商隊

遊牧民的社會和國家

遊牧民最基本的社會組織是「單一家族」，它由居住在同一蒙古包中的父母和子女構成；但遊牧民在移居和放牧的時候，也需要和其他人合作，因此各個關係親近的家族聚集起來，再組成另一個社會單位，這個較大的群體蒙古人稱之為「Ayil」（阿寅勒）、哈薩克人稱之為「Aul」。

在一九三〇年代的蒙古，普遍由五到六個家族組成一個阿寅勒，而一個阿寅勒再跟另一個類似規模的阿寅勒結合，組成更大規模的共同體，雙方基於互助的原則締結盟約，在每年特定的時期，共同使用某一塊牧地或者水源地。遊牧民當然也有比這個規模更大的社會單位，它的意義不僅限於單純的畜牧生產、互助，更是一種能夠共同對抗外部勢力、一致參與防衛和攻擊等軍事行動的組織。

從小規模的血親家庭到大規模的攻守同盟，遊牧民的社會組織大多以親族為基礎單元，因此從直系家族到宗族，繼續擴大到氏族和部族。但一方面，遊牧集團的規模越大，也就越容易包含沒有任何血緣連結的異族成員；而另一方面，對於被稱為部族的集團，它們是否都由各個單一的親族集團組成，這點也令人生疑。因此，最近有部分的人類學家主張，我們在分析遊牧民文化的時候，應該捨棄「部族」或「親族組織」的預設概念。

事實上，許多人都有這樣的誤解，認為匈奴、鮮卑、契丹、蒙古這些歷史上留下名號的遊牧民族，都是由單一民族組成的群體。事實上，雖然他們的統治者確實起源於某個小氏族，卻是在統合了草原上的遊牧民們、建立國家機構後，才自立名號、冠上具有政治性的這些名稱。最好的例子就是匈奴滅亡之後，留在匈奴故地的大多數遊牧民開始自稱「鮮卑」，所以詢問「匈奴人」或「鮮卑人」現在的聚居地，其實就跟詢問「新羅人目前居住在朝鮮半島什麼地方」的意義相同。

那麼，早期的遊牧國家是怎麼建立的呢？答案眾說紛紜，簡單來說可分為「外因論」和「內因論」兩種觀點。

主張外因論的學者，例如伊凡—普理查（E. E. Evans-Pritchard）在早年主張說，遊牧民族為了有效對應外部的強大壓力，因而超越原本分散式的社會結構，形成較為集中的政治體制；而巴菲爾德（Thomas Barfield）也認為，遊牧經濟本身很難達到自給自足，牧民必須和周邊的農業社會不斷交流，以確保足夠數量的生活物資，因此如果附近的農業定居地帶出現了較強盛的國家，遊牧民不可避免地必須結成更緊密的政治組織與之抗衡。

至於持內因論的學者，例如拉德洛夫（Vasily Radlov）和巴托爾德（Wilhelm Barthold）等人則認為，從調解各遊牧民集團間的紛爭、採取軍事手段以掠奪其他團體或者抵禦外來侵略等活動中，產生出一系列互相爭權奪利的領導者，這是遊牧國家形成的原因之一。而受到馬克思主義影響的學者們，也以階級關係為基礎來解釋遊牧國家的成立。

最近，狄宇宙（Nicola Di Cosmo）主張匈奴社會由於秦帝國將其勢力擴展到鄂爾多斯而面臨危機，於是當地的遊牧民透過軍事手段和中央集權的方式建立了匈奴國家，這可說是把內因論和外因論調和而成的觀點。

遊牧民的日常生活（巴爾杜·沙拉布畫作，〈蒙古的一天〉）

綠洲和定居民

什麼是「綠洲」呢？許多人把它定義為「沙漠中央的泉水或水井，有草和樹木生長的地方」，大多聯想到「沙漠中出現泉水、幾棵椰子樹隨風搖曳」的電影場景。如果只用字典上的定義來看，似乎沒有什麼問題，但本書中提到的綠洲，較準確的說明是「在乾燥的沙漠區域裡，由地下水或河川、而並非透過自然降雨而形成的村落或都市」，因此有數百萬人居住的塔什干或喀什噶爾等大城市，也屬於綠洲的一種。

流淌在中央歐亞沙漠地區的河川大部分不流入海中，屬於內陸河流。這些河川的水並非源於降雨，而是來自帕米爾高原、崑崙山、天山、阿爾泰山，山上的多年積雪融化後，流出的水匯集成各條河流，這些河川在中亞當地語言中被稱為「Darya」，而大型水道則叫做「Östäng」（渠幹）、小型水渠稱為「Ariq」（支渠），為了防止這些地表上的水脈因強烈的日照而蒸發，因而發展出地下水道「卡列茲」（Karez），而西亞更是早在西元前一〇〇〇年左右或之前就已發展出後來稱為「坎兒井」（Qanat）的水道。關於坎兒井何時於吐魯番地區出現這一點有著諸多爭議，曾有一段時間人們認為它是受中原文化影響的產物，也有學者認為坎兒井在十八世紀中後葉（清帝國時代）才出現。

綠洲定居民主要以農業活動謀生，他們既栽種小麥、大麥、小米等農作物（包括後來傳入的玉米），同時也種植蘋果、梨子、西瓜、香瓜、葡萄等水果。雖然也有人以畜牧為生，但和遊牧民根據季節變化而在各地移居放牧的方式不同，綠洲居民主要是在鄰近的農田裡飼養山羊、綿羊、馬等動物。居民們的手工藝技術高超，生產皮革、金屬（例如白鐵）、木製品、紡織品（例如地毯）、玉等商品，而那些位於絲路沿線城市的居民們，更是善於經商，在國際貿易當中占有一席之地。六到九世紀被稱為「胡商」的粟特商人、十到十四世紀的回鶻商人、十八到十九世紀的布哈拉商人等，這些都是當時重要的國際商業家。中亞的綠洲城市積極參與國際貿易，聚集了為數不少的財富，這不僅讓他們能夠取得足夠的生活物資，同時也推進了當地文化的發展。考古學家挖掘的結果顯示，粟特商人聚集經商的城市，均呈現出富麗堂皇的樣貌。

根據綠洲規模的大小，可以把各類聚落劃分為村落（Village）、邑（Town）、城市（City）——城市大多有城牆圍繞，城牆內部稱為「市內」（Shahristan）、城牆外稱為「郊外」（Rabat），市內也分為居住區、商業區和官衙區。

城市內的居住區稱為「馬哈拉」（Mahalla），簡單來說就像鄰、里的單位，每個馬哈拉都有自己的名字，而且大部分也有專屬的清真寺（Masjid），平民的住所多為由曬乾的土磚搭建而成的房子。商業區有市場（Bazar）、商隊旅館（Caravansaray）、工房（Khana）等，其中市場是商人、手工藝業者和其他居住在村落、邑的生產者交易的場所，同時也有居住於草原的遊牧民帶著家畜來這裡販賣，可算是定居社會和遊牧社會的交界點。官衙區裡除了有供君王或領主居住的城砦（Ark）和官廳之外，在中央廣場（Registan）周圍也有大型清真寺（Masjid-i jami）和大學（Madrasa）。

在綠洲市場中販賣香辛料的商人

斯基泰人的黃金梳

PART

01 古代遊牧國家

1000（西元前）
- 西元前 1000 年　遊牧民族出現、騎馬文化形成
- 西元前 753 年　羅馬建國
- 西元前 514 年　阿契美尼德王朝的大流士遠征斯基泰
- 西元前 492 年　波斯戰爭

500（西元前）
- 西元前 334 年　亞歷山大大帝開始進行東征
- 西元前 200 年　漢軍在白登之圍敗給匈奴
- 西元前 108 年　古朝鮮滅亡
- 西元前 2 世紀　斯基泰滅亡
- 西元前 33 年　王昭君嫁匈奴呼韓邪

0
- 31 年　屋大維在亞克興角戰役中擊敗馬克・安東尼
- 48 年　南北匈奴分裂

100
- 97 年　班超、甘英以使者身分前往羅馬帝國
- 156 年　鮮卑檀石槐攻擊北匈奴、統一蒙古高原
- 2 世紀中葉　北匈奴移居黑海沿岸

200
- 207 年　烏桓因曹操的征討開始衰敗
- 226 年　薩珊王朝建立

300
- 316 年　五胡十六國時代開始
- 330 年　拜占庭帝國建立

400
- 402 年　社崙可汗建立柔然汗國
- 449 年　柔然因北魏的攻擊而開始衰敗

500

本章討論的是西元前七世紀到西元五世紀左右的中央歐亞史。這個時代的特徵是，分別位於中央歐亞西部和東部的斯基泰與匈奴，建立歷史上最初的遊牧國家，與周邊的定居農耕民締結政治、經濟方面的關係，並透過絲綢之路，在東西方文明的交流中扮演重要角色。斯基泰人和匈奴人是如何建立並運作遊牧國家、他們又與南方的農業國家產生了怎樣的互動，本章將嘗試對這兩個議題作出簡要的說明。

中央歐亞前半段歷史當中，幾乎所有典型且重要的文化特徵都集中表現在這個時期，可謂相當有趣。也因為這一點，準確把握古代遊牧國家的活動，是理解中央歐亞後續歷史發展的基礎。像是匈奴這類遊牧國家，和以漢帝國為代表的定居國家，位於南北兩側的雙方如何建立關係，而這種關係崩潰時又如何引發政治混亂，從而造成大規模的民族遷徙現象，這一點也十分值得關注。中國的史書將「五胡十六國」和「南北朝」歸類為國家分裂的時代，但是這種說法並不準確，它們的實質是包括中央歐亞整個區域的眾多民族在內的一場大遷徙運動。

3至4萬年前～約西元前1000年

印歐語族的遷徙

3～4萬年前
捷希克塔什洞窟內發現尼安德塔人遺址

1～4萬年前
在布列恩斯克發現裸體女性雕像

約西元前4000～2000年
印歐語族開始遷徙

約西元前3000年
印度河流域和美索不達米亞開始進入青銅器時代

約西元前2000年前後
中央歐亞由新石器時代轉變成青銅器時代

約西元前1600年
印歐語族建立西台王國

約西元前1500年
印歐語族移居印度西北部

約西元前1200～1000年
中央歐亞開始製作鐵器

根據考古學結果，自史前時代以來中央歐亞的草原和沙漠一直有人類活動的痕跡。第二次世界大戰之前，考古學家在位於泰爾梅茲（Termiz）東南部的捷希克塔什洞窟中，挖掘出尼安德塔人的少年頭蓋骨、石器和動物骨骸，推斷年代為三到四萬年之前；而在第二次世界大戰之後，從天山山脈的納倫河附近挖到斧頭，在蒙古國的賽音山達也發現石片，證明了舊石器時代時在這些地區也有過人類的活動。另外，在貝加爾湖附近的布列恩斯克，發掘出距今約一到四萬年前的女性裸體雕像，人們稱之為「舊石器時代的維納斯女神」，這類雕像的各種變化樣貌從西方的庇里牛斯山脈，一路延伸到歐亞大陸都有分布，這可看出史前時代的人類文化是如何得以廣泛流轉。

目前推測中央歐亞住民大約在西元前二〇〇〇年左右，由新石器時代跨入青銅器時代。南西伯利亞的米努辛斯克文化、阿爾泰地區的阿凡納謝沃文化，以及稍後出現的安德羅諾沃文化，它們都是代表性的例子，這些文化以及西元前一二〇〇年左右的卡拉蘇克文化，同樣屬於鐵器時代的文化。在突厥斯坦地區發現的阿拉廷山丘（Altyn Arashan）遺址，是西元前二〇〇〇年左右具代表性的青銅器文化；而在安納烏（Anau）等地，也發現於西元前一〇〇〇年左右製造鐵器的痕跡。

在青銅時代的初期，有一個族群在中央歐亞這個大舞台上相當活躍，他們就是印歐語族（Indo-European）。這個族群是從什麼時候開始移動？他們想要移往哪裡？這兩個問題引發熱烈的討論和各種不同答案，其中人類學家瑪利亞・金布塔斯（Marija Gimbutien）主張，這群人的故鄉，就是位於黑海和裏海北部的草原，而他們也正是留下「墳塚文化」的族群。原始印歐人馴化野馬、製造馬車，因此變身為好戰的群體。他們最早從西元前四〇〇〇年左右開始移動，到了前二〇〇〇年左右，印歐人

舊石器時代的維納斯像

舊石器時代後期（2萬年前），用象牙雕刻而成的裸體女人雕像。強調乳房和臀部的特徵，代表了哺乳和生產的意義。在貝加爾湖附近安加拉河流域的布列恩斯克，發現約三十座雕像，高約**7.9**公分。

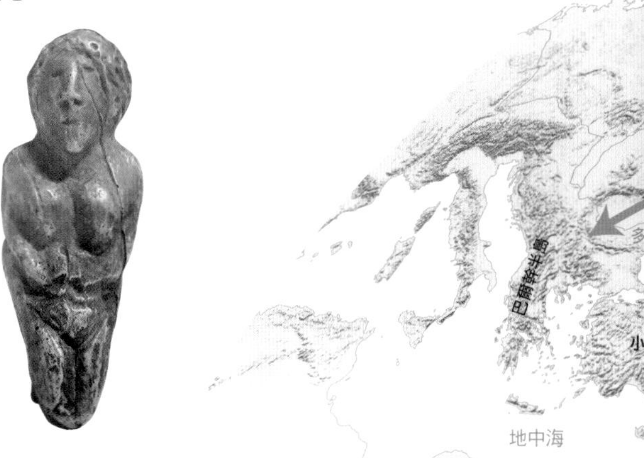

廣泛分布在整個歐亞大陸上。阿凡納謝沃文化屬於他們移居時留下的痕跡，而安德羅諾沃文化的局面也是以印歐人為主。他們的移動範圍從中央歐亞北方一路往南延伸，包括東、西突厥斯坦、印度、伊朗這廣闊的範圍在內。

一九七九年，考古學家在距離羅布泊約七十公里的古墓溝裡，發現了十八個頭蓋骨遺骸，這些骨骸被確認帶有歐洲高加索人種的特徵。後來歐美學者們開始重視古代中央歐亞的原始印歐人，對這些頭蓋骨進行了基因檢測，其結果對學界和大眾均造成極大的影響；有「樓蘭美女」之稱的木乃伊也陸續在世界各地展出。但我們需要注意，突厥斯坦的古代住民並非今日的突厥系民族，早在十九世紀末、二十世紀初，從塔里木盆地的沙漠地區出土的文獻就已證明，古代的突厥斯坦人歸屬於印歐語族。學者們把這些古住民使用的語言稱作吐火羅語（Tocharian），它在印歐語系中，並非屬於印度—伊朗語系中的音類語言（Satem），而是和西歐語言相同的顎音類語言（Centum）。

天山山脈沿線的各種小土墩墓地，例如塔什庫爾干的「香寶寶古墓群」、哈密的焉不拉克古墓群、吐魯番的洋海古墓等遺址，在這些地方皆有挖出帶有高加索特徵的頭蓋骨遺骸，可以確認印歐語族分布在天山山脈的南北兩端。除了中國古代史料記載的塞、月氏、烏孫等遊牧民族之外，塔里木盆地（亦即「西域」）的綠洲住民，全部都是使用印歐語的高加索人種。

樓蘭美女

在樓蘭附近古墓挖出，約西元前1800年的女性屍身，因所在區域極度乾燥，保存狀態良好，可以清楚看出生前的模樣，因此有「樓蘭美女」之稱。

印歐語族的遷徙

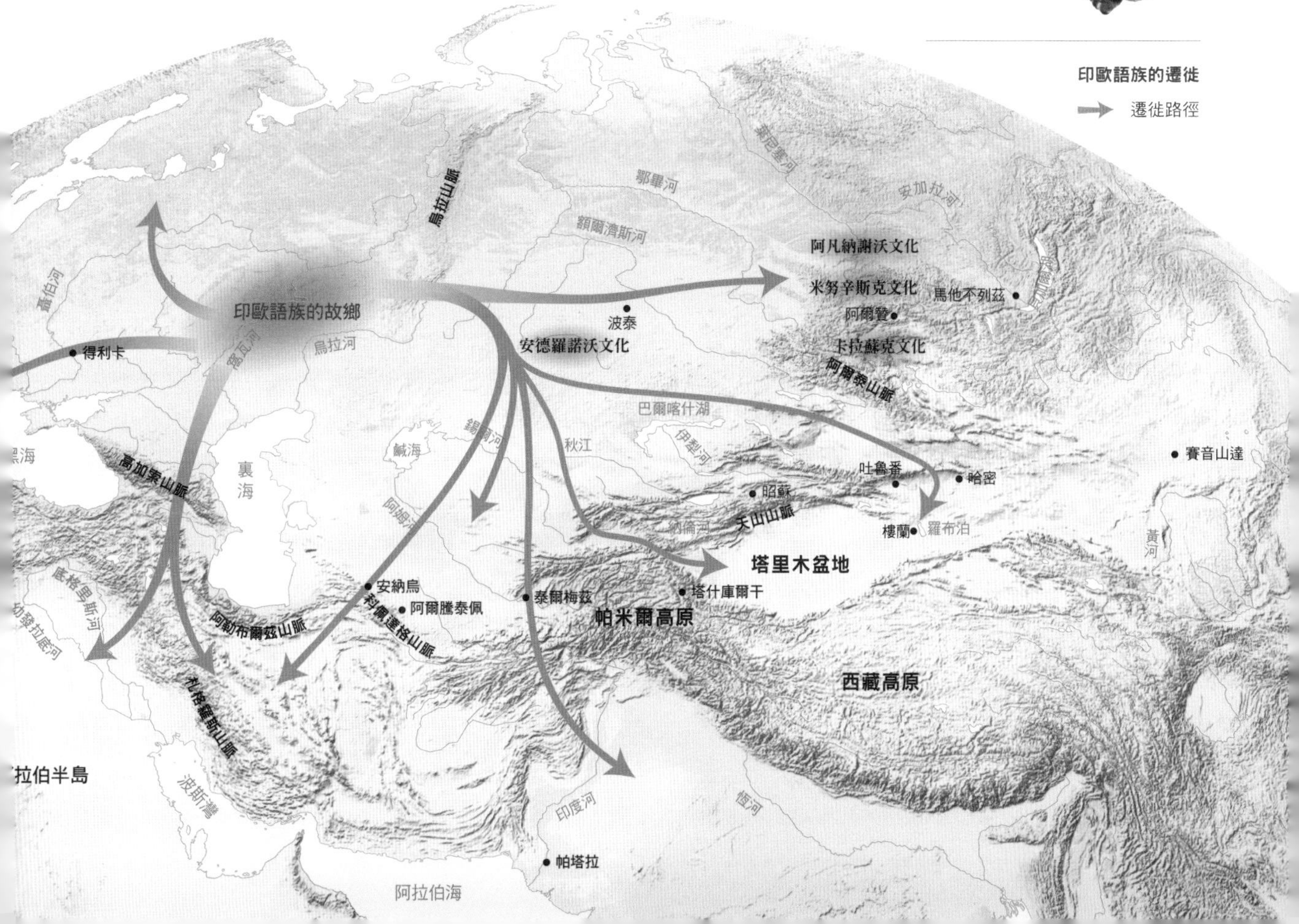

遷徙路徑

印歐語族的故鄉
烏拉山脈
鄂畢河
安加拉河
額爾濟斯河
阿凡納謝沃文化
米努辛斯克文化
馬他不列茲
阿爾賽
卡拉蘇克文化
阿爾泰山脈
波泰
安德羅諾沃文化
得利卡
烏拉河
巴爾喀什湖
伊犁河
鹹海
錫爾河
秋江
高加索山脈
裏海
阿姆河
吐魯番
哈密
昭蘇
天山山脈
樓蘭
羅布泊
賽音山達
黃河
塔里木盆地
安納烏
阿爾騰泰佩
泰爾梅茲
塔什庫爾干
帕米爾高原
底格里斯河
幼發拉底河
阿勒布爾茲山脈
科佩達格山脈
札格羅斯山脈
西藏高原
拉伯半島
波斯灣
印度河
恒河
帕塔拉
阿拉伯海

約西元前3500年～前1000年前後

遊牧民族的出現

約西元前 3500 年
發明車輪

約西元前 3500 ～ 3000 年
馬的馴化完成

約西元前 3000 年
印度河流域和美索不達米亞文化開始進入青銅器時代

約西元前 2000 年
中央歐亞從新石器時代轉變為青銅器時代

約西元前 2000 年
車輪中的輻條出現

約西元前 1400 年
西台發展鐵器文化

約西元前 1200 ～ 1000 年
中央歐亞地區開始製作鐵器

約西元前 1000 年
遊牧民族出現
騎馬文化形成

在帶領家畜逐水草而居的遊牧民族出現之前，必須要先有馬匹的馴化，而這個過程大約在西元前三五〇〇年到前三〇〇〇年左右完成。

位於今日烏克蘭聶伯河中下游流域的德瑞夫卡（Dereivka），發現了銅與石器並用時代的遺跡，在此處可以看到人類聚落和動物骨骸的痕跡，而其中大約百分之五十二的骨骸被判斷為馬的骨骸；此後，在烏拉山脈的東邊、哈薩克北部的波泰（Botai）也出土了十噸的動物骨骸，其中百分之九十九點九的骨骸也被確認為馬的骨骸。根據檢驗出土的馬頭蓋骨及剩餘的牙齒，結果發現它們的門牙有磨損的痕跡，顯示這些骨骸並非屬於為了食用才捕獲的野生馬，而是被人類馴化過的馬匹。最早使用馬銜（馴化野馬所必需）的地區，是中央歐亞北部的草原地區，西元前十四世紀後半，馬銜傳到了具有先進農耕技術的西亞和地中海沿岸，並影響了當地馴化綿羊、山羊、豬等動物的過程。

但是馬的馴化以及馬銜的使用，並不等於騎馬術的發展。最初因為馬鞍尚未設計出來，為了不讓馬的腰部受到傷害，騎手只能坐在馬的臀部。比起直接騎乘，被馴化的馬一開始多用於牽拉馬車。雖然畜力車最早在西元前三五〇〇年左右就於西亞地區出現，但是圓盤造型的輪子非常重，除了牛，其他動物很難拉得動車輛。此時，輻條的發明也帶來革命性的改變，於是裝置兩個輪子的二輪馬車就此誕生。馬車最晚在西元前二〇〇〇年，在西亞和歐亞草原地區逐漸普及，而它帶來的機動性和戰鬥力的提高，是印歐語族能夠大規模移動、征服其他區域住民的最關鍵原因。

野馬的馴化、馬銜的發明、二輪馬車的出現，牧民的機動性得以大幅提升，這些原因雖然滿足了遊牧民族的形成條件，但是遊牧民族正式誕生的時間點，卻是在西元前約一〇〇〇年左右。

對於遊牧民族在這時候出現的原因和契機，說法可謂五花八門。首先是氣候變遷理論的學說——當時整個歐亞大陸的氣候正處於乾旱期，在農耕和畜牧混合交織的地帶，人們不得已只能放棄需要大量用水的農耕，改為能夠大範圍

兀兒戰車

兀兒（Ur）位於伊拉克南部，是古代蘇美文明的發源地。這是一塊在當地發現的描繪戰爭場面的木板裝飾（第三排可以看到戰車），推測其製作年代為西元前2500年左右。

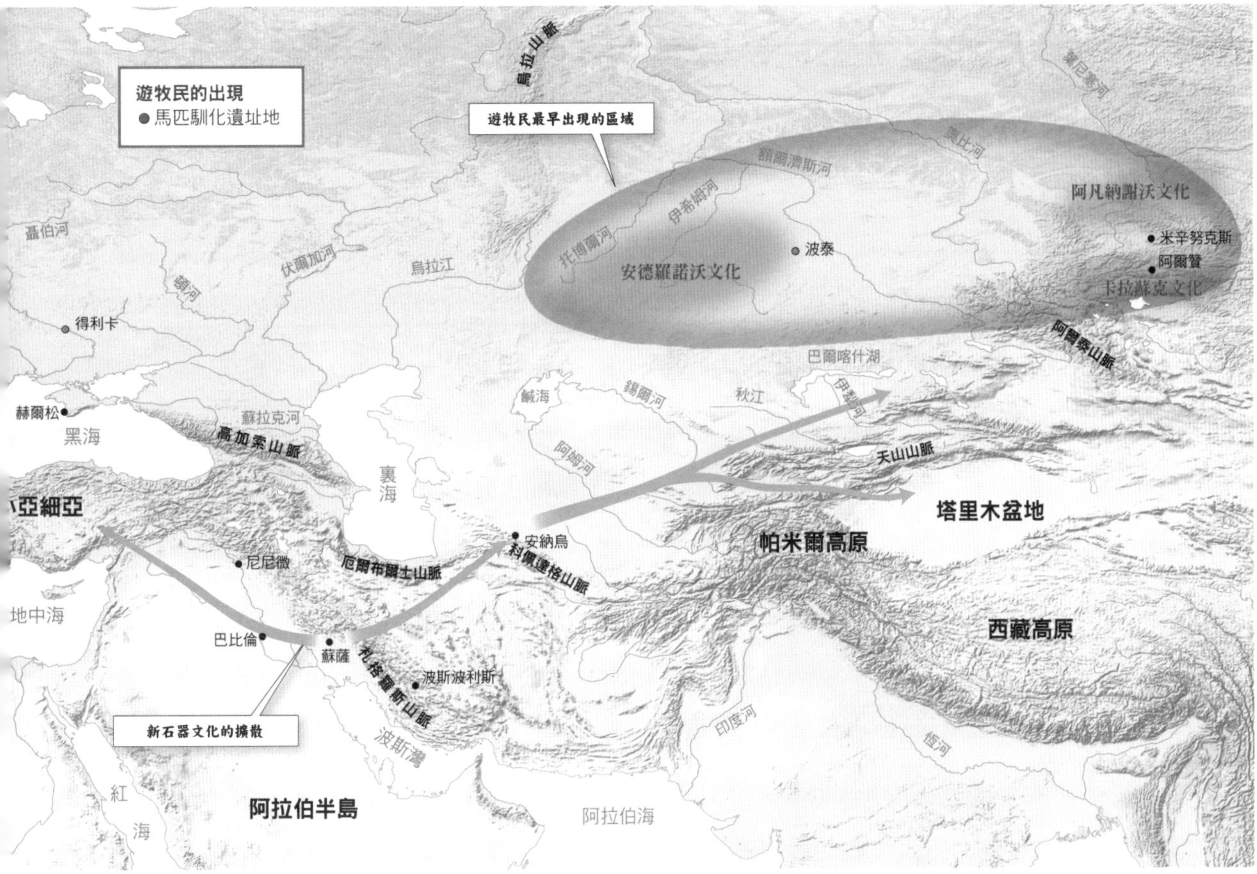

遊牧民的出現
● 馬匹馴化遺址地

遊牧民最早出現的區域

新石器文化的擴散

安德羅諾沃文化
阿凡納謝沃文化
卡拉蘇克文化
波泰
米辛努克斯
阿爾贊
得利卡
赫爾松
尼尼微
巴比倫
蘇薩
波斯波利斯
安納烏
烏拉山脈
高加索山脈
厄爾布爾士山脈
科佩達格山脈
札格羅斯山脈
天山山脈
阿爾泰山脈
帕米爾高原
塔里木盆地
西藏高原
阿拉伯半島
小亞細亞
黑海
裏海
地中海
紅海
波斯灣
阿拉伯海
鹹海
巴爾喀什湖
聶伯河
頓河
伏爾加河
烏拉江
托博爾河
伊希姆河
額爾濟斯河
鄂比河
葉尼塞河
錫爾河
阿姆河
秋江
伊犁河
蘇拉克河
印度河
恆河

遷移的畜牧，並且往草原更深處推進。另一方面，相對於自然環境的影響，也有強調政治、社會因素的學說：農耕地區的人口不斷增加，競爭有限土地資源的情況日益加劇，同時也出現了強大的官僚國家，這些因素導致部分人放棄了農耕和畜牧並行的方式，轉化為不必面對激烈競爭、人身自由也比較大的遊牧民。而多數的學者們則認為，遊牧民的出現，是氣候變化和社會誘因相結合的產物。

西元前九到八世紀，歐亞大陸草原上各處，開始出現許多與騎馬文化相關的物件。如馬銜、小勒銜等馬具、複合弓和鏃、短劍、青銅鍑、鹿石（Stag Stone）、動物紋樣裝飾等，均讓人聯想到日後斯基泰人的遊牧文化要素。相較於西元前七世紀上半葉才出現的斯基泰文化，這些文化的出現時機較早，因而被稱為「前斯基泰文化」；同時也因為它們是基於與斯基泰文化的相似性才受到注目，所以也被叫做「斯基泰式文化」。這個文化圈的分布範圍相當廣闊，而歷史上首次出現的例如移動飼養動物，加強機動性的騎馬術等等因素，也讓遊牧文化得以快速傳播。

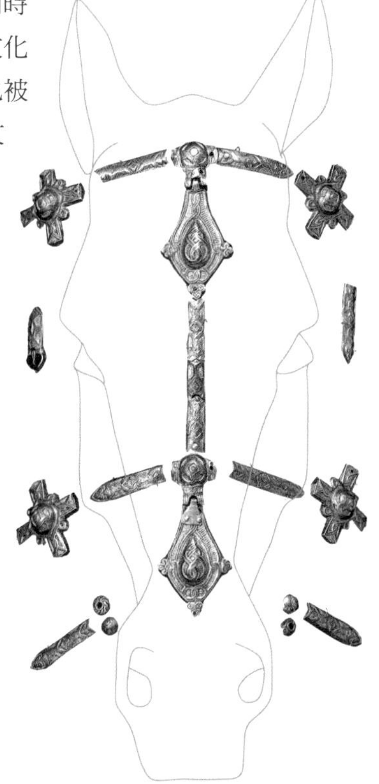

古代遊牧民的銀製馬具

這是在烏克蘭赫爾松的一處古墓發現的銀製馬具裝飾，它屬於西元11世紀，生活在南俄羅斯草原的遊牧民族佩切涅格人（Pecheneg）。

約西元前9世紀～前628年前後

斯基泰人的出現和起源

約西元前 9 世紀
阿爾贊（Arzhan）的大型古墓墳

約西元前 850 年
荷馬在《伊利亞德》中提到「擠馬奶的人」

約西元前 750 ～ 700 年
斯基泰將辛梅里安人趕出南俄羅斯

約西元前 717 年
亞述攻滅西台

約西元前 678 年
斯基泰王伊修巴凱攻擊亞述失敗

約西元前 668 年
亞述統一東地中海地區

約西元前 638 年
斯基泰王帕爾塔圖亞與亞述結盟，攻破辛梅里安人

約西元前 628 年
斯基泰一度征服米底王國

斯基泰是歷史上第一個留下名字的遊牧民集團，它隸屬印度—伊朗系民族。跟斯基泰有關的最早記錄，出現在西亞古代強國亞述的楔形文字紀錄中，出土的泥板上記載著亞述王以撒哈頓（西元前六八〇～六六九年在位）擊敗伊修巴凱王及其部眾伊修庫子的事蹟。現代大部分學者認為，這裡提到的「伊修庫子」就是指斯基泰人。

當時的西亞，由於亞述、米底、烏拉爾圖這幾個大國互相競爭，局勢一片混亂，而突然出現在西亞舞台上的斯基泰，有時跟這些國家結盟，有時又和它們處於敵對狀態——例如伊修巴凱的兒子帕爾塔圖亞，就和與其父親敵對的亞述聯姻並結盟。同時也有記錄指出，之後米底人包圍了亞述的首都時，斯基泰王馬底耶斯（帕爾塔圖亞之子），帶領援軍協助亞述，並擊敗米底軍隊。活躍在西亞舞台上的斯基泰還一度遠征埃及，他們越過敘利亞和巴勒斯坦向南推進，埃及法老倍感威脅，不惜親自帶著禮物到馬底耶斯的營帳，希望達成和平。根據希羅多德的說法，斯基泰人雖然在二十八年的時間裡，不斷發動掠奪、迫使西亞各民族進貢，號稱近東的霸主；但之後他們遭受米底王國的攻擊並戰敗，於是又越過高加索山脈，重新回到故鄉也就是黑海北岸草原一帶。

最早對斯基泰的起源和歷史加以詳細記載的人，是西元前五世紀的古希臘歷史學家希羅多德。希羅多德居住在黑海北岸的古希臘殖民地，他收集斯基泰的故事，逐一記錄下來並收錄到《歷史》當中。《歷史》首先從古希臘傳說的角度介紹斯基泰人，他們的祖先是由半人神海克力士和半蛇身魔女所生下的三胞胎：英雄的血統，是斯基泰這個騎馬民族所展現出的驚人戰鬥力和破壞力的根據，而英雄和魔女結合的設定，是為了說明斯基泰人的野蠻。與此同時，希羅多德也介紹了流傳在斯基泰人當中的

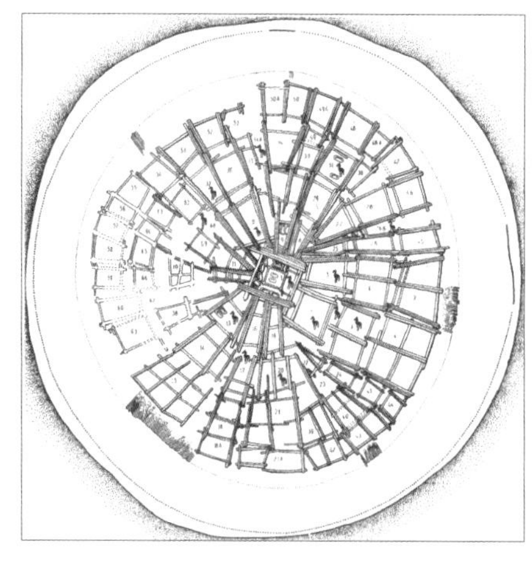

阿爾贊古墓平面圖

位於南西伯利亞的圖瓦共和國（今屬俄羅斯聯邦）的阿爾贊，發現直徑120公尺、高4公尺的大形古墓。西元前9到8世紀前半的古墓中，除了發現大量的馬骨骸外，還有服飾配件、短劍、弓箭、馬銜、馬具等。特別是圓型、彎曲模樣的裝飾板，其技術在當時相當先進，風格也類似於後來生活於黑海北岸、出現時代較晚的族群的出土物。

起源傳說，天神和聶伯河河神的女兒結合，生下了塔爾吉陶斯，而塔爾吉陶斯有三個兒子，他把上天賜予的四件黃金聖物交給了最小的兒子，於是三兒子的後裔便成為「黃金斯基泰」。斯基泰人的聖物有用於祭祀的酒杯、戰爭使用的斧頭、農耕使用的犁，分別代表神祇、戰士、生產者階層的標誌。

希羅多德介紹完這兩個神話傳說後，最後加註了歷史性較強的說明。斯基泰人本來是居住在阿拉斯河東邊的民族，他們因為受到馬薩革泰人的攻擊而開始往西移居，並攻擊居住在黑海北岸的原住民辛梅里安人。辛梅里安人越過高加索山脈往南逃亡，而一路追擊他們的斯基泰人，也跟隨南下到中東地區。

現代的考古學家認為這種說法有一定的根據——西元一九七〇年代前半，在南西伯利亞的阿爾贊，發現一座年代推測為西元前九到八世紀的大型古墓，裡面有大量作為陪葬品的馬匹骨骸。同時也發現了青銅製的馬具、武器、裝飾品等，這些都和在黑海北岸出土的、年代稍後的遺物，風格出奇地相似。因此，今日許多學者支持希羅多德的主張：斯基泰人起源於中亞和南西伯利亞地區，後來才往西移居到阿拉斯河和伏爾河流域。

斯基泰的黃金甕

西元前4世紀後半左右的斯基泰黃金甕，刻有兩個斯基泰人對話、綁著繩子的樣貌（照片角度是在腳上纏繃帶）。高13公分，收藏於俄國隱士廬博物館。

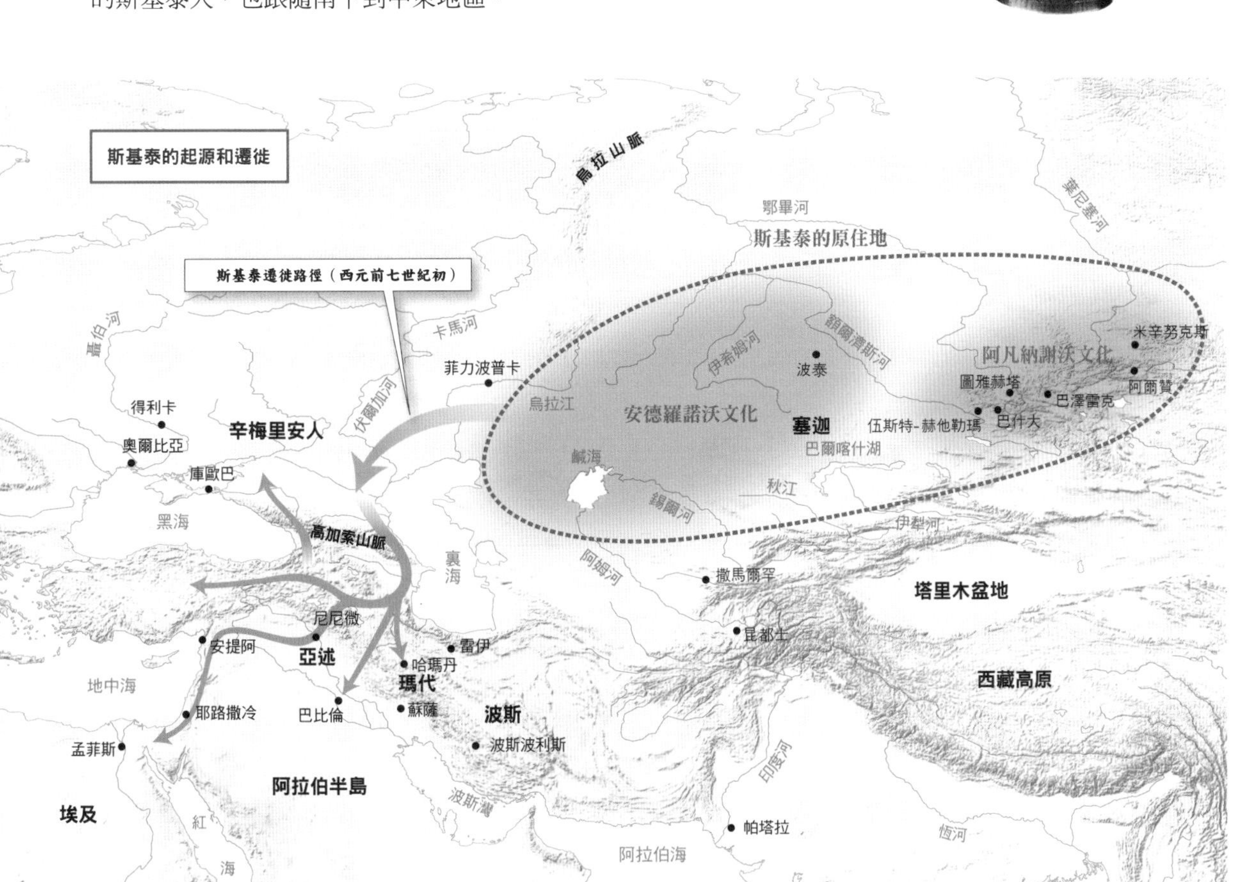

西元前554年～前486年

大流士遠征斯基泰

西元前 554 年
居魯士創建阿契美尼德帝國

西元前 521 年
大流士即位

西元前 519 年
大流士鎮壓叛亂，刻立貝希斯敦銘文

西元前 514 年
大流士遠征斯基泰

西元前 512 年
波斯遠征斯基泰以失敗告終

西元前 509 年
羅馬共和制時代開啟

西元前 492 年
第一次波希戰爭開始

西元前 486 年
大流士逝世

西元前六世紀中葉，居魯士建立阿契美尼德帝國，而在他逝世後不到十年的時間裡，這個波斯王朝就因為叛亂而陷入瓦解的危機。這時候，志在復興帝國的新任國王，就是出身於居魯士一族的大流士。「大流士大帝」在西元前五一九年，為了紀念他平定叛亂、重建帝國的功績，下令在高達五百公尺的貝希斯敦（現今伊朗西部的克爾曼沙赫往東約三十五公里）山的石壁上刻立功業碑，功績碑的下方有著長十八公尺，以古波斯語、埃蘭語和巴比倫語等三種楔形文字所刻寫的碑文。文中記載了大流士的出身、征服的二十三個國家的名稱、以及他受到阿胡拉・馬茲達（Ahura Mazda，古波斯神祇）的幫助、得以平定叛亂的內容。而功績碑的上半部則刻有九個發起叛亂的首領，被綁到大流士面前，向他臣服的場面，排在最後面的第九個人就是塞迦（Saka）部族的首領斯昆加。

居住在中央歐亞草原上的古遊牧民們，他們以「斯基泰」之名被記錄在希臘的史料中，而在波斯則被稱為「塞迦」，在中國被稱為「塞」，這些名稱都毫無疑問的來自同一個語源。

不過，貝希斯敦碑文所提到的塞迦，是居住在中亞地區的遊牧集團，而浮雕上刻畫的塞迦人型態，推測為古波斯文獻中所提到的「Saka Tigrahauda」（「Tigra」意為尖銳、「Hauda」指帽子，意思是「帶著尖帽的塞迦人」），他們和希羅多德的著作所提到、大流士為之發動遠征的斯基泰人，似乎隸屬於不同的集團。西元一九六九到一九七〇年，在距離哈薩克阿拉木圖不遠的伊塞克湖附近，發現了許多年代約在西元前五到四世紀的古墓，在這些古墓當中出

貝希斯敦銘文

伊朗西北邊克爾曼沙赫地區城壁上雕刻的大流士大帝的功績碑。碑文使用古波斯語、埃蘭語和巴比倫語三種文字，皆為楔形文字，敘述他如何平定叛亂、重新統一帝國的豐功偉業。碑文旁也刻有發起叛亂的九名首領，被綁到大流士面前的場景。

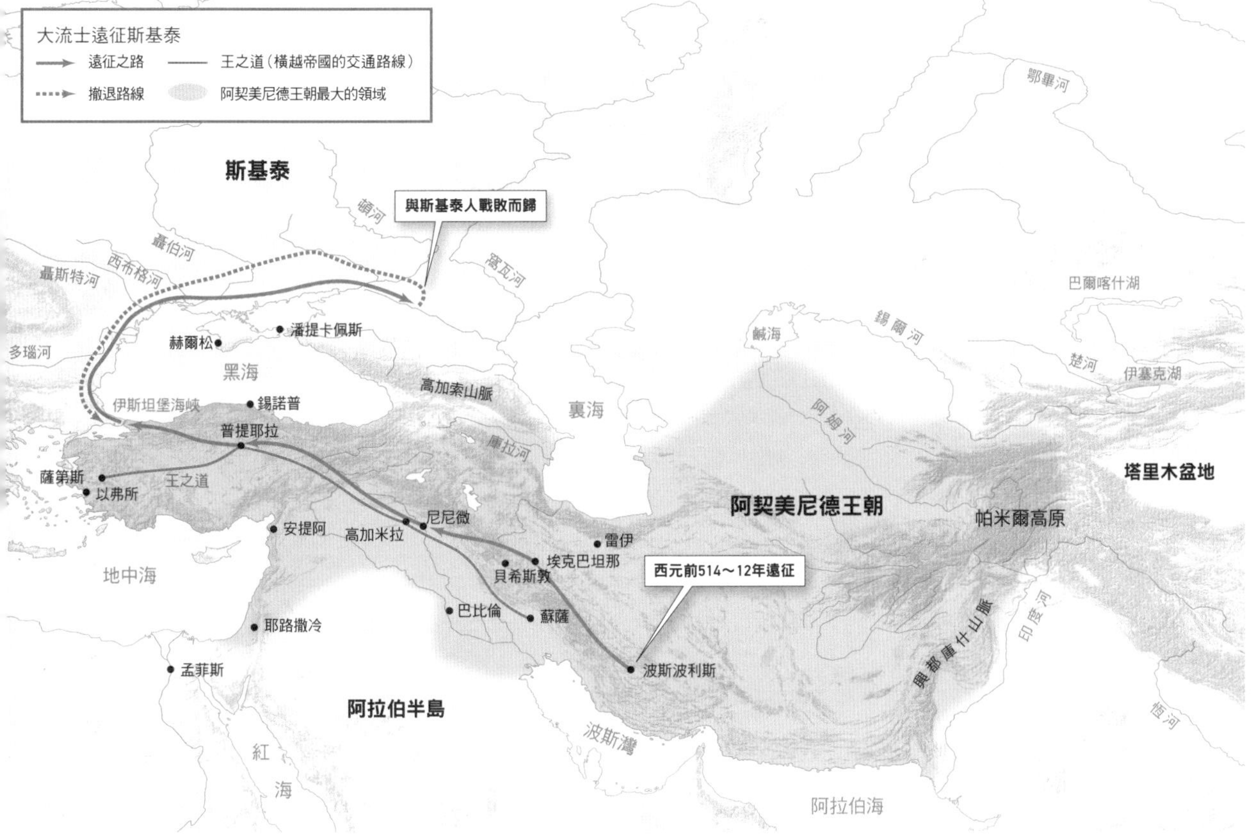

大流士遠征斯基泰
遠征之路　王之道（橫越帝國的交通路線）
撤退路線　阿契美尼德王朝最大的領域

斯基泰
與斯基泰人戰敗而歸
鄂畢河
頓河
聶伯河
窩瓦河
聶斯特河
西布格河
巴爾喀什湖
潘提卡佩斯
赫爾松
鹹海
錫爾河
多瑙河
黑海
楚河
伊塞克湖
伊斯坦堡海峽
錫諾普
高加索山脈
裏海
阿姆河
普提耶拉
庫拉河
塔里木盆地
薩第斯
以弗所
王之道
阿契美尼德王朝
尼尼微
帕米爾高原
安提阿
高加米拉
雷伊
埃克巴坦那
地中海
貝希斯敦
西元前514～12年遠征
巴比倫
蘇薩
印度河
耶路撒冷
興都庫什山脈
孟菲斯
波斯波利斯
阿拉伯半島
恆河
波斯灣
紅
海
阿拉伯海

土了一具身高約一百六十五公分的青年遺骸，他穿著以黃金製成的盔甲、頭戴由四支箭裝飾的帽子，而這正是「Saka Tigrahauda」的經典造型。

另一方面，希羅多德提及的斯基泰人則居住在黑海北岸。根據他的記錄，大流士在西元前五一四到前五一二年間，帶領波斯大軍遠征斯基泰。希羅多德的記錄是七十萬名、克特希亞斯的記錄是八十萬名，即便具體數字很難考證，依舊可以推斷波斯軍人數眾多的這個事實。但是斯基泰人避開與波斯軍隊的直接對決，持續逃往草原深處；而在這段時間內不斷喪失兵力的大流士，則對斯基泰人持續喊話，要他們不要卑鄙地一直逃跑，堂堂正正決一死戰，但大流士只得到斯基泰人的半嘲諷式回覆：「我們並沒有逃跑，我們的生活方式本來就是這樣。」等到戰況一逆轉，斯基泰人便發動反擊，大流士反過來成了自己口中的「卑鄙逃跑者」，不過他很幸運地避開了斯基泰人的追擊，安全退回波斯本土。

斯基泰人面對波斯帝國大軍的進攻最終安然無事，雖然未必能夠稱為是斯基泰一方的勝利，但不可否認這個事件讓斯基泰人聲名大噪。外部威脅消失之後，斯基泰便開始以安定的政治局面為基礎，積極地與古希臘城邦進行貿易活動，從而實現了本國的經濟繁榮。

粟特人朝貢團

曾為阿契美尼德王朝建造於首都作為謁見殿的阿帕達納宮（Apadana），其北側階梯的牆面上，刻有各國使節團前往朝貢的場景。下圖是粟特人拿著短劍和一雙戰鬥用的斧頭，領著駿馬前往的場面。

約西元前638年～前2世紀

斯基泰國家的發展

約西元前 638 年
斯基泰王帕爾塔圖亞與亞述結盟

約西元前 628 年
斯基泰一度征服米底王國

西元前 609 年
亞述滅亡

西元前 554 年
阿契美尼德王朝建立

西元前 514～512 年
斯基泰成功抵禦阿契美尼德王朝大流士的侵略

西元前 4 世紀
斯基泰在阿提亞斯王的統治下達到全盛期

西元前 339 年
阿提亞斯在與馬其頓腓力二世的戰爭中戰敗後死亡

西元前 331 年
阿契美尼德王朝敗給馬其頓的亞歷山大大帝後滅亡

西元前 3 世紀後半
斯基泰因為凱爾特人和薩爾馬提亞人的遷入而開始衰退

西元前 2 世紀
斯基泰消失

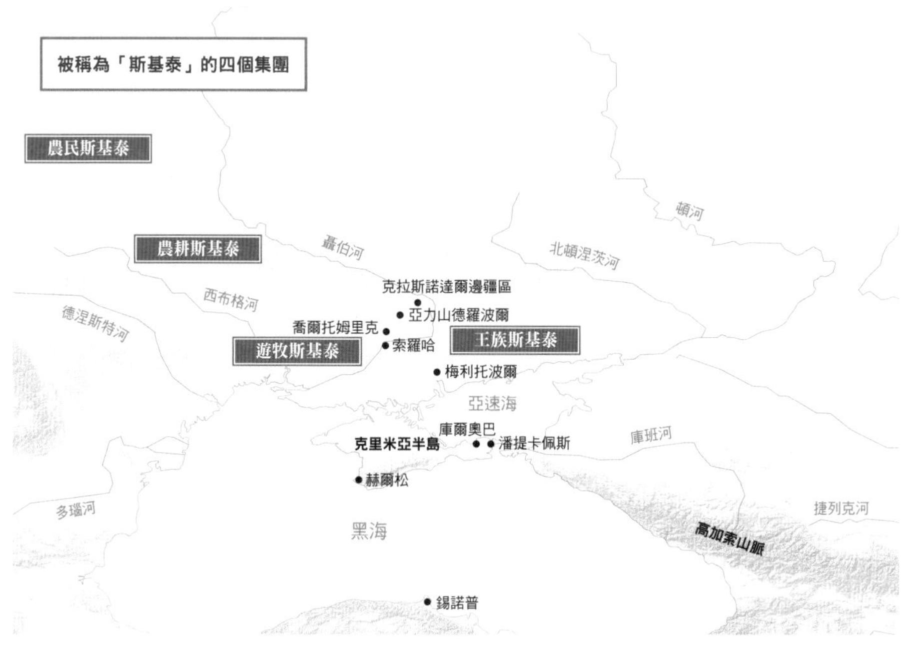

沒有太多的線索可以說明，遊牧民在黑海北岸建設的斯基泰國家究竟有著什麼樣的政治架構或特徵，但從他們留下的古墓中，確實出土了豐富且華麗的陪葬品，這可以看出斯基泰的領導階層握有一定的權力和財富。透過希羅多德的單方面記錄，我們只能知道和斯基泰有關的幾個重要事件、斯基泰王的名字、隸屬於斯基泰國家之下的各集團的名稱及分布位置、他們和古希臘人的貿易關係、政治經濟的繁榮和衰退等，而這些記錄的簡略程度就跟隨筆文章一樣。

根據希羅多德的記載，斯基泰國家的疆土從東到西、從南到北大約都是騎馬二十天的路程，呈現出正方形的模樣——西起多瑙河、東至亞速海，而南北兩端則從黑海北岸的山林地帶延伸到草原地區。這個區域中被稱為「斯基泰人」的有四個集團，其中位於最核心地位的集團就是「王族斯基泰」，他們住在聶伯河附近和頓河之間的區域，也就是克里米亞半島和亞速海北方的草原，過著遊牧生活。在梅利托波爾（Melitopol）、喬爾托姆利克（Chertomlyk）、索羅哈（Solokha）、亞力山德羅波爾（Alexandrov）、克拉斯諾達爾邊疆區（Krasnodar Krai）、庫爾奧巴（Kul-Oba）等地發現的古墓中，發掘出各種豐富的陪葬品，它們被推測是王族斯基泰的所有物。比這邊更往西的區域很難畫出明顯的分界，但是一直到布格河（Bug Rzeka）流域為止的區域，是過著遊牧生活的「遊牧斯基泰」的活動範圍。

至於另外兩個集團，「農民斯基泰」和「農耕斯基泰」，學者們對於他們的身分可謂眾說紛紜。從地理位置來說，「農耕斯基泰」（Skuthai Aroteres，他們用犁耕種，生產的糧食專供出口）居住在布格河和聶伯河中間的草原—山林地帶，他們隸屬的人種和「遊牧斯基泰」並不相同，極有可能是以斯拉夫人為主的團體。另一方面，被希羅多德稱為「農民斯基泰」（Skuthai Georgoi、從事粗放式農業的定居民）的則住在布格河流域以西的區域。這樣看來，斯基泰部族的核心，雖然確實是由被稱為「王族斯基泰」的遊牧民所組成，但從底層社會的人種組成和經濟活動的層面來看，斯基泰國家也可能包含了各個生活方式相異的集團。

西元前四世紀時，斯基泰國家在阿提亞斯王（Ataias）的統治之下達到全盛期，阿提亞斯的長期統治使得斯基泰出現了經濟繁榮的景象，特別是大量輸出穀物到古希臘，這占該國外貿額的絕大多數；然而，與希臘貿易所獲取到的財富，相當一部分被特定階層把持的情況，也加速了斯基泰社會的分化。透過這時期的古墓可以發現，除了擁有許多金銀裝飾品的王族墓地，還有非常簡陋、陪葬品很少的平民墓地，兩者形成了極為鮮明的對比。阿提亞斯透過經濟繁榮增強了斯基泰的國力，他甚至打算向多瑙河流域以南擴張疆土，但是卻在西元前三三九年和馬其頓王國的腓力二世交戰時落敗身亡，享年九十。

當然，斯基泰國家並沒有因此就迅速衰敗，直到西元前三世紀後半，西邊的凱爾特人和薩爾馬提亞人開始往黑海北岸的草原地帶移居，它才開始走向沒落。西元前二世紀，斯基泰人在西部的多布羅加地區（Dobrogea，位於多瑙河下游）以及東部的克里米亞半島分別建立了兩個小國，這是他們消失在歷史舞台之前的最後身影。

古墓素描

亞力山德羅波爾古墓是在聶伯河流域被發現的斯基泰古墓中，規模最大的古墓，高20公尺。圖為西元1851到1855年間，古墓被開挖前的樣貌。

斯基泰的黃金梳

出土於西元前4世紀初的索羅哈古墓，推測為古希臘工匠的作品。上面有三個正在戰鬥的戰士，下面則是五隻獅子盤踞而坐的姿態。長12.6公分，寬10.2公分。收藏於俄國隱士廬博物館。

約西元前9世紀～前2世紀

動物符號的特徵和分布

約西元前 822 ～ 791 年
阿爾贊古墓遺物

約西元前 7 世紀後半
科斯羅姆斯卡雅古墓遺物（鹿型裝飾板）

約西元前 6 ～ 4 世紀
巴澤雷克古墓遺物

西元前 4 世紀
斯基泰在阿提亞斯王的統治之下達到全盛期

約西元前 4 世紀
庫班古墓遺物

西元前 4 世紀初
索羅哈遺物（古希臘工匠製作的斯基泰黃金梳）

西元前 2 世紀
斯基泰消失

西元前七到三世紀左右，斯基泰人支配著黑海北岸草原地區。透過他們在古墓中所留下的陪葬品，大致可以知道斯基泰文化的樣貌。

將屍身埋於地底後，上面用土堆填、堆成像小山丘一樣高的斯基泰古墓又被稱為「Kurgan」（墳塚），亞力山德羅波爾古墓幾乎有二十公尺高（見前頁圖說）。地理上來看，這些墓的主要分布區域，一是從高加索山脈北邊的庫班河（Kuban River），延伸到克里米亞半島附近的黑海北岸一帶。代表如：邁科普地區的克萊門茲（Kelermes）、科斯羅姆斯卡雅（Kostromskaya）古墓，它們屬於前斯基泰時期文化，其風格受到波斯的影響；另外是散落在聶伯河流域兩岸以及克赤海峽沿岸一帶，例如亞力山德羅波爾、托斯塔亞莫吉拉、索羅哈，以及庫爾奧巴的七座古墓，它們屬於後斯基泰時期，古希臘的影響多於波斯的影響。而古墓裡絕大多數的遺物，是斯基泰貴族聘請古希臘工匠，根據各自的喜好訂做而成。

透過古墓中出土的大多數遺物，可以將斯基泰文化的要素分為三種。第一是武器：有兩面帶刃的直線型短劍、箭頭分為兩翼或三翼的穗狀箭、和戰鬥用的斧頭；第二是馬具：長得像馬鐙的馬銜、帶有兩三個洞的小勒銜；第三就是「動物符號」的裝飾：它們最能代表斯基泰文化的特點，主要是在以金或銀製成的各種裝飾、武器、生活用品等上面刻有鹿、豹、虎、豬、山羊、馬、鳥這些在草原上可見的動物；偶爾也有根據想像而創作的形象，例如把獅子和老鷹融為一體的獅鷲。

斯基泰遺物以特別的方式來表現各種動物的型態，像是只有動物單獨出現，或是猛獸攻擊草食動物的畫面，但對於背景並未多加描繪。草食動

斯基泰遺址分布圖

物多被獅子銜咬，以面孔朝地或頭往後傾倒的姿態呈現；動物身體部位的曲線，多為「面角技法」（以尖銳的稜線表現），為了強調特定部位，甚至會追加被稱為變形技法的誇張圖景。關於這些動物符號的起源，一直以來的主流說法是受到西亞或古希臘影響而形成的相應風格。但是，在黑海以東五千公里的阿爾贊，也挖到推測為西元前九世紀到前八世紀初期的古墓，從中可以看出斯基泰文化的基本特徵當時已經在西伯利亞南部的米努辛斯克地區形成，只是他們後來往西遷移，居住在西亞和黑海北岸，並在這期間受到西亞和古希臘的影響。

斯基泰文化的要素，並不侷限於黑海沿岸，在中央歐亞內陸的廣闊草原地區，也有發現它的蹤跡。首先是一九四〇年代，在阿爾泰地區挖出的巴澤雷克古墓；其次是一九六九年，在哈薩克的伊塞克地區發現的「黃金人像」；以及一九八六年到一九九〇年，在烏拉山脈的菲力波普卡地區發現的「黃金鹿」；還有在中國北方發現的「鄂爾多斯青銅器」……可見其遍布整個歐亞大陸，甚至流傳到朝鮮半島，之後的古新羅也間接受到斯基泰文化的影響。

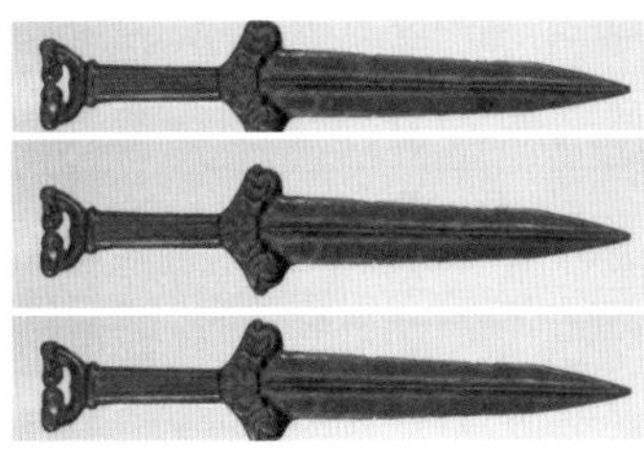

短劍

在克拉斯諾亞爾斯克和米努辛斯克等地出土的劍，用於西元前七到五世紀，手把底部刻有動物。從上往下分別為18.8公分、26公分、19.4公分。

巴澤雷克的馬面具

西元1947～1949年，蘇聯考古學家魯堅在阿爾泰山脈北部、蘇聯領土一側進行挖掘，因此馬面具也得以再次出現在世人面前。這其中，五號墓地的保存狀態非常良好，在內部發現了一男一女兩具骨骸。男子的四肢都有動物紋身，另外還有陪葬品、裝飾、日常用品，以及配有華麗裝飾品的馬匹。

黃金鹿

著名的斯基泰文物「黃金鹿」於科斯羅姆斯卡雅古墓出土，推測其製作年代為西元前7世紀末到前6世紀初之間，現藏俄國隱士廬博物館。長度為31.5公分，寬度為19公分。

匈奴的起源

西元前 453 年
戰國時代開始

西元前 4 世紀末
趙武靈王實施胡服騎射改革

西元前 331 年
亞歷山大大帝消滅阿契美尼德帝國

西元前 318 年
韓、趙、魏、燕、齊聯合匈奴攻擊秦國，最終失敗

西元前 3 世紀初
燕國為抵禦北方的東胡而修建長城

西元前 265 年
趙國將軍李牧大破匈奴十萬大軍

西元前 264 年
第一次布匿克戰爭爆發

西元前 221 年
秦國統一天下

斯基泰人建立了歷史上第一個遊牧國家，而匈奴人則是第一個在歐亞大陸東部草原建立遊牧國家的部族。西元前三一八年（戰國時代），《史記》記載的五國聯合攻秦事件中，提到了「匈奴」這個名稱——這是匈奴人第一次出現在漢文史籍當中，整整比斯基泰族的登場晚了約三百五十年。至今無法解釋的是，遊牧民族為何這麼晚才出現在歐亞大陸的東部，不過也有明確的證據顯示，之前出現在戈壁沙漠及南部草原地區的其他部族，和匈奴有著種族、文化上的關聯。

根據古代中國的史料，自殷周時代起，在中國的北部就陸續出現和匈奴名稱相似的「匈人」、「玁狁」、「渾庾」等部族，雖然有學者主張，基於地理位置相近和族群名稱的相似性，可以把這些部族直接視為匈奴本身或者匈奴的祖先，但始終沒有充分的證據來印證他們的推論。

同時也有部分的古代歷史學家主張，匈奴的始祖是夏王朝滅亡逃往北方的夏王族後裔「淳維」或「匈人」。但是司馬遷的《史記》和其他眾多漢文歷史著作，都把匈奴人描述為野蠻的部族，同時在政治上也對「中華」和「夷狄」作出嚴格的區隔，很難證實戰國時代的中原各邦國和北方的部族在政治、文化上仍然有著密切關係，因此這個理論的說服力也不太強。另一方面，也有其他學者主張，匈奴人起源於戈壁沙漠以北的蒙古高原中部，或是貝加爾湖西邊的米努辛斯克盆地。

從漢字史料來看，從殷周時代到春秋時代，居住在中國北方的部族（例如「戎」、「狄」）基本上過著定居的生活，並且用步兵構成軍隊的戰鬥主力，因此在中國的歷史記錄當中，第一個真正的遊牧民族其實是「胡」族。西元前四世紀至前三世紀出現在歷史記載當中的「胡」，其實並非某個特定部族或國家的名稱，而是生活在中原、自稱「華夏」或「諸夏」的農業社會定居民，對

秦國的長城

戰國時期，趙、燕、秦等國為了抵禦北方遊牧民族，分別築建長城，秦始皇統一中國後，將這些防禦工事連貫為「萬里長城」。當時的主要建築材料是夯土，因此在經歷漫長時間之後，出現了毀損和倒塌（照片中就是戰國時代秦國所建的長城）。

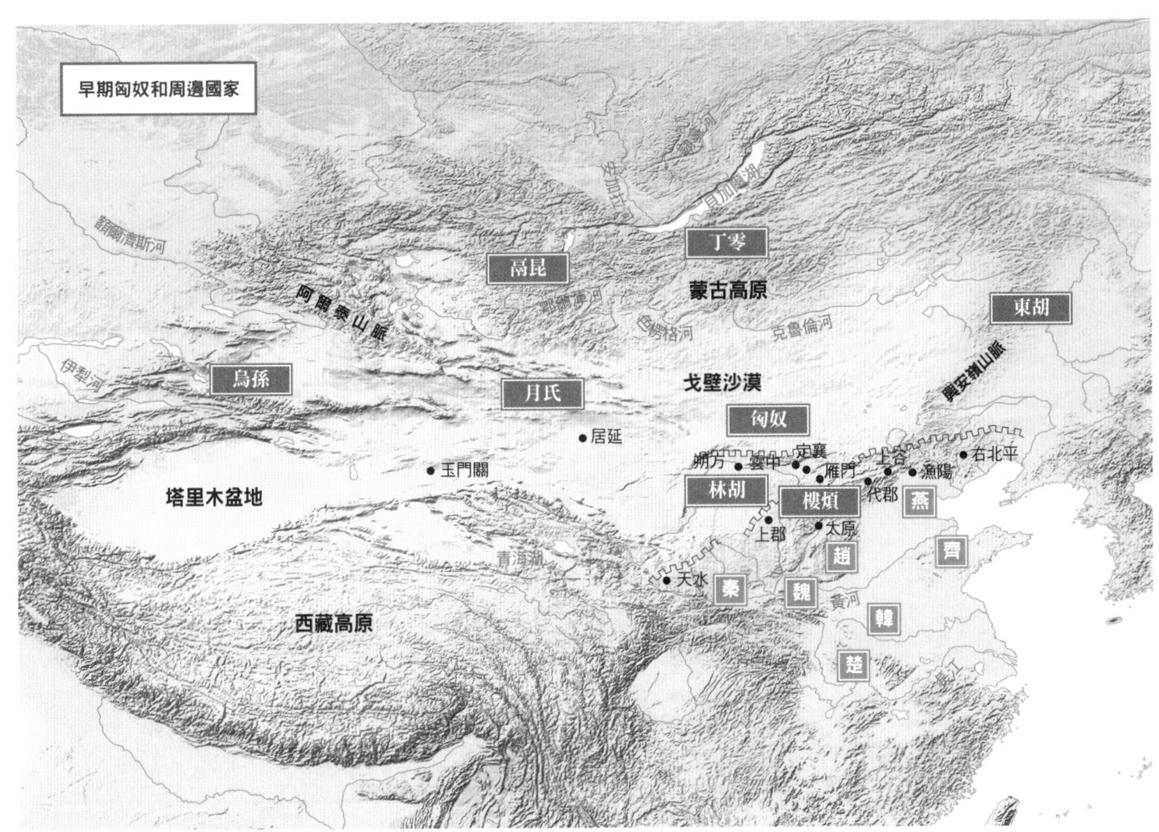

其他生活習慣不同的部族的統稱，因此「東胡」、「林胡」、「樓煩」以及「匈奴」，都在「胡」的範圍內。

「胡」的出現和長城的修築有著一定關聯，西元前四世紀末到前三世紀初期，從東部的燕國一直到西部的趙國、秦國，這些戰國時代的中原邦國為了阻擋新出現的遊牧民族，開始在北方築起高牆。趙武靈王時期的胡服騎射故事，敘事背景是不同於中原人的新部族的出現，而戰國時代各國分別修築的長城，在秦始皇統一中國後又被串連成一整條「萬里長城」。

萬里長城歷來都被視為是阻擋北方遊牧民族入侵的防護設施，但近來出現了一種新主張，認為萬里長城在中國古代的作用，並不是為了「防禦」、而是為了「表彰」——中原君主之所以興修長城，其實是在征服遊牧民族後，為了彰顯自己的功績而建立的紀念建築。互相對立的農耕民族和遊牧民族，它們之間的攻守關係也隨著時間的流逝而變化，因此很難判定，當初究竟是因為哪一方的優勢，才導致長城的修築；但萬里長城在竣工後的兩千多年時間裡，儼然成為了定居民和遊牧民在軍事上區隔的象徵。

匈奴的模樣

匈奴在血統上究竟屬於哪一個人種的支系，學界眾說紛紜，雖然大部分的學者推測他們為蒙古人種，但也有部分人根據史書記載的「紅鬍子、藍眼睛」來反駁這個推論；而關於匈奴語言的主張，也分為蒙古語系、突厥語系或其他完全不同語系等種種推論。本圖是諾因烏拉第十三號墳出土的古物，比起蒙古人種、更接近伊朗人種的特徵，但很難斷定這個物件就是描繪匈奴人而造。

西元前318年～前174年

匈奴帝國的發展

西元前 318 年
匈奴、韓、趙、魏、燕、齊，六國聯合攻秦但戰敗

西元前 221 年
秦統一天下

西元前 215 年
秦蒙恬討伐匈奴，占領鄂爾多斯

西元前 210 年
秦始皇與蒙恬逝世

西元前 209 年
冒頓單于登基，征服東胡

西元前 202 年
西漢立國

西元前 201 年
匈奴包圍韓王信，攻下馬邑、太原

西元前 200 年
漢高祖攻打匈奴，戰敗於平城白登山

西元前 195 年
漢高祖逝世

西元前 192 年
冒頓派使者致書呂后（所謂的「調戲呂后事件」）

西元前 174 年
冒頓單于逝世

西元前三一八年，「匈奴」這個名稱第一次正式出現在歷史文獻當中，而在秦始皇統一中原的同時，匈奴的勢力也在北方急遽擴張。西元前二一五年，秦始皇命令蒙恬帶領十萬兵馬（還有一種說法是三十萬兵馬）攻打匈奴，占領「河套南部」（黃河以南的鄂爾多斯草原一帶）。因為秦國的攻擊，匈奴遭受巨大的打擊、甚至喪失了根據地，但在如此危急的狀況之下，反而造就了冒頓這個人物，而匈奴帝國也因為冒頓的出現而誕生。

透過分析冒頓政權的產生：面臨外部威脅→社會軍事化→政治體系中央集權化，我們得以深入考究遊牧國家的誕生過程。根據司馬遷的記載，頭曼單于將他的兒子冒頓送到敵國月氏作為人質，但冒頓卻騎著千里馬成功逃亡。回國後，冒頓製作了會發出聲響的箭「鳴鏑」，訓練一批精銳心腹之後，用此箭發動弒父政變並取得大權。西元前二〇九年，也就是秦始皇逝世的隔年，冒頓掌握匈奴政權，這時候匈奴的周邊已經有許多大大小小的遊牧集團，他首先襲擊並占領了東部興安嶺山脈一帶的東胡，接著他又進攻位於甘肅一帶的月氏，併吞鄂爾多斯草原的樓煩和白羊，收復河套南部的疆土，並且征服了貝加爾湖一帶的渾庾、屈射、丁零、鬲昆、薪犁等勢力。

秦帝國滅亡之後，漢王國結束了隨後

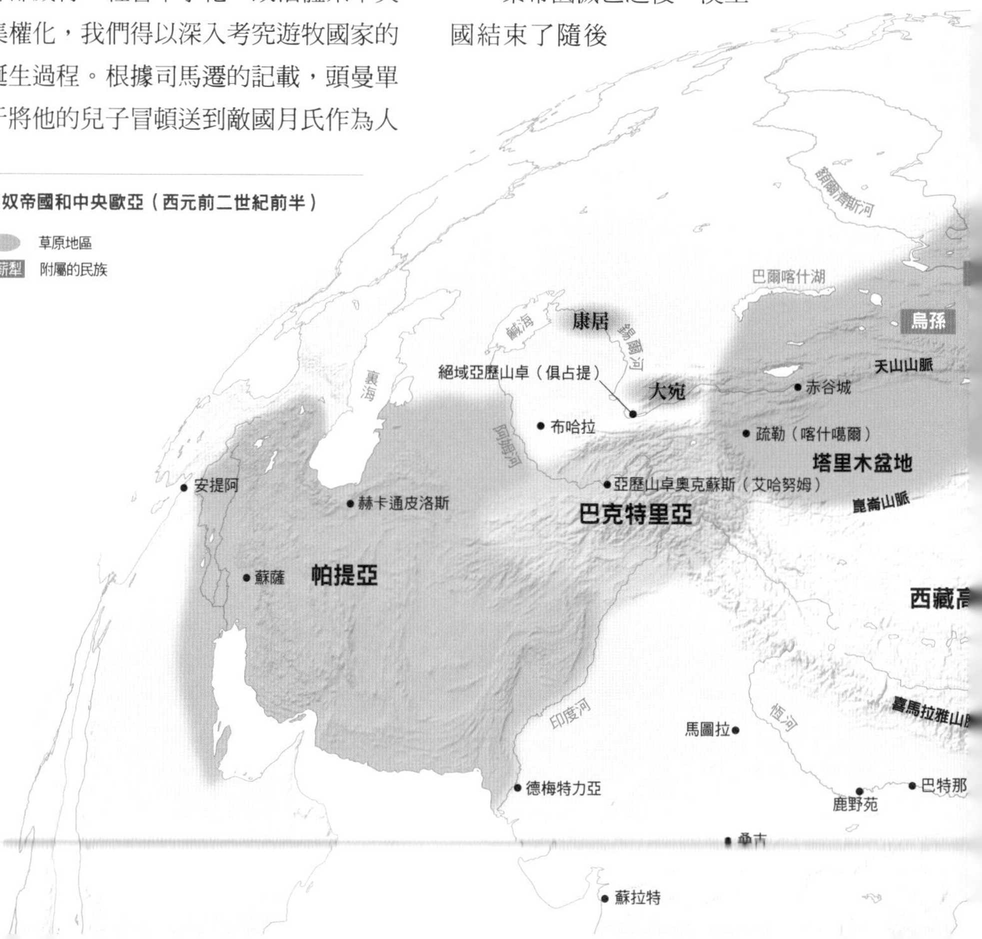

匈奴帝國和中央歐亞（西元前二世紀前半）

草原地區
薪犁 附屬的民族

的混亂局面並統一中原，而新成立的漢帝國和北方的草原政權、東亞歷史上的第一個遊牧國家匈奴，兩者之間的對決在所難免。漢高祖劉邦挾著統一中原的氣勢，在西元前二〇〇年親自帶兵攻打匈奴，但是超過三十萬兵馬的漢軍，被匈奴人團團包圍在山勢連綿的白登山。劉邦在寒冬中被包圍一週後，派手下用高級皮草和金銀財寶賄賂冒頓的夫人，讓她說服冒頓在嚴密的包圍網中留了一個出口，漢軍才得以逃離匈奴人的包圍。

劉邦在遭受白登山之圍的恥辱之後，派遣使臣以「和親」的名義，與匈奴締結和平條約。內容如下：以萬里長城作為兩國的國界，雙方結為兄弟之邦──漢帝國將公主嫁給匈奴王，並且每年贈送布匹和糧食給匈奴，另外還在國界上設立兩國互通貿易的關市。「和親」雖然在字面上顯示兩國為對等關係，事實上卻是漢帝國單方面嫁公主與進貢物品的條款，與近代的「不平等條約」其實沒什麼兩樣。在漢高祖逝世後，冒頓寄送給其遺孀呂后帶有「調戲」內容的信件，從這件事也可看出匈奴和漢帝國的不對等地位。

匈奴統一了北方草原的所有遊牧民族，不使用對內發動戰爭或掠奪的手段，卻保證了草原上欠缺的糧食、衣服，乃至各種奢侈品例如金銀、綢緞等等的供給。匈奴的君主獨占與漢帝國的外交、貿易關係，同時他們將手中掌握的大量物資，慷慨地分配給其他部族的首領，從而穩固自身的政治主導權。匈奴的領土範圍西至「金山」（即阿爾泰山）、東至興安嶺、北至貝加爾湖、南至長城一帶，而冒頓與漢帝國締結的和親條約，穩固了匈奴國家的財政根基，也為匈奴帝國打下穩固的基礎。

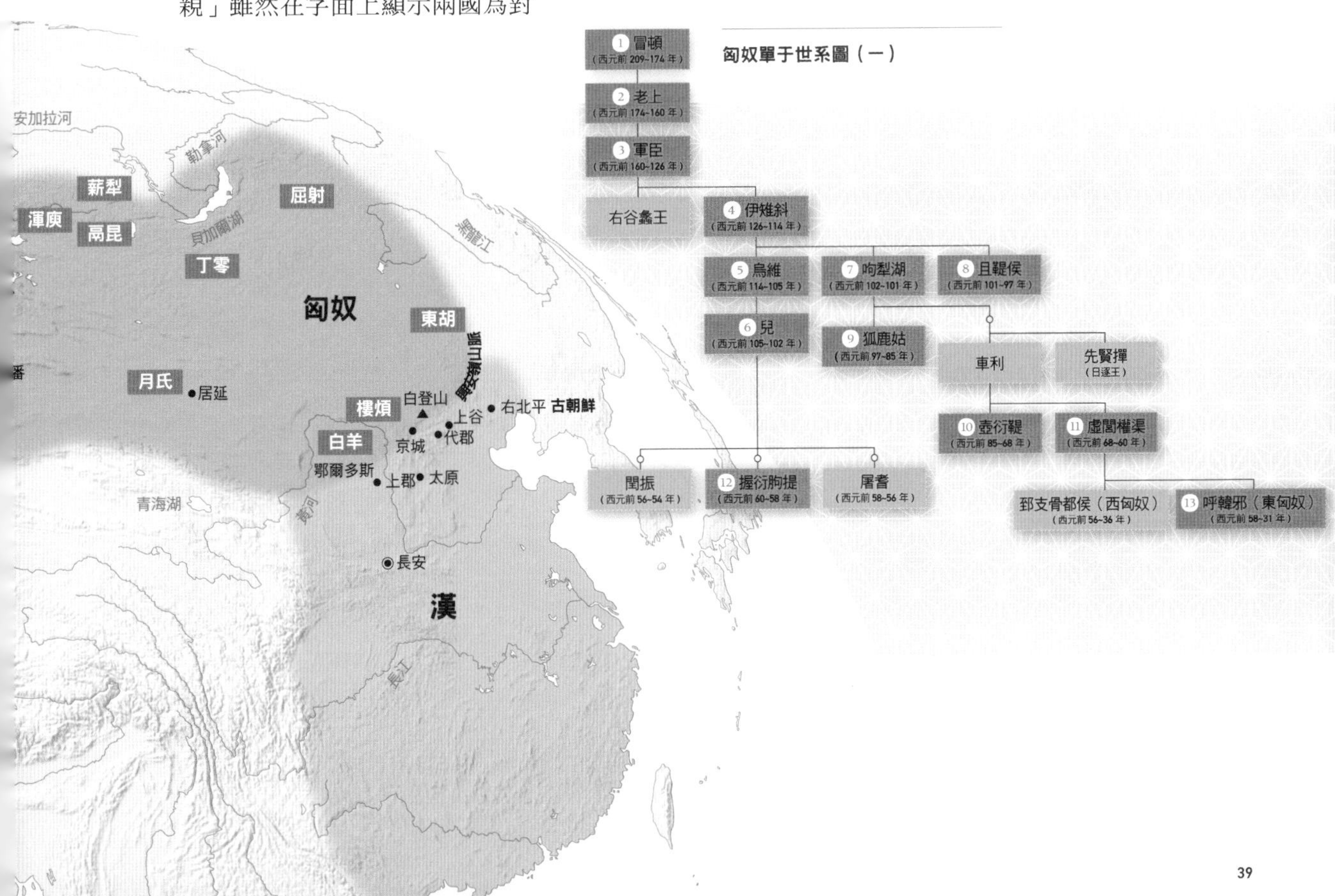

匈奴帝國的國家體制

西元前 221 年
秦統一天下

西元前 209 年
冒頓單于登基

西元前 206 年
秦帝國滅亡

西元前 202 年
西漢立國

西元前 200 年
漢高祖攻打匈奴，戰敗於平城白登山

西元前 195 年
漢高祖逝世

西元前 174 年
冒頓單于逝世

匈奴帝國的最高君主稱為「單于」，這個名稱的起源不明，意思大概是「廣大之貌」。而匈奴人稱呼單于為「撐犁孤塗單于」，撐犁和孤塗的意思分別是「上天」和「兒子」，帶有上天賦予之權位的意思，與其類似的稱號有「皇帝」或「天子」，但當初是否參照中國君主的稱呼而設計出「撐犁孤塗單于」這個尊號，則不得而知。如同「胡」的意思為「天之驕子」一樣，對匈奴人來說，「撐犁」（Tengri）這個前綴，意指他們的君主是由上天指派，或者受到上天祝福的人。

單于這個稱號代代在匈奴的核心統治家族內部相傳，與他們結為姻親的氏族在西漢時期有呼衍氏、蘭氏以及須卜氏，而東漢時期則有邱林氏。單于的夫人稱為「閼氏」，等同於漢帝國的皇后，而君主本人出身的氏族以及與君主結為姻親的氏族，共同組成匈奴的核心領導階層。姻親氏族的首領被賦予骨都侯的稱謂，對內的職責是輔佐單于，同時監察與審判其他遊牧集團，對外則負責與漢帝國交涉。而在所有姻親氏族中，以呼衍氏的勢力最為龐大。

匈奴帝國的領土大致分為中央、左方和右方，位於中央王庭的單于實行集權統治，左方配有「諸左翼王將」、

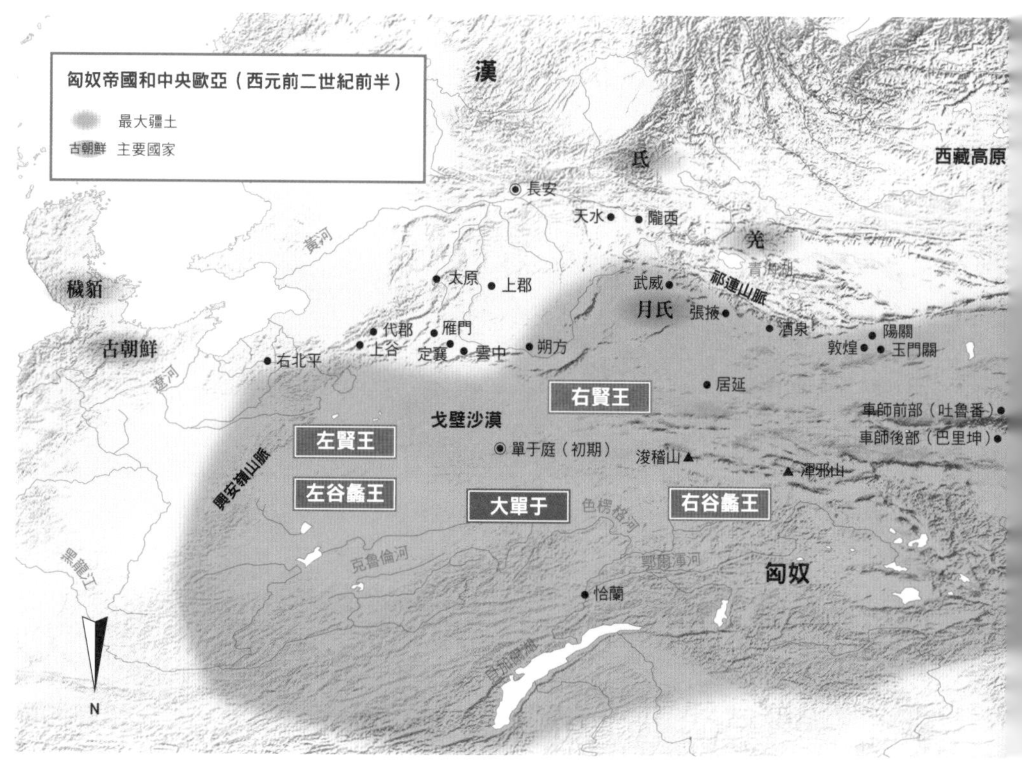

右方配有「諸右翼王將」——在之後出現的遊牧國家中，也可看到相同的三分國土體制。單于的中央王庭與漢帝國的雲中郡和代郡對望，左王尊位於東方、對望上谷郡，也與穢貊和古朝鮮相接；右王尊位於西方、對望上郡，同時與月氏、氐和羌等部族相接。雖然匈奴的領土包含戈壁沙漠南部的整片草原，但在與漢武帝劉徹交戰之前，它的核心領土是位於現今內蒙古一帶的地區。

《史記》記載，單于的最大助力、同時是匈奴最強的領導階層的王尊，分為左右賢王、左右谷蠡王、左右大將、左右大都尉、左右大當戶、左右骨都侯等「二十四長」，這些人也被統稱為「萬騎」，他們分別擁有各自的「分地」，下面配有千長、百長、什長、裨小王，相封、都、尉、當戶、且渠等屬下。這裡的「分地」指的是二十四長所統治的遊牧民，隨著季節變化而遷徙居住的區域範圍。

若是照「萬騎」字面上的意思，二十四長各自可動員的騎兵分別為一萬名，整個匈奴帝國就有二十四萬兵馬，但實際上很難用這種方法計算匈奴的兵力，因為後來統一蒙古高原的成吉思汗旗下計有九十五個「千戶」，但蒙古軍的實際兵力卻始終少於十萬。匈奴的總人口數，還不及漢帝國一個大縣城的人口，根據當時的記錄，至少比一個漢郡的人口數還少，例如漢文帝的文臣賈誼就估計說，匈奴的騎兵大約只有六萬人。根據這些記錄，匈奴的人口儘管在三十萬人以上，但也不會超過五、六十萬，因此單于可以動員的兵力不超過十萬人。因此，所謂「冒頓包圍漢高祖時，匈奴出動了四十萬兵馬」的說法，只能夠看作是過於誇張的描述。

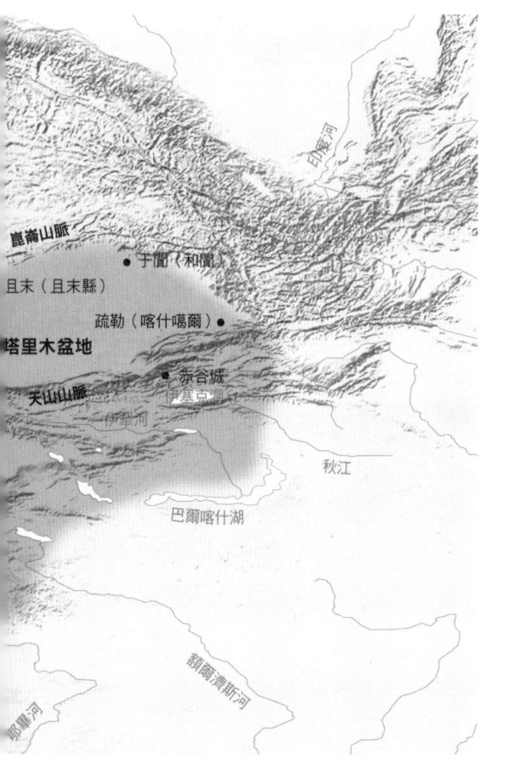

匈奴單于族譜圖（一）

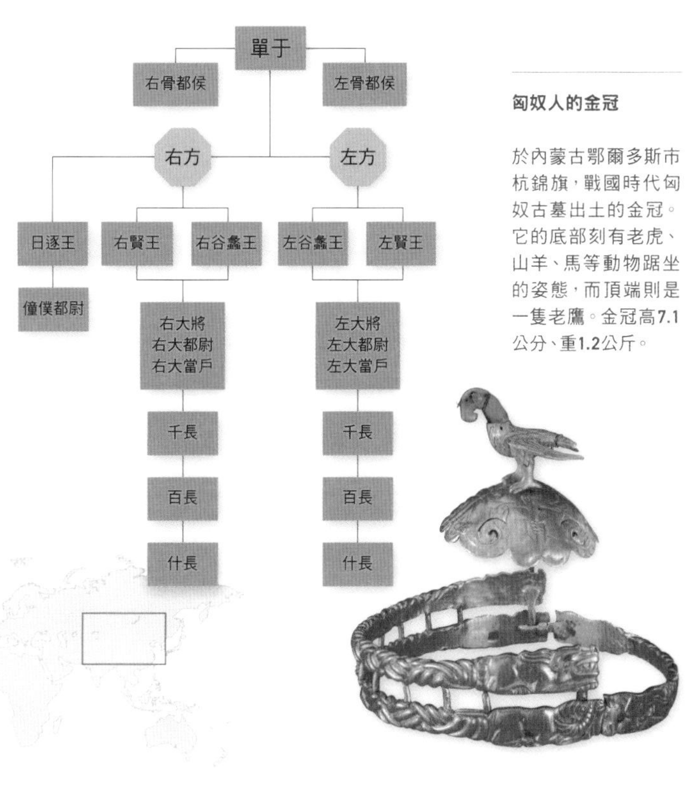

匈奴人的金冠

於內蒙古鄂爾多斯市杭錦旗，戰國時代匈奴古墓出土的金冠。它的底部刻有老虎、山羊、馬等動物踞坐的姿態，而頂端則是一隻老鷹。金冠高7.1公分、重1.2公斤。

西元前221年～前174年

匈奴社會和文化

西元前 221 年
秦統一天下

西元前 209 年
冒頓單于登基

西元前 206 年
秦滅亡

西元前 202 年
西漢立國

西元前 200 年
漢高祖攻打匈奴，戰敗於平城白登山

西元前 195 年
漢高祖逝世

西元前 174 年
冒頓單于逝世

匈奴人從血統上說隸屬哪一個人種、匈奴的語言隸屬哪一個語系，對於這兩個問題，目前學界中沒有一致的答案。首先，不清楚匈奴語言比較接近後來的突厥語還是蒙古語，而匈奴人的外貌特徵看起來既不是蒙古人，但也很難就斷定他們歸屬於西方的帕米爾人種（高加索人種的分支）。基於現有的文獻和考古資料，暫時沒有足夠的證據能夠作出定論。但是換個角度想，「匈奴」本身是包括各個遊牧集團的草原帝國，它是一個具有政治意義的稱號，因此本來就很難斷定這個帝國的民眾，都屬於同一個人種或講同一種語言。

匈奴帝國雖然是遊牧國家，但也包括許多透過不同途徑而接受單于統治的農耕民——因戰爭而成為俘虜的士兵、透過外交協定而成為人質的外國政要、跟隨漢帝國和親公主而來的僕人等等，這些人在匈奴境內建立農耕據點，並在匈奴社會的政治、文化、經濟上發揮著相當程度的影響力。在蒙古高原北部，包含伊伕爾加古城在內等二十幾座匈奴時代的遺跡中，既發現運用地熱能的建築物，同時也有農耕器具和定居的痕跡。

但是，大部分自稱為「匈奴」的人仍然是遊牧民，而《史記》中也有關

於這些人的記載，例如匈奴人「逐水草而居，並沒有城郭或固定的居住地，也不進行農耕活動」。他們主要飼養的家畜有馬、牛、羊，以及駱駝、驢子、騾子等，推測每個牧民平均約擁有二十頭家畜。因為不停地在各地移居，匈奴人的飲食也以畜牧中獲得的產品為主，除了肉製品之外，他們也食用「酪」（凝乳）、「酥」（黃油）等乳製品。

匈奴人的社會結構，從底層也就是以親屬關係為基礎的小規模遊牧部落，向上延伸至各個以政治從屬關係為基礎的大集團，史料記載中有家、帳、落、邑、氏、部等各式各樣的名稱。匈奴人並非使用跟現今「蒙古包」相同的卸裝式架構，而是在以牛牽拉的拖車上，裝置固定的布幕。最近的一份研究報告指出，直到西元八世紀時，突厥人才開始使用類似蒙古包的帳篷。

西元一九二四到一九二七年，俄國考古學家柯茲洛夫（Pyotr Kozlov）主持諾彥烏拉墓地的發掘，並在墓穴中發現眾多遺跡與遺物，因而得以確認匈奴文化的存在。而位於俄國與蒙古邊境的恰克圖一帶，查拉姆山谷的古墓從一九九七年開始發掘，這裡的發現也十分值得注目，特別是第七號墳墓——它被推測為匈奴單于的墓地。在這裡，也發現了中國產的綢緞、鐵器、紡織品、毛氈、玉、金、銀、青銅器以及其他鐵製遺物，也有陪葬用人偶以及「動物墓地」的遺跡。從九〇年代後半開始，俄羅斯方面跟韓國的蒙古學專家們，以蒙古高原東部為中心，共同進行考古挖掘，取得不錯的成果，查拉姆山谷是其中一個例子。諾彥烏拉古墓的構造與斯基泰的墳塚（Kurgan）相似，古墓內也有帶著動物圖案的的地毯、刻有漢字的絲織品等遺物。同時，在內蒙古鄂爾多斯一帶，也挖出刻有動物圖案的青銅製品，以「鄂爾多斯青銅器」的名稱廣為人知。

這樣看來，儘管匈奴人的活動範圍是以蒙古高原一帶為主，但他們並不完全依賴遊牧生活，匈奴帝國也不是只懂得騎馬打仗的國家，而是包括了為數不少的農耕民，同時與其他文化——例如中國文化，以及歐亞大陸西部文化——有著密切接觸的草原政權。

出土於匈奴古墓的希臘神像

於諾彥烏拉墓地第20號墳塚挖出的銀裝飾品，直徑15公分，上面刻有希臘神祇的模樣，可以得知匈奴曾與地中海地區有著文化層面的交流。

繡在地毯上的臉

從諾彥烏拉墓地第25號墳塚挖出的毛織品，上面繡有人臉圖案，推測為西元前1世紀到西元1世紀左右的物品。織物寬10公分、長19公分，目前收藏在俄國隱士廬博物館。

獨角獸銀裝飾品

出土於蒙古後杭愛省高勒毛都古墓的銀製騎具裝飾品（吊飾或胸前飾品），刻有幻想中的生物獨角獸，獨角獸額頭上的長角與腳底下的雲，象徵著它是來自天上的動物，頭的方向有向左的也有向右的，可以湊成一對。長度在14.2到14.3公分之間。

西元前209年～約西元60年

月氏西遷

西元前 209 年
匈奴冒頓單于登基

西元前 202 年
西漢立國

約西元前 177 年
受烏孫、匈奴壓迫，月氏由天山東部移往天山西部

西元前 176 年
月氏敗於匈奴的冒頓單于

西元前 174 年
匈奴老上單于即位

西元前 160 年
月氏因老上單于的攻擊西遷

西元前 139 年
漢武帝派遣張騫到大月氏（西元前 129 年抵達）

西元前 130 年代
大月氏征服大夏

西元 60 年
貴霜帝國建國

西元前一七六年，冒頓單于在致漢文帝的書信中誇口說道：「託上天之福，我的官吏和士兵非常精銳，我的戰馬強壯有力，因此我已經攻破月氏，而所有反抗的人也向我降服。」之後，月氏受到匈奴的反覆攻擊，不得已只能西遷。但正如前文所提到的，月氏原本是比匈奴強大的國家，連冒頓本人也曾經被送去月氏當人質，那麼，月氏到底是什麼樣的部族，他們從何而來，又透過什麼途徑向西遷居呢？

根據《史記》的說法，月氏與匈奴一樣過著遊牧生活，原本的居住範圍在敦煌和祁連山脈一帶，也就是現今的中國甘肅省西部「河西走廊」一帶。但是對勢力一度最為強大的遊牧民族月氏來說，河西走廊作為根據地似乎太過狹小。因此有部分學者主張，月氏曾經支配著廣闊的蒙古草原，同時他們也掌握了絲路東段的貿易，河西走廊只是月氏根據地的一部分。中國古代文獻提到過「禺氏之玉」，「禺氏」與「月氏」的讀音相似，月氏人把于闐出產的玉轉賣到中國，因而得名。另外，月氏的古音為「Zgudscha」，與古代亞洲史料中的「Skuja」（斯基泰）相通，因此也有人認為月氏就是斯基泰。這些看法是否正確，筆者無法斷言；但筆者認為，月氏與烏孫等部族都屬於印歐語族，而不是阿爾泰系的突厥語族。

雖然對於月氏西遷的細節，學者們還是有著意見分歧，但月氏遷徙的階段，大致可以敘述如下。首先在西元前一七六年，因為遭受冒頓的攻擊，月氏人離開河西走廊，移居到天山北部的伊犁河流域，並被其他部族稱為「大月氏」；而繼續居住在月氏故地的則被稱為「小月氏」。西元前一六〇年，月氏被老上單于（冒頓的後裔）攻擊，這次甚至連月氏王本人也被匈奴抓住，並產生了單于把他的頭蓋骨當作「酒杯」一說。西元前一三九年，漢武帝為了攻打匈奴而準備與月氏結為同盟，被匈奴俘虜的張騫從匈奴人那裡打聽到「月氏在我們的北方」，因此我們可以推測，到這時候為止，月氏依舊住在伊犁河流域，但是到了後來的西元前一二九年，張騫逃離匈奴、最終到達月氏境內時，

玉門關

位於現甘肅省敦煌市西北約90公里的位置，因為西域的特產玉由此入關，因此命名為「玉門關」，建立於漢武帝時代。現在找不到關門的遺跡，但可以看到附近烽火台的遺跡。

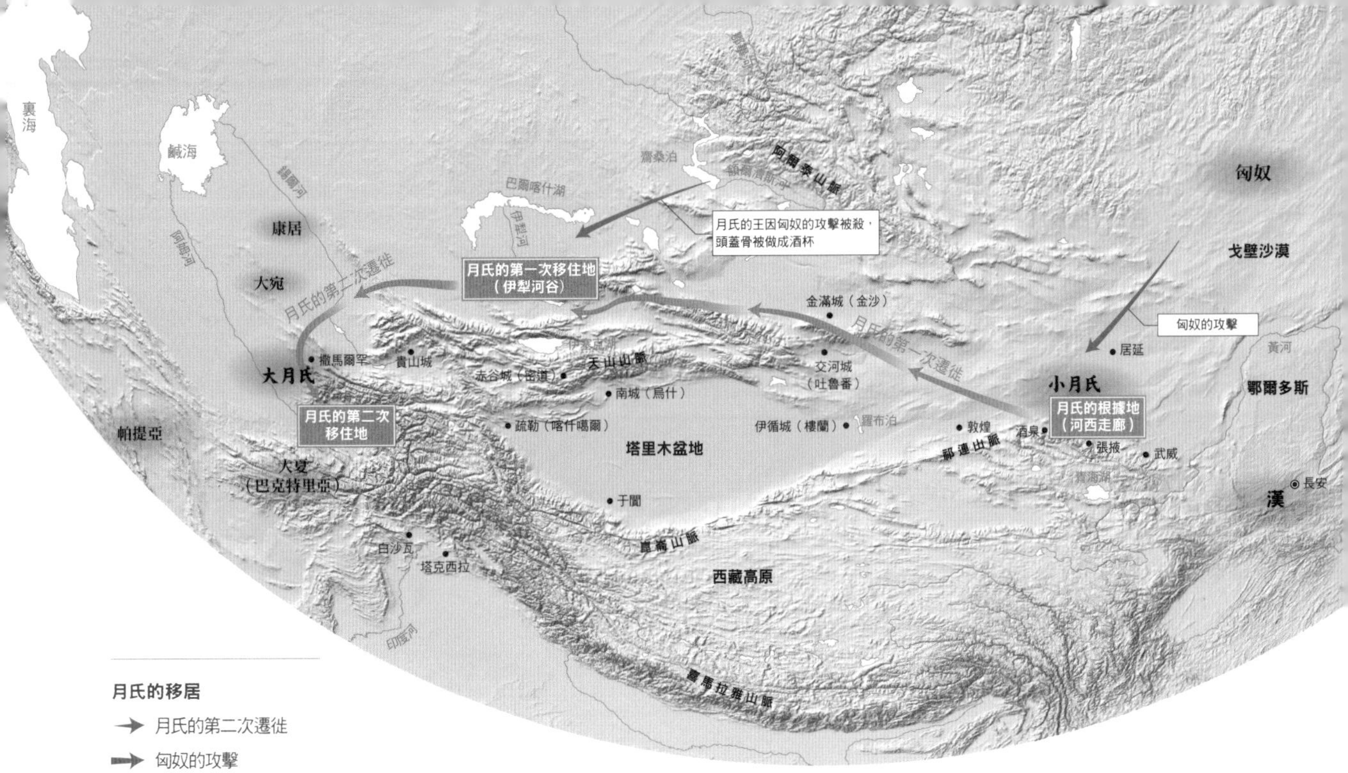

月氏的移居

→ 月氏的第二次遷徙

→ 匈奴的攻擊

他們已經離開了天山一帶——在張騫被匈奴俘虜的期間，月氏受到匈奴和烏孫的聯合攻擊，因此繼續往伊犁河的西方遷徙，移居到阿姆河的北部流域。不過這種「分段遷徙論」也受到了部分學者的批評，這些學者認為月氏在遭受老上單于的攻擊之後，就直接西遷到阿姆河流域，既有說法是基於班固所著《漢書》裡的錯誤記載而產生的。

無論如何，月氏西遷後，他們在阿姆河北岸設立「王庭」，並統治著位於南岸的大夏（即Bactria，巴克特里亞）。而古希臘的地理學家、歷史學家斯特拉波也主張，斯基泰系的奄蔡（Aorsoi）、帕色尼（Pasianoi）、吐火羅（Tokharoi）、塞迦（Sakaraukai）等北方部族南遷，導致巴克特里亞王國的崩潰，同時他推測這些國家可能是由月氏人和烏孫人建立的。大月氏人占領了大夏，並在原地成立了休密、雙靡、貴霜、肸頓、都密這五個諸侯國，其中的貴霜後來合併了其他四個諸侯國，並且建立起貴霜帝國（Kusan Rajavamsa）。

從天空俯瞰的綠洲城市于闐的模樣。

西元前139年～前87年

漢匈戰爭

西元前 139 年
漢武帝派遣張騫到西域

西元前 133 年
馬邑之謀，此後漢匈關係惡化

西元前 129 年
漢武帝和匈奴全面開戰

西元前 127 年
衛青擊敗樓煩王和白羊王，占領黃河以南

西元前 123 年
衛青攻擊匈奴，趙信投降於匈奴

西元前 121 年
衛青和霍去病攻擊匈奴

西元前 104 年
李廣利第一次遠征大宛

西元前 102 年
李廣利第二次遠征大宛

西元前 89 年
「輪臺罪己詔」發表，漢匈戰爭終結

西元前 87 年
漢武帝逝世

漢匈戰爭起始於西元前一三三年，當時漢武帝劉徹在名為馬邑的邊境城市配置了號稱「三十萬」之多的大軍，計劃誘捕匈奴單于，由於情報有誤最後沒有達到目的，但這件事從此開啟了漢匈兩國的長年戰爭。

單于因為漢帝國的陰謀而非常憤怒，於是向上谷郡進攻，另一方面，劉徹也於西元前一二九年正式向匈奴宣戰，並派衛青、李廣等將領率軍北上。前一二八年，匈奴動員九萬名騎兵，分為三路向代郡、定襄、上郡發起攻擊。前一二七年，衛青帶領軍隊從雲中郡西進，沿著隴西的道路，擊破了匈奴右賢王旗下的樓煩王和白羊王，並在當地設立了朔方郡。朔方郡的建立激怒了右賢王，導致他採取更加激烈的反擊手段，但在前一二四年，衛青帶領十萬漢軍奇襲右賢王，右賢王戰敗。第二年，衛青再次出戰，而這次結果不盡理想，他的部下、原來是匈奴部落小首領的趙信，又回到了匈奴人的陣營。

馬踏匈奴石像

中國西安霍去病廟前的石雕像，馬的腳下踩有匈奴人，因此稱為「馬踏匈奴」。值得注意的是，匈奴人雙眼炯炯有神，留著長長的鬍子，可看出並不是典型蒙古人種的長相。

趙信向匈奴單于進言，將根據地遷徙到戈壁沙漠以北的草原——漢帝國內部有一種看法認為，如果漢軍過於深入，會讓匈奴人重新取得戰爭優勢；而單于也聽從了趙信的提議。但是在前一二一年，衛青和霍去病分別帶領五萬名騎兵，從定襄和代郡出發進攻漠北。衛青的軍隊前進到位於杭愛山脈南部的趙信城，並將當地所有的穀糧都燒光；霍去病的軍隊則從邊境往北進軍「二千餘里」，擊敗了匈奴左賢王。雖然劉徹的大軍成功進軍漠北，但匈奴在面臨嚴重軍事威脅的情況下，其勢力也並未完全瓦解。

西元前一二三年開始，漢帝國也開始對河西走廊積極發動攻勢，該年霍去病沿著隴西郡、祁連山一路，行軍約一千餘里，沿路討伐匈奴的王族，並收繳了休屠王的祭天金人（匈奴人進行祭天儀式時使用的神像之一）。前一一九年，漢武帝為了截斷匈奴的右翼，派遣從西域回來的張騫到烏孫，企圖和對方結盟並夾攻匈奴，然而張騫無功而返。

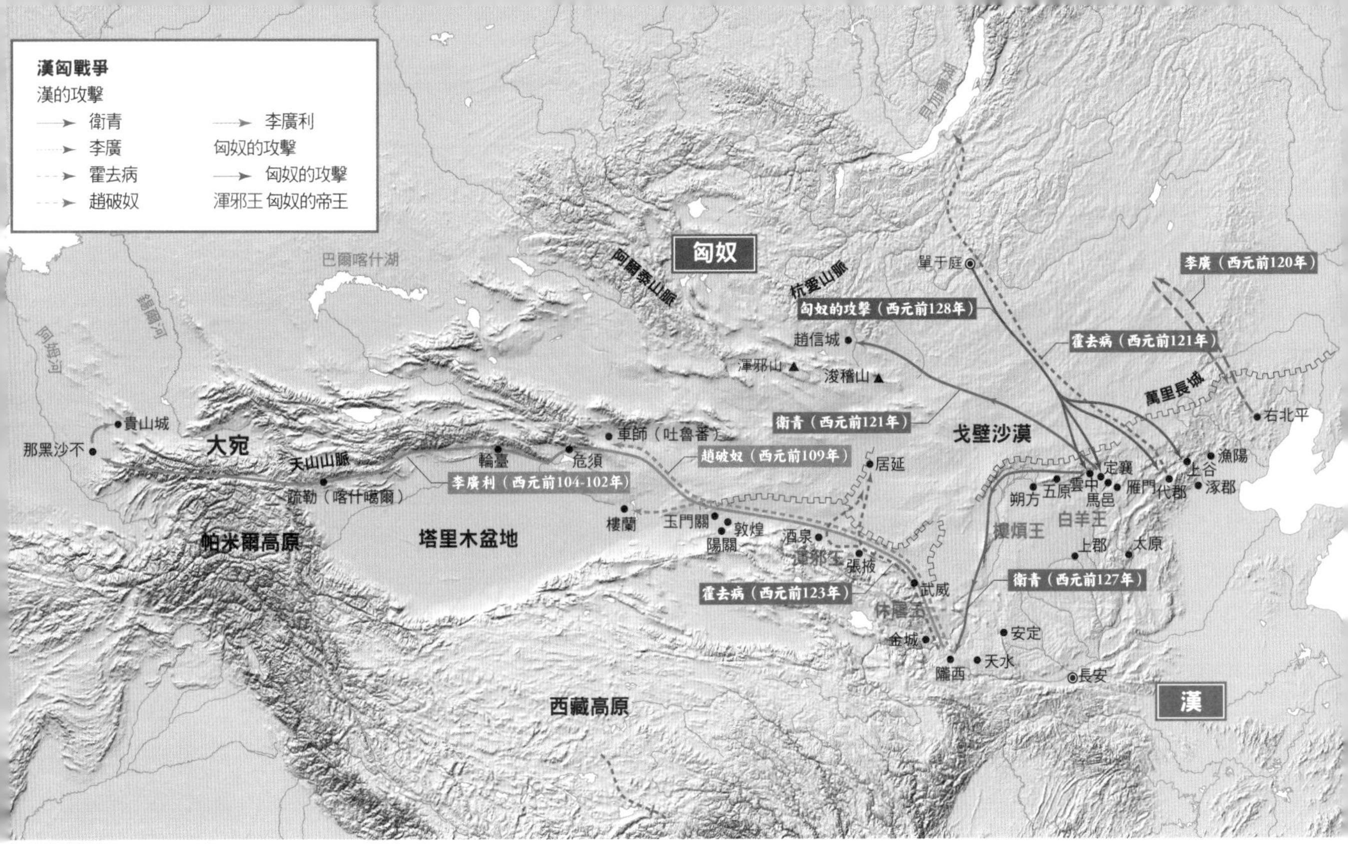

漢匈戰爭
漢的攻擊
衛青
李廣
霍去病
趙破奴
李廣利
匈奴的攻擊
匈奴的攻擊
渾邪王 匈奴的帝王

匈奴
貝加爾湖
巴爾喀什湖
錫爾河
阿姆河
阿爾泰山脈
杭愛山脈
單于庭
李廣（西元前120年）
匈奴的攻擊（西元前128年）
霍去病（西元前121年）
趙信城
渾邪山
浚稽山
萬里長城
右北平
衛青（西元前121年）
戈壁沙漠
貴山城
那黑沙不
大宛
天山山脈
輪臺
危須
車師（吐魯番）
趙破奴（西元前109年）
居延
李廣利（西元前104-102年）
疏勒（喀什噶爾）
定襄
漁陽
上谷
雲中
朔方
五原
馬邑
雁門
代郡
涿郡
白羊王
帕米爾高原
塔里木盆地
樓蘭
玉門關
敦煌
陽關
酒泉
渾邪王
張掖
樓煩王
上郡
太原
霍去病（西元前123年）
武威
休屠王
衛青（西元前127年）
安定
金城
天水
隴西
長安
漢
西藏高原

不過，劉徹成功設立了河西四郡（武威、張掖、酒泉、敦煌），並在掌握河西走廊後，於前一〇九年派出以趙破奴為首的漢軍向西域進發，占領了樓蘭、車師這兩個城邦國家。

西元前一〇四年，劉徹又任命李廣利為貳師將軍，遠征大宛（現今烏茲別克東北部費爾干納一帶），目標是取得這一帶的「汗血寶馬」。因為李廣利沒有達成任務而折返，劉徹十分憤怒，甚至下令封鎖玉門關，不讓李廣利的軍隊入關，並於前一〇二年下令李廣利再次遠征大宛。之後李廣利的軍隊包圍了大宛國的首都貴山城，帶了數十匹良馬返回。歷經周折才終於得到幾匹汗血寶馬，劉徹對此非常激動，甚至還作了一首《天馬歌》。他之所以對汗血寶馬如此執著，並非是為了將牠們作為戰馬，提升漢軍的戰力，而是想要親自騎著這些「天馬」登上崑崙山會見西王母，得到長生不老的靈藥。

西元前八九年，劉徹拒絕了桑弘羊在輪臺設立屯田的進言，下達《輪臺罪己詔》，宣布停止對外征伐、終結了漢匈戰爭，而他之前費心建立的「華夷秩序」也就此付諸流水。雖然匈奴被迫把王庭遷徙到戈壁沙漠以北，同時也喪失了河西走廊的掌控權，但就如同「耗費全天下的資財、帝國的人口也減少一半」的批評，漢帝國的財政破產才是讓戰爭終結的最關鍵因素。從這個角度來看，在這場匈奴與漢帝國的戰爭中，劉徹無疑是打了一場敗仗。

青銅奔馬像

出土於甘肅省武威市雷台漢墓的青銅奔馬像，馬踏燕子往天上飛去，因此也被民間稱為「馬踏飛燕」，目前收藏於甘肅省博物館中。高34.5公分、長45公分。

張騫與絲路

西元前 141 年
漢武帝即位

西元前 139 年
張騫被派遣至西域大月氏，不久後被匈奴俘虜

西元前 129 年
張騫逃出匈奴，通過大宛、康居抵達大月氏

西元前 126 年
張騫返回長安

西元前 124 年
張騫被派遣至昆明

西元前 119 ～前 115 年
張騫以使臣身分從烏孫歸國

漢武帝劉徹決心向匈奴宣戰的時候，某個匈奴俘虜剛好向漢帝國透露了以下消息：位於匈奴西邊的月氏遭受匈奴攻擊後戰敗，月氏舉國西遷，而月氏王的頭蓋骨被單于當作酒杯，因此月氏視匈奴為不共戴天的仇人。於是劉徹便招募使臣，意圖與月氏結為同盟。但月氏的居住地本來就是遙遠又未知的區域，因此幾乎沒有人願意前往，而這時主動站出來的人就是張騫。

西元前一三九年，張騫和嚮導甘父帶著一百多名的隨扈從長安出發，一行人經過隴西的時候，被匈奴人抓獲並押送到單于的王庭。單于對張騫說：「月氏在我們的北邊，漢國為何要派使臣前往？若是我要派遣使臣前往越國，漢皇帝會讓我通過嗎？」因此扣留了張騫一行人。接下來張騫度過了十年的俘虜生活，甚至和匈奴女人有了子嗣，但他在西元前一二九年成功逃出，穿過蔥嶺（帕米爾高原）到達大宛。透過大宛和康居的引導，最後張騫找到了大月氏的所在地，但當時大月氏已經征服了大夏故地，過著安居樂業的生活，月氏人認為自己沒有必要接受劉徹的提議。

張騫出使失敗之後，便向東進發，為了在返回漢帝國的途中避開匈奴人，他選擇從塔里木盆地南邊的山區羌族的聚居地繞路而行，卻還是再次被匈奴俘虜。一年後，因為單于逝世、匈奴內亂，張騫帶著匈奴妻子和甘父，於西元前一二六年重新回到長安。

張騫將旅途中的所見所聞逐一向劉徹報告，而這些內容也被司馬遷收錄到《史記》的「大宛列傳」當中。張騫帶回的珍奇物產，以及他在西域的各種見聞，這些都啟發了古代中國人的想像力和好奇心，但是能直接通往西邊的隴西路徑和青海路徑，都因匈奴人的阻擋而難以通行。張騫在大夏逗留時，看到產自四川的「邛竹杖」和「蜀布」，經過詢問得知是當地人從身毒（印度）進口。因此張騫為了與西方交流，提議漢帝國開發可抵達身毒一帶的蜀道，並在前一二四年時，親自到昆明主持此事；但是因為森林茂密、當地的流行疾病、

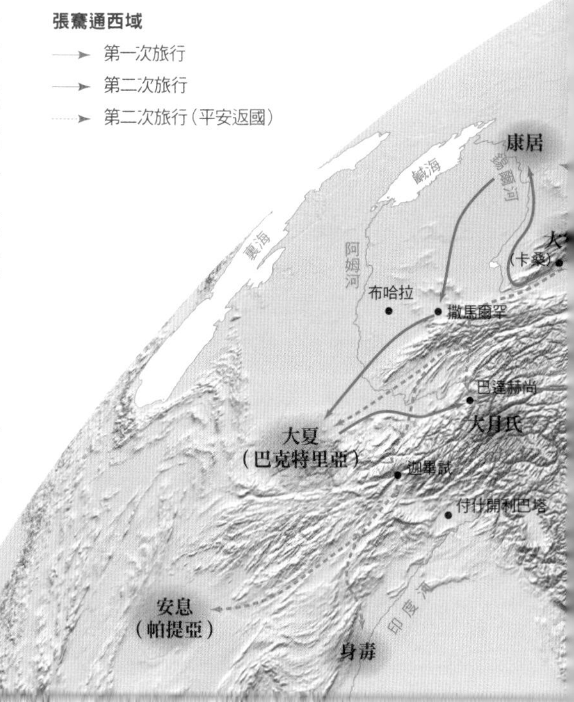

部落居民阻礙等因素，最終計畫失敗，而張騫也返回漢帝國。

西元前一一九年，張騫向劉徹提出建議，只要漢帝國和天山北邊的烏孫結盟，共同出兵攻打匈奴，便可以「斬斷匈奴的右臂」，突破目前北方戰線的困境。因此，劉徹任命張騫為中郎將，帶領三百多人的使團前往烏孫；但是因為烏孫國內的反對意見，最終烏孫王並沒有接受漢帝國的提議。張騫雖未達成出訪的目的，不過他在烏孫逗留的期間，也派遣部下前往大宛、康居、大月氏、安息（帕提亞）、身毒等國，因此除了中亞國家之外，漢帝國跟西亞的國家也建立起外交關係。

司馬遷使用「鑿空」這個詞，來描述張騫的事蹟——開通前人未及的區域。除此之外，他也提到張騫「到達了黃河的發源地」（窮河源），雖然和史實有所出入，但這個說法依舊代表著「超出人用雙腳能夠到達的極限」的意義。同時，還有「首次將屬於西域特產的葡萄和苜蓿帶入中國」、「搭著木筏到黃河源頭所在的天山」等各式各樣以張騫為主角的傳奇故事。

張騫出使西域圖

唐初期，畫在敦煌莫高窟第三二三號石窟北面牆壁上的壁畫，描繪被派遣至西域的張騫，與漢武帝辭別的場面。

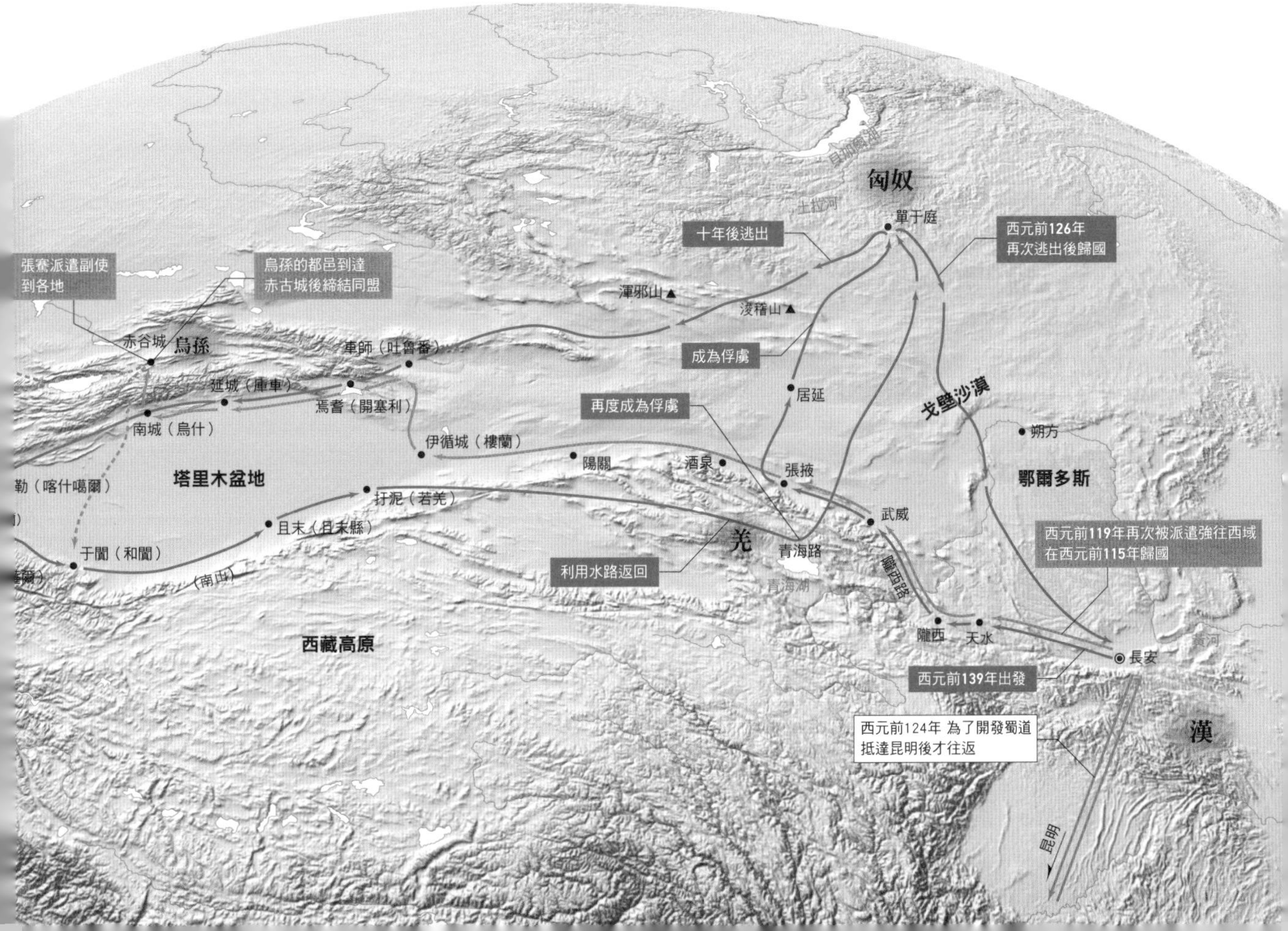

匈奴帝國和中亞

西元前 209 年
冒頓單于登基，征服東胡並驅趕月氏西遷

西元前 170 年代
匈奴支配西域國家（設立僮僕都尉）

西元前 139 ～前 126 年
張騫第一次出使西域

西元前 99 年
漢派出開陵侯（原為匈奴介和王）率領樓蘭軍進攻車師，因匈奴的派兵增援而撤退

約西元前 74 年
匈奴攻打烏孫，車師派出四千騎兵加入戰爭，車師與匈奴結盟

約西元前 68 ～ 67 年
漢與西域諸國結盟，車師不敵而降漢

西元前 60 年
漢設立西域都護府

在文獻記錄中發現，中亞西部也就是西突厥斯坦一帶，早在西元前六世紀的下半葉起，便與西亞以及地中海一帶的文明有著密切接觸。相較之下，關於東突厥斯坦各個城邦的描述，無論是在西方文獻還是在中國的史料當中，都較晚才出現。戰國時代的文獻《穆天子傳》，雖然主要是描述周穆王環遊西域後到達崑崙山，與西王母會面後返回國內的經過，但內容較接近傳說而非史實，「禹氏之玉」也只是單純的描述中亞的特產罷了。其後匈奴崛起、掌握蒙古草原和西域，並且開始跟漢帝國進行外交、軍事接觸後，中國這邊的文獻，才開始較為詳細地記錄中亞城市和住民的情況。

匈奴帝國統治下的中亞（西元前 2 世紀上半葉）

支配中亞的體制

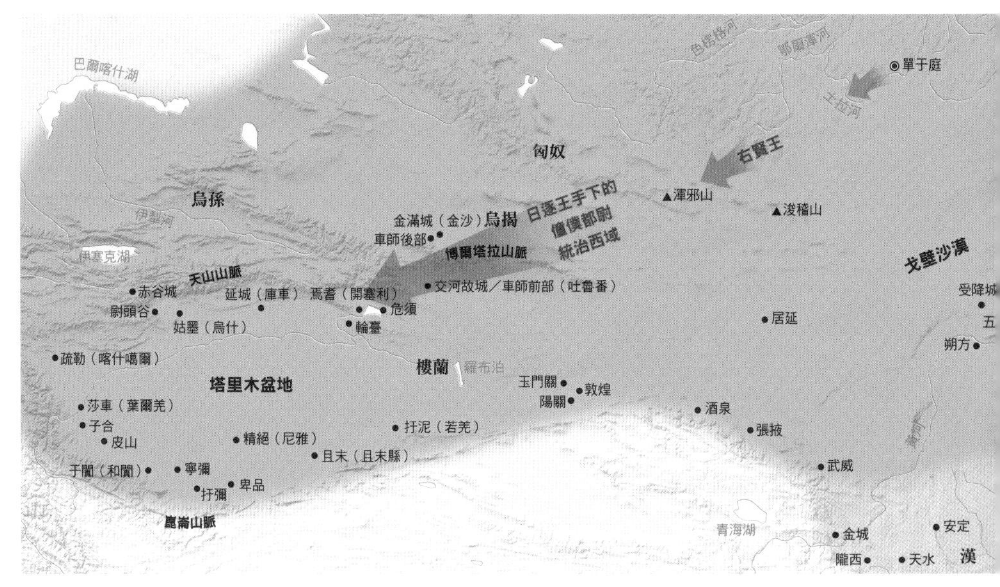

西元前一七六年，匈奴的冒頓單于在致漢帝國的國書中表示「樓蘭、烏孫、烏揭以及周邊的二十六個國家，都已經（以從屬國的形式）歸屬匈奴」。樓蘭位於塔里木盆地東邊的鹽澤（現今羅布泊）一帶；烏孫住在天山北方的伊犁河流域，屬於遊牧民族；烏揭住在現在博爾塔拉山脈北方的草原，推測也是以遊牧民為主的部族。關於「周邊的二十六國家」，國書並中沒有明確的分別列出是哪些國家，而其他漢文史料全部註記為「西域三十六國」，這個來自《史記．奴列傳》的數字，有很大的可能性是將「二十六」誤植的結果。「西域三十六國」這個稱號，當時經常被用作塔里木盆地周邊，大大小小的綠洲城市的總稱。透過這段記載我們可以知道，匈奴國家從西元前一七〇年代開始

便向西擴張勢力，跨越河西走廊，一路推進到天山山脈的南、北部為止。

儘管關於匈奴統治西域的直接史料並不太多，但是許多事例顯示，為了彰顯政治上的支配—從屬關係，西域各國的君主會將自己兒子作為人質送往宗主國（也就是匈奴）的王庭。樓蘭曾經分別送了一個質子到漢帝國和匈奴，而匈奴也為了確立對車師（吐魯番）的支配權，不僅阻止車師王與漢帝國結盟，而且要求他送質子到匈奴。對於當時處於從屬地位的西域各國來說，送質子屬於慣常的外交習俗。不論是匈奴還是漢帝國，對於這些來自西域的質子均是以禮相待、悉心教育，而這正是為了將他們變成自己人，將來在故國君主逝世，質子們被擁立為王的時候，同時確立自身在這些從屬國中的勢力。

附屬在匈奴之下的中亞城市，除了政治上的從屬表示，在經濟上也必須上交貢賦。根據《漢書．西域傳》的記載，「位於匈奴西部邊境的日逐王，設立僮僕都尉以統治西域，都尉經常在焉耆、危須、尉黎之間往返，收取各國的貢金、確保進貢物資的數量。」「僮僕」指的就是奴隸，因此「僮僕都尉」這個稱呼，推測是為了將西域的居民當作奴隸使喚，或是向西域各國徵收奴隸而來。僮僕都尉的大本營位於現在的焉耆附近，而他的職責主要是跟塔里木盆地周圍的城市收取「賦稅」。根據每個城市經濟能力的不同（也就是人口規模的差異），「賦稅」的內容也有所不同。而漢帝國在掌握西域、設立西域都護府後，第一件事也是進行戶口調查。西元四八年，匈奴的右日逐王蘇屠胡（又名比）歸附漢帝國時，有「獻上匈奴地圖」的記錄，這顯示出匈奴人擁有系統化的中亞地理情報。

樓蘭王國的秘密

直到今天，樓蘭王國仍然是絲路上最神祕的古代國度。建立匈奴帝國的冒頓單于在送給漢國的國書中，第一次出現了這個王國的漢文名字，而它的原名是「Kroraina」。關於這個王國的領土大小、首都位置、政治的興衰經過等各種爭論，從來沒有停歇過。根據《史記》和《漢書》的記錄，樓蘭王國處於漢和匈奴兩大強國的夾縫當中，因此主要採用見風使舵的外交手段，但是在西元前七七年，樓蘭王遭到漢帝國官員傅介子殺害，因此開始接受漢帝國的支配，而國名也改為鄯善。

樓蘭王國原本位於「蒲昌海」，也就是今天的羅布泊附近，由於鄰接河西走廊最西端的重鎮敦煌，因此樓蘭國內的經濟相當繁榮。而樓蘭自身也屬於絲綢之路的要地，它不僅連接西北邊的焉耆和西南部的且末，同時也是所謂西域南道和西域北道的交匯點。但是流經羅布泊的河川因河道移動而斷流，羅布泊的湖水也跟著變淺，而沿著羅布泊而居住的樓蘭人，也無法繼續在原地生活。當初被派往樓蘭的西域長史李柏，在他的信件裡把樓蘭稱為「海頭」；而在李柏寫這封信的三百二十八年之後，羅布泊在某一天完全乾涸，而樓蘭王國的首都可能也就此被沙子掩埋。

西元一九〇一年，斯文．赫定（Sven Anders Hedin）發現樓蘭遺址，這個被埋在地底的王國也重新出現在世人眼前。爾後斯坦因（Marc Aurel Stein）經歷四次考察，在樓蘭、尼雅、唐蘭城（Endere，今新疆和田民豐縣）、米蘭（今新疆若羌縣）等地找到許多遺物和文書，這些文書大部分是以當時居民們使用的佉盧文字寫成，而佉盧文字也在西北印度和貴霜帝國境內通行，因此是兩個區域之間有著密切政治、文化關係的重要證據。透過這些出土文書也確認了七個樓蘭王的名字，雖然對於各個王的在位次序仍然有爭議，但是對於「七個王的統治時代是在三世紀中葉到四世紀中葉」這一點，倒是沒有異議。

樓蘭古國　∴ 主要遺址

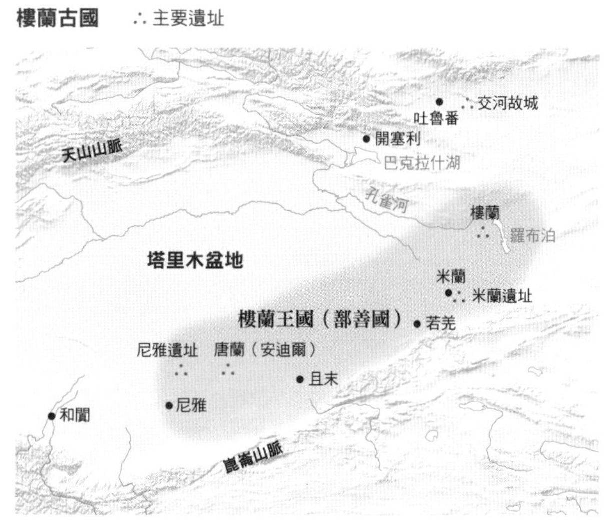

漢帝國和中亞

西元前 170 年代
匈奴支配西域國家（設立僮僕都尉）

西元前 77 年
漢攻擊樓蘭國，殺害國王並改國名為鄯善

約西元前 68 ～ 67 年
漢與西域諸國結盟，車師不敵而降漢

西元前 60 年
漢設立西域都護府

約西元前 50 年
匈奴東西分裂（第一次分裂）

西元 13 年
西域都護遭殺害，漢的西域勢力崩潰

西元 48 年
匈奴南北分裂（第二次分裂）

西元 73 年
西域都護府重新設立

西元 75 年
西域都護陳睦遭殺害

西元 91 年
班超重新設立西域都護府

西元 94 年
班超統治西域五十五國

西元 130 年代後
漢帝國對西域的統治有名無實

張騫從西域回到漢帝國之後，中國對於中亞的情況更加瞭解。漢匈戰爭期間，漢帝國陸續掌握了戈壁沙漠以南和河西走廊，而為了強化對中亞的掌控，漢帝國也下了很多苦功。然而，因為匈奴的積極反攻，加上塔里木盆地周邊的城邦也基於對匈奴的畏懼，而不願積極響應，因此漢帝國的擴張並不順利。

西元前一世紀，漢帝國在西域的地位有了關鍵性的轉變。單于於西元前八五年逝世後，匈奴內部因繼承權而不斷發生紛爭，導致對西域的統治力下降。西元前七七年，漢軍對西域的戰略要塞樓蘭發動攻擊，殺害了該國國王，樓蘭因此而改名鄯善。而西元前六〇年代，更是發生了負責支配西域的匈奴總管日逐王，帶著旗下部民投誠漢帝國的事態，因此漢帝國得以在烏壘城（現今焉耆縣和龜茲縣之間的渠犁）設立西域都護府，並派遣鄭吉為第一任都護，從此漢帝國對西域的統治正式展開。西元前四八年，漢帝國派戊己校尉駐守車師，也就是今日吐魯番的交河故城（高昌）一帶，而戊己校尉聽從西域都護的命令，管理屯田事務並確保當地駐軍的食糧供給。《漢書．西域傳》指出，共有五十個西域國家配有漢帝國的印綬，而管理者的總人數為三百七十六名。

漢帝國對西域的統治，其後因為王莽篡位而中斷。王莽執著於脫離現實的中華思想，而他的外交政策也不斷挑起與周邊勢力的爭端。西元一〇年，戊己校尉帶著二千多名士卒投降至匈奴；西元一三年，西域都護遭到殺害，王莽對西域的統治逐漸瓦解。東漢建立後，為了對抗日漸強大的匈奴勢力，在西元七三年於伊吾（哈密）設立宜禾都尉，負責統領當地駐軍，隔年重新設立了西域都護府，同時派戊己校尉駐守車師後國的金蒲城（現今吉木薩爾），並由騎校尉駐守車師前國的柳中（現今魯克沁）。

在東漢對西域的統治當中，最為關鍵的人物就是班超。西元七三年，將軍竇固派遣班超帶兵前往現今屬於哈密和巴里坤一帶的西域；西元七四年，他又

交河故城

車師前國的都邑，位於現在新疆吐魯番市的西方約10公里，都城建立在兩條河分支的中間，因此得名「交河」。南部有一條橫向的大路，北邊建有寺院，東北部為居民的居住區，河畔和南邊為手工業區域。

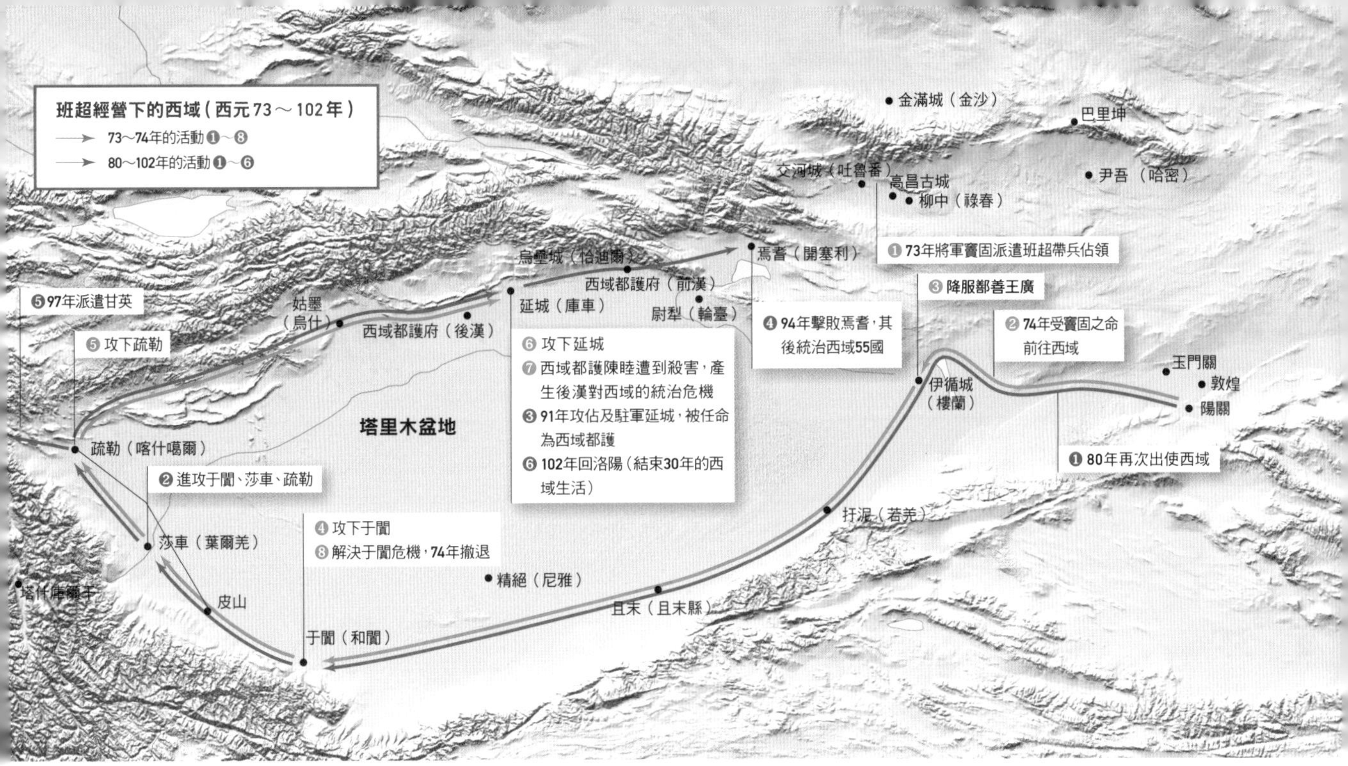

帶著旗下三十六人奇襲匈奴使臣團、降服了鄯善國，並留下「不入虎穴，焉得虎子」的名言。但是到了西元七六年，登基不久的漢章帝打算放棄統治西域地區，因此班超在西元八〇年再次上書，強調西域的重要性，而他本人在同年被任命為西域長史。之後班超陸續攻下疏勒、莎車、于闐等國，並於西元九一年成為西域都護。直到西元一〇二年奉命回國之前，班超的軍隊都駐守在延城（龜茲）附近。

班超對於帕米爾高原以西的區域也非常有興趣，西元九七年，他派遣部將甘英前往大秦（羅馬帝國）。但是甘英到達條支（敘利亞）後，因為地中海的風浪太過險惡，最後聽從當地人的建議而折返。而在班超結束近三十年的西域生活、返回國內之後，漢帝國對西域的掌控權再度動搖，同時匈奴人也開始進逼西域和敦煌。西元一二三年，班超的兒子班勇被任命為西域長史、負責駐守柳中，他部分恢復了之前漢帝國對於西域的掌控權。但是好景不常，西元一三〇年代之後，東漢朝廷對於西域的掌控，可說是有名無實。

隨著漢帝國和匈奴的勢力逐漸變弱，塔里木盆地周邊城邦之間的霸權爭奪戰，也漸漸變得白熱化。這期間莎車（葉爾羌）日漸強盛，開始併吞周邊國家，或是在鄰國君主逝世後，將它拆分為幾部分——例如將小宛、精絕（尼雅）、戎盧、且末等城市交給鄯善國，西南部的疏勒和皮山交給于闐國，而天山東北部的區域則交給車師國（吐魯番）。

甘英的旅程（西元97～99年）

西元前170年代～西元130年代

中亞的城邦

西元前 170 年代
匈奴支配西域國家

西元前 139 年
張騫出發前往西域

西元前 126 年
張騫從西域返回

西元前 104 ～ 102 年
李廣利兩次遠征大宛

西元前 60 年
漢設立西域都護府

西元 73 年
班超出使西域

西元 94 年
班超管理西域五十五國

西元 97 到 99 年
甘英從地中海返漢

西元 130 年代後
漢對西域的統治有名無實

漢匈兩大霸權在東亞展開鬥爭時，最為清楚的記錄西域各城邦的史料是《漢書・西域傳》。西元前六〇年左右，漢帝國趁著匈奴發生內亂而掌握西域的支配權，並派遣西域都護負責駐守這一帶，同時也開始了對西域各城邦的調查。〈西域傳〉的內容主要分為兩部分，前半部介紹西域南部沿線的城邦，後半部則描述西域北部沿線的城邦。除了記錄每個城邦的王城名稱、戶口數、士兵數之外，也分別記錄了各城邦到西域都護府的所在地烏壘城、到敦煌附近的陽關、以及到漢帝國首都長安的距離，同時對於每個城邦的特徵和產業也加以描述。

這些歷史記錄中的城邦，其中位於北部沿線的一部分，它們的位置大多已被確認，但是南部沿線的城邦大部分仍然埋在沙漠中。根據紀錄，在當時的西域南部，人口最多的是扜彌國，共有二萬三千五百八十人，而人口最少的小宛國則有一千二百五十人；西域北部人口最多的是龜茲國，計有十萬二千三百九十三人，而人口最少的危須國則有六千九百人。南部的十個城邦，總人口數是九萬七千一百五十二人，北部八個城邦的總人口數是二十二萬六千四百五十五人，合計三十二萬三千六百零七人。因此可以確認，當時塔里木盆地周邊的城邦，總人口約為三十二萬人左右。

之所以會記錄各個城邦的人口數，最大的原因是水資源不足——西域地區的年均降雨量大約在一百毫米以下，主要的水源由堆積在周圍高山的積雪融化而來，人們只能引用融雪形成的河川水灌溉農作物，這個狀況一直到十九世紀以後才有所改善。因此，這些被孤立在沙漠中央的西域綠洲城市，常常屈服於遊牧國家（例如匈奴）的威脅，接受後者的統治和支配。

關於這一點，位於帕米爾西邊的西突厥斯坦地區也差不多，受到匈奴攻擊而西遷的月氏占領了這一帶，其後月氏人就地建立了貴霜帝國。關於貴霜時代西突厥斯坦各城邦的情況，儘管沒有詳細的記錄，但是透過考古挖掘，仍然可

以一窺當年城邦生活的面貌。現在烏茲別克南部的哈爾恰揚、花剌子模州的托普拉克堡、索格底亞那（粟特故地）一帶的塔利巴祖（Tali-Barzu），都是非常有代表性的貴霜時代遺跡。

目前可以確定的是，灌溉農業當時已經在花剌子模州、澤拉夫尚河谷、瓦赫什河一帶普及，儘管與其他地區相較，耕作的技術還較為初級，但是透過在塔利巴祖發現的遺物可以得知，這一帶的住民已經開始使用鐵犁耕種，而且是從西元前一世紀左右就開始使用。而當時的建築和遺物也顯現出，手工藝或是工具製作的技術已經非常發達，貴霜時期這一帶政治情勢安定，既促進了技術的發展，同時貨幣經濟也得以普及。許多銷售到羅馬帝國的東方商品，在運輸的過程中都必須經過貴霜帝國的領土，而中亞的商人也在羅馬帝國境內進行交易，因此在中亞發現的羅馬貨幣，就是當時絲路貿易活躍的證據之一。隨著經濟的發展，文化水準也提高了許多，特別是文字系統的使用——西元前四世紀左右，西突厥斯坦開始使用由阿拉姆文字改造而成的粟特字母。在敦煌的一座烽火台上，發現了推測為西元四世紀初的古代書信集「Sogdian Ancient Letters」，它們使用的就是粟特文字。這一發現證實了當時有相當數量的粟特商人來往於中國和西亞之間，而透過他們寄回祖國的信件可以得知，除了貿易活動之外，粟特文字也廣泛被使用於個人往來當中。

綠洲城市：阿依哈努姆

巴克特里亞王國時代最繁榮的城市，位置在現在阿富汗最北端，位於阿姆河和科克恰河交會地，是建立在三角形台地上的城市。在該地發現許多具有希臘化文明特徵的遺跡和遺物。「阿依哈努姆」（Al-Khanum）在突厥語中意為「月亮女士」（Lady Moon），是突厥人移住至此後取的名字。

中亞的城邦國家（約西元前一世紀）

主要城邦國家的領域

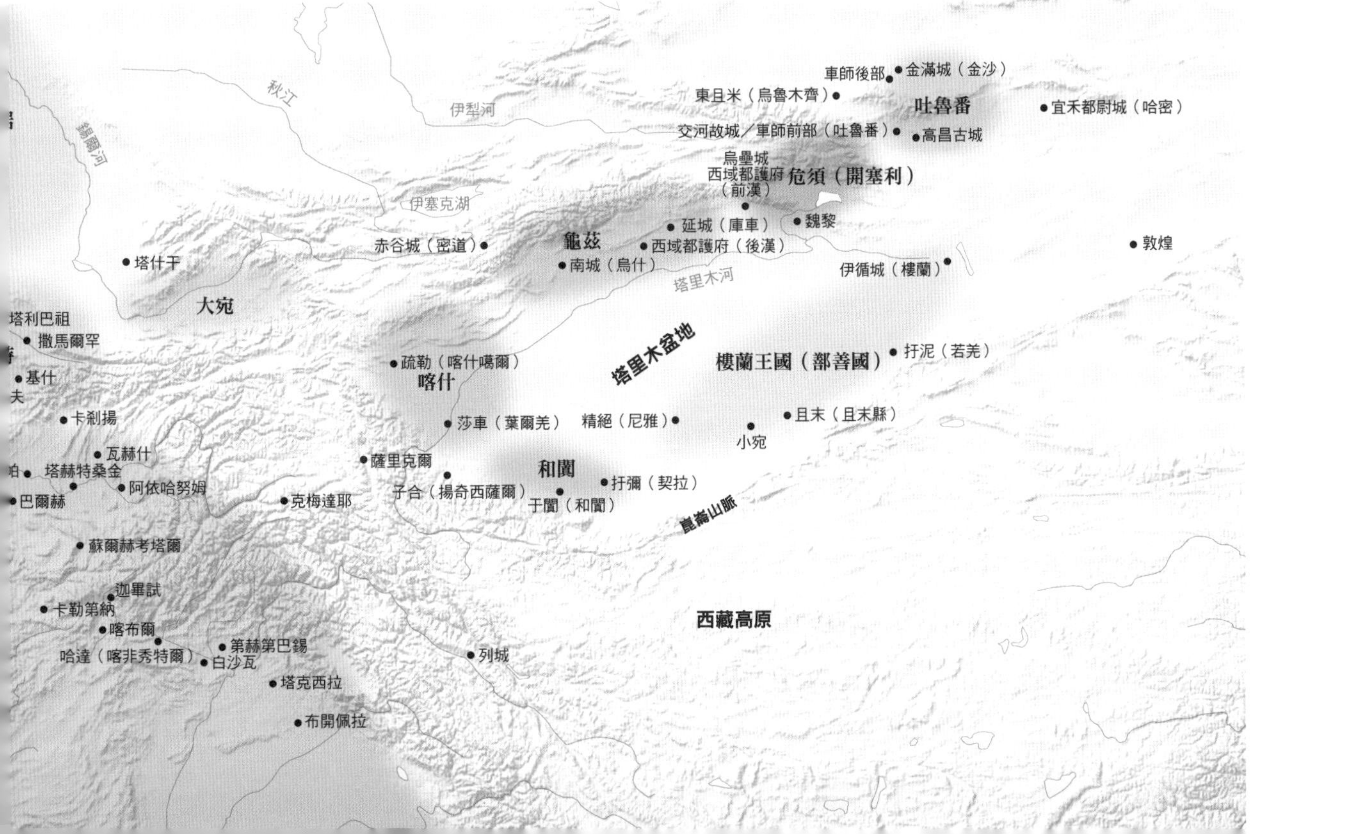

匈奴、漢確立朝貢關係

西元前 60 年
虛閭權渠單于逝世，匈奴開始分裂

西元前 52 ～前 51 年
呼韓邪親見漢帝

約西元前 50 年
匈奴東西分裂（第一次分裂）

西元前 43 年
呼韓邪回到北方

西元前 36 年
郅支骨都侯敗給甘延壽而逝

西元前 33 年
呼韓邪重入漢廷，王昭君出嫁呼韓邪

西元前 3 年
呼韓邪的兒子烏珠留若鞮單于要求入漢遭拒

西元 8 年
東漢滅亡，王莽建國

9 年
王莽為了攻擊單于，賜「新匈奴單于章」印鑑，引發烏珠留若鞮單于反彈

23 年
王莽新朝滅亡

西元前六〇年，虛閭權渠單于逝世，而匈奴內部的激烈紛爭也就此展開。右賢王握衍朐鞮當上單于之後，隨即鎮壓反對自己即位的左翼王族，而左翼王族則擁立呼韓邪與握衍朐鞮對抗。其後，呼韓邪取得勝利，匈奴的內部紛爭看來就此結束，但是呼韓邪的兄長郅支再次挑起爭端，將呼韓邪驅逐出境。在蒙古草原沒有立足之地的呼韓邪，於西元前五二年帶著追隨者，越過戈壁沙漠、向漢帝國俯首稱臣。

匈奴的君主親自來朝見漢皇帝，這是前所未有的事情，而對於要如何迎接呼韓邪本人，長安朝廷也是議論紛紛，最後決定給予他次於皇帝、但比其他諸侯王高一階的地位，而皇帝接見呼韓邪的時候也不直接叫他的名字，總之是按照最高的待遇迎接匈奴單于。除此之外，在賜與呼韓邪的印璽上，刻有「匈奴單于璽」的字樣，比它效力還大的，只有漢皇帝的御璽。呼韓邪入朝稱臣之後，向漢帝國奉上貢品、與漢皇帝結為君臣，而漢匈之間的關係也從「和親關係」轉變為「朝貢關係」。

呼韓邪在西元前五一年再次到長安晉見漢宣帝，宣帝除了按照慣例賜給他貴重的禮品之外，還另外賞賜黃金二十斤（約合現代的五公斤）、銅錢二十萬錢、綢緞八千匹、絮六千斤。呼韓邪明白「朝貢」的本質其實是漢帝國保證向他提供經濟援助，因此又於前五〇年、前四九年「入朝」，而長安朝廷也跟之前一樣，仍然以禮相待，向呼韓邪提供衣物一百一十套、綢緞九千匹、絮八千斤。在得到了漢帝國的經濟援助之後，呼韓邪於前四三年越過戈壁沙漠回到北方。他的兄長郅支（當時擔任骨都侯）為了避開他而往西移住，並在前三六年，由於西域都護甘延壽發動遠征而戰敗身亡。失去競爭者的呼韓邪，成了蒙古草原上的唯一君主，而他在前三三年再次前往長安，得到了漢帝國兩倍的賞賜。三十年後，呼韓邪的兒子烏珠留若鞮又對漢帝國提出同樣的要求，但是受

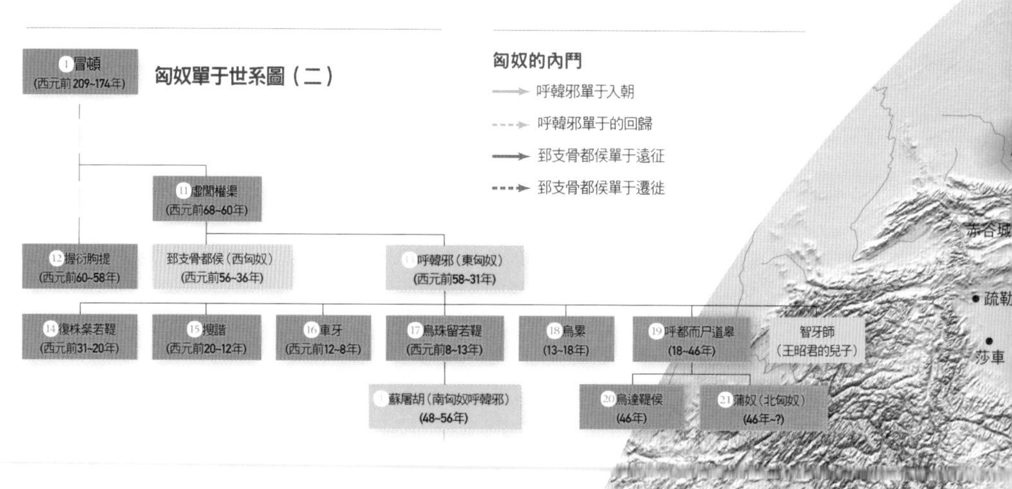

到長安朝廷內部的強烈反對，最終被拒絕。

由此，我們可以看出「朝貢關係」的實際面貌——匈奴打著漢的從屬國的名義，從後者那裡收取大筆物質援助，某種程度來說，也是匈奴的外交策略之一。美國人類學家巴菲爾德（Thomas Barfield）稱它為「內部邊界策略」，而匈奴直接掠奪漢帝國的邊境、以軍事上的威脅取得物資的做法，則被稱為「外部邊界策略」。

為了應付匈奴人，漢帝國在不得已的情況下只能花費大筆金錢換取和平，但是比起軍事掠奪→邊防危機→物資被劫這樣的因果鏈條，贖買和平從地緣政治、社會安定和國家財政的立場來說都是比較可取的方法。再者，如果匈奴接受這樣的朝貢關係，願意將皇帝尊為政治秩序當中的最上位者，也是一種標榜「華夷秩序」的最佳方式。另外，雖然奉命嫁給呼韓邪的王昭君，本人屬於漢帝國「贖買和平」政策的犧牲者，但不可將她簡單視為命運多舛的普通女子，因為王昭君為單于生下子嗣之後，對於匈奴的內政也有著很大的影響力。

然而到了後來，王莽篡位、建立新朝，之前所有對匈奴的政策都被廢棄，而朝貢關係也就此終結。王莽回收了前朝賜給呼韓邪的單于璽，重新發給刻有「新匈奴單于章」字樣的印鑑，同時將單于這個稱呼改為「降奴服于」。推行這種從屬秩序的王莽，最終招來了匈奴的反抗，而匈奴對北方邊境的掠奪和侵犯，也隨之死灰復燃。

昭君與單于

接受了漢帝國的幫助，重新回到漠北的呼韓邪單于，在西元前33年重新入朝。漢元帝將宮女王昭君（本名王嬙）送往匈奴和親，其後她在草原生活、生下子嗣，同時在匈奴的政治上也發揮著很大的影響力。但是，她被送往匈奴和親這件事，帶給日後的詩人發揮想像力的空間，編成各種膾炙人口的故事。而畫家們也根據這個事件，畫了許多命名為「昭君出塞圖」的作品。

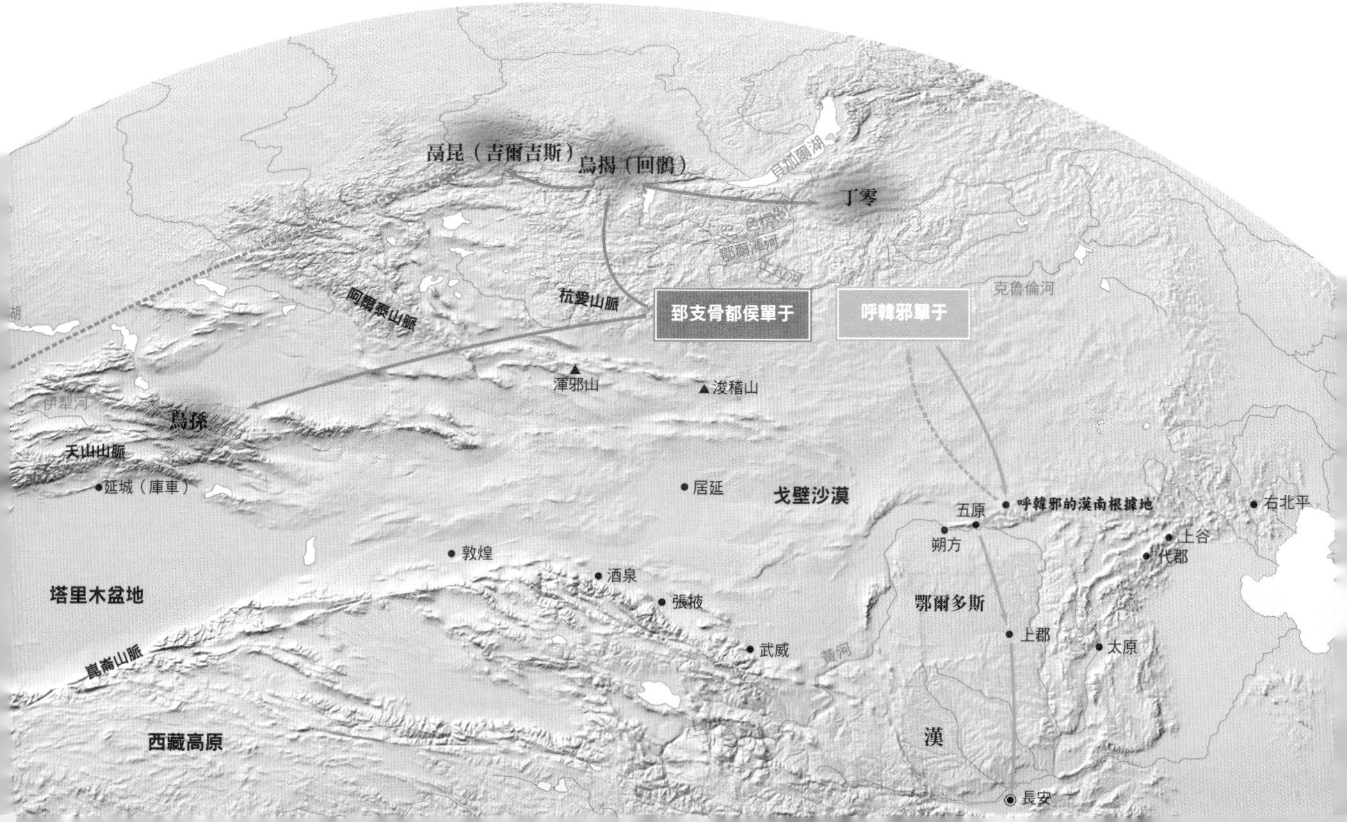

西元18年～50年

匈奴帝國的分裂與南匈奴建國

西元 18 年
呼都而尸道臯即位匈奴單于

19 年
王莽監禁單于使臣

23 年
王莽新朝滅亡

25 年
東漢建國

46 年
蒲奴即位匈奴單于

48 年
蘇屠胡投漢，以南匈奴的呼韓邪單于身分即位匈奴南北分裂（第二次分裂）

49 年
呼韓邪攻擊北匈奴，北匈奴戰敗往北移動

50 年
呼韓邪每年向漢帝國進貢

王莽政權崩潰之後，漢帝國內部進入了混亂的時期，而匈奴也在這個期間加重對漢帝國邊境的軍事壓迫。東漢盡可能地透過和親或賞賜的方法安撫匈奴，減少自身遭受的軍事攻擊，算是一種消極的對應方案。西元四八年，匈奴再度發生內部紛爭、雙方沿南北方向對峙，到了西元五〇年左右，更正式分裂為南、北匈奴兩部，這稱為匈奴的第二次分裂。

第二次分裂的原因和第一次相同，都是為了爭奪單于之位而引發的繼承權紛爭。西元前三一年呼韓邪逝世後，他的子嗣們按照長幼順序即位，最後輪到了呼都而尸道臯單于，他在西元一八年到四六年統治匈奴，共在位二十八年。從呼韓邪逝世以來的七十幾年，都是按照兄終弟及的順序繼承單于之位，因此呼都而尸道臯應該要傳位給弟弟、也就是王昭君的兒子智牙師。但呼都而尸道臯卻將其殺害，任命自己的兒子為繼位者。下一代中最年長的日逐王蘇屠胡，對這個決定感到不滿，因此在西元四八年，帶領旗下八部、共四到五萬名的士兵歸附漢帝國，同時獻上匈奴的「地圖」。

蘇屠胡說道，「我的祖父之前曾經歸附於漢，帶來了安定局面，而沿用這個尊號的我也將繼承他的事業。」因此他自稱呼韓邪單于（另稱醢落尸逐鞮單于），並建立南匈奴。起初南匈奴的根據地，位於距離五原郡西部邊境約八十里，其後因為北匈奴的壓迫而遷到美稷（現今內蒙古準噶爾旗），而南匈奴部民的居住範圍西至朔方、東至代郡，分布地區約一千餘里。

南匈奴和東漢，雙方重新締結了一種新的政治關係——有別於過去的「和親」或者「朝貢」關係，這種新關係的重要特徵之一，是匈奴人在漢帝國的國境之內生活，而在匈奴單于向漢帝國送出質子的同時，漢的朝廷方面也向南匈奴派遣匈奴中郎將，同時配備護衛。匈奴中郎將的主要職責是在皇帝與單于之間傳遞訊息、接收或送出雙方的贈與品、管理使臣等等，而之後他的部下也增加到十二名，但中郎將並不直接干預匈奴的內政。

除此之外，南匈奴依舊過著遊牧生活，並保有原本的政治架構，即以部落單位組成的遊牧部族聯盟。《後漢書》裡的〈南匈奴傳〉中，清楚地記載了南匈奴當時的官階系統，單于底下分別有被稱為「四角」和「六角」的首領們，

漢朝廷賜給匈奴首領的印璽

刻有「漢匈奴歸義親漢長印」九個字，上面是駱駝的雕像，是東漢的銅印。1979年出土於青海省大通縣，高2.9公分、每邊長2.3公分。

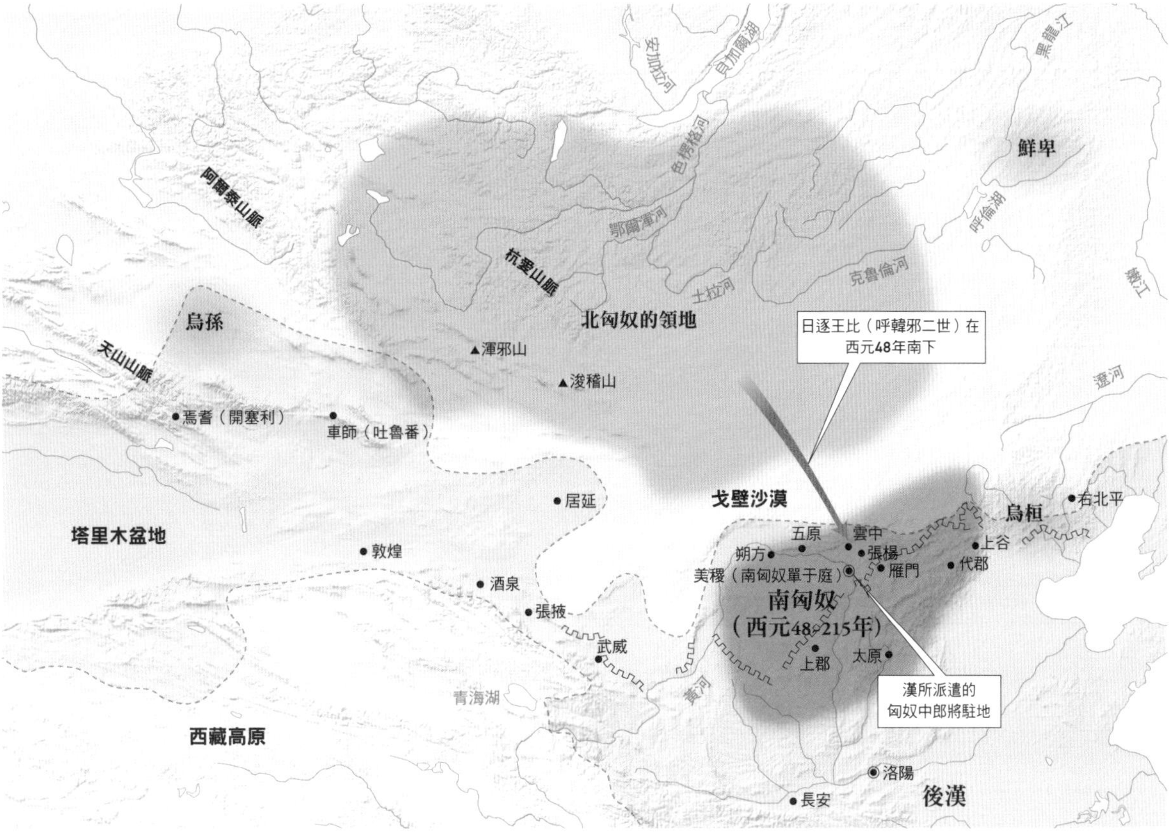

前者是左、右賢王和左、右谷蠡王；後者是左、右日逐王，左、右溫禺鞮王和左、右漸將王；異姓大臣則有左、右骨都侯和左、右尸逐骨都侯。另外，匈奴人也於每年的一月、五月、九月，在三龍祠舉行祭祀典禮。

東漢時代的南匈奴，以及過去生活在蒙古草原的匈奴帝國，如果要比較這兩者之間有什麼差異的話，包括①南匈奴轄下的住民減少、居住的領域範圍縮小，②異姓大臣的權力明顯有所擴大，③南匈奴在舉行祭祀時，也要一併祭拜漢帝國的歷代皇帝。但是，南匈奴並沒有完全喪失作為獨立國家的主權，其部眾也不是漢帝國的編戶齊民，倒不如說它在漢帝國的羽翼下，繼續以國家組織的型態而運作——換句話說，南匈奴是東漢的從屬國，但本國的習俗仍然得以維持。

在東漢末年的政治混亂時期，南匈奴以現今河南省的黃河以北地區和山西省東部地區為中心，漸漸培養自己的勢力。西元三世紀初，曹操為了控制南匈奴，將其分為五部，分別配置在陝西、山西、河北一帶，但這卻反而成為匈奴人壯大政治勢力的契機，使他們得以在中國北部站穩陣腳。後來的五胡十六國當中，第一個成立非漢人王朝的，就是匈奴左部的首領劉淵。

南匈奴和北匈奴對峙形勢圖

南匈奴的領地
北匈奴的領地
後漢的領地

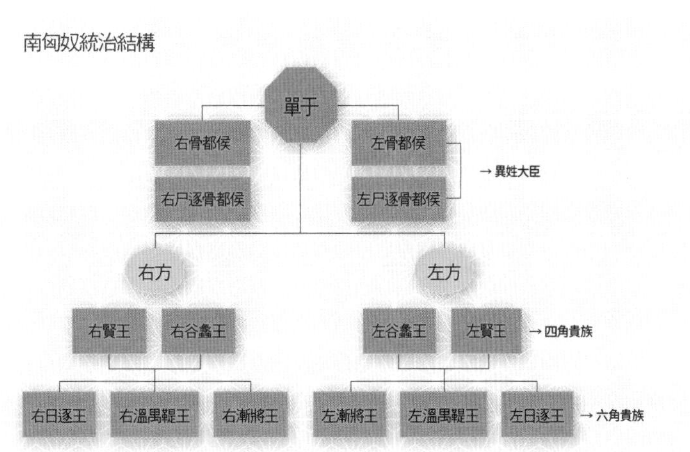

西元48年～453年

北匈奴西遷與匈人

西元 48 年
蘇屠胡投漢，以南匈奴的呼韓邪單于身分即位
匈奴南北分裂（第二次分裂）

49 年
呼韓邪攻擊北匈奴，北匈奴戰敗並往北移動

59～60 年
北匈奴向西域進攻

73 年
東漢竇固擊敗北匈奴呼衍王

87 年
鮮卑從東邊攻擊北匈奴，殺害優留單于
北匈奴五十八部共二十萬人遷徙到南匈奴

89 年
竇憲擊破北匈奴

91 年
班超成為西域都護，駐守龜茲
北匈奴敗給東漢，遷徙伊犁河谷

107 年
北匈奴重新掌握西域諸國支配權
北匈奴切斷西域和東漢的聯絡

2 世紀中葉
北匈奴離開伊犁河流域，遷徙到黑海沿岸

375 年
匈人向西發起進攻，歐洲民族大遷徙開始

450 年
沙隆戰役

453 年
阿提拉逝世

西元一世紀中葉，逃到漢帝國領土內的南匈奴醢落尸逐鞮單于，重新前往戈壁沙漠北方，並與蒲奴單于的勢力對峙。儘管醢落尸逐鞮和他的祖父呼韓邪一樣，也接受了漢帝國的援助，意圖在蒙古草原捲土重來，但現實卻不如預期般順利。匈奴分裂之後，北匈奴的勢力並未減弱，不但持續與漢帝國對抗，而且對塔里木盆地周圍的城邦持續進行軍事壓迫甚至統治。特別是在侵略龜茲、莎車、于闐之後，北匈奴用三萬兵力征服了西域十五個城邦，而這些地區向北匈奴降服，使北匈奴不僅在西域北部一帶，而且在西域南部也取得了霸權。北匈奴乘著這股氣勢，穿過哈密、一路往北征伐，推進到河西走廊。

西元七三年，漢帝國派遣將軍竇固，主動應對北匈奴造成的軍事威脅，竇固率領軍隊在天山山脈東側的巴里坤，大破北匈奴的呼衍王。西元七四年，竇固成功攻入吐魯番一帶的車師前國和車師後國。西元八九年，大將軍竇憲帶著軍隊在蒙古草原西南部、杭愛山附近的稽落山駐紮，並在這裡擊破北匈奴的軍隊。這時，包含各諸侯王在內的三千匈奴人遭殺害，而以日逐王為首的二十一萬名匈奴部民則向漢軍投降。棄單于帳逃亡的北匈奴單于，其後在西元九一年於金微山（即阿爾泰山）再次敗給出兵征討的漢軍，包含單于本人的母親在內，共有五千人遭到殺害。北匈奴遭到這樣的沉重打擊後，單于往西邊遷徙，移住到烏孫的領土伊犁河谷一帶，而原本居住在蒙古草原東北部的鮮卑，大舉進入北匈奴的舊地，將當地殘餘的十幾萬北匈奴部眾納為己有。從冒頓單于建國以來，主宰蒙古草原長達三百多年的匈奴霸權，就此宣告崩潰。

北匈奴的殘餘勢力移居到天山北部之後，在當地停留了非常長的一段時間。史料證實，西元二世紀前半，在西域經營的北匈奴，也和漢帝國也有頻繁的接觸，根據《後漢書．西域傳》的記載，「北匈奴的呼衍王輾轉出現在蒲類（巴里坤）和秦

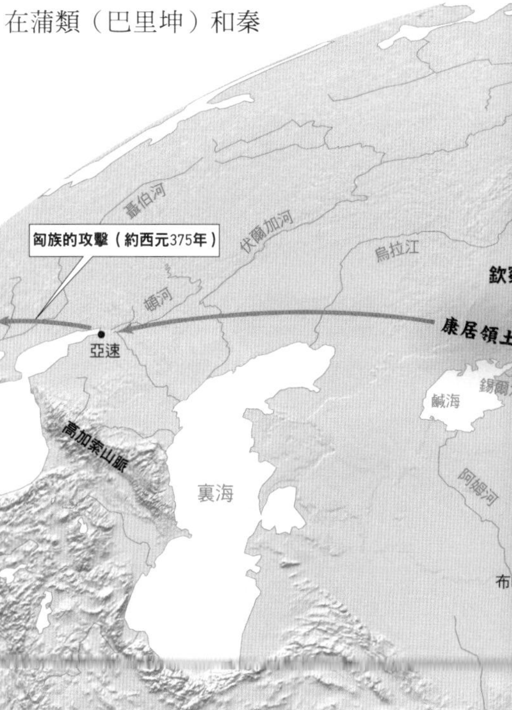

北匈奴的遷徙
遷徙路徑

海（黑海）之間，壓制並掠奪西域數個國家」，而這件事發生在西元一二三年左右。可見，西元二世紀前期，北匈奴的勢力從天山北部一路延伸到哈薩克草原，範圍非常廣泛。

學界推測，西元二世紀中葉以後，北匈奴最終離開了伊犁河谷，並前往黑海一帶。當時他們幾乎消失在中國的記錄中，但是到了西元一七〇年代，克勞狄烏斯．托勒密在他的《地理學指南》指出，頓河和窩瓦河流域附近出現了被稱為「Hunnoi」的新集團。這些人占據了過去斯基泰人定居的裏海和黑海北部草原，同時過著遊牧生活，而他們剛好也是觸發歐洲民族大遷徙的主角，並以「匈人」（Hun）這個更為有名的稱號出現在世界史的舞台上。

匈奴和匈人會不會就是同一個民族呢？「匈人—匈奴同族論」長久以來都充滿爭議，而在十八世紀後半，法國漢學者德金（Joseph de Guignes）根據匈奴和匈人在族群名稱、外貌方面的相似性，重申這個主張，認為他們是同一批人。透過東羅馬帝國記錄當中對匈人的描述，可以看出他們的外貌中明顯帶有蒙古人種的特徵，而且匈人使用的大鍋（銅鍑），式樣也和匈奴的非常雷同。匈人在西元三七五年左右，開始驅逐阿蘭人（漢籍稱奄蔡）和哥德人，西元五世紀時，他們在阿提拉的指揮之下，對東羅馬帝國和西羅馬帝國都造成了極大威脅。在西元四五〇年的沙隆戰役之後，羅馬城幾乎在四五二年被阿提拉的大軍包圍，但是到了西元四五三年，被稱為「Flagellum Dei」（上帝之鞭）的阿提拉突然死亡，而匈人帝國也因此而迅速崩潰。

蒙古出土的銅鍑

對於常常遷徙的遊牧民族來說，銅鍑是用來煮食的大鍋之一。它的手把和鍑身具有許多樣式，在歐亞草原的各地都有發現。這個銅鍑是在蒙古國中部的陶勒蓋第65號墓出土的。

克茲爾阿德出土的銅鍑

在烏拉河流域的奧倫堡附近發現的銅鍑。

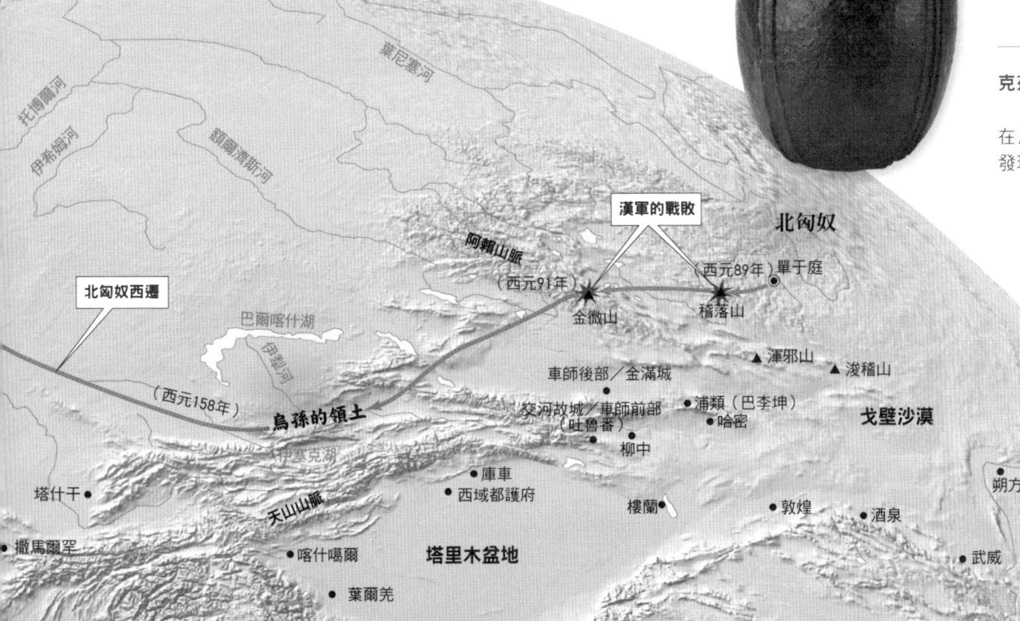

西元25年～229年

鮮卑族的出現與活躍

西元 25 年
光武帝建立東漢

1 世紀中葉
烏桓接受漢光武帝建議，移居到長城以南

57 年
漢光武帝逝世

87 年
鮮卑屠殺北匈奴單于在內十餘萬人

93 年
北匈奴滅亡，鮮卑勢力擴張

156 年
鮮卑檀石槐入侵雲中

187 年
張純聯合烏桓反叛

207 年
烏桓因曹操的討伐開始衰退

220 年
東漢滅亡

229 年
鮮卑軻比能逝世

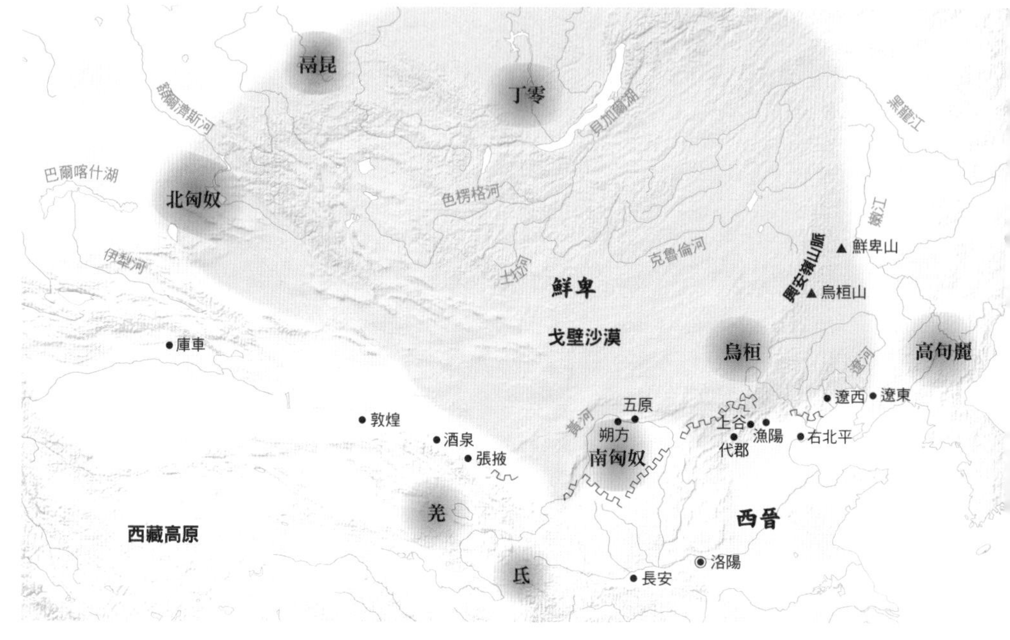

鮮卑的發展

最大領域　主要民族

根據中國的史料，在冒頓單于的攻擊下，東胡被趕到烏桓山和鮮卑山一帶生活，因此形成了烏桓和鮮卑兩個部族。西元三世紀末期，住在蒙古草原東南部的遊牧集團往東遷移，烏桓移居到興安嶺山脈中部，而鮮卑則遷往嫩江（松花江支流）上游的山嶽地區。根據推測，「鮮卑」這個名稱是取自「Servi」的讀音，與後來唐帝國記錄的「室韋」語源相同；而「烏桓」則取自「Avar」——但這個推測並沒有得到證實。

漢軍攻破匈奴左翼時，烏桓被遷居到上谷、漁陽、右北平、遼東、遼西等五郡，漢帝國把他們安置在塞外，任命「護烏桓校尉」負責鎮守，並允許烏桓的「大人」（烏桓部族首領）一年進貢一次。但是烏桓並非只是漢帝國的從屬國，從記錄上來看，由於匈奴的軍事壓迫，西域各城邦都必須繳交「皮布稅」給匈奴，而東邊的烏桓也不例外。因此，烏桓同時附屬於漢和匈奴兩國，可看作是「雙重臣服」的性質。

西元一世紀中葉，匈奴發生第二次分裂，這時候烏桓遷徙到塞內，居住範圍從熱河南部，一路延伸到長城地區和鄂爾多斯西部。他們以偵查並防禦北方的匈奴和鮮卑為條件，換取東漢提供的衣服和食糧，這和日爾曼人協助羅馬帝國防守邊境，並被羅馬方面稱為「同盟」（Federati）的方式頗為相似。西元

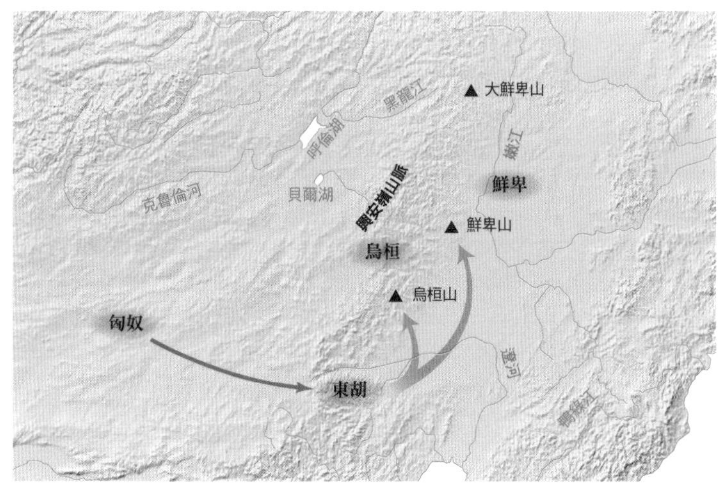

烏桓和鮮卑的初期遷徙

遷徙路徑

匈奴的攻擊

晉烏丸歸義侯印鑑

西晉時期（西元265～316年）烏桓首領收到的駝鈕印鑑，上面刻有「晉烏丸歸義侯」。高2.8公分、每邊各長2.3公分，在內蒙古被發現。跟這個印鑑一起出土的還有「晉鮮卑歸義侯」印鑑，目前收藏在內蒙古博物館中。

一世紀後半，烏桓跟隨東漢的軍隊一起出兵攻擊北匈奴，戰果非凡。到了東漢末年，鮮卑的掠奪越來越嚴重，漢帝國的遠征也越來越頻繁，因此烏桓國內對於徵兵的不滿也日漸增多。西元一八七年，張純反叛東漢得到了烏桓的幫助，正是因為這些原因。在東漢末年崛起的眾多群雄當中，烏桓選擇支持袁紹，因此在西元二〇七年，因為曹操的討伐而受到了毀滅性的打擊，一部分的烏桓人在中原定居，而另一部分則被鮮卑吸收，烏桓因此消失在歷史舞台中。

當西元一世紀中葉，烏桓移居到長城以南之後，鮮卑填補了他們空下的位置，占有了東達內蒙古、西至酒泉和敦煌的廣闊地帶。鮮卑也跟東漢、烏桓聯合攻打過北匈奴，而最具代表性的例子就是西元八七年，追隨北匈奴單于的十幾萬人遭到鮮卑屠殺的事件。這次屠殺的結果是鮮卑代替匈奴，成為蒙古草原上的新霸權。之後，鮮卑的攻擊方向轉往南方，東漢所遭受的掠奪，比之前北匈奴遭受的更為殘酷，在西元一一〇到一三〇年代之間被鮮卑攻擊的漢帝國區域，除了內蒙古東部的遼東和遼西之外，還有西部的代郡、五原郡、朔方郡等位於現今山西省以北的區域。

隨著軍事掠奪在鮮卑遊牧社會中的重要性漸漸增加，被稱為「大人」的部族首領們中，也出現了軍事頭腦極佳的人物，活躍在西元一五〇到一八〇年代間的檀石槐，就是最好的證明。檀石槐將鮮卑人分為東、中、西三個部，既是要強化自己的勢力，同時也希望更為有效地指揮對外掠奪。檀石槐死後，繼任為軍事總指揮的軻比能聲望不足，但是軻比能透過個人才能和領袖魅力，也暫時完成了鮮卑社會的統合；然而就像過去的匈奴帝國一樣，建立中央集權國家體制的嘗試，依舊以失敗而結束。最後，分散成數個部落的鮮卑人，在東漢帝國崩潰、三國鼎立的混亂狀況中，決定遷徙到中國北部居住。

敕勒川狩獵圖壁畫（一部分）

西元1971年，在內蒙古和林格爾發現的東漢古廟中的壁畫「漢使持節護烏桓校尉出行圖」，描繪出數百名騎兵和數十台馬車，以及數百匹馬行進的場面。

西元265年～581年

民族大遷徙時代

西元 265 年
西晉建國

299 年
江統提出徙戎論

311 年
永嘉之亂爆發

316 年
西晉滅亡

386 年
道武帝改國號「代」為「魏」

439 年
北魏太武帝統一北中國

493 年
北魏孝文帝遷都洛陽

581 年
隋建國

西元四到六世紀，在歐亞大陸的最西邊接連發生了「羅馬帝國因分裂而衰弱」、「匈人的入侵和日爾曼民族的遷徙」，以及「法蘭克王國的誕生」等歷史性的大事件。類似的情況同樣發生在歐亞大陸東部——漢和匈奴兩大帝國的分裂、衰弱也導致了各民族居住地的明顯變動。北匈奴移往西邊，觸發了歐洲的民族大遷徙，而南匈奴和鮮卑、烏桓等部族則在漢帝國崩潰後，移居到中國北部，各自建設獨立的國家。

按照中國史書的記載，西元三一六年，屬於漢人王朝的西晉被趕出首都洛陽而南遷，從這時候起直到隋統一，中間約有三世紀的時間，中國領土持續呈現南北分裂的狀態。但是換個立場想想，與其說匈奴或鮮卑這些異族入侵中國，倒不如說是他們的勢力逐漸擴張到中國。換言之，在這段時期，漢人的勢力縮小到淮水以南，而中央歐亞遊牧民族的活動範圍，則從蒙古草原擴大到中國北方一帶。

嘎仙洞

1980年夏天在內蒙古自治區鄂倫春自治旗的一個洞窟中，發現了北魏時代的石刻祭文。透過這篇祭文，可以確認北魏王室曾在此地舉行祭祖大典，這裡也被推測是建立北魏的拓跋氏的發源地。

遷徙到北中國居住的這些異族，人數也不容小覷。西元一世紀中葉，南匈奴五部的總人口，推測為一百萬人左右。而在西元三世紀後半、東漢滅亡後，更是有二百萬規模的匈奴、鮮卑人在山西地區聚居。大約在同一時期，郭欽和江統等晉國官員提出了強制驅趕異族的「徙戎論」。漢人王朝垮台後，中國北部地區成為了胡人的天下，而民族遷徙的波動也越來越劇烈。西元四世紀初、後趙成立時，中國北部已經有六百到七百萬的異族人口，之後增加到約九百萬人，到了苻堅統治的前秦時期，則達到一千萬人左右。與此同時，在政治、社會、文化、經濟層面中，融合北方遊牧要素和中國農耕文化而創立出的各種新制度，就是後世所說的「胡漢體制」。

從西晉滅亡（西元三一六年）起，到隋的建國（西元五八一年）為止，中國北部地區在這段被稱為「南北朝」時間裡逐漸趨向統一，並以西元四三九年、北魏太武帝實現這目標為節點，劃分出前期與後期。而在為期一百三十年左右的前期，匈奴、鮮卑、羯、羌、氐等稱為「五胡」的部族，先後建立了大大小小的十六個國家，總稱為五胡十六國。在這些眾多的王朝中，以主要組成的種族為基準，整理為下面的三大集團：

①匈奴出身的劉氏政權（後漢）、

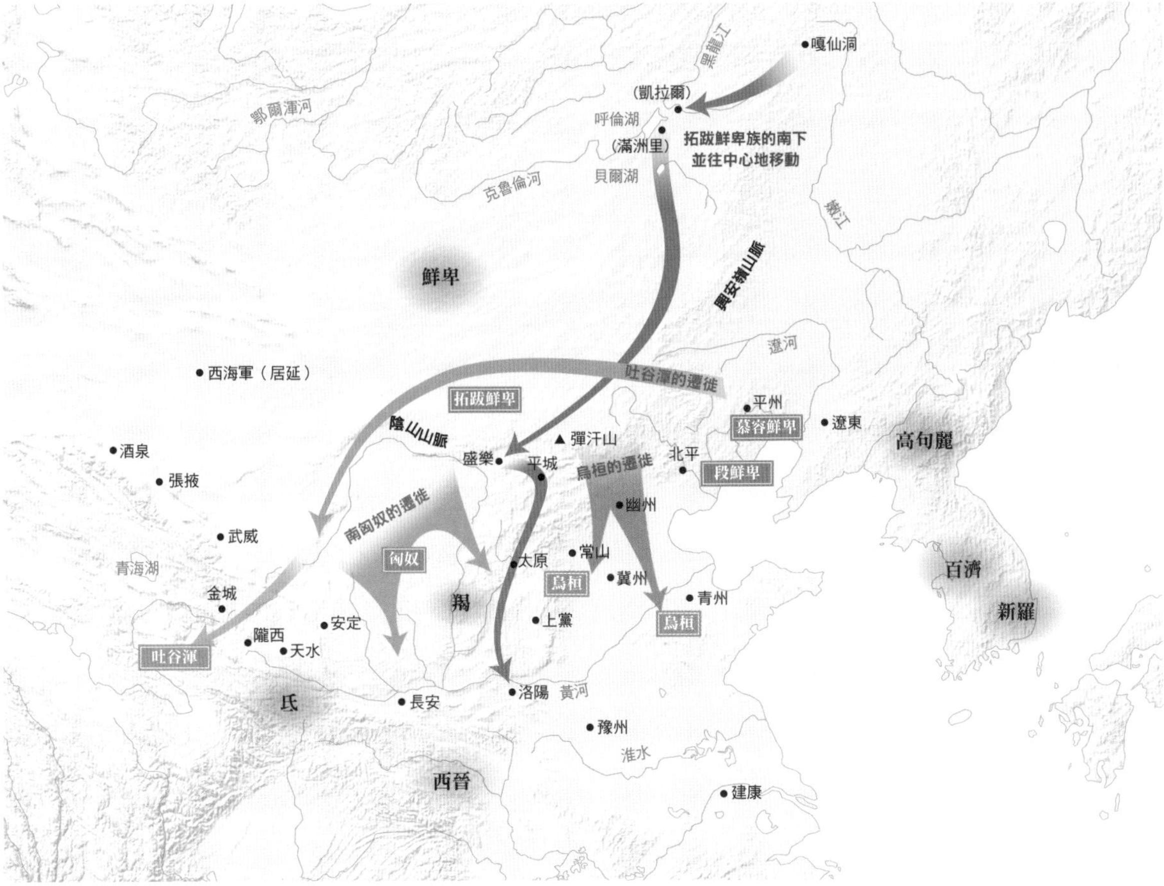

石氏政權（前趙）、赫連氏政權（大夏）、沮渠氏政權（北涼）。

②鮮卑一派的慕容部政權（燕）。

③西藏血統的氐族苻氏政權（前秦）、羌族姚氏政權（後秦）。

除此之外，還有居住在現今遼寧省一帶、同樣稱為慕容部的吐谷渾，他們後來穿越內蒙古陰山山脈，遷居到甘肅隴西地區。

而結束所謂的「五胡亂華」時代、統一北中國的北魏帝國，就是由鮮卑拓跋部（Tabgach）建立的政權。拓跋部的起源地是位於興安嶺北部山系的嘎仙洞石室，他們在西元一世紀末時遷徙到呼倫貝爾附近，西元二世紀後半時則進行了第二次遷徙，南下到內蒙古的陰山山脈一帶。在最初，拓跋部以今日呼和浩特一帶的盛樂為根據地，但是在西元四世紀前半時，他們移動到平城（現山西省大同），並以該地為統治中心。道武帝（西元三八五～四〇九年在位）即位後，將國號由代改為魏（史稱北魏），代國的時代結束了。之後太武帝（西元四二三～四五二年在位）陸續攻滅夏、北燕、北涼等國。拓跋部建立北魏帝國，一邊與掌握南朝政權的漢人對峙，同時也和占據了草原、亦即是鮮卑故地的新遊牧國家柔然展開了激烈的對決。西元五世紀時，統治北中國的北魏大力推行漢化政策，中國王朝的許多習慣均被模仿，但是這些措施因為遊牧民族的習性而難以貫徹。

遊牧民族南下

鮮卑的遷徙
吐谷渾的遷徙
匈奴的遷徙
烏桓的遷徙

嘎仙洞石刻祭文

這篇祭文中記載了，稱呼祖先為皇先祖可寒（即可汗）和皇妣先可敦，可以得知拓跋氏在北魏建國之前，已經使用了可汗稱呼遊牧民族君主，以及其配偶的稱號可敦。

西元4世紀前半～552年

柔然——功業未竟的遊牧帝國

4世紀前半
柔然出現

391年
北魏道武帝遠征柔然

402年
柔然的社崙被封為「可汗」

439年
北魏太武帝統一中國北部

449年
北魏擊破柔然，此後柔然衰弱

487年
敕勒反叛柔然

516年
柔然平定高車叛亂

520年
阿那瓌即位可汗

546年
高車叛亂，突厥幫助柔然鎮壓

552年
阿那瓌因突厥的攻擊自縊

柔然是西元四世紀中後期到六世紀中葉為止，統治蒙古草原並建立國家的遊牧民族，而柔然時代則可看作是蒙古草原上的霸主，從鮮卑族裔轉變成突厥族裔的過渡期。西元三世紀前半，草原上的鮮卑共同體崩潰之後，拓跋、宇文等鮮卑族裔集團陸續移動到戈壁沙漠以南，而被稱為敕勒或鐵勒的突厥族人，則逐漸開始了在蒙古草原上的統治，最終到西元六世紀中葉，他們建立了突厥帝國。

在西元四世紀前半，一個名為車鹿會的人物，聚集了留存在蒙古草原上的鮮卑遊牧民，從而出現了「柔然」這個名稱；他們也以「茹茹」、「芮芮」的名字廣為人知，但是具體音節和背後所代表的意義依舊不明確。北魏稱柔然為「蠕蠕」，指的是「蟲蠕動前進的姿態」，這既是因為雙方長期以來戰爭不斷，因而產生的反感和偏見，同時也因為根據《魏書》的記錄，柔然的祖先過去是拓跋氏的奴隸，所以北魏方面以這樣的稱呼指代他們。柔然部族的人數穩定增加，他們以馬匹和貂皮跟北魏交易，「冬天的時候前進到漠南（戈壁沙漠以南），夏天時則回到漠北」。柔然甚至一度稱霸北中國，成為與北魏分庭抗禮的勢力，但他們在西元四世紀中後期分裂為東、西兩部，西元四世紀末柔然更因為北魏道武帝的全力遠征而受到打擊。

柔然這個遊牧國家，就是在遭受

柔然帝國和中央歐亞（約西元400年）

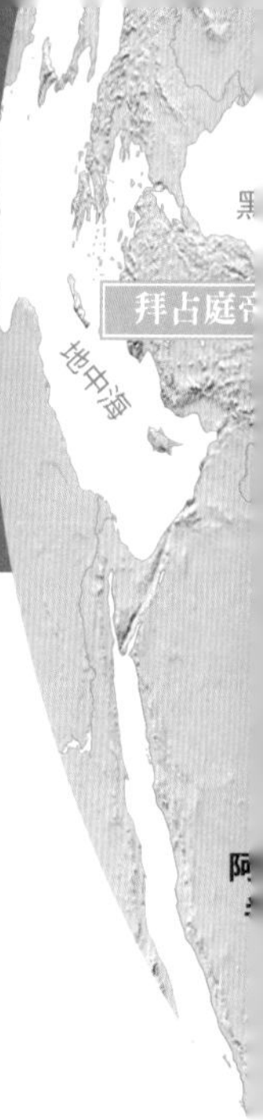

外部軍事威脅的危機之下而誕生的。西元四〇二年，社崙自封為「丘豆伐可汗」，並且「首度立下軍法，每一個『將』統領一千人，稱為『軍』；每一個『帥』統率一百人，稱為『幢』」。後來的中國史學家們表示，這是「可汗」這個稱號第一次出現在歷史上，但其實它在這之前就已經出現過。不過，從丘豆伐可汗開始，「可汗」正式成為遊牧民族君主的稱號，則確實如此。

跟其他遊牧國家一樣，柔然沒辦法只依靠畜牧經濟維持運作，必須通過南部的農耕地區，確保生活物資的供應。但是在當時的中國北部，由於同為遊牧民族出身的北魏拓跋氏，對柔然採取強硬的態度，過去匈奴帝國所使用的、以軍事掠奪和外交協商兩者並進的「外部邊境政策」，現在行不通了。為了克服這個問題，柔然嘗試跟其他國家建立外交關係，例如與後秦、北燕和親、派遣使臣前往南朝政權、跟中亞的城邦締結關係等，但是北魏接二連三對柔然發動遠征，大肆殺戮、掠奪牲畜，同時實施將柔然人掠走的徙民政策，因此導致柔然經濟崩潰，甚至陷入政治、社會性的困境。

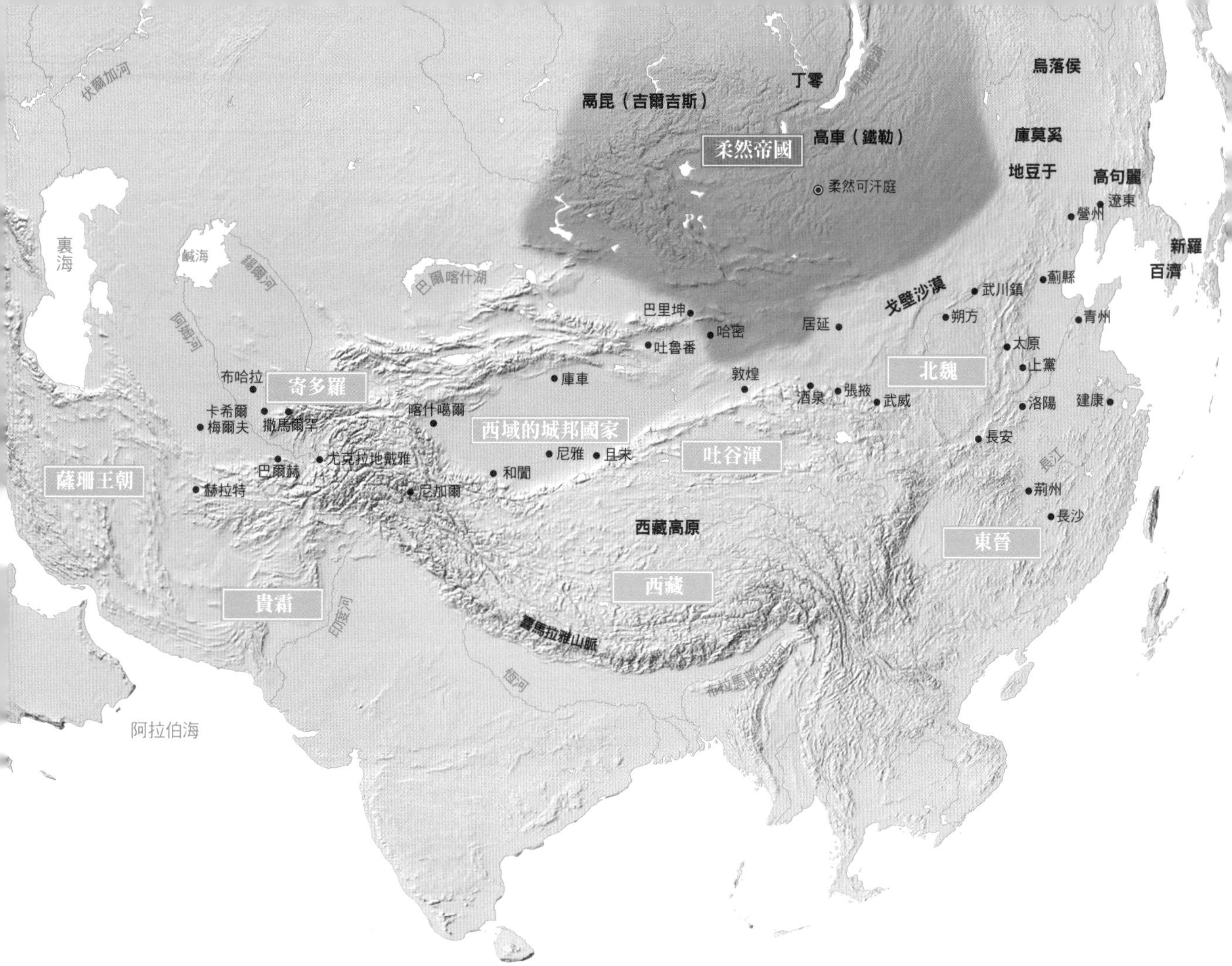

這樣一來，原先接受柔然支配的突厥遊牧民，發動叛亂的頻率越來越高。西元四八七年，因為十幾萬敕勒部眾脫離柔然統治的關係，雙方開始了長達三十年的戰爭；西元五〇八年和五二〇年，先後發生了柔然的可汗在戰爭中被殺的事件；西元五四六年，隸屬敕勒（鐵勒）的高車部族反叛時，突厥部幫助柔然進行鎮壓，但要求和可汗的女兒結婚作為酬勞。柔然的阿那瓌可汗表示，突厥身為「鍛奴」（打鐵的奴隸）豈能提出這種要求？因而拒絕對方的請求，結果突厥和西魏（從北魏分裂出的政權）締結和親關係。西元五五二年，突厥首領土門向柔然發起攻擊，最終阿那瓌自縊而亡。在外部，因為北魏的敵意，柔然難以取得足夠的物資；在內部，柔然則遭受突厥遊牧民的叛亂，因此它無法成立和匈奴一樣強大的帝國體系，而柔然的統治也因為阿那瓌的死亡而畫下休止符。

拓跋人武士

在內蒙古呼和浩特，從北魏古墓出土的拓跋人武士陶俑。高43.5公分（左）、39.5公分（右）。

貴霜、寄多羅、嚈噠

約西元 60 年
貴霜翕侯丘就卻建立貴霜帝國

2 世紀前半
迦膩色伽一世創造貴霜帝國全盛期

220 年
東漢滅亡

226 年
阿爾達希爾一世建立薩珊王朝

240 ～ 270 年
薩珊王朝沙普爾一世的太平盛世

5 世紀前半
寄多羅出現

558 ～ 561 年
嚈噠帝國在突厥跟薩珊王朝的合攻下滅亡

在印度西北部成立的貴霜帝國，和西元前二世紀後半因為匈奴攻擊而西遷的月氏有著密切關聯。根據中國史書的記錄，越過阿姆河、征服巴克特里亞的月氏人，在當地成立了五個諸侯國，「貴霜」（Kushan）就是其中之一，而它也是後來貴霜帝國的起源。

由丘就卻（Kujula）建立的貴霜帝國，在迦膩色伽一世（Kanishka I）時代達到了全盛期。學界對於迦膩色伽一世的具體在位時間存在諸多爭議，但大部分人都主張，他的治世年代是在西元二世紀前半左右。全盛時期，貴霜帝國的領土以首都白沙瓦為中心，往北延伸到西突厥斯坦的大部分、往南則延伸到健馱邏和印度西北部一帶。特別在西元一世紀末到二世紀初之間，貴霜的勢力滲透到塔里木盆地附近的喀什、于闐、吐魯番等城邦，因此也和東漢展開了競爭。

雖然貴霜在中國的史料中被稱為「大月氏」，但是把貴霜人純粹看作是月氏的後裔，很難斷言這是完全符合事實的看法。西元一九九三年在羅巴塔克發現一塊貴霜時代的石碑，碑文是用阿富汗北部土著所使用的巴克特里亞語寫成，因此可知貴霜文化的結構非常複雜，它混和了中亞文化的要素、巴克特里亞王國的希臘化文化、以及印度當地的文化。這點從貴霜貨幣上的神像標示也能略知一二：迦膩色伽一世和他的繼承者胡毗色伽（Huvishka）在位時期，貨幣上刻有各類來自希臘、印度、伊朗文化的神明名字，其中也有標示佛祖立像「浮屠」的貨幣。西元三世紀時，貴霜受到在伊朗高原興起的薩珊帝國的威脅而逐漸衰弱，並且喪失了大部分的領土，但它的影響力並沒有完全消失。已經證實，至少在塔里木盆地東側的鄯善，還留有貴霜的殘存勢力，因為

巴米揚大佛

位於阿富汗中部的巴米揚，有兩座於西元6世紀雕刻出的大佛。直接將崖壁雕刻成巨大的神龕，內有立佛像，各高58公尺和38公尺。從伊斯蘭勢力進到這個區域以來，雖然數次試圖毀壞這個巨大的「偶像」，但沒有完全成功。不過在2001年，塔利班勢力用地雷和矽藻土炸藥轟炸，使之完全受到破壞，無法恢復為當初的面貌。圖右為大佛被破壞之後的樣貌。

當地發現的木簡上，使用了當時貴霜王朝通用的佉盧文字，以及屬於北印度方言的普拉克里特諸文字，這可以證實在西元三到四世紀初時，貴霜曾經支配過該地，同時也能確認貴霜統治者們的名字。

到了西元五世紀前半，新集團「寄多羅」登場，它支配了巴克特里亞和健馱邏一帶。對於這個集團的確切起源，我們不得而知，它可能是以和貴霜帝國同源的部族為主。根據中國方面的資料，居住在阿富汗巴達赫尚一帶的月氏人，因為柔然接二連三的攻擊而西遷，變成「寄多羅人」，他們以白沙瓦為首都，統治著現今的阿富汗和印度西北部。寄多羅人在北魏太武帝統治下的太平盛世（西元四二四～四五二年）期間到達洛陽，並且用「五色琉璃」建造了能容納一百人的大型行殿，因而聞名。但是到了西元五世紀中葉，寄多羅遭到被稱為嚈噠的新集團攻擊而滅亡。

嚈噠在中國史書上又被稱為挹怛、挹闐、滑，在印度則被稱為白匈奴（Sveta Hun），他們的活動範圍東至塔里木盆地南部的于闐、西接薩珊王朝，甚至包括大呼羅珊地區。關於嚈噠的起源，一直以來爭議不斷，但可以確定他們來自興都庫什北方的吐火羅斯坦一帶，推測為伊朗系的遊牧民族。嚈噠人掌控著連接中國、波斯、拜占庭和印度貿易的樞紐地帶，從中獲取收益，國內出現經濟繁榮的局面。但是在西元五五八到五六一年，嚈噠受到北方的新興勢力突厥，以及位於西方伊朗高原的薩珊王朝聯合攻擊，最終滅亡。

西元73年～西元501年

二至五世紀的中亞城邦

西元 73 ～ 102 年
班超征服西域

97 ～ 99 年
甘英出使大秦

220 年
東漢滅亡
北魏在樓蘭設置屯田（～西元 4 世紀）

435 年
柔然扣留到達吐魯番的北魏使臣

437 年
西域各城邦進貢北魏

5 世紀初
北魏派遣董琬、高明前往塔里木盆地等地

5 世紀中葉
北魏的將軍萬度歸攻打鄯善、疏勒、龜茲

501 年
麴嘉建立高昌王國

跟積極和匈奴對戰、不斷在西域擴展勢力的西漢不同，東漢並沒有延續和中亞城邦的關係，就如同所謂的「三通三絕」說法指代的那樣。西元二世紀前半，班超、班勇父子先後辭世後，東亞帝國的中亞活躍期結束，同時它在塔里木盆地一帶的支配力急遽衰弱，儘管影響力並未完全消失。羅布泊附近的樓蘭遺址中發現的木簡指出，西元三世紀後半，西晉的勢力已經擴張到此地；在這裡也發現了李柏（西元四世紀前半，負責管理樓蘭的前涼西域長史）寄到西域各城邦的書信（即「李柏文書」）。西元四世紀後半，呂光按照前秦王苻堅的命令，穿越焉耆抵達龜茲，帶走當地佛僧鳩摩羅什。西元五世紀前半，北魏太武帝派遣董琬、高明等人前往塔里木盆地，拜訪烏孫、大宛、塔什干等城邦。西元五世紀中葉，太武帝命令萬度歸出兵攻擊樓蘭、疏勒、龜茲等地。吐魯番因為離中國比較近，很早開始就有漢人的活動，西元五〇一年時，名為麴嘉的人在此地建立了高昌王國。

庫車的烽火台

位於庫車縣附近的克孜爾尕哈烽燧遺址，照片為作者於1995年訪問此地時所攝。烽火台以夯土方式修建，高15米、長6米、寬4.5米。

而北方草原則因為匈奴帝國崩潰和民族大遷徙，進入了混亂狀態。西元五世紀初建國的柔然，行使了自身在西域的影響力，而為了掌控在貿易之路西側占據重要戰略地位的吐魯番和哈密，柔然數次和北魏發生衝突。西元四三五年，到達吐魯番的北魏使臣們被柔然拘留；西元四三九年，柔然派遣使臣前往西域各城邦，跟他們通報「現在我們是天下最強大的勢力，以後就算北魏的使臣來訪，也不須恭恭順順地以禮相待」。但是柔然在和北魏的對決中逐漸轉攻為守，它無法像過去的匈奴那樣完全掌握西域。

位於今天阿富汗和印度西北部附近的貴霜帝國，雖然也在中亞各區域具有廣泛影響力，但是它在西元三世紀前半時，因為薩珊王朝的攻擊而瓦解。因此，中亞在西元二到五世紀呈現出一種缺乏普世霸權的諸國林立局面，結果就是大型的綠洲城邦，陸續合併周邊的小城邦，成為地區強國。舉例來說：鄯善以樓蘭、米蘭、若羌為中心，往西擴張

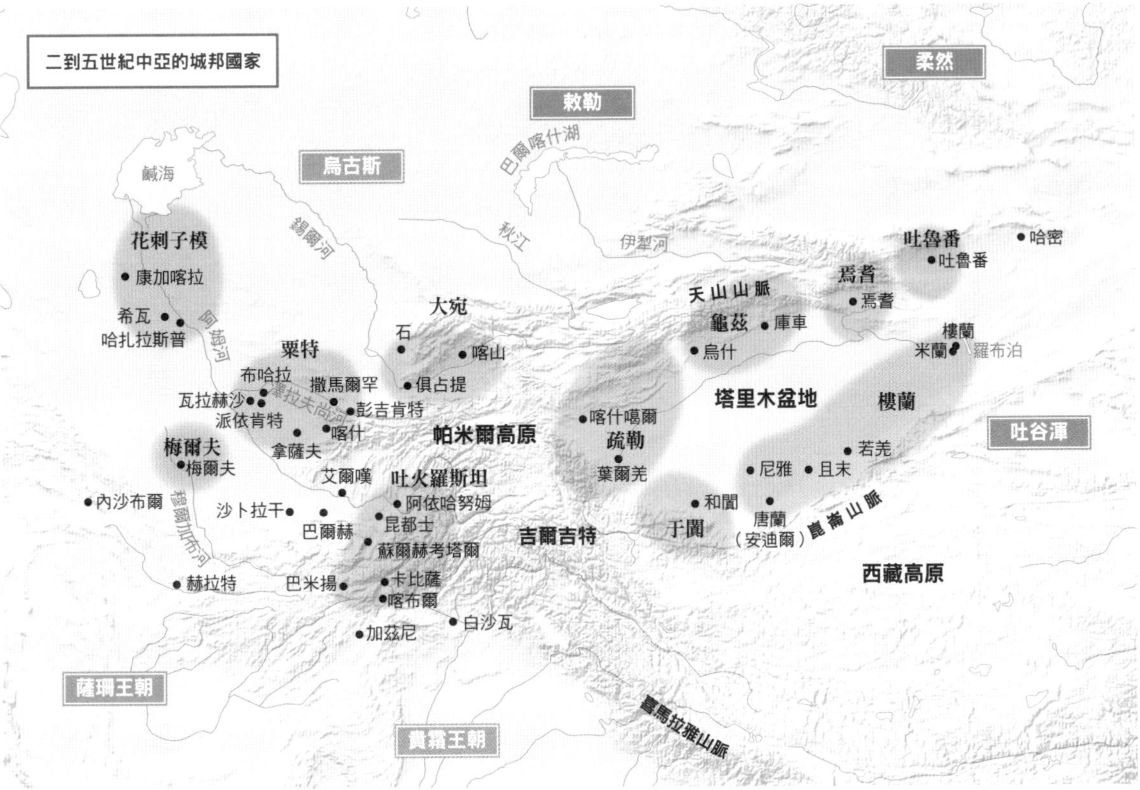

二到五世紀中亞的城邦國家

到且末、尼雅、唐蘭城一帶，支配的範圍非常廣泛，它率領疏勒周邊的十二個「大城」和數十個「小城」，成為一個國家。以這種形式分布在塔里木盆地附近的國家，在天山山脈南麓，有高昌（吐魯番）、焉耆、龜茲、疏勒；而在崑崙山脈北麓，則有鄯善（樓蘭）和于窴（于闐）。

帕米爾高原以西的西突厥斯坦，情況也是大同小異，在錫爾河上游的費爾干納、澤拉夫尚河流域的索格底亞那、阿姆河上游的吐火羅斯坦、阿姆河下游的花剌子模、穆爾加布河下游的梅爾夫等，也都以它們為中心形成了幾個主要的地區勢力。透過十九世紀末以來，在當地發現的多數資料可以確認，那一區的住民全部都使用印歐語；從吐魯番西側一直到龜茲、從南側到樓蘭一帶，主要是使用吐火羅語；塔里木盆地西南部的于闐，使用的是塞迦語，或是被稱為于闐語的印歐語；帕米爾以西的區域也一樣，根據不同的方言歸屬，分別被稱為粟特語、巴克特里亞語、健馱邏語。

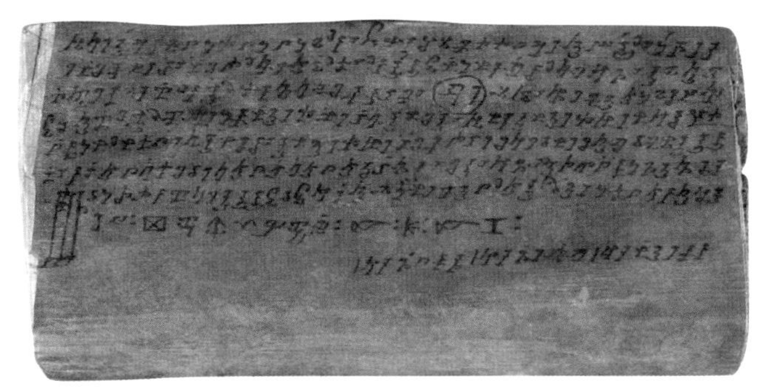

于闐語書寫的文件

20世紀初，英國學者斯坦因在塔里木盆地各處，發現了用婆羅米文字或佉盧文字寫成的文書。這個語言和東部伊朗語支方言同源，學者們稱其為于闐語或塞迦語。斯坦因收集到的文書，現在收藏在大英博物館中。

西元311年～744年

國際商人的出現

311 年
永嘉之亂

501 年
高昌國建立

579 年
粟特人涼州薩保史君逝世（史君墓）

679 年
唐於鄂爾多斯一帶設立六胡州

682 年
突厥第二帝國建立

721 年
六胡州地區發生叛亂，導致住民遷徙

744 年
回鶻的骨力裴羅成為可汗並建國

西元二到五世紀這段時間，雖然因為政治分裂和民族遷徙而充滿了混亂，但是遠距離的經濟交流和文化傳播活動並沒有因此而減少。從東漢末到魏晉時代，在漢文資料中開始出現稱呼中亞商人的「胡商」或「商胡」，他們活躍的範圍主要在中央歐亞，可說是最早的國際商人。

根據《後漢書》的記錄，「對於商胡和販客來說，關稅每天都在變動。」而陳壽在《三國志》中則寫下了西元三世紀前半，敦煌太守倉慈的治績，提到當時敦煌的豪族妨礙從西域商人們開展貿易，想要去洛陽的人必須從他們那裡取得通行證，而要求在敦煌進行貿易的人必需加入由豪族組織的行會。另外，中國史書也記錄了，到達太武帝治下的北魏首都的大月氏商人們（即寄多羅人），在首都附近的山脈開採礦石，用五色琉璃蓋出了能容納一百人的巨大行殿的事蹟。

此外，一九〇七年發現了非常有趣的資料，斯坦因在這一年於敦煌附近的某座烽火台遺址裡發現數封粟特人的信件，也就是前文提到過的「古代書信集」，而一個名為那奈—萬達克（Nanai-Vandak）的人，在二號信箚中給位於撒馬爾罕的貿易負責人報告當地的資訊，除了河西走廊的敦煌、酒泉、威武之外，粟特人在東亞大陸各地也都有派遣人員，而信件也提到萬達克本人購買了〇點八公斤的麝香一併寄送，希望一部分的利潤作為自己兒子塔西奇—達克（Takhsich-Vandak）的生活費等內容。除此之外，信中也提到「匈人」入侵中國、放火焚燒都邑、皇帝逃走，國際貿易需要的各種當地重要訊息。這裡面所記載的入侵事件，應該就是指導致西晉滅亡的起因、也就是西元三一一年爆發的永嘉之亂。中亞商人最活躍的時候是在四到六世紀，這跟寄多羅和嚈噠兩個集團，先後入侵中亞跟北印度交接的貿易網絡有關。在這期間，本地商人的勢力減弱，而粟特人取而代之，漸漸成為這個區域的新主角。

中亞商人販售的物品非常多樣化，

歐亞大陸的主要貿易據點

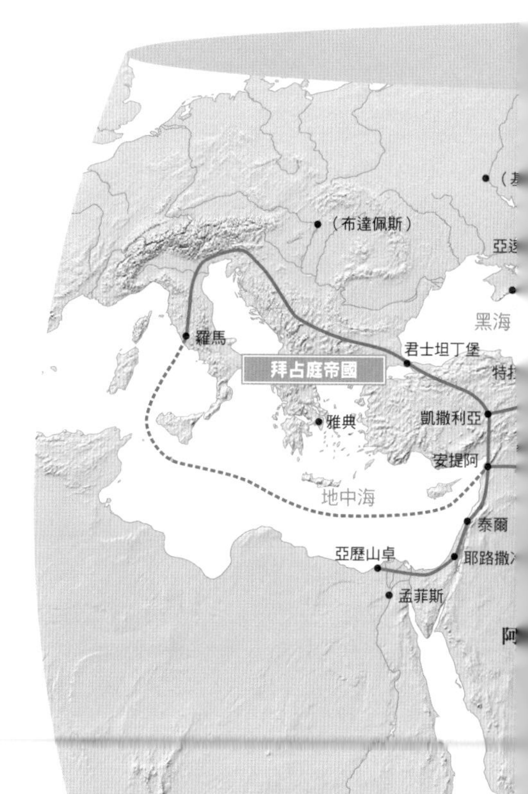

除了上面提到的琉璃和麝香之外，還有珊瑚、琥珀、紅寶石、火浣布（石綿）、玉等礦物；葡萄、苜蓿、石榴、核桃等植物；胡椒、乳香、末藥、蘇合香、安息香等香料；氍毹、毾㲪等毛織品，這些商品都包含在內。甚至被稱為「幻人」的西域魔術師也被引進，他們在表演時讓人將自己的脖子斬斷、把體內的血也抽乾，確認死亡之後，再使用藥草讓魔術師復活。不過在東西方的貿易當中，最重要的商品還是絲綢。

當時的中國是絲綢的唯一生產地，而西亞各國和羅馬帝國的貴族，為了取得絲綢可說是耗費苦心。西元一世紀，老普林尼對羅馬人每年浪費大筆金錢進口絲綢的行為展開激烈批評，其後皇帝奧勒良（西元二七〇年～二七五年在位）為了改善財政狀況，不僅限制絲綢的進口，甚至立法禁止後世的羅馬皇帝穿著絲綢所製的衣服。因為絲綢交易帶來的巨大經濟利益，絲路上的各個國家和集團，理所當然地紛紛介入這門生意。西元九七年，班超的部下甘英為了出使羅馬帝國，一路行進到敘利亞，卻在這裡折返，這很有可能是因為安息國（帕提亞）的商人擔心羅馬和中國直接建立來往，因而妨礙甘英繼續旅程。從中我們可以想見，這些國際商人們的登場和活動，和當時越來越活躍的絲綢交易顯然有著密切關係。

粟特人信劄

斯坦因於1907年在敦煌附近的烽火台，發現的八封粟特人信劄中的三號信劄。

粟特商人們

在唐代古墓中發現了眾多的土俑，其中包含多數中亞出身的粟特人土俑，有商人、武士、放牧駱駝者、舞姬等各式各樣職業的粟特人，是研究粟特人很好的資料。

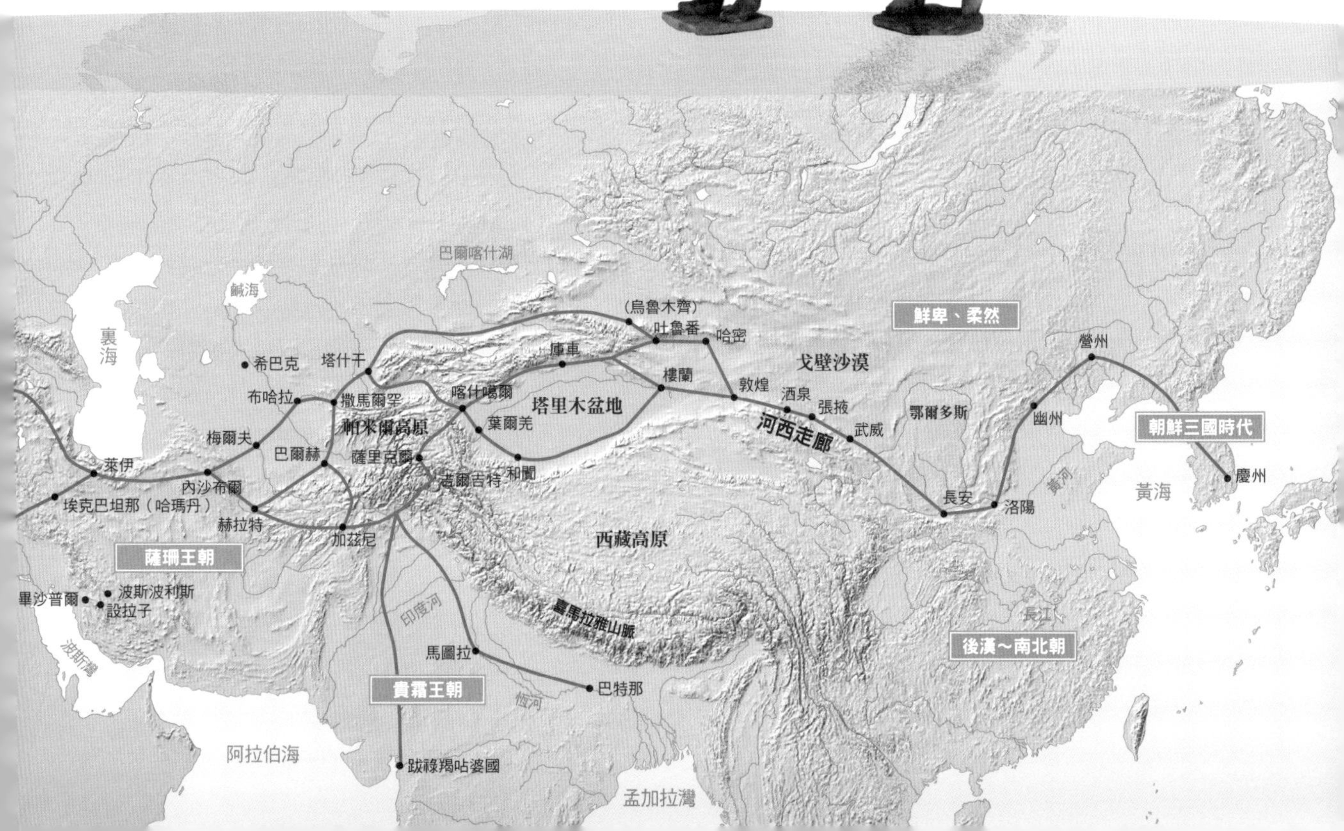

巴爾喀什湖
鹹海
裏海
(烏魯木齊)
吐魯番
哈密
鮮卑、柔然
營州
希巴克
塔什干
庫車
戈壁沙漠
布哈拉
撒馬爾罕
喀什噶爾
塔里木盆地
樓蘭
敦煌
酒泉
張掖
帕米爾高原
葉爾羌
河西走廊
鄂爾多斯
幽州
朝鮮三國時代
梅爾夫
巴爾赫
薩里克爾
武威
萊伊
和闐
吉爾吉特
慶州
內沙布爾
黃河
黃海
埃克巴坦那（哈瑪丹）
長安
洛陽
赫拉特
加茲尼
西藏高原
薩珊王朝
畢沙普爾
波斯波利斯
設拉子
印度河
喜馬拉雅山脈
長江
波斯灣
馬圖拉
後漢～南北朝
貴霜王朝
巴特那
恆河
阿拉伯海
跋祿羯呫婆國
孟加拉灣

佛教的擴散

約西元 65 年
《後漢書》記錄楚王劉英信仰佛教

147 年
安息國僧侶安世高抵達洛陽

約 150 年
健馱邏造像藝術興盛

372 年
佛教傳入高句麗

399 ～ 412 年
法顯前往印度取經

382 ～ 383 年
呂光遠征龜茲，俘虜鳩摩羅什

538 年
佛教透過百濟傳入日本

629 ～ 645 年
玄奘前往印度取經

723 ～ 727 年
慧超前往印度取經

西元前三世紀，在孔雀王朝阿育王的支援和提倡下，佛教除了在帝國內部的印度北部傳播之外，也開始擴散到其他地區。當時統治巴克特里亞的希臘人君主對於佛教的教義非常有興趣，而記錄巴克特里亞國王跟佛教聖者那先比丘對話內容的文獻，被稱為《彌蘭王問經》。這個紀錄顯示，西元前二世紀中葉，佛教在興都庫什北部已經擁有一定程度的影響力。在巴克特里亞王國崩潰後的貴霜王朝時代，佛教更為興盛，在健馱邏和馬圖拉首次建造佛像；而貴霜和安息的佛教僧侶們，也陸續越過帕米爾高原到達中亞和中國，開始他們的傳教之旅。《後漢書》中提到，約西元六五年，楚王劉英信仰浮屠，這是可信度非常高的、佛教在中國紮根的記錄。顯而易見的是，中亞比中國更早接受了佛教。

根據推測，佛教早在西元前一世紀，便流入了幾個位於塔里木盆地的城邦、首先是距離印度最近的于闐。不久之後，在西元一到二世紀，佛教傳入了西域北部和南部的喀什、龜茲、焉耆、吐魯番、樓蘭（鄯善）等地，並在這些城邦紮根。大乘佛教和小乘佛教，哪一個教派的影響力比較大呢？根據區域的不同，答案也有些許差異。舉例來說，根據玄奘法師的報告，西元七世紀時，屬於小乘佛教的「說一切有部」（Sarvāsti-Vāda），在西域北部的龜茲占據優勢；至於于闐國，最初以小乘佛教為主，但主導權在之後被大乘佛教搶走。而位於塔里木盆地東端的樓蘭，根據法顯的證言，四百年間所有的僧侶都信奉小乘佛教。

當然，單單透過現有的文獻資料，很難判斷哪些區域屬於哪一個教派的根據地，因此必須透過在考古挖掘中發現的寺院遺址，還有出土的各種佛像、壁畫和經典，綜合所有這些資訊，才能得出較合理的結論。釋迦牟尼涅槃後所形成的早期佛教僧團（Early Buddhist Schools）中，大乘佛教並無優勢，也遭到批判，而龍樹（大乘佛教論師）是直到西元三世紀左右才開始將大乘派的教理體系化，因此可看作是小乘佛教先傳入塔里木盆地各城邦，之後傳入的大乘佛教試圖挑戰小乘佛教的地位。這個挑戰在于闐國成功了，但是在龜茲、樓蘭

龜茲的佛教寺院遺址

圖為龜茲東北部的蘇巴什佛教寺院遺址。龜茲是唐代安西都護府所在地，當地有非常多的寺院和僧侶，玄奘法師也是經過這裡前往印度取經。推測蘇巴什寺院跟玄奘著作中所寫的昭估厘大寺為同一個地方。

玄奘和慧超的求法之行

玄奘取經之道
玄奘歸國之路
慧超諸國巡禮之路
慧超出發之途

等地卻是失敗的。

根據英國的斯坦因、德國的勒柯克（Albert von Le Coq）等人在二十世紀初期的調查，西域南部和西域北部挖掘出很多佛教遺址，發現了于闐的熱瓦克佛寺、尼雅遺址；樓蘭的米蘭遺址；龜茲的克孜爾千佛洞、圖木舒克、庫木土拉等石窟；吐魯番的柏孜克里克千佛洞也非常有名。

在這些遺跡中發現的資料顯示，塔里木盆地一帶的住民，接受了從印度傳來的佛教，並透過他們自身的感性和獨特喜好，以藝術的方式展現出自己的信仰。西突厥斯坦一帶也有信仰佛教的痕跡，舉例來說，靠近巴克特里亞的阿姆河流域一帶，例如泰爾梅茲附近的卡拉特佩、法拉特佩、埃爾庫爾根等地，都有發現寺院、佛塔、佛像等遺跡。但是整體來說，相較於塔里木盆地一帶，佛教徒在索格底亞那境內的分布範圍較小，推測這是佛教與當地的土著宗教瑣羅亞斯德教（祆教），從阿契美尼德王朝時代開始而相互抗衡的結果。

從印度返回的玄奘法師

敦煌第103號石窟（唐代中期）的壁畫，描繪了玄奘法師從印度返回的模樣，可以看到帶頭的是印度戒日王賜與的白象。

裴羅可汗和闕特勤的石碑

PART

02 突厥系民族的活動

500

563年　突厥首次派遣使臣前往拜占庭帝國

581年　隋建國

582年　突厥分裂為東西兩部

600

618年　唐建國

630年　粟特人設立六胡州／東突厥滅亡

630年　玄奘西域行出發／穆罕默德征服麥加

641年　唐文成公主至吐蕃和親

657年　西突厥滅亡

661年　伍麥亞帝國成立

676年　新羅統一朝鮮半島

682年　突厥第二帝國成立

700

744年　突厥第二帝國瓦解

747～759年　葛勒可汗建設白八里（Bay-Baliq，意為富貴城）

750年　阿拔斯帝國建立

751年　怛羅斯戰役

755～763年　安史之亂

756年　回鶻和唐聯手擊破安祿山叛軍

800

800年　查理大帝加冕，建立神聖羅馬帝國

9世紀中期　回鶻帝國崩潰

900

隨著民族大遷徙運動的結束、隨之而產生的政治混亂的終結，西元六世紀到十世紀左右屬於突厥人掌握中央歐亞政治霸權的時代。在中國史書中以「突厥」這個名字而被記錄的遊牧集團，他們在阿爾泰山脈附近崛起並建立遊牧帝國，其領土比起匈奴人活躍的時代，還往西邊擴張了許多。而在突厥帝國之後，同為突厥系民族（Turkic People）的回鶻，也建立起自己的遊牧國家。

以中央歐亞為舞台的遊牧國家，活動範圍包括東亞大陸的唐帝國、歐洲的拜占庭帝國以及波斯地區的薩珊王朝，並對這些勢力發揮著重要的影響。與此同時，中亞綠洲城邦的住民粟特人，透過與遊牧民族合作而在整個中央歐亞展開貿易活動，在許多區域扮演了文化媒介者的角色。伴隨著西元九世紀中葉回鶻帝國的崩潰，突厥人的霸權時代也隨之畫下休止符，由於唐帝國的瓦解、阿拔斯王朝的衰退也發生在同一時段，因此引發了包括歐亞大陸整個區域在內的全面性政治混亂。這再次觸發了與之前類似的現象，也就是眾多民族的大規模遷徙。

西元552～618年

突厥帝國的出現

552 年
柔然的阿那瓌自縊，土門建立突厥國

556 年
柔然的末代可汗於逃往西魏的途中被殺

572 年
突厥的木杆可汗逝世，佗缽可汗即位

581 年
佗缽可汗逝世，隋建國

582 年
突厥帝國東西分裂

587 年
沙缽略可汗逝世，莫何可汗繼承

589 年
隋統一中國

603 年
啟民可汗攻擊西突厥的達頭可汗，重新占領漠北

618 年
唐建國

西元五五二年，蒙古草原上出現了新的霸權，中國史書稱他們為「突厥」，原文為「Türk」（比較準確的對音其實是「退魯克」）。在這之前支配草原的柔然，使用的是蒙古語，而他們使用的則是突厥語——在今日使用這門語言的人，西至土耳其、東至中國的新疆維吾爾自治區，範圍非常廣闊。為了和突厥系民族另外成立的其他國家作區分，學者們把西元六世紀中葉時，於蒙古草原上成立的遊牧帝國稱為「突厥帝國」，同時也有部分人稱其為「Kök Türk」（藍突厥）。

在漢文資料中，記錄突厥帝國的建國者為「土門」，這個名字取自突厥語中「Tümen」（一萬）的諧音，意指萬戶之長的意思。土門即位之後又被稱為伊利可汗，意思是「建立國家（il）的可汗」，而在之後突厥人留下的文獻史料中，他又被記錄為伊跌利失（Iterlish）可汗，即「聚眾（Terish）成國的可汗」，也是意思相近。由突厥帝國第三代君主、木杆可汗所建立的盛世，被《周書》這樣記錄——「他擊破了西邊的嚈噠、趕走東邊的契丹、合併北邊的契骨（吉爾吉斯人）、並且降伏了所有的塞外國家」。突厥帝國的領域從東邊的興安嶺山脈，連接到西邊的裏海。過去匈奴和柔然的西邊版圖從未超過帕米爾高原，但突厥卻跨越了這條天然界線，將草原政權的領域往西延伸。

其時中國北部分為北齊和北周兩個互相對立的政權，雙方都希望在軍事上與突厥建立良好的關係，而突厥為了確保生活物資的供給，也很有效地利用這樣的局面。在木杆可汗之後即位的佗缽可汗甚至發出了「南邊有我兩個孝順的兒子，還擔心物資不足嗎」的狂語，表示出對這段由突厥主導的國際關係的自信，這與其說是「以夷制夷」，「以華制華」這四個字也許更為貼切。

建立突厥帝國的遊牧集團本來住在吐魯番附近，在擊破樓蘭之後，他們將統治中心轉移到蒙古高原西部的於都斤山地（今杭愛山一帶）。可汗判斷自己一個人很難有效率地統治廣大的領土，因此將突厥國家分為數個行政區，例如木杆可汗將帝國分為三部分，自己直接管理於都斤山地，東邊和西邊的領地則交給鄰近部族的首領負責；而佗缽可汗也認同這種方式。它雖然跟過去匈奴將國家分為三塊，在單于王庭的東、西方配有左右賢王的方式類似，但是差異

突厥可汗的金冠

蒙古和土耳其兩國的考古學家，在西元2001到2003年間，在哈剌和林附近的霍肖柴達木考察裴羅可汗石碑和遺址時發現的金冠。

在於，三個突厥行政區的掌管人都擁有「可汗」的稱號。這樣的管理方式被稱為「分國體制」。

可以想見，隨著時間的推進，這樣的分權體制會弱化中央權力，產生尾大不掉的現象，最後導致帝國分裂。西元五八二年，沙缽略可汗和其他的小可汗之間，發生了軍事對立和衝突，導致突厥帝國分裂為東西兩部，陷入困境的沙缽略可汗更逃到戈壁沙漠以南，臣服於隋皇帝之下，要求後者協助和支援。西元五八七年，沙缽略可汗逝世，他的弟弟莫何可汗儘管在之後重新奪回漠北草原，以及於都斤山地，但最後莫何還是在跟西突厥達頭可汗交戰時陣亡。沙缽略的兒子也臣服於隋帝國，被隋皇帝冊封為啟民可汗，並在西元六〇三年憑借隋的援助而擊敗達頭可汗，成功返回漠北。領導集團內部發生的劇烈對立和紛爭，成為了突厥帝國追求穩定發展過程中的最致命障礙。

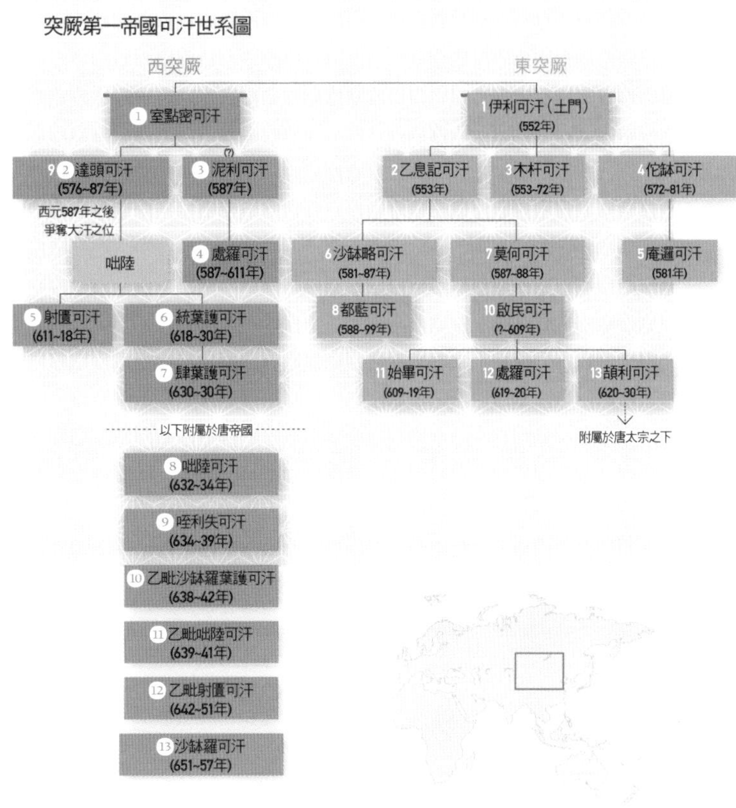

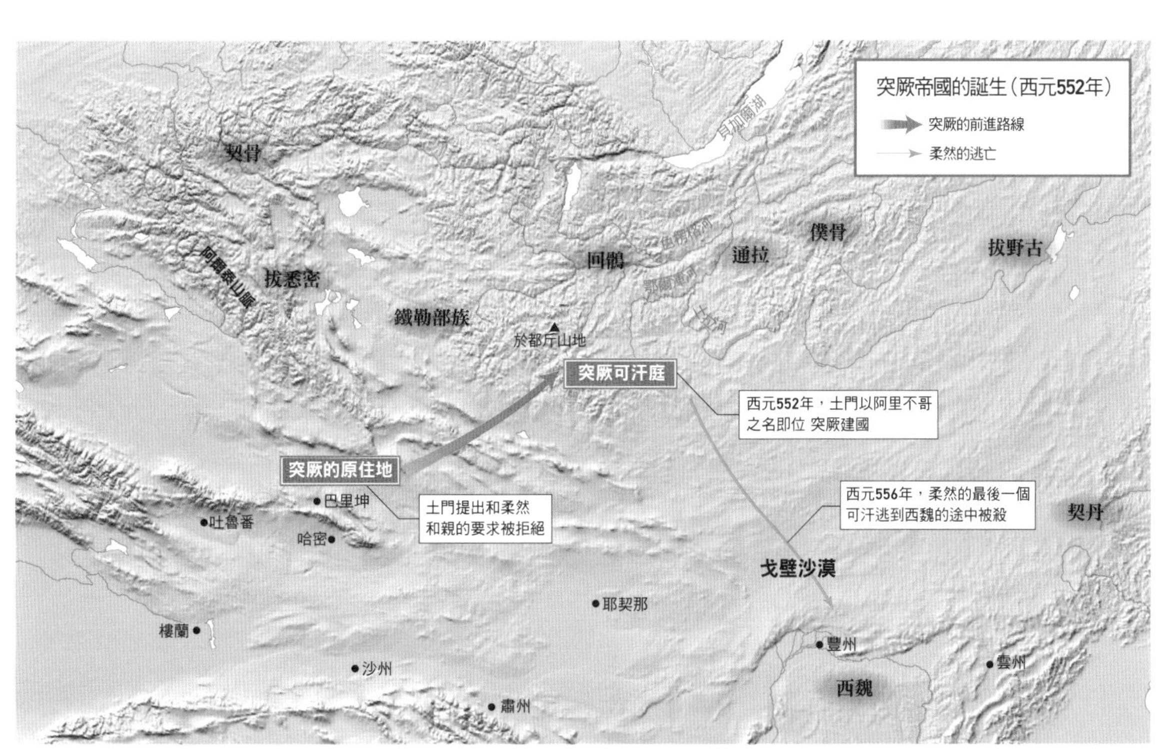

西元532～650年

突厥帝國與西方世界

532 年
拜占庭受到薩珊王朝的入侵

563 年
突厥初次派遣使臣到拜占庭

568 年
粟特人馬內雅克被突厥派遣出使拜占庭，拜占庭派柴馬庫斯前往突厥（至576 年為止共五次）

576 年
拜占庭派遣瓦倫提努斯前往突厥

589 年
隋統一中國

618 年
唐建國

626 年
拜占庭對突厥提出軍事同盟

627 年
突厥和拜占庭聯合攻打薩珊王朝

650 年
突厥和拜占庭的關係因為西突厥而崩潰

跟匈奴相比，突厥帝國的領土往西邊擴張許多，除了西亞的薩珊王朝，它也跟遙遠的拜占庭帝國頻繁接觸。突厥聯合薩珊王朝消滅了嚈噠後，兩國以阿姆河為界瓜分了嚈噠故地，而國境相接的這兩個國家，共同關心的也都是絲綢貿易。薩珊王朝獨占了中國絲綢銷往西方的渠道，並從中獲取巨大的利益；而突厥則透過與中亞的粟特商人建立密切關係，掌握了絲綢貿易的主導權。突厥派遣粟特商人馬內雅克（Maniakh）出使薩珊王朝，薩珊王朝卻公開燒掉他們送去的絲綢，對突厥和粟特插手國際絲綢交易一事，明確表現出己方的不滿。因此，突厥嘗試在西亞以外，尋找新的交易路徑，進而想起了另一個夥伴，這就是和薩珊王朝對峙的拜占庭帝國。西元五三二年，薩珊軍隊跨越國境、入侵敘利亞、占領安提阿，逼近亞美尼亞。對曾受到這些攻勢的拜占庭帝國來說，自然不難意識到突厥是非常重要的潛在戰略夥伴。

西元五六三年，突厥第一次派遣使臣前往拜占庭；而西突厥可汗也在五六八年，派遣馬內雅克出使拜占庭，而在他返國的時候，柴馬庫斯奉皇帝查士丁二世之命，和他同行，出使西突厥作為答謝。在拜占庭的記錄中，柴馬庫斯甚至訪問了西突厥可汗的大本營阿黑塔格（Aq Tagh），並受到了可汗本人的盛大歡迎和款待。「Aq Tagh」在突厥語中意為「白山」，指的是西突厥可汗居住的裕勒都斯草原（Bayanbulak Grassland）附近，天山山脈中的其中一座雄偉山峰。柴馬庫斯一行人抵達時，西突厥可汗正在接待波斯的使臣們，因此這種熱烈歡迎也算是有意向拜占庭方面表現的一種外交手段。

柴馬庫斯歸國之後，西突厥和拜占庭帝國一直維持著穩定的外交關係。根據歷史學家米南德所記錄的、西元六世紀後半的歷史，從西元五六八年到五七六年期間，拜占庭共向突厥派遣五次使臣團，特別是在西元五七六年，瓦倫提努斯為了傳達提貝里烏斯皇帝即位的訊息，跟隨正要返國的突厥一百零六名使臣團，一同前往當地。瓦

蒙古帝國和周邊的國家

突厥帝國的最大領域
突厥和拜占庭的外交路徑（推測）
當時主要的國家

薩珊王和拜占庭皇帝

西元260年，薩珊王朝沙普爾一世在和拜占庭的戰爭中取得勝利，活捉了瓦勒良。在伊朗南部的法爾斯省，曾經是薩珊王朝的首都畢沙普爾，發現了刻有沙普爾一世刺穿瓦勒良坐騎膝蓋的岩壁。

倫提努斯參加了西突厥可汗的葬禮，並親眼目睹了殉葬和剺面（用刀割臉）的突厥風俗。而西突厥在統葉護（西元六一八～六三〇年）統治時期，仍然重視和拜占庭的關係。西元六三〇年，玄奘在前往印度的途中經過吐魯番，高昌王親自為此事而寫信給統葉護，請他同意玄奘將來在旅行到中亞各城邦時，能夠使用「鄔落」——「鄔落」指的就是驛馬，取自「Ulagh」的讀音，是為當時頻繁往來的使臣所準備的交通工具。西元六二六年，席哈克略皇帝派遣使臣前往突厥，提議雙方正式結為軍事同盟；六二七年，拜占庭與突厥軍聯手，包圍並攻擊了提比里斯。

與此同時，西突厥和薩珊王朝之間，也發生了幾次軍事衝突。由薩珊王朝君主和突厥可汗的女兒所生的霍爾密茲德四世，被稱為「突厥王子」，他在位時的西元五八八年到五八九年，沙巴（Schaba）指揮的西突厥軍隊攻進了巴德吉斯和赫拉特；之後巴赫拉姆六世發動反叛但失敗，被流放到西突厥並遭到暗殺。

石人像

古代突厥人埋葬故人時，為了誇耀這個人生前的戰績，會把被他殺死之敵將的姿態做成石像，而其後的蒙古人則是製作下葬者本人的石像。因此，在現今的蒙古草原上仍然可發現非常多的石像。

突厥帝國的崩潰與唐帝國的統治

618 年
唐建國

626 年
玄武門之變

630 年
唐太宗活捉頡利可汗，東突厥滅亡，一萬戶突厥人移居長安

639 年
阿史那結社率叛亂

640 年
唐出征高昌王國，設立安西都護府

646 年
唐征服薛延陀，設立六都督府和七刺史州

648 年
唐設立安西四鎮：龜茲、于闐、疏勒、焉耆

657 年
唐滅西突厥

658 年
安西都護府遷至龜茲

663 年
燕然都護府改名瀚海都護府

西元六一八年唐建國的時候，東突厥的統治者為始畢可汗，全盛期時「東至契丹、西至吐谷渾、高昌，所有的國家都臣服於他的旗下，擁有一百萬名弓箭手」。始畢可汗依據收繼婚的習俗，將其父啟民可汗的妻子義成公主納為夫人，並推舉隋煬帝的孫子楊政道，打算支援他重建隋帝國，但是面對隋末唐初的形勢，始畢與其他中原群雄一樣，不得不向唐俯首稱臣。

唐太宗李世民對突厥使用離間計，並積極準備軍事行動。西元六二六年冬天，頡利可汗帶領大軍南下到渭水以北時，雖然後世以李世民親臨該地、與頡利結下「渭水之盟」，因此使敵軍調頭的說法美化此事，但依舊可以看出李世民態度積極，結合了離間計和直接強攻的核心外交政策。此一方法果然奏效，頡利可汗的姪子突利、郁射設對叔父不滿，轉而投靠於唐軍陣營，包含薛延陀在內的鐵勒部族也接受唐的指使，開始反叛；而且由於連續幾年的大量降雪，草原上的家畜大批死亡。唐太宗利用這一局面，在西元六三〇年初，活捉了以漠南草原為根據地的頡利可汗，而東突厥也就此滅亡。

失去國家的突厥人四處逃散，雖然一部分的人逃到戈壁沙漠北部，而另一部分投靠了西突厥，但大部分的人仍留在今天的內蒙古地區，接受唐的統治，這些被稱為「突厥降戶」的人超過一百萬，在西元六三四年到六四五年期間陸續被遷移到長城附近的十個州郡。在後來的一場宴會中，唐太宗要求頡利可汗和其他同樣被活捉的南方部族酋長（馮智戴）載歌載舞，並單方面地把這個景象稱為「胡越一家」，因為在他的統治之下，「華」和「夷」已經被統合為一個國家。然而，在西元六三九年發生了突厥首領阿史那結社率企圖突襲唐太宗行宮的事件，這說明所謂的「華夷一家」其實不過是一場幻夢，而唐帝國則以此為契機，讓突厥人遷回原來的居住地即蒙古草原，並在定襄和雲中兩個都督府之下，設立十一個刺史州負責管理。兩都督府的體制正是沿襲了突厥國家的左

金微州都督的墓誌銘

唐庭任命僕固乙突（西元635～678年）為金微州都督，此圖是他的墓誌銘。西元2009年在蒙古中部的艾馬克被發現，現收藏在烏蘭巴托的札納巴札爾美術博物館。墓碑表面上刻有「大唐金微都督僕固府君墓誌」的字樣。

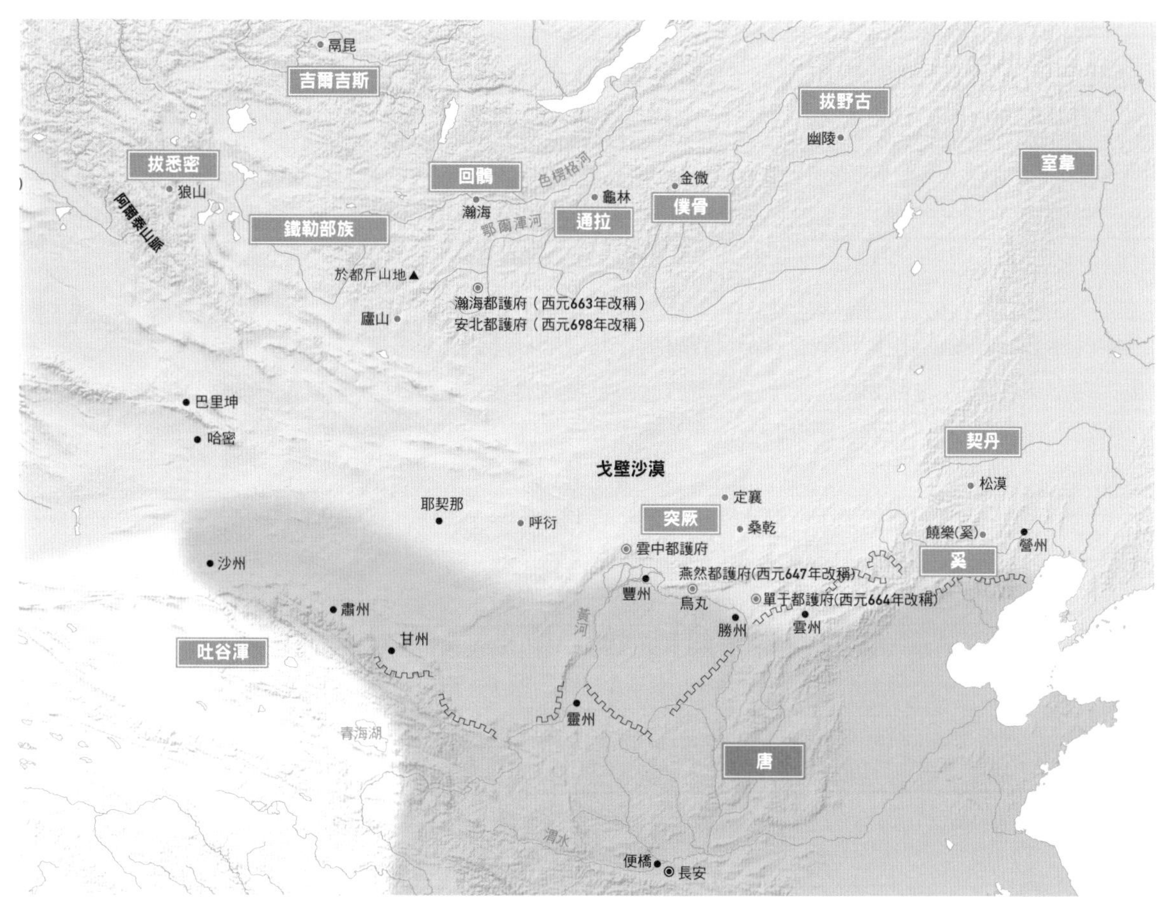

唐的羈縻支配領域和突厥（西元7世紀中後半）

唐帝國的都護府

唐帝國的都督府

唐的領土

唐的羈縻支配領域

右翼體制，唐帝國將突厥各部首領任命為都督、刺史，而隸屬於他們的長史、司馬也由當地人擔任。在他們之上，唐又設立了單于都護府，指派非突厥出身的高級官員出任都護一職。

為了統治附屬的異族，在當地設立了部、州等跟中國內地一樣的行政單位，並任命當地首領擔任各單位的長官，這稱為「羈縻支配體制」。「羈縻」指的是控制牛和馬的繩子，在這之前曾有「羈縻勿絕」的說法，是用於形容消極的外交政策，但它在唐代轉變為主動統合、支配異族的的手段。唐的羈縻支配體制除了用來統治突厥之外，也推廣到居住在戈壁沙漠以北的其他遊牧民族，例如在西元六四六年，唐降伏了反叛的薛延陀之後，設立了統治回鶻、同羅、拔野古的六個都護府和七個刺史州。在西元六四七年設立於烏丸故地的燕然都護府，在六六三年時改名為瀚海都護府（其後再改為安北都護府），並遷移到戈壁沙漠以北的鄂爾渾河流域；另外，設立於戈壁沙漠以南、用於管理突厥人的雲中都護府，六六四年改名為單于都護府，最後在六九八年，和安北都護府合併。

西元630～679年

唐朝進軍突厥斯坦

630 年
唐太宗活捉頡利可汗，東突厥滅亡，哈密的首領石萬年歸附唐

634 ～ 635 年
唐出征吐谷渾，占領伏俟城，成立親唐傀儡政權

639 年
西突厥沙鉢羅咥利失可汗逝世

640 年
唐太宗出征高昌王國，設立安西都護府

648 年
唐設立安西四鎮：龜茲、于闐、疏勒、焉耆

649 年
唐太宗逝世

651 年
西突厥阿史那賀魯反叛後自立為沙鉢羅可汗

652、653、657 年
唐高宗下令遠征西域

677 年
阿史那都支叛唐，遭裴行儉活捉

679 年
唐占領碎葉城

西元六三〇年，唐太宗生擒頡利可汗，這時候在西域發展的哈密首領石萬年，決定附屬於唐帝國。在中國較為常見的姓氏「石」，在當時指的是來自塔什干的人，同時也可以看出，這一時期居住在絲路要塞哈密的人，大多數為粟特人。唐併吞哈密後，在當地設立了西伊州，並於西元六三二年改名為伊州，下面設有伊吾、納職、柔遠三個縣，使用與中原一樣的地方管理體制。為了打通和西域的交通，唐首先降服了統治塔里木盆地東部的吐谷渾——西元六世紀中葉，鮮卑族集團以青海一帶為中心形成了吐谷渾國家，為了獲取東西貿易的利益，儘管他們沒有占據河西走廊，但也掌握了南部的青海地區，而吐谷渾也占領著鄯善、且末等地，在西域有一定的勢力。唐為了進入西域，勢必要討伐吐谷渾，於是唐軍在西元六三四到三五年占領吐谷渾的根據地伏俟城，並扶植起親唐的傀儡政權。

攻打吐谷渾這一行動，明顯表示出唐對於西域的野心，而塔里木盆地東部的城邦，也無可避免地按照親唐、反唐兩種政治立場形成不同陣營。位於吐魯番、當時由麴文泰統治的高昌王國，和西突厥的欲谷設結盟，成為反唐一派的主力。欲谷設是麴文泰的妹妹和統葉護的兒子所生，他將當時東部的「咄陸」和西部的「弩失畢」各分為十部，稱為「十姓改革」。西元六三八年，欲谷設被國內反對沙鉢羅咥利失可汗的勢力推舉為乙毗咄陸可汗。而和高昌競爭絲路貿易利益的焉耆，則選擇和唐結盟，因

高昌古城

殘留在吐魯番的漢人政權，高昌國的都城遺址。遠方的中間位置可以看到當時玄奘法師傳佛法於麴文泰的大佛寺廢墟

此得以建立新的商路，但它在遭到攻擊後陷入困境，反唐勢力因此占據上風，而唐帝國也轉而採取更為積極的軍事政策。

西元六三九年底，唐太宗頒下《討高昌詔》，決定遠征高昌，麴文泰在唐軍湧入的狀況下被殺，而建國一百三十四年的高昌王國也就此滅亡。吐魯番被唐編入西州，並且在當地設立安西都護府，配有三萬名的軍隊駐守；同時也設立了庭州，以控制居住在蒙古草原和天山北部的遊牧民族。乙毗咄陸可汗無法抵抗唐的攻勢，最後越過阿姆河、逃往吐火羅，唐則在原地冊立一個傀儡可汗。唐軍順勢占領了龜茲，並將安西都護府遷往該地。

其後，由於阿史那賀魯反叛，唐在西域的統治遭遇危機。阿史那賀魯在唐太宗逝世後的西元六五一年，占據了乙毗咄陸可汗的舊根據地雙河和千泉，自立為沙鉢羅可汗，重新統合了十城部落，號稱擁有幾十萬大軍，而西域的城邦也歸附於他的旗下。

唐的羈縻支配領域和突厥斯坦

◉ 都護府　　唐的羈縻支配領域

• 都督府　　(658) 設立年度

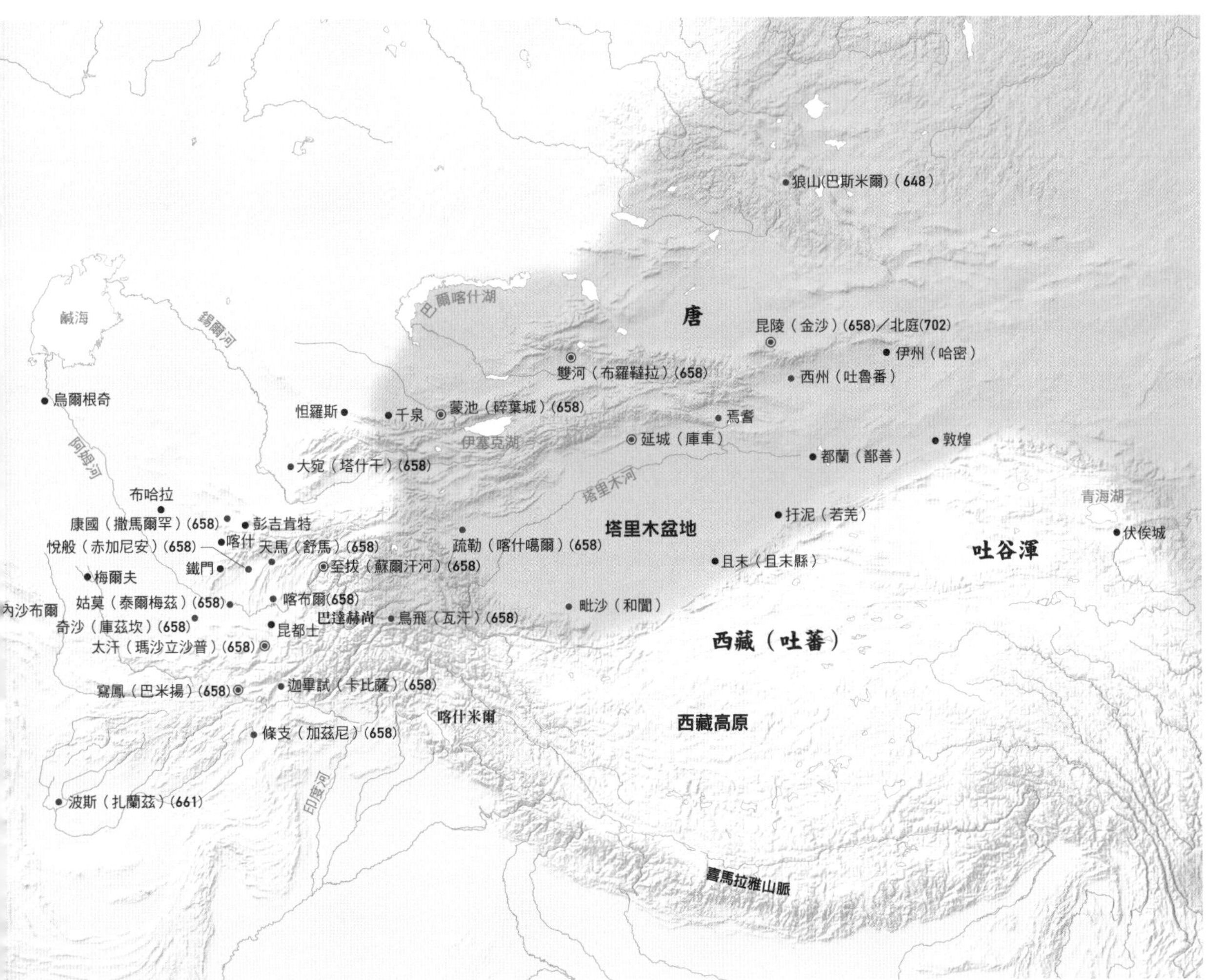

西元679～744年

突厥第二帝國的建立

679 年
阿史那氏的首領叛亂失敗

680 年
阿史那伏念被推舉為可汗，叛唐失敗

682 年
突厥脫離唐的支配，骨咄祿建立突厥第二帝國

686 ～ 687 年
突厥攻破鐵勒部落

691 年
阿史那默啜可汗即位

695 年
武則天冊封阿史那默啜為遷善可汗

696 年
契丹李盡忠舉旗叛唐，阿史那默啜助唐攻擊契丹

711 年
唐金山公主出嫁阿史那默啜

716 年
阿史那默啜遠征拔野古後，被刺殺於回途

731 年
闕特勤逝世

734 年
毗伽可汗逝世

741 年
伊然可汗逝世，突厥第二帝國分裂

744 年
於都斤遭占領，突厥第二帝國崩潰

西元六七九年，位於蒙古高原南部、歸屬於阿史那部族的突厥首領們，推舉泥熟匐為可汗，並引發了叛唐事件，周圍二十四州的首領全部呼應，共有數十萬人加入。六八〇年，他們又推舉阿史那伏念為突厥可汗，再次發起叛亂。這些反叛事件雖然都以失敗而告終，但在六八二年，復興突厥國家的運動終於獲得成果。出身阿史那部落的骨咄祿，以陰山山脈和半沙漠的卡拉庫姆地區為根據地，重新建立突厥國家，此後突厥人陸續開始往這裡聚集，史稱突厥第二帝國。骨咄祿任命原來擔任都護府下層官僚的阿史德元珍（突厥名字為暾欲谷）為阿波達干，負責掌管兵馬。

阿史那部落之所以接受阿史德部落的幫助起兵叛唐，是因為在唐統治突厥故地的半個世紀以來，阿史那部的勢力大大萎縮的緣故——西元六四九年，唐在定襄和雲中分別設立了都護府、各配置十二個突厥部族，隸屬定襄都護府的阿史德部落首領被任命為都護職，但是隸屬雲中都護府的阿史那部落卻沒有得到同樣的待遇。

受到暾欲谷幫助的骨咄祿自封為頡跌利施可汗，他越過戈壁沙漠北上，並在西元六八六到六八七年，擊破散居在蒙古草原上的鐵勒部落，因此終於得以帶領部眾回到「聖山」於都斤地區。頡跌利施可汗逝世後，他的弟弟默啜繼位，是為阿波干可汗，在他帶領之下的突厥帝國勢力達到鼎盛，不僅打敗了東邊的契丹和奚（Tatabï），將領土擴張到興安嶺山脈一帶，同時在北部降服了居住在貝加爾湖附近的拔野古部、在西北方攻破定居葉尼塞河流域的吉爾吉斯部；其後在西邊又擊敗越過阿爾泰山進攻的西突厥（On-Oq），勢力跨越錫爾河、到達鐵門一帶。西元六九五年，武則天雖然冊封阿波干為遷善可汗，不僅沒有牽制他的能力，反而要接受他的幫助——就在西元六九六年，契丹的李盡

突厥第二帝國可汗世系圖

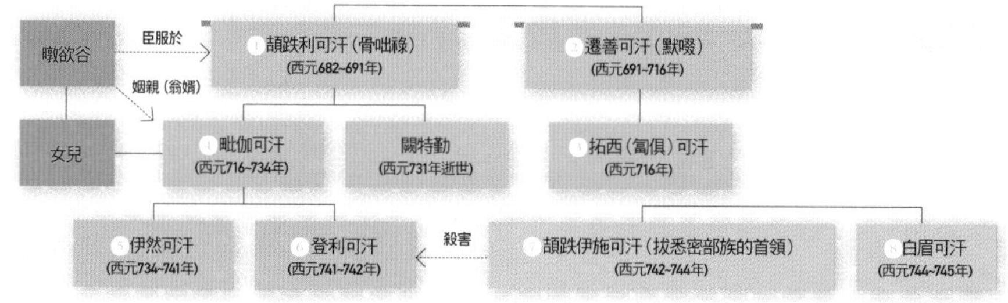

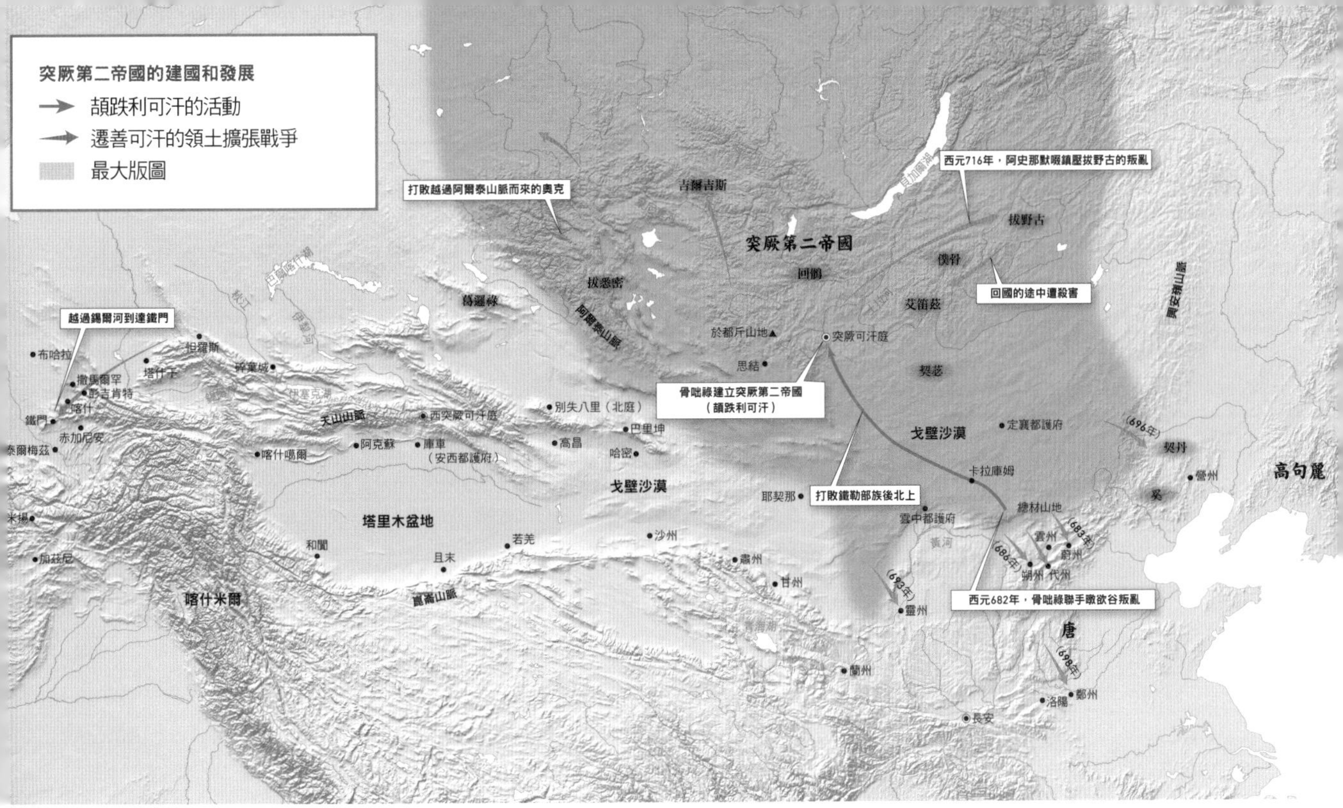

突厥第二帝國的建國和發展
頡跌利可汗的活動
遷善可汗的領土擴張戰爭
最大版圖

打敗越過阿爾泰山脈而來的奧克
西元716年，阿史那默啜鎮壓拔野古的叛亂
越過錫爾河到達鐵門
回國的途中遭殺害
骨咄祿建立突厥第二帝國（頡跌利可汗）
打敗鐵勒部族後北上
西元682年，骨咄祿聯手暾欲谷叛亂

突厥第二帝國　吉爾吉斯　拔野古　僕骨　回鶻　拔悉密　葛邏祿　於都斤山地　突厥可汗庭　思結　契苾　戈壁沙漠　定襄都護府　契丹　營州　高句麗　奚　卡拉庫姆　總材山地　雲中都護府　耶契那　唐　靈州　蘭州　長安　洛陽　鄭州　天山山脈　塔里木盆地　喀什米爾　崑崙山脈　別失八里（北庭）　高昌　哈密　巴里坤　庫車（安西都護府）　阿克蘇　喀什噶爾　西突厥可汗庭　碎葉城　和闐　且末　若羌　沙州　甘州　肅州

忠舉兵反唐，而阿波干自願協助唐軍鎮壓。

因此，突厥人不斷地對唐提出要求，例如遣返在唐國境內的突厥人、保證對突厥的物資供給、以及建立和親關係等等，無法拒絕的武則天只好全部照辦，不僅將「突厥降戶」送回原地，贈與耕作所需的三萬石穀物種子、三千件農具，以及約五萬匹的織物，而且讓淮陽王的女兒（金山公主）嫁給阿波干。但是阿波干可汗不滿於該公主並非皇帝的親生女兒，於是囚禁唐使臣、對唐邊境發動掠奪，憤怒的武后因此把阿波干的本名「默啜」貶稱為「斬啜」。而阿波干可汗最後於西元七一六年，鎮壓拔野古部叛亂的時候，在回國途中被襲擊而亡。

因為阿波干可汗的驟逝，各部族開始陸續脫離統治，重建起來的突厥帝國也面臨崩潰。阿波干可汗生前任命兒子匐俱為繼位人，但匐俱並沒有收拾殘局的能力，最後由闕特勤出面而平定了內部分裂，之後毗伽可汗繼位。毗伽可汗在弟弟闕特勤、岳父暾欲谷的輔佐之下，招回所有出走的部族，這三人的豐功偉業也因此被記錄在碑文上，得以永久流傳。西元七四一年，伊然可汗逝世後，領導階層又發生內鬥、同時其他部族也起來反抗，導致後繼的突厥可汗們紛紛被廢黜甚至殺害；最終在七四四年，回鶻、拔悉密、葛邏祿三個部族聯手攻下了於都斤，突厥第二帝國正式宣告瓦解。

毗伽可汗陵墓復原圖

蒙古和土耳其兩國的考古學者們，在考察了毗伽可汗的碑文和墓地樣貌之後，根據對當時狀況的推測而畫的陵墓復原圖。陵墓的入口效仿當時中原的流行式樣，立有毗伽可汗的石碑，後面則陳列石人像。

西元682～735年

古代突厥文字與碑文

682 年
突厥第二帝國建立

691 年
阿史那默啜可汗即位

716 年
阿史那默啜遠征拔野古後，被刺殺於回途
毗伽可汗即位

716 ～ 720 年
製作暾欲谷碑文

718 年
和葛邏祿的反叛勢力對戰

722 ～ 723 年
驅逐葛邏祿

732 年
製作闕特勤碑

734 年
毗伽可汗逝世、伊然可汗即位

735 年
製作毗伽可汗碑

一八八九年，俄國的雅德林采夫（N. Yadrintsev）在鄂爾渾河邊發現了兩塊刻有未知文字的石碑，之後他將這個發現正式介紹到西歐學界。其中一塊刻有「故闕特勤之碑」的石碑，通過對標題和內文的析讀，確認它是在七三二年，突厥帝國的王子闕特勤逝世後，為了記錄闕特勤的豐功偉業而製作。解讀這些文字的功勞，歸於丹麥的語言學家湯姆遜（Vilhelm Thomsen），湯姆遜在一八九三年公開了解讀碑文的關鍵，並於三年後出版了《鄂爾渾碑文之解讀》。書中提出，這些文字屬於一個由少數的母音和三十個以上的子音組成的系統，而這個文字系統經過證實，就是古代的突厥文字。

突厥文字的發明時間很難界定，但推論它最晚是在西元七世紀末開始使用。突厥帝國和回鶻帝國相繼崩潰之後，移居到東突厥斯坦的突厥餘部於九世紀中葉消失在歷史的舞台上，因此突厥文字便也跟著成為死文字。目前推測，突厥文字是通過對中亞粟特文字的改造而產生，在突厥和回鶻先後支配草原的時期，它在中央歐亞區域被廣泛使用，甚至在遙遠的東歐多瑙河流域，也出土了使用突厥文字的零星銘刻。

重要的突厥碑文如下：刻有闕特勤、毗伽可汗、暾欲谷等三人豐功偉業的闕特勤碑文，石碑製作於突厥第二帝國時代，也被稱為「鄂爾渾碑文」；在窩魯朵八里、塔里雅特、色楞格等地，發現的回鶻帝國時代的碑文；在葉尼塞河流域發現的吉爾吉斯墓誌銘等。這些碑文不只是研究古突厥文字的珍貴資料，同時也由於它們是突厥人親自留下的記

錄，因此歷史價值相當高。

古代突厥人把國家稱為「il」，它代表著獲得上天（Tengri）祝福的可汗，和受到統治的百姓（Bodun）相連，而在可汗和百姓之間，既有各個諸侯例如葉護設，也有被稱為「伯克」（Beg）的族長、首領等。而突厥人對於他們自己的國家、也就是「Türk il」（突厥國）的認知，和中國人的觀念非常不同。在漢文語境裡，所謂的「皇帝」是世上獨一無二的存在，影響力在理論上來說也是無遠弗屆；但是對突厥人來說，中原王朝、高句麗、契骨、吐蕃等等，也是和他們一樣，有著各自「可汗」的「il」。根據碑文的內容，可以瞭解到突厥人的多元世界觀，這跟一元論的中華帝國觀念非常不同。

在突厥的碑文上，隨處可以看到「中國是一個威脅」的類似警戒。突厥故地被唐統治超過五十年，這段時間對突厥人來說是非常痛苦的過往；而突厥人為了脫離中國皇帝的支配，花費很多努力，也賠上了不少性命。因此突厥國家復興之後，即便已經收復自己的故土，卻也要一直警告後代，不要忘記中國這個威脅。為了復興國家，首先要有來自上天的祝福（Qut）和諭示（Yarliq），並誕生一個同時擁有智慧（Bilge）和勇猛（Alp）兩項特質的可汗，而這位可汗將依循祖法（Törü）領導突厥人。各部族的伯克（Beg）和平民（Qara Bodun）必須服從可汗的命令，維持應有的秩序（Tuz）；以於都斤山為根據地的可汗，則有義務一邊應對外部的威脅，一邊通過商隊的財貨來維持百姓的溫飽。這就是突厥碑文當中，維持「Benggü il」（永恆帝國）的執政祕訣。

布古特石碑

西元570年代末或580年代初，可汗一族的木杆特勤逝世後所立的石碑，位於蒙古西部布古特一帶，1956年被發現。因為立碑時間早於古突厥文字出現前，所以內容是粟特文字。石碑上端刻有母狼哺育小兒，正是突厥祖先的傳說故事。

翁金石碑遺址

石碑將人或動物的型態雕刻以石像的方式表現，被發現於1891年的杭愛山脈南側翁金河附近。翁金石碑今收藏於阿爾拜赫雷博物館中。

毗伽可汗碑（左）和闕特勤碑（右）

這是突厥第二帝國的君主毗伽可汗，以及他的弟弟闕特勤的記功碑，是跟著唐代中原流行的石碑模樣製成。闕特勤碑高3.75公尺、寬1.3公尺、厚45公分，面西邊的面上刻有漢文，其餘全為古突厥文字。。

西元6世紀～757年

粟特商人的活動

6 世紀左右
粟特商人開始活躍

579 年
粟特人涼州薩保史君逝世（史君墓）

618 年
唐建國

679 年
鄂爾多斯一帶設立六胡州

755 ～ 763 年
安史之亂

757 年
安祿山死亡

西元六到九世紀，在內陸歐亞的國際貿易領域中最活躍的商人，就是西突厥斯坦出身的粟特人。這個區域在波斯帝國時期就被稱為「Sogdiana」（粟特），當地人通過跟中央歐亞草原上的突厥、回鶻等遊牧帝國的領導階層合作，掌控了東接中國、西連薩珊王朝和拜占庭帝國的絲路貿易。

粟特人活躍的時期，正好是中國的隋唐時代，在當時的記錄中，以「胡」作為他們的統稱。早在西漢時期，「胡」就不只被用來稱呼匈奴，連鮮卑、氐、羌、羯等西、北方的遊牧民族也在胡的範圍之內；到了隋唐時期，更是改用於指涉來自中央歐亞綠洲的住民。除了胡商之外，胡姬、胡樂、胡服、胡帽、胡桃、胡餅、胡瓜、胡麻等詞彙，也都帶有「原產地為西域」的意義。

為了遠距貿易的順利運作，除了絲路沿路地區，粟特商人在中國北部的主要城市也都設有根據地、甚至成立聚落，粟特人集團不只在這些地方進行交易，同時也從事農業、手工藝等各式各樣的行業。粟特人運用這個社會網絡，不僅拓寬了活動範圍，同時也得以主導國際貿易領域。塔里木盆地最東邊的石城鎮和播仙鎮以及蒙古高原南部的六胡州，就是最好的例子。在西元六三〇年，突厥帝國崩潰的時候，粟特人被安置在鄂爾多斯一帶的魯州、麗州、含州、塞州、依州、契州，在這些地方都立有刻著突厥文「Alti Chub Soghdaq」，也就是「六個州的粟特人」的石碑。

在中國活動的粟特人，根據出身地的不同而被賜與不同的姓氏，這個制度被稱為「九姓胡」，例如撒馬爾罕出身的是「康」、布哈拉是「安」、塔什干是「石」。安祿山的本名為康祿山，代表他出身自撒馬爾罕，而祿山則是粟特語「Rokhshan」（光明）轉譯，因為母親是布哈拉人而改姓安。安祿山居住在中國四十餘年，除了妻小，在他門下尚有四千餘名「胡客」。後趙、隋、唐為了監督這些胡人，任命他們的首領擔任

粟特人的活動（西元八世紀前半）

主要貿易路線
主要區住地
軍事活動

薩保史君墓誌銘

在史君墓石郭南面門上發現的殘片，上面刻有粟特文字和漢文，內容相似，但粟特文的內容更為詳細。漢文的那面指出，這個墓的主人「原本是住在西域的史國人，移居到長安後，獲得涼州薩保的官職」。墓碑長88公分、寬23公分、厚8.5公分。

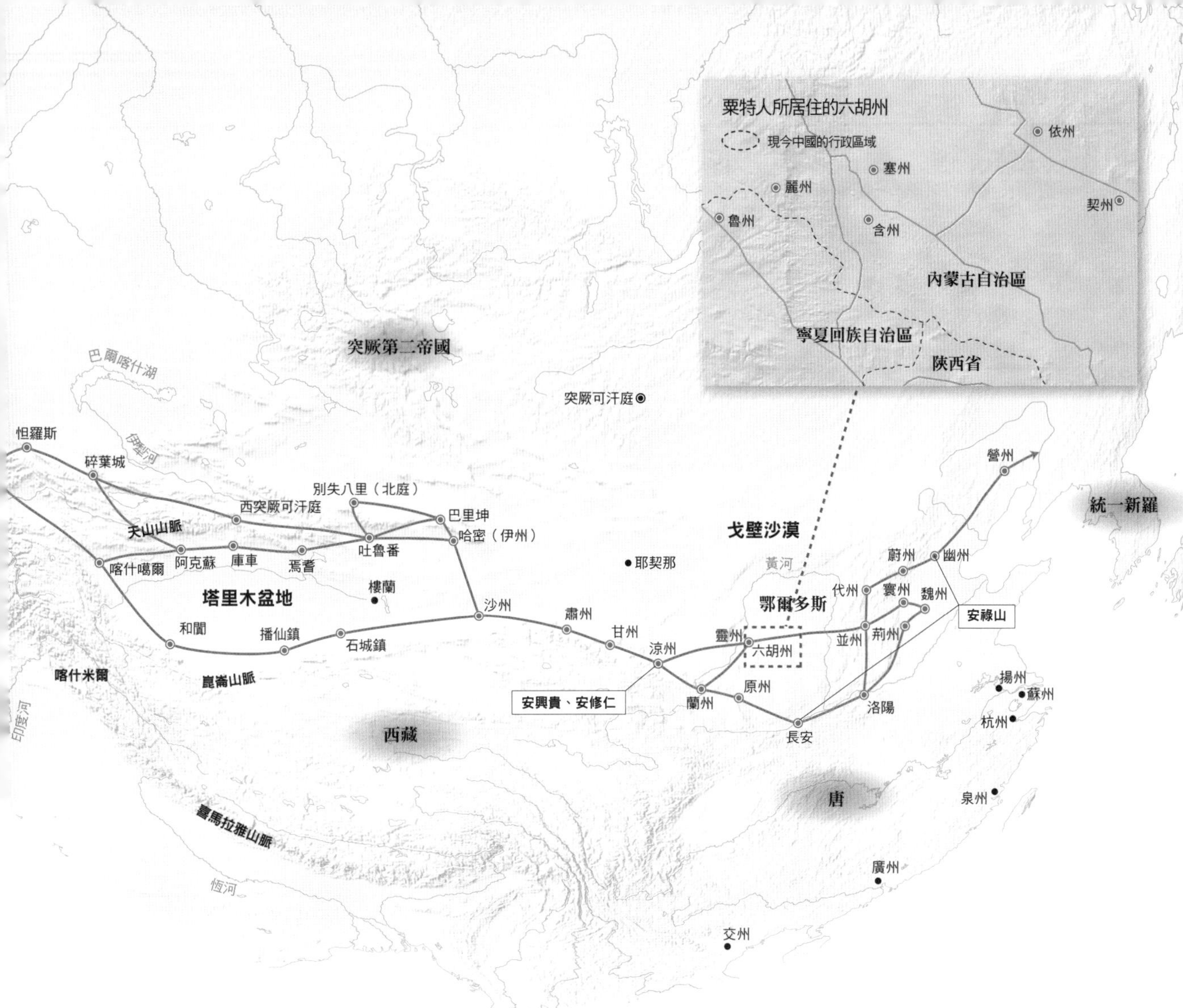

「薩保（薩甫、薩寶）」——這個詞取音自粟特語的「Sartpaw」（意為祈禱，源自巴克特里亞語），本來的意義是「駱駝商隊的首領」。近年在陝西、山西等地發現的粟特首領墓地（例如史君墓、安珈墓、虞弘墓等），不僅有墓誌銘，而且也有描繪他們日常生活的浮雕。

作為國際商人的粟特人，在外交、軍事層面也相當活躍，例如生活在西突厥區域內的粟特人，曾有被派遣到薩珊王朝、拜占庭帝國出使的記錄。而西元五四五年，西魏派往突厥的使臣安諾槃陀也是粟特人：雖然他當時住在酒泉，但是從「安」這個姓氏來看，應該是布哈拉出身的人、而其原名為「Nakbanda」。近年，粟特人在軍事史上所扮演的角色受到注目，相關研究也不斷湧現，像是占領河西一帶，並和李淵一起掌控涼州的安興貴、安修仁兄弟，還有作為突厥—粟特混血兒、後來掌握強大軍事力量的安祿山等人，這些都是粟特人深度參與中國政治的最好例子。由國際貿易所造就的經濟實力、移民網絡所造就的情報網，以及與突厥、回鶻、中國（後趙及隋唐）等的領導階層合作而取得的軍事力量，粟特人憑借這三大因素，在當時具有非常大的影響力。

吐蕃崛起

618 年
唐建國

638 年
吐蕃包圍唐的松州

641 年
唐文成公主出嫁松贊干布的兒子共日共贊

646 年
文成公主和松贊干布再婚

659 年
吐蕃親唐的吐谷渾政權帶給唐帝國致命的打擊

670 年
薛仁貴指揮唐軍，吐蕃慘敗

678 年
唐進軍青海後全軍覆沒

679 年
唐占領西突厥根據地碎葉城

690 年
突騎施從唐手中奪回碎葉城

702 年
唐設立北庭都護府

747 年
高仙芝軍進入西突厥斯坦

唐帝國在攻滅西突厥、掌握塔里木盆地後，可說是完成了支配西域的大業，但不久之後唐的西域霸權面臨著新的挑戰，這就是吐蕃王國的崛起。根據中國文獻的記載，吐蕃是由「禿髮」的諧音而來。在西元七世紀初，吐蕃人以拉薩為中心建設國家，統合了高原地區的各民族，吐蕃王國的統治一路維持到西元九世紀中葉為止。

吐蕃王國的建立人是松贊干布，他在統一西藏高原之後，於西元六三四年向唐帝國提出「送公主到吐蕃和親」的要求，但是吐谷渾不希望唐帝國和吐蕃改善關係，於是百般阻撓，最終唐拒絕了這個提議。松贊干布便在西元六三六年北上討伐吐谷渾，降伏了青海區域的党項和白蘭等強大部族。西元六三八年，松贊干布帶領二十萬大軍，包圍了位於唐邊境的松州，強迫唐帝國同意和親的要求。打算在突厥和西域集中用兵的唐太宗，並不希望和吐蕃發生軍事衝突，因此接受和親的要求，在六四一年將文成公主送往吐蕃。

一般觀點認為，迎娶文成公主的是松贊干布自己，但是在敦煌發現的西藏記錄，卻記載說文成公主是在松贊干布讓位給兒子共日共贊後才到達吐蕃，這樣看來，實際與公主成親的對象是另有其人。不過共日共贊在西元六四三年逝世，松贊干布再度即位，在三年喪期結束後的六四六年，文成公主在拉薩建立了小昭寺，並將從唐帶來的佛像安置於寺廟內，用以獻祭亡夫之靈。之後，松贊干布按照繼承婚的風俗，將媳婦文成公主納為夫人。在這之前，他已經與尼泊爾王的女兒結有婚姻。

以文成公主和親為契機，唐和吐蕃維持了三十年的和平，但是在松贊干布死後，由於雙方爭奪對吐谷渾的宗主國權利，最後仍然發生了戰爭。西元六五九年，吐蕃軍進攻親唐的吐谷渾，唐帝國派出以蘇定方（他之後被派往東部戰線，也就是朝鮮半島）為首的援軍，結果敗於吐蕃。為了挽回劣勢，唐在西元六七〇年再派出薛仁貴的十萬大軍與吐蕃作戰，這次仍舊慘敗收場，結果不僅造成了吐谷渾滅亡，而且安西都護府的所在地龜茲，也在同年被攻陷。

大昭寺

松贊干布在接受佛教教義後，在拉薩設立的大昭寺。直至今日，大昭寺對西藏人來說，依舊是最重要的參拜寺院。

唐將安西都護府的治所遷到吐魯番（西州），廢除安西四鎮，而唐在西域的霸權也就此崩潰。西元六七六年到六七七年，吐蕃軍進逼甘肅和四川一帶，對唐造成軍事上的威脅；六七八年，唐為了牽制吐蕃，又派出十八萬士兵前往青海，但是這支大軍卻被包圍並遭到殲滅。

在此後的對決中，唐和吐蕃於中亞維持著「你方唱罷我登場」的狀態。西元六七七年，原屬西突厥的各部族集結在阿史那都支的旗下，他自稱為「十姓可汗」並且帶頭叛唐，唐帝國派出裴行檢鎮壓，在西元六七九年占領了叛軍的根據地碎葉城。這時候隸屬西突厥的突騎施集團登場，並在西元六九〇年攻下碎葉城，威脅到了唐帝國在塔里木盆地部署的軍事基地。與此同時，突厥第二帝國宣告成立，唐軍在中亞受到吐蕃和突厥的聯合攻擊，處境變得十分艱難。西元七〇二年，唐帝國於庭州設立北庭都護府，派兩萬名士兵駐守該地，對應突厥的威脅，這時候吐蕃已經前進到帕米爾高原，一路征服俾路支斯坦、吉爾吉特、護密等地。為此，唐帝國在西元七四七年派出高仙芝率軍前往該區域，確保西域交通線的暢通。高仙芝遠征成功，前進到西突厥斯坦，因而遭遇到西方新興起的阿拉伯勢力。

文成公主帶到西藏的佛像

唐太宗在松贊干布的要求下，將文成公主送往吐蕃和親。而她也成為了中國文化傳播到西藏時，最重要的人物之一。照片中的佛像目前供奉在大昭寺，對西藏人來說，是當地最具神靈力量的佛像與象徵。

西藏王國的發展（西元前7世紀中半）

最大疆域

遊牧部落

----- 現在的西藏自治區範圍

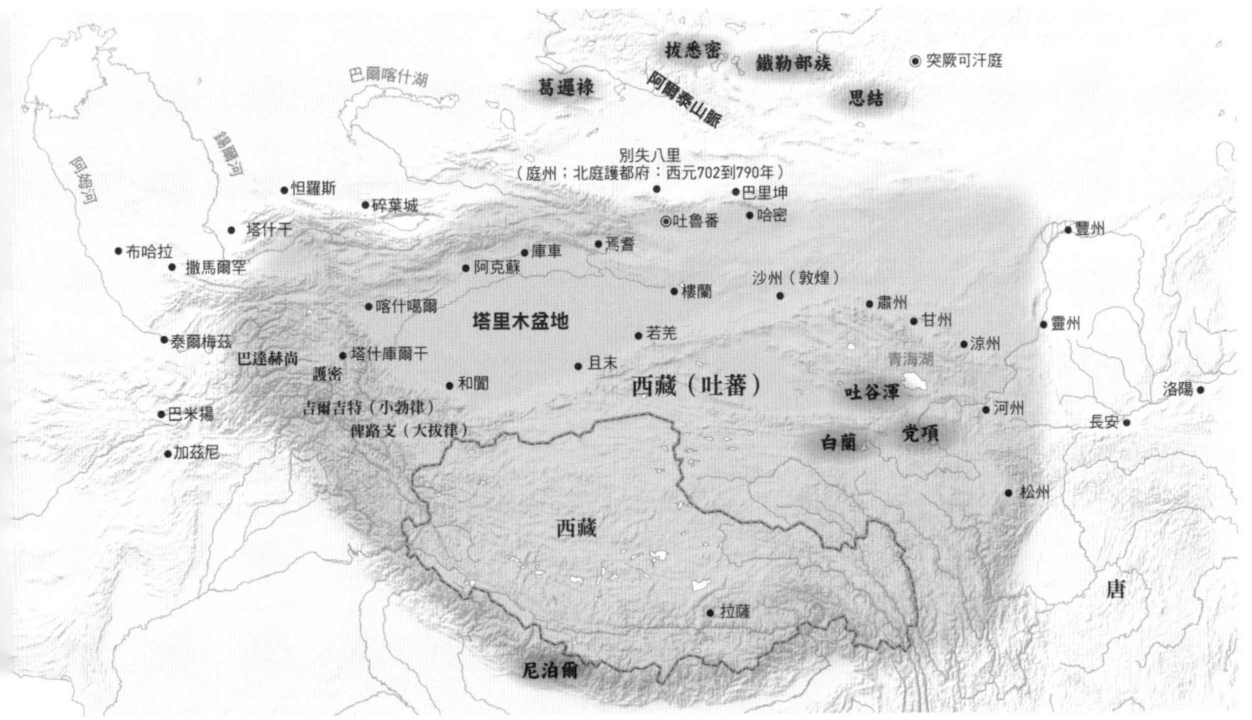

西元622年～750年

阿拉伯勢力東進

622 年
穆罕默德離開麥加（希吉拉）

632 ～ 661 年
正統哈里發（阿布．伯克爾、歐麥爾、奧斯曼和阿里）時代

661 年
伍麥亞王朝誕生

676 年
攻擊布哈拉和撒馬爾罕

697 年
哈查吉．伊本．優素福被任命為巴斯拉總督
屈底波．伊本．穆斯林成為大呼羅珊總督

712 年
征服花剌子模

738 年
納斯爾被任命為呼羅珊新任總督

750 年
伍麥亞王朝滅亡，阿拔斯王朝成立

西元六六一年，世襲制的伍麥亞政權將首都遷到大馬士革，同時阿拉伯勢力也正式進入到中央歐亞地區。在伊朗東部的呼羅珊地區擔任總督的齊亞德，在西元六七四年派出軍隊跨越阿姆河，攻擊布哈拉。其後接任呼羅珊總督的奧斯曼，在西元六七五到六七六年間，帶領旗下的穆斯林軍隊再度攻擊布哈拉和撒馬爾罕。在這個時期，阿拉伯人在中央歐亞的戰略重心，並非征服領土並加以統治，而是透過軍事攻擊取得戰利品，並將重要的城邦納為附屬國。

西元六九七年可謂這一方針的轉捩點，當年哈查吉．伊本．優素福被任命為巴斯拉地區的總督，他透過征戰和駐兵，試圖直接對中央歐亞地區進行支配統治，而受到優素福援助的屈底波．伊本．穆斯林，在之後也成為大呼羅珊總督。當時駐守在呼羅珊的阿拉伯軍隊，內部因為部族差異而不斷產生紛爭，負責調解紛爭的屈底波為了將各部族的勢力分散到外部，因此積極推動對中央歐亞地區的進攻。屈底波首先占領了布哈拉附近的城市拜堪德，再以該地為跳板，主導阿拉伯軍隊，前進布哈拉和撒馬爾罕；西元七一二年，也征服了鹹海附近的花剌子模。但是在七一四年，支援他的哈查吉逝世後，屈底波本人也被捲入哈里發的繼承紛爭，並因此而被解任，因此伊斯蘭勢力往東擴張的勢頭暫時轉弱。

中亞城邦國家的君主們深切感受

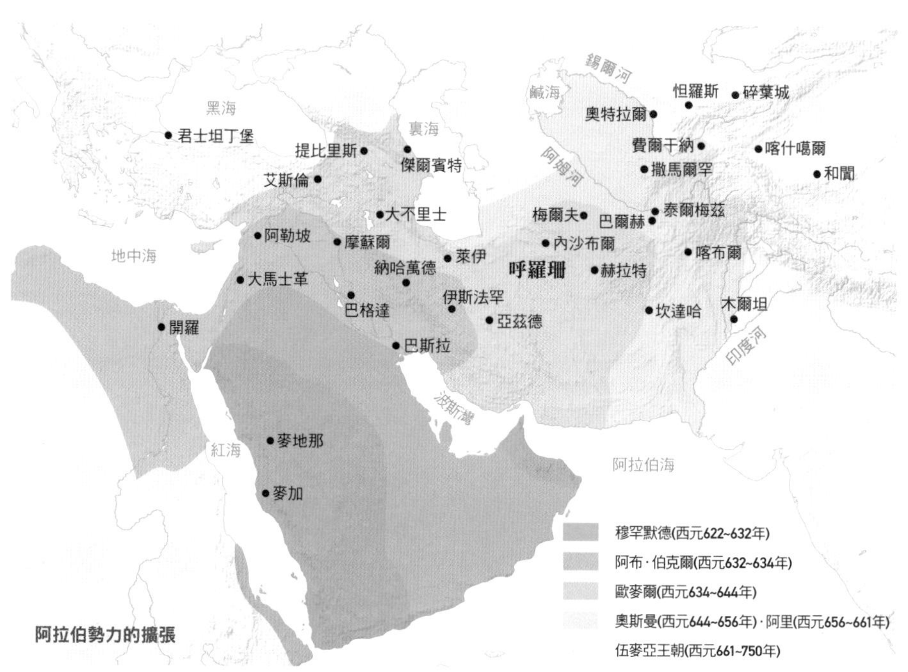

阿拉伯勢力的擴張

阿拉伯勢力東進中亞

——► 主要進攻路線

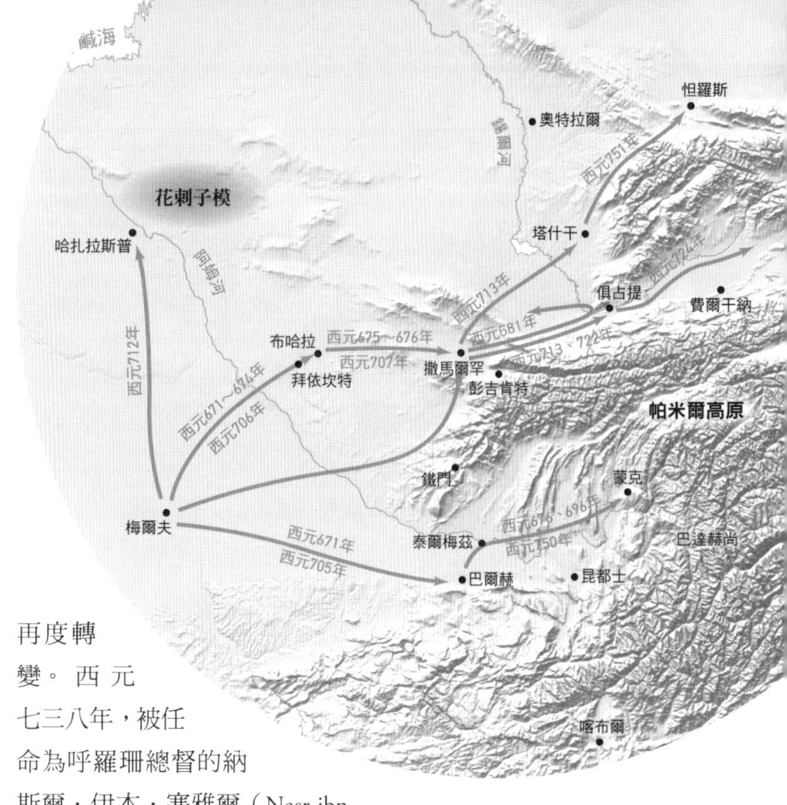

到阿拉伯勢力的威脅，開始爭取外部勢力的支援。他們的第一步棋就是派遣使臣，前往唐國請求支援。但是唐因為突厥帝國的復興而在西域失去立足地，因此無法提出任何對策。另一方面，由突騎施部族主導的西突厥部族，在西元七一六年阿波干可汗死後，趁著政治混亂的狀態而從突厥第二帝國獨立，此後積極以軍事力介入西域綠洲國家的事務，開始擴大自身的影響力，也因此突騎施和阿拉伯軍，基於西突厥斯坦的霸權而產生矛盾，雙方的爭奪戰漸漸白熱化。西元七二一年，突騎施在當地粟特人的支持下，包圍了被阿拉伯軍占領的撒馬爾罕，並擊退敵軍。而為了應對這樣的情況，阿拉伯軍在西元七二二年，派出士兵前往錫爾河，占領了花剌子模，並在七二四年前進到費爾干納一帶，但這次因為當地居民的反抗和突騎施的攻擊，戰敗後退回了原地。根據阿拉伯的史料記載，在「Yawm al-'Atash」（渴水日戰爭）這場有名的戰役之後，阿拉伯人接連喪失了阿姆河以北的城市。

不過，突騎施的蘇祿可汗在西元七三九年遭到殺害，此後突騎施的內部紛爭也日漸嚴重，而由突騎施主導的西突厥勢力也逐漸衰弱，因此對峙的情勢再度轉變。西元七三八年，被任命為呼羅珊總督的納斯爾．伊本．塞雅爾（Nasr ibn Sayyar），認為一直以來的單方面鎮壓，只能達到短期的效果，因此需要新的策略。為了成功統治西突厥斯坦，塞雅爾改變一味強調優勢武力的做法，改為積極爭取當地人的支持。他熱心促進當地人改信伊斯蘭教，並對改信者提供稅金減免；與此同時，對抗伍麥亞王朝的勢力開始以屈底波．伊本．穆斯林為中心集結，而他也是「阿拔斯革命」獲得成功的關鍵人物。塞雅爾逝世後，改信伊斯蘭教的眾多西突厥斯坦住民加入了阿拔斯軍隊，在推翻伍麥亞王朝上也助了一臂之力。此後，阿拉伯勢力在西突厥斯坦站穩腳步，並開始積極經營這個區域，因此東西兩大強權的衝突在所難免。

夏伊辛達墓城

根據傳說，先知穆罕默德的姪子到此傳教，死後便被安葬在此處，夏伊辛達（Shah-i Zinda）的意思是「活著的王」。夏伊辛達墓城位於撒馬爾罕，約在西元九世紀以後開始建造，但清真寺和其他重要的附屬建築，則是在帖木兒帝國時期建立。

西元747年～809年

怛羅斯戰役

747 年
高仙芝確認帕米爾周邊情況，被任命為安西四鎮都知兵馬使

750 年
高仙芝活捉塔什干國王
伍麥亞王朝滅亡，阿拔斯王朝成立

751 年
怛羅斯戰役

755 ～ 763 年
安史之亂

786 ～ 809 年
哈倫．拉希德在巴格達建立智慧之家

西元七五一年夏天，唐和阿拉伯之間的戰爭正式展開，這就是歷史上著名的「怛羅斯戰役」，而唐軍的指揮官是對韓國人來說也非常熟悉的高句麗遺民高仙芝。

高仙芝的父親本來在河西工作，後來成為龜茲駐屯軍的高級軍官，他也跟著父親一起到了西域。高仙芝年輕時就立有軍功，二十來歲便被封為將軍職，西元七四〇年被任命為安西府都護。當時吐蕃王國的勢力正往帕米爾高原擴張，陸續掌控了俾路支斯坦、吉爾吉特、護密等地區，為了應付這個狀況，唐皇帝派遣高仙芝前往該地。西元七四七年，高仙芝帶領一萬名的騎兵和步兵經過喀什噶爾、越過帕米爾、遠征吉爾吉特，這份戰功讓他被任命為安西四鎮的節度使。但是就如同他勇猛的性格一般，高仙芝的野心也不小，例如在西元七五〇年攻擊塔什干後，活捉了對方的國王、押送回長安處決，並掠奪了名為「瑟瑟」的寶石十顆、要以五到六頭駱駝運載的黃金和多匹駿馬。與此同時，當地人和阿拉伯軍隊開始對抗唐軍。

西元七五一年七月，高仙芝帶領的唐軍和齊亞德帶領的阿拉伯軍在怛羅斯河畔的阿特拉赫展開戰爭。在五天的對峙中，由於一部分葛邏祿遊牧民從唐軍處叛逃到阿拉伯軍，結果唐軍遭到左右夾攻而潰不成軍。敗逃的高仙芝雖然保住性命，但是由於朝廷追究戰敗責任，因此被免去安西節度使一職。關於兩方參加戰爭的具體軍力，目前眾說紛紜，而杜佑所著的《通典》中，記錄唐軍約有七萬名左右。

這場戰爭在當時沒有引起太多注意，塔巴里等伊斯蘭的史家們並未記錄下這件事，《舊唐書》和《新唐書》中的〈高仙芝傳〉也沒有提及這場戰役。

高仙芝的軍事活動

- 西元747年遠征帕米爾
- 西元750年遠征塔什干
- 西元751年遠征怛羅斯
- 阿拉伯軍隊的進攻路線

 怛羅斯戰役

但是長遠來看，怛羅斯戰役是標誌著中國在中亞的勢力衰退，同時伊斯蘭勢力的政治、文化影響得以增加的分水嶺，背後的意義極為重大。

戰爭結束後，隨之而來的是安史之亂（西元七五五～七六三年），唐帝國陷入了前所未有的混亂。吐蕃勢力乘機而起，擴張到塔里木盆地和河西走廊；而突厥第二帝國崩潰後，葛邏祿等突厥的同族，也在天山北方的草原占有一席之地。剛誕生不久的阿拔斯王朝在獲得軍事勝利後，正式掌控中亞地區，因此中央歐亞的西方由伊斯蘭勢力占據，東方則有吐蕃，突厥系的遊牧民族掌控著北方，形成了群雄爭霸的局面。但是到了西元九世紀，吐蕃和突厥的勢力開始弱化，阿拉伯在中央歐亞占有政治上的優勢，因此這個區域在宗教上也無可厚非地趨向於伊斯蘭化，此後穆斯林成為中央歐亞的主流人口。

儘管從政治版圖看，中國的勢力在怛羅斯戰役後退出了中央歐亞地區，但是就歷史影響的角度而言，這也成為了中國文化擴散到伊斯蘭世界的契機。其中的最好例子，就是戰爭中有接近兩萬名的中國人被俘虜，而這些人之中有懂得造紙的技師，因此造紙術傳播到了伊斯蘭文化圈。位在中國西邊的撒馬爾罕得以建立第一座造紙廠，學者們認為，這就是中國俘虜向阿拉伯人傳遞技術的證據。而伊斯蘭文化圈中聲名遠播的「撒馬爾罕紙」，更是遠銷西亞各地區；其後哈倫．拉希德（西元七八六～八〇九年在位）也在巴格達建立了造紙廠。造紙術之後又傳到了黎凡特和北非地區，並一路進入歐洲。

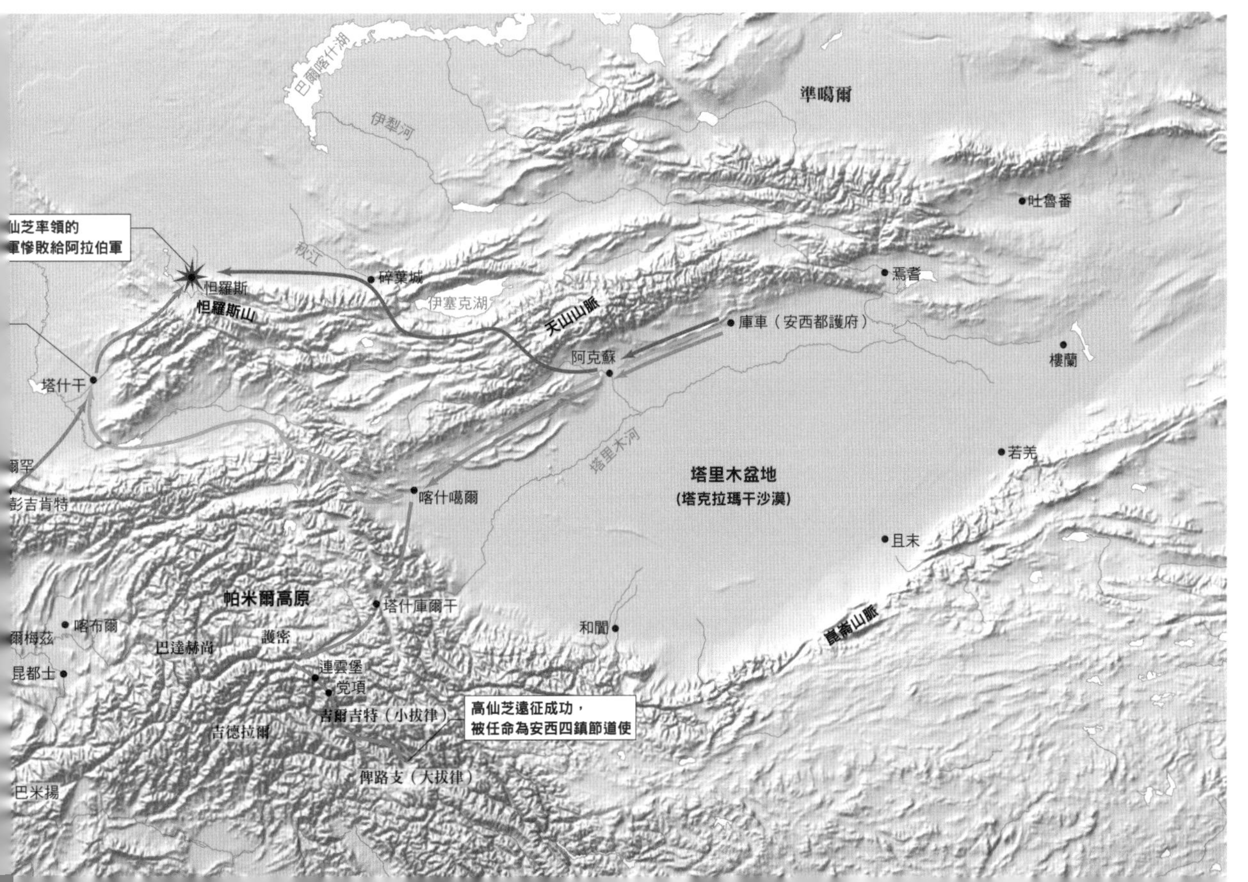

西元4到5世紀～757年

粟特人的城市生活

約 4 ～ 5 世紀
印度、巴克特里亞商人沒落

約 6 世紀
粟特商人活躍

618 年
唐建國

約 630 年
鄂爾多斯一帶設立六胡州

750 年
阿拔斯王朝成立

751 年
怛羅斯戰爭

755 ～ 763 年
安史之亂

757 年
安祿山死亡

粟特人營運著包含中國、波斯、拜占庭等地在內，連接歐亞全域的國際貿易網，因此賺取到大量的財富。他們憑借這股商業上的勢力，在位於肥沃的澤拉夫尚（Zeravshan）河谷的布哈拉、撒馬爾罕、彭吉肯特等地，陸續建造起繁榮的粟特城市。

在東北部的費爾干納河谷，有連接中國和蒙古草原的門戶塔什干；而西南部，在阿姆河下游則有花剌子模，它在和俄國、歐洲的貿易中扮演了重要角色。

在這個區域發現了西元八世紀左右的遺址，可藉此瞭解當時粟特人的城市生活和文化；例如在布哈拉附近挖出的瓦拉赫沙宮、撒馬爾罕舊城的阿弗拉西亞布壁畫，以及彭吉肯特、花剌子模地區的托普拉克堡等遺跡。

粟特人中多數信奉從摩尼教分支出的馬茲達教，另外瑣羅亞斯德教、摩尼教、聶斯脫里派基督教和佛教等宗教的影響也非常廣泛。穿越粟特地區的南部邊境吉薩爾山脈，有著幾個重要遺跡，例如位於阿姆河沿岸的泰爾梅茲，附近的阿伊爾塔姆和卡拉特佩、杜尚貝附近的阿吉納特佩、南部巴克特里亞的蘇爾赫柯塔勒等，透過這些遺跡可推測，佛教在當時也占有一定優勢。

城市的遺址被巨大的城牆包圍，既可以抵禦其他遊牧民族的攻擊，也能夠阻擋風沙。城牆內發現有被稱為「德赫罕」、當地貴族和地主居住的房屋以及宮殿，華麗的壁畫和其他大型建築物，展示了粟特人生活的富裕程度。

舉例來說，西元一九四六年開始挖掘的彭吉肯特遺址，它的城牆抵擋了西

彭吉肯特

位於現在塔吉克範圍內的彭吉肯特，在因阿拉伯軍的侵略而成為廢墟前，是粟特人最繁榮的城市。西元1792年的考古結果顯示，這座城分為西邊的城池和宮殿，與東邊的住宅區域和商業區。

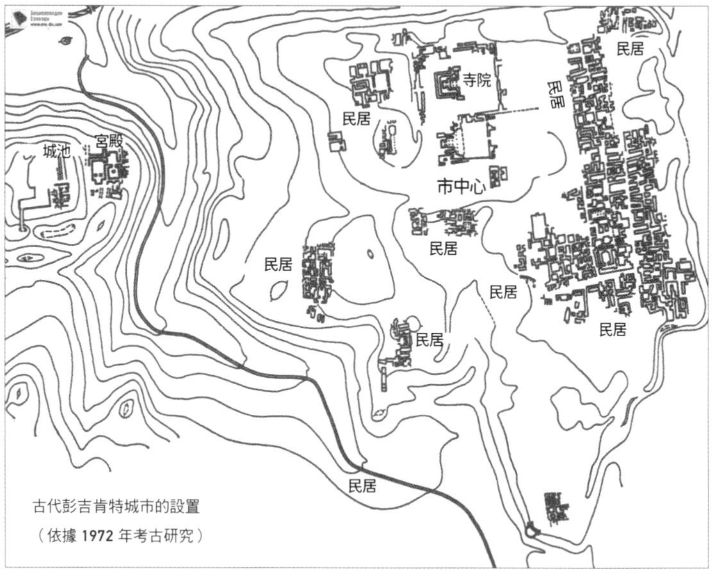

古代彭吉肯特城市的設置
（依據 1972 年考古研究）

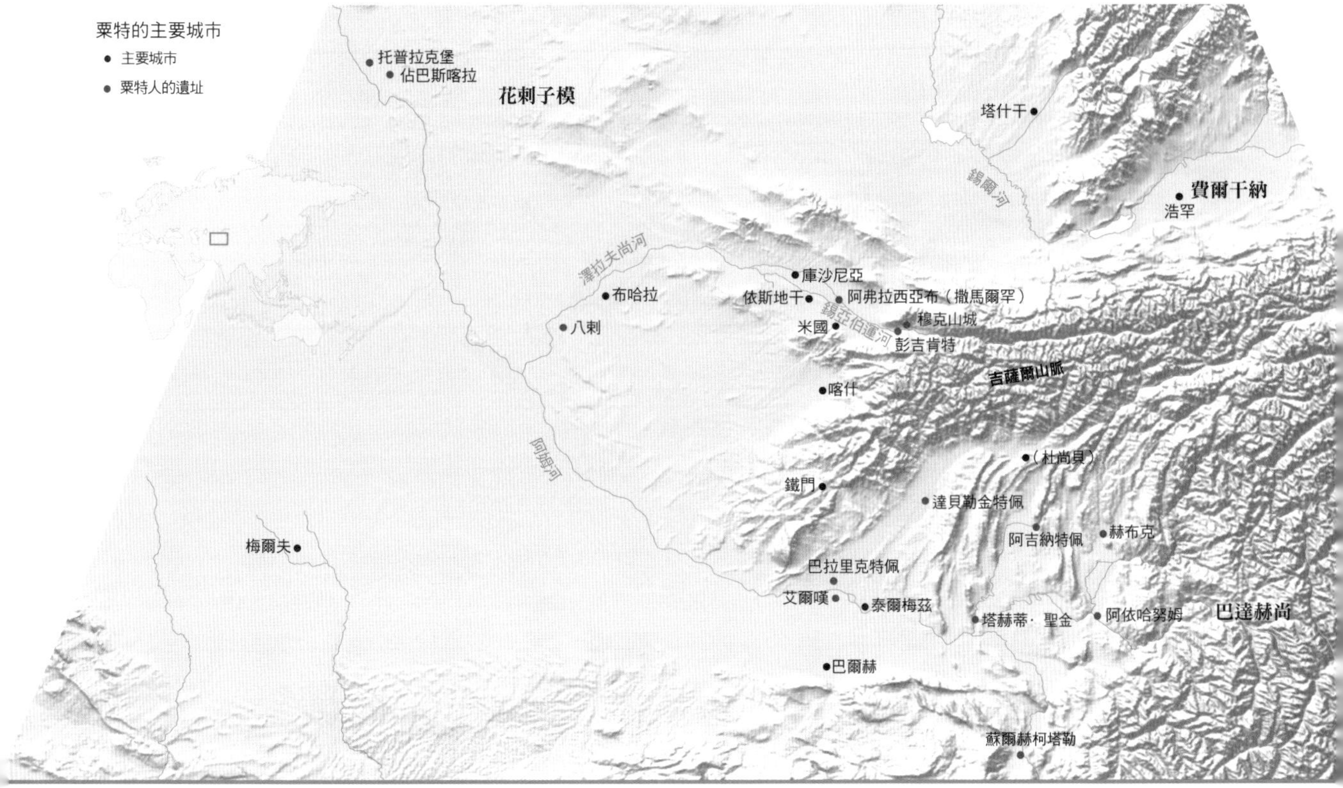

粟特的主要城市

- 主要城市
- 粟特人的遺址

托普拉克堡
佔巴斯喀拉
花剌子模
塔什干
錫爾河
費爾干納
浩罕
澤拉夫尚河
庫沙尼亞
布哈拉
依斯地干
阿弗拉西亞布（撒馬爾罕）
錫亞伯運河
穆克山城
米國
彭吉肯特
八剌
吉薩爾山脈
喀什
阿姆河
（杜尚貝）
鐵門
達貝勒金特佩
阿吉納特佩
赫布克
梅爾夫
巴拉里克特佩
艾爾嘆
泰爾梅茲
塔赫蒂・聖金
阿依哈努姆
巴達赫尚
巴爾赫
蘇爾赫柯塔勒

元八世紀初阿拉伯的侵略，而它的建築結構清楚地顯示出當時粟特人生活的模樣。城市被分為城池（Arq）、市中心（Shahristan）、郊外住宅區（Rabad）和公共墓地等四個部分，城郭全長一千七百五十公尺，推測城內人口約三千到四千人。兩層樓、甚至三層樓的住宅不在少數，而房屋內也有非常多描繪粟特人英雄故事的壁畫。

西元一九六五年，正式開挖阿弗拉西亞布（Afrasiab）遺址，在這裡不僅發現了著名的阿弗拉西亞布壁畫（Afrasiab Painting），同時發現該城的範圍，是圍著早期的遺址繼續擴張，逐漸被四層的城牆包圍起來。只有北面和席亞伯運河畔的懸崖銜接的部分，沒有建築城牆。全長一點五公里的第一城牆，在這以內的內城範圍挖出了西元前六到五世紀的陶器碎片；往南則有第二城牆，長三公里，推測建造於西元六到七世紀左右；第三城牆則是在西元七世紀建造；最後規模最大的第四城牆，全長五公里，共有四座城門。主持這次挖掘的俄國考古學家，推測該城牆建立於西元八到九世紀。

推測阿弗拉西亞布的宮殿和壁畫，於西元六到八世紀建造，除了可以從中一窺當時住民的文化生活，它們也是研究物質文明和民族構成的重要資料。阿弗拉西亞布壁畫上也包含外國的使臣，細密地描繪出各民族的服飾和外表，因此有「民族博物館」之稱。粟特人的交流範圍是何等廣闊，從這些資料中就可窺知一二。

從韓半島來的使臣

於撒馬爾罕郊外的阿弗拉西亞布出土的使臣圖（復原圖），可以看到朝鮮半島使臣的模樣（右側兩人）。盤起髮髻、帶著羽冠帽，兩手收於袖內呈拱手姿態，腰上掛有環頭大刀。多數學者認為可推定其二人是高句麗人，但也有人認為是新羅人。

西元627年～744年

回鶻帝國的出現

627 年
回鶻首領菩薩攻破突厥軍隊

630 年
薛延陀依附回鶻

646 年
回鶻首領吐迷度被任命為瀚海都護府都護

7 世紀末
新附屬在突厥下的一部分回鶻躲避突厥壓迫，移往河西走廊一帶

727 年
回鶻人殺害唐涼州都督，躲避唐的攻擊而回到蒙古草原

744 年
回鶻首領骨力裴羅以骨咄祿毗伽闕可汗之名即位

雖然名為回鶻的集團直到西元七世紀才開始在歷史上嶄露頭角，但是在這之前他們其實早已廣為人知。根據中國的記錄，回鶻最早出現在南北朝時代，是高車或敕勒的後裔。「敕勒」讀音取自「Tiglig」或「Tegreg」，意思是車輪，因為他們在遊牧生活中使用輪半徑較長的車，因此得名。回鶻或他們的祖先在西元四世紀左右第一次出現在歷史上，直到在九世紀中葉建立遊牧帝國為止，這期間他們很可能一直在中央歐亞的草原上過著遊牧生活。

西元六〇五年，被西突厥統治的鐵勒（敕勒）勢力漸漸增強，因此發生了西突厥可汗發動突襲、敕勒首領們被殺的事件。隸屬於敕勒的僕骨、通羅、維吾爾、拔野骨等部族，全部自稱為「回鶻」，他們居住在色楞格河附近，推測人口約十萬，其中約五萬人為士兵。這個記錄是根據西元七世紀初居住在天山一帶的突厥人而來，可以看出因為西突厥的攻擊，回鶻從原居住地逃往東北方的色楞格河流域居住；而以回鶻為核心的敕勒部族在這次軍事危機之後，人口逐漸成長。

在唐太宗統治初期，有一名被稱為菩薩的回鶻首領，他在西元六二七年的馬鬣山之戰大破西突厥伊利可汗的軍隊。西元六三〇年，唐太宗冊封薛延陀部落的夷男為可汗，並把回鶻收為唐的附屬國。而在之後唐和薛延陀聯手打垮突厥帝國的過程中，回鶻扮演了非常重要的角色，因此成為漠北的新興霸權。西元六四六年，薛延陀反唐，回鶻協助唐軍的鎮壓，而回鶻首領吐迷度也因立下戰功被任命為瀚海都護；但是他在回鶻內部被稱為「可汗」，而突厥帝國時代的大部分官職體制也被引用。

哈拉巴喇哈遜城

在蒙古帝國的故都哈剌和林附近，發現了古代回鶻帝國的首都窩魯朵八里遺址，現在這個地方以哈拉巴喇哈遜之名廣為人知。城牆東西約420公尺、南北約336公尺，內部發現建築遺跡、外圍有面積廣泛的工作地和居住地的痕跡。

雖然回鶻在唐的羽翼下，勢力成長的速度令人刮目相看，但是並未強大到足以統治蒙古草原上的所有遊牧民族，而回鶻內部因為爭奪首領之位不斷發生衝突和紛爭，導致對唐的附屬程度增強。突厥帝國復興後，在阿波干可汗的統治下，回鶻跟鐵勒的其他部族一樣，只能依附在突厥第二帝國之下。不過一部分的回鶻人躲避了突厥人的壓迫，在西元六八七年和契苾、渾、思結等集團一起離開蒙古草原，移居到河西走廊附近。雖然這些遷居的回鶻集團首領們，和唐結盟並被任命為翰海都護，但因為河西走廊是位於絲路的要塞，因此他們為了貿易利益也和唐起了幾次衝突。西元七二七年，這些回鶻人殺害了涼州都護，為了躲避唐的攻擊，重新回到了蒙古草原。

之後，讓回鶻成為草原霸主的機會再次到來。西元七四〇年，突厥第二帝國內部陷入了混亂狀態，鐵勒部族開始叛離，並以回鶻、拔悉密、葛邏祿三個部族為主，對突厥舉起了反旗。西元七四二年，他們擁立拔悉密的首領為烏蘇米施可汗，回鶻和葛邏祿的首領則擔任左、右葉護。但是回鶻的首領骨力裴羅隨即對拔悉密發動攻擊，殺害烏蘇米施可汗，於西元七四四年自封為骨咄祿毗伽闕可汗、其後唐皇帝冊封他為懷仁可汗，也因此回鶻人接續了突厥帝國對蒙古草原的統治。

回鶻帝國的發展（西元8世紀中葉）

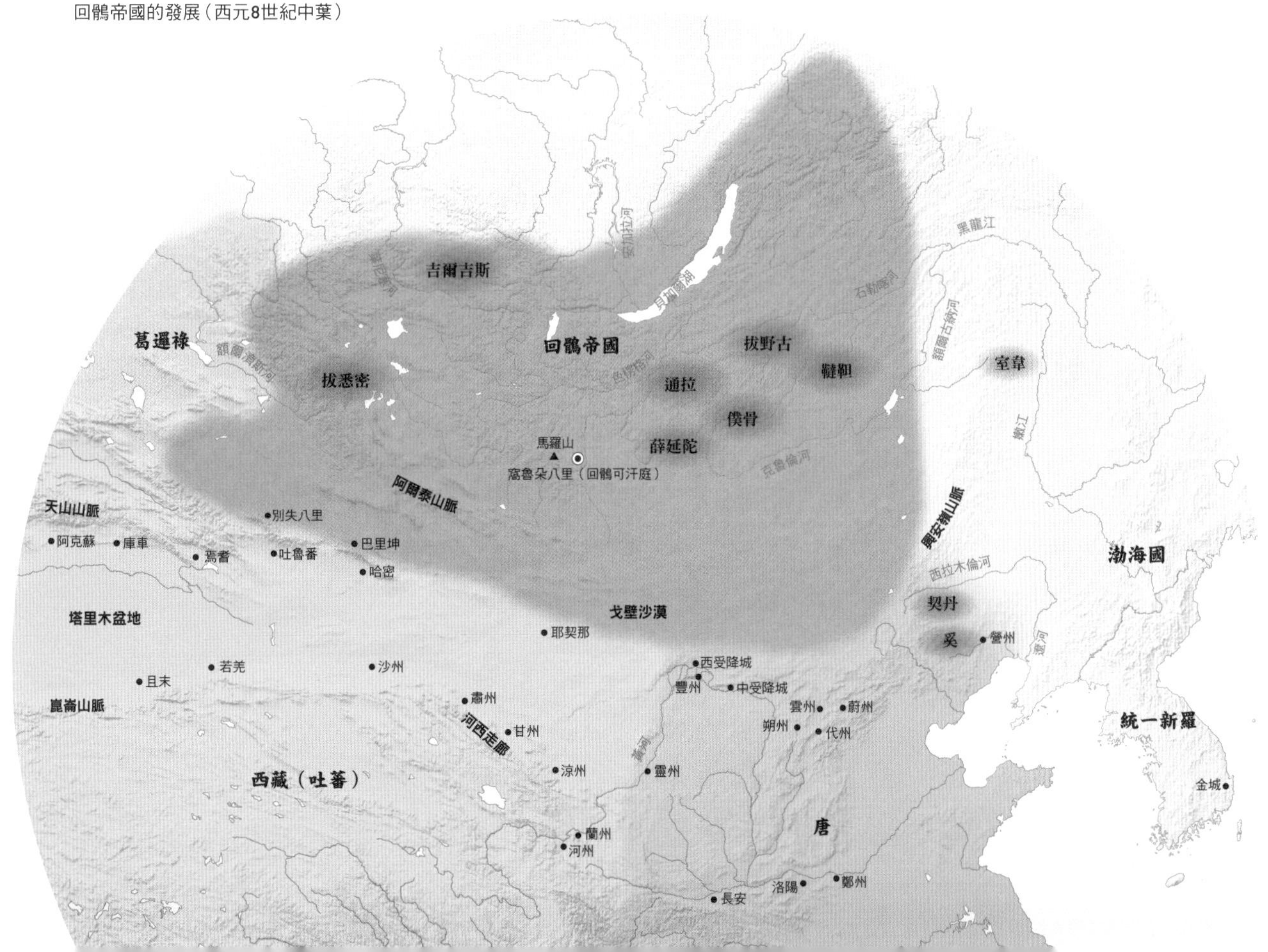

西元744年～763年

安史之亂與回鶻的介入

744年
回鶻帝國成立

750年
阿拔斯王朝建國

751年
怛羅斯戰爭

755年
安史之亂爆發

756年
安祿山自稱皇帝，
回鶻首領磨延啜聯合唐軍攻破叛軍

757年
葛勒可汗的兒子葉護收復洛陽和長安

762年
回鶻和唐軍聯合抵抗第二次叛亂，奪回洛陽

763年
安史之亂終結

發生於唐玄宗時期的安史之亂，是由中國北部邊境地區的兩名武將——粟特出身的安祿山和史思明所主導，於西元七五五年爆發的叛亂。在唐玄宗和楊貴妃倉皇逃難後，安祿山占領了首都長安，並在西元七五六年即皇帝位；但是他馬上就被自己的兒子安慶緒殺害，而軍隊的掌控權也落到史思明手中，結果到後來史思明也被兒子史朝義所殺，最終整場叛亂以失敗收場。

最近，史學界開始超越中國史的脈絡，以中央歐亞地區的視角解讀安史之亂。西元七四五年，也就是在這場叛亂開始的十年前，突厥第二帝國崩潰，居住在帝國境內的大多數粟特人南遷到中國北部，這些人被編入安祿山旗下，成了日後發動叛亂的最主要軍力。因此，安史之亂不單單是局限於中國內部的政變或叛亂，也和中央歐亞區域的局勢，例如突厥帝國的滅亡以及粟特人居住地的變動有著密切關係。

因安史之亂而成為風中殘燭的唐帝國，向周邊國家要求緊急支援。雖然遙遠的于闐和費爾干納也向唐派出援軍，但是這其中軍力最強的卻是回鶻派出的騎兵隊。西元七五六年末，回鶻的首領磨延啜帶領旗下二千到三千名騎兵抵達唐國境內，他們攻破幽州和太原，和唐軍的郭子儀聯手打敗安史叛軍。西元七五七年，葛勒可汗派出自己的兒子葉護和四萬騎兵，成功收復了洛陽和長安。因為回鶻的支援，唐得以從危機中脫身，另一方面，即使唐廷舉辦了盛大的宴會討好他們，卻仍然無法阻止回鶻人的掠奪。唐廷為了表達謝意，除了每年送給回鶻兩萬匹綢緞，甚至願意將肅宗的女兒寧國公主嫁給可汗。對著親自送行到國境的肅宗，公主一邊哭一邊說：「國家大事甚為重要，我死不足惜。」而她最終，還是流著眼淚回到了唐——西元七五九年葛勒可汗逝世後，寧國公主拒絕為夫殉葬，於是按照回鶻的風俗，用刀劃破自己的臉，流下滿臉的血。

哈拉巴喇哈遜石碑殘片

回鶻帝國第九代保義可汗（西元808～821年在位）所立的石碑殘片，上面刻有突厥文、粟特文、漢文等三種文字。西元1891年第一次被發現時，分成數塊殘片，其中一部分遺失，現存殘片共十九片。

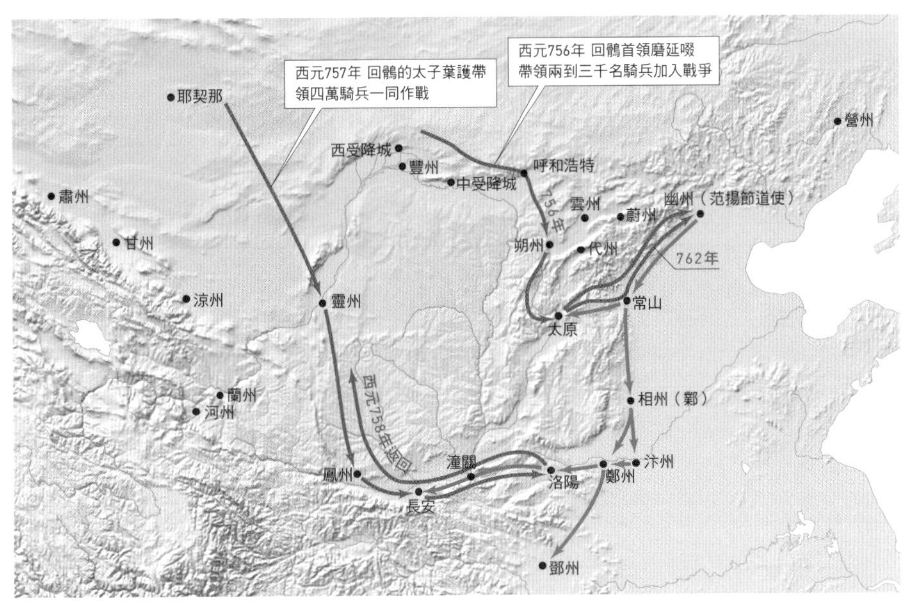

安史之亂和回鶻的介入

安祿山軍的路線

回鶻軍的路線

西元七六二年，唐國境內再次爆發叛亂，因此唐廷又向回鶻請求支援，這次回鶻人派遣四千名騎兵南下，和唐軍聯手奪回洛陽，雖然回鶻的要求不少，但卻是唐最得力的外援軍團。回鶻在唐國勢衰弱、無力反擊的狀況下，不只沒想過要打垮唐、征服中國，反而只要求唐皇帝開放邊境的市集，讓他們能夠交易馬匹和綢緞。這是因為回鶻人認為，比起直接統治中國的領土，建立和親關係以及確保邊境貿易是更正確的選擇。

在蒙古希乃烏蘇發現的葛勒可汗記功碑，從碑文的內容可以了解到回鶻人是如何看待安史之亂和中國的。數千名回鶻士兵幫助唐軍平定安史之亂的時候，可汗本人把大部分的時間都用於蒙古草原上的各地征戰，例如和葛邏祿、烏古斯、韃靼等部族對抗，而對於派遣軍隊前往營救唐帝國一事，反而隻字未提。這等於是暗示說，站在回鶻人的立場來看，介入安史之亂這件事的戰略重要性其實並不是很高。

但是隨著時間的推進，例如西元八二四年到八三二年間刻立的哈拉巴喇哈遜碑文中，則改為強調和希乃烏蘇碑文不同的內容。原本的藥羅葛部落霸權崩潰之後，新掌握政權的阿跌部落為了合理化自己的政權、為他們的統治附加正統性，因此對於接下回鶻帝國執政權的第八代懷信可汗和後繼的君主們，特別強調他們向西方發動遠征的成功，確保他們在帝國歷史中的地位；另外，摩尼教的宗教權威也被借用來強化現任可汗的權力。也因此，在希乃烏蘇碑文中沒有特別強調的部分——像是回鶻人介入安史之亂的事實和契機，以及摩尼教傳入的內容，都被記錄在哈拉巴喇哈遜碑文中。

突厥、粟特首領結盟宣示圖

西元2000年，於西安的安迦墓中出土的石製屏風，上面畫有突厥人和粟特人的會盟圖。上半部騎著馬的兩位首領正在互相問好，從服裝和髮型來看，推測左邊是突厥首領、右邊是粟特薩保；下半部是兩位首領對坐交談，描繪出雙方締結盟約的情境。

西元744年～821年

草原上綻放的定居文化

744 年
回鶻帝國成立

755 ～ 763 年
安史之亂

756 年
回鶻首領磨延啜聯合唐軍攻破叛軍

757 年
葛勒可汗的兒子葉護收復洛陽和長安

約 757 ～ 758 年
葛勒可汗建立白八里

約 759 ～ 760 年
立葛勒可汗的記功碑

約 759 ～ 779 年
牟羽可汗建立窩魯朵八里

約 821 年
留下巴赫爾旅行至此的記錄

回鶻帝國時代，蒙古高原上呈現出過去很難看到的景象，特別是這一帶開始出現很多定居文化的要素，例如各種屬於大型城郭的定居營地。當然，匈奴帝國或者突厥帝國時代也不是沒有人類在草原上定居的證據，但是和回鶻時代相比較，仍然有著質量上的顯著差異。這與其說是由於遊牧民族自身的發展而帶來的變化，其實更應該看作是遊牧民受到外部世界影響的結果，他們和中國或是中亞等定居社會緊密交流，特別是大批粟特人到達草原，從事絹布和馬匹的貿易，因此接續引發了大規模的居住方式轉變，這種可能性是非常大的。

葛勒可汗二世建立了名為白八里（Bay Baliq，意為「富貴城」）的城郭都市，現在可看到長兩百四十公尺、高七公尺，呈正方形結構的城牆遺址。這位可汗的記功碑寫道：「我為了粟特人和漢人，在色楞格河邊建築了白八里。」因此證實了這個城市並非基於遊牧民的需要，而是為了移居到草原的定居民而建。另外，在土拉河附近，為了從中國嫁到草原的夫人們，也建設了「可敦城」（可敦是可汗夫人的稱號）。西元一〇〇四年，遼聖宗占領了可敦城後，設立了鎮州安軍節度使，負責管理鄂爾渾河和土拉河一帶，也就是今日被稱作青托羅蓋城（Chin Tolgoi）的地方。契丹帝國瓦解之後，耶律大石帶著餘部北上，第一個根據地就是設在這裡。

在回鶻人建立的城郭都市當中，規模最大的就是第三代牟羽可汗建立的窩魯朵八里（回鶻單于城），它位於杭愛山脈和鄂爾渾河的交叉地帶、廣闊的草原中間，這也證實了他們是自然條件得天獨厚，周邊連接中國、中亞、歐亞大陸西部草原，位居交通要道的遊牧國家。突厥、回鶻、蒙古都曾經以窩魯朵八里為中心建立帝國，而在突厥人附屬於唐帝國後，唐於西元六六四年在這裡設立安北都護府，因此也稱為「Togho Baliq」（都護城）。

窩魯朵八里城牆遺址高七點五到八點五公尺，長約一千六百公尺，為正方形的城牆，而城牆周邊、半徑二十五公里的廣大區域之內，也發現了有人居住的痕跡。窩魯朵八里的都市樣貌，被西元八二一年訪問這裡的阿拉伯人巴赫爾（Tamim Ibn Bahr）栩栩如生地記錄下來，他沿著回鶻可汗設立的驛站一路穿越草原。城牆上裝置有十二個巨大的

塔里雅特石碑和碑文

西元1957到1970年在蒙古後杭愛省的塔里雅特所發現的四篇碑文。由回鶻的葛勒可汗在西元753年下令製作，是記錄回鶻統一蒙古草原的過程和內部崩潰，及建立帝國體制的珍貴資料。現收藏於烏蘭巴托社會科學院。

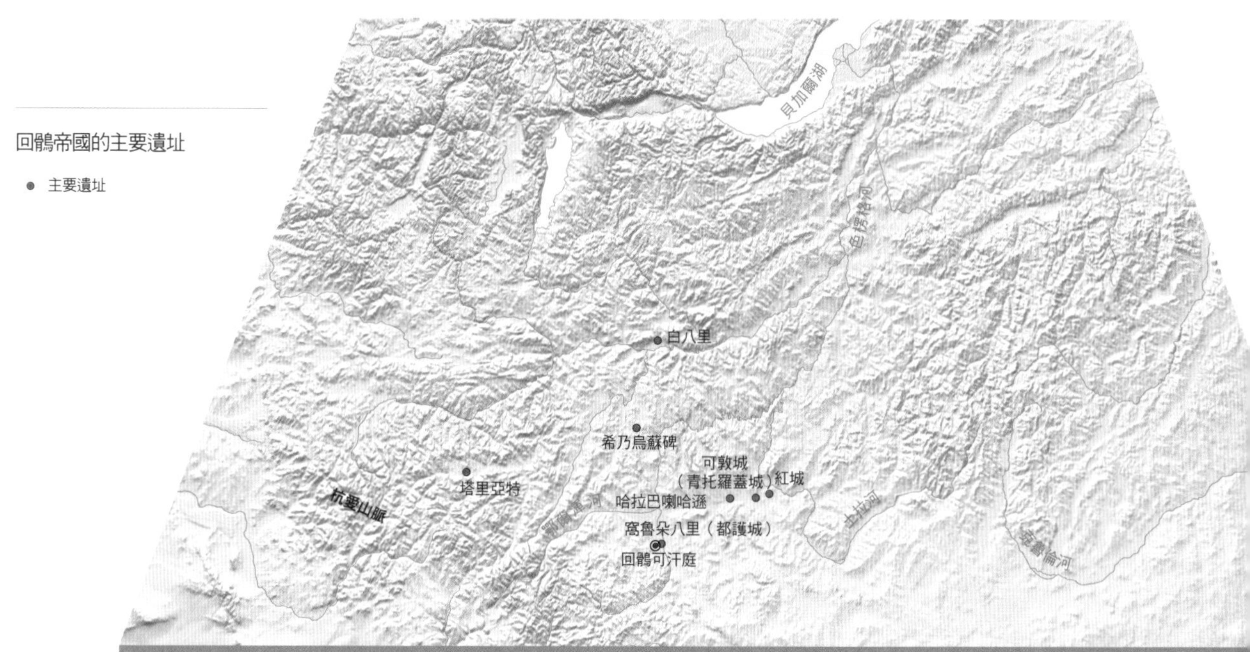

白八里城址

西元757到758年，葛勒可汗建立的白八里遺址。位於現在蒙古布爾干省北邊約20公里遠。一邊長近240公尺，為正方形；寬3到4公尺、高7公尺。附近還有另外兩個城牆的遺址，推測三個遺址可以連接起來。附近多為粟特人和漢人居住。

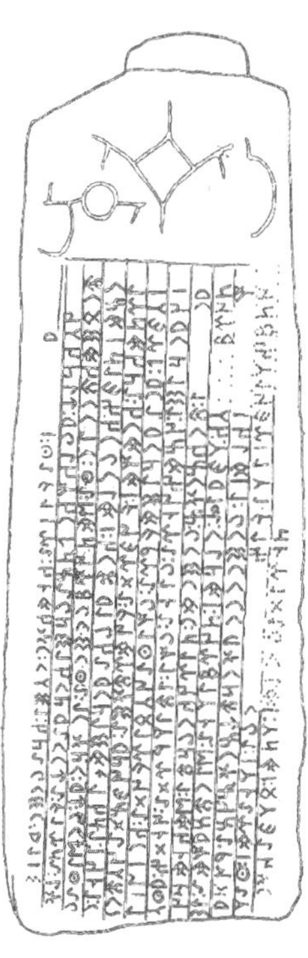

記功石碑和碑文

西元759到760年建立的葛勒可汗的記功碑，保留下了威脅新興帝國回鶻的葛邏祿，以及遠征烏古斯、韃靼等周邊部族並取得勝利的記錄；內容有提到窩魯朵八里和白八里。

鐵門，而在城內的市場裡，貿易活動相當頻繁。城郭周邊連接著密密麻麻的農地，可以得知農耕活動是當地住民主要的生計來源。

回鶻時代開始在草原上出現這些大型的城郭都市，再加上從突厥帝國開始也使用自創的文字，這都標誌著遊牧民族社會也開始走向「文明化」。而文明化也伴隨著宗教的傳入，例如牟羽可汗為了鎮壓安史之亂而進入中國時，見到了摩尼教的僧侶，因此將該宗教帶回草原，可汗和貴族們便以此為契機開始陸續皈依摩尼教；在回鶻單于城附近，以突厥文、粟特文、漢文三種語言寫成的碑文上，可以看到關於摩尼教傳播的記錄。雖然牟羽可汗跟國際商人粟特人有著密切來往，並以政商連結為前提皈依摩尼教，但是對於粟特人利用宗教權威分散君主權力、強化自身地位的現象，他也無法坐視不管。

西元759年～843年

回鶻帝國的崩潰

759 年
牟羽可汗即位

779 年
合骨咄祿毗伽可汗即位

795 年
懷信可汗即位

808 年
保義可汗即位

821 年
唐送太和公主與回鶻和親

840 年
黠戛斯占領回鶻首都

843 年
唐奇襲回鶻的根據地，回鶻分崩離析

西元七五九年，接續在葛勒可汗之後即位的是牟羽可汗，牟羽可汗在位的二十年間，回鶻對於唐占有壓倒性的軍事優勢，並且以軍事優勢為基礎，從中國取得豐富資源，維持回鶻帝國的穩定。繼任牟羽可汗的合骨咄祿毗伽可汗，同樣維持了國內的政治安定和經濟繁榮，然而，在合骨咄祿毗伽可汗逝世之後，回鶻帝國的霸業瞬間動搖。新任可汗們或猝逝或遭到殺害，而在這場政治混亂中，曾為宰相的骨咄祿於西元七九五年登上了可汗之位，原本的統治氏族藥羅葛部落被阿跌部落取代，這無論在中央歐亞哪一個遊牧帝國的歷史裡面，都屬於非常少見的事。

在以懷信可汗之名即位第八代可汗的骨咄祿，以及其後成為第十代可汗的保義可汗的統治下，回鶻帝國展現出再次崛起的氣勢，不但用軍事力量壓倒周邊各個遊牧部落，也在對中國的關係中恢復了主導權。在哈拉巴喇哈遜發現的碑文，清楚地說明了當時的狀況——碑文由第十代保義可汗下令刻設，使用了突厥文、粟特文和漢文三種語言，內容為炫耀可汗本人擊破吉爾吉斯，並擊殺當地領袖；以及打敗了吐蕃和葛邏祿的聯合軍隊，奪回白八里城；擴張到費爾干納和阿姆河一帶，諸如此類的功績。另外，保義可汗親自帶軍到唐帝國的北方邊境威嚇，唐無法拒絕他們的要求，只能在西元八二一年，將唐穆宗的妹妹太和公主送往回鶻和親。

保義可汗逝世後，回鶻帝國再次陷入混亂中，其中一位和可汗對立的首領召來了黠戛斯人。西元八四〇年，黠戛斯軍隊拒絕回鶻軍隊的有條件投降，殺害了可汗，並占領帝國首都、大肆掠奪，在草原上呼風喚雨達一個世紀之久的回鶻帝國，就這樣畫下了休止符；除了黠戛斯的進攻，各種大自然災害也成為加速帝國崩潰的原因之一。不過黠戛斯人並未趁著這股戰勝者的氣勢建立新的帝國，因此為數眾多的回鶻人和粟特人，開始四面八方地往外逃散開去。

回鶻集團主要往南方和西方遷徙，總計十三部、有著十萬人規模的南遷派，擁立烏介特勤為可汗，越過了戈壁沙漠，並和先前已經移住於此的回鶻人合併，集結了二十萬帳，推算人口約為一百萬名，可謂人多勢眾。根據當時目擊者的描述，他們的帳篷「跨越東西六十里，看不到盡頭」。回鶻人向唐帝國要求食糧和物資，而唐則以回鶻人無條件降伏作為援助條件。西元八四三年，唐軍奇襲回鶻人的根據地，對他們趕盡殺絕。在之後七年的歲月中，大部分的回鶻人往四方逃去，可汗周圍只剩下三千多人，而可汗本人最終也遭到殺害，回鶻

回鶻的滅亡和移居

吉爾吉斯進軍路線

回鶻遷徙路線

拔勒斯

阿克

喀什噶爾

南遷派就此消失。

另一方面，由龐特勤指揮的回鶻西州派，推測有十五個部族、十萬名人口，他們在西進的過程中陸續分散開，各自到達新的地區定居。具體來說，他們以甘州和沙州為中心，分散到包括河西走廊、天山山脈東部的白八里、吐魯番附近、巴爾喀什湖以南，即當時葛邏祿部的居住地一帶居住。西州派在新移住的區域，慢慢地改為定居生活，建立了獨立的王國。從長時段歷史的角度來看，這些回鶻人的遷徙和定居，是中亞地區「突厥化」的關鍵因素。

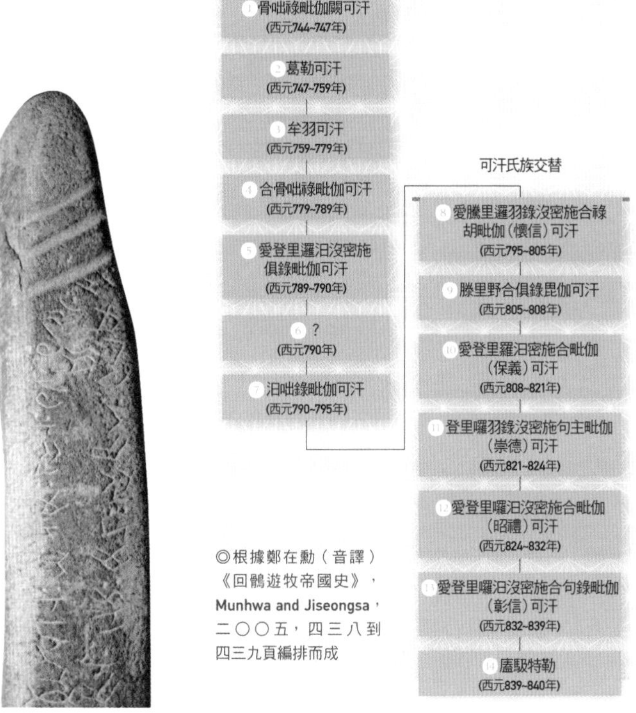

◎根據鄭在勳（音譯）《回鶻遊牧帝國史》，Munhwa and Jiseongsa，二〇〇五，四三八到四三九頁編排而成

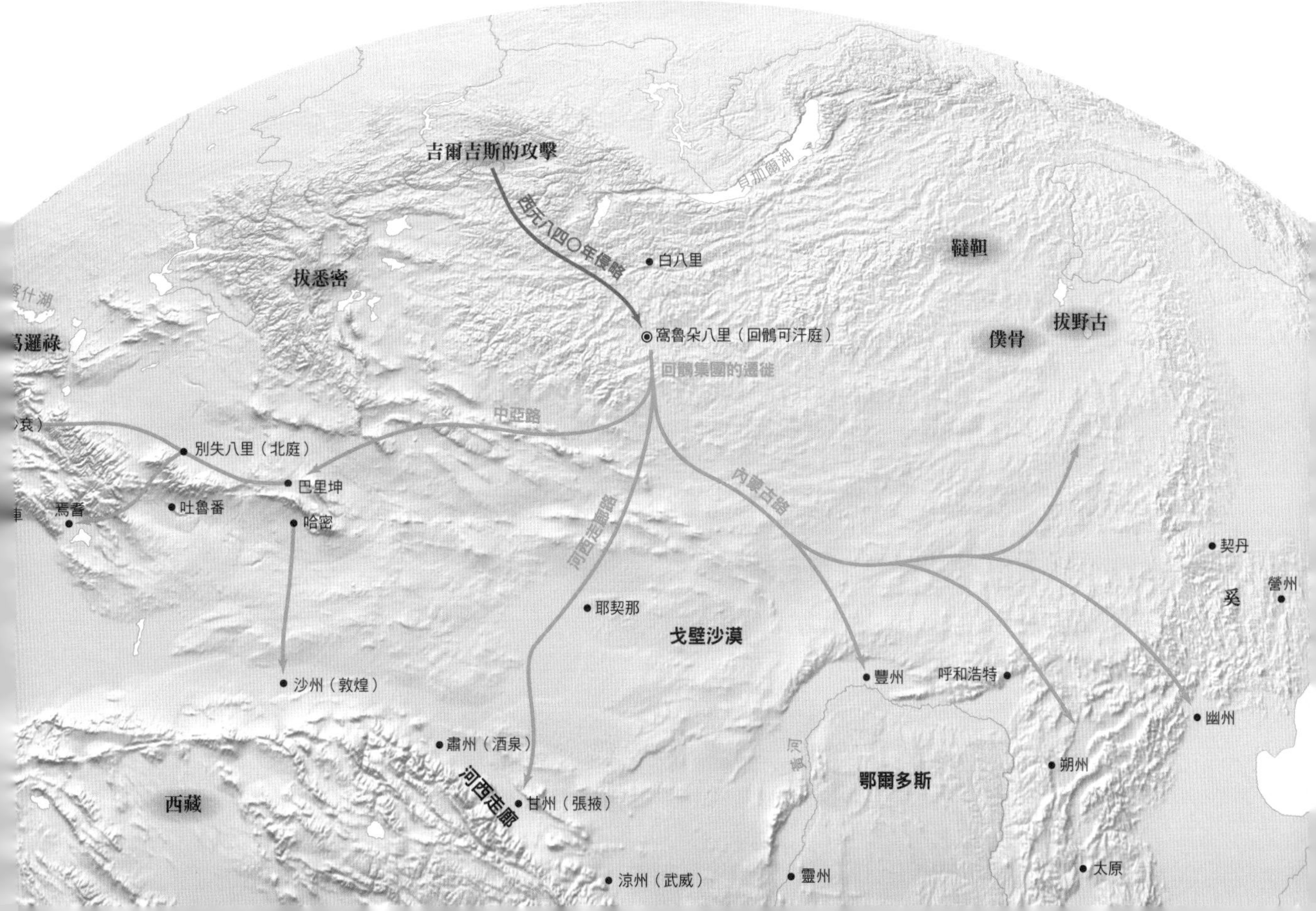

黠戛斯石碑

居住在葉尼塞河流域的黠戛斯人所留下的墓碑，相較於突厥或回鶻人留下的石碑，內容簡單。照片中兩行的文字敘述道：「國家、公主、兒子們、百姓，為了他們我活到了耳順之年（離開這個世界），我的名字是愛圖坎圖杜，我就是上天派到我國的使臣，我是六村（Bagh）百姓們的伯克（Beg）」。

西元848年～1026年

甘州回鶻

848 年
張議潮在沙州成立獨立政權

872 年
張議潮死亡

890 年代
回鶻掌權甘州

907 年
唐滅亡，開啟五代十國時代

1002 年
李繼遷占領靈州

1026 年
李繼遷攻陷甘州，甘州回鶻滅亡

西遷的回鶻人中，以河西走廊甘州（張掖）為根據地的兩個部落，被稱為「甘州回鶻」或「河西回鶻」，在他們南下到河西走廊前，這一帶的最強勢力是西藏（吐蕃）。吐蕃從西元八世紀前半葉開始，勢力擴張到河西地區和塔里木盆地東部，但在八世紀中葉由於內部的紛爭而衰弱，於是河西走廊東部被唐肅宗納入旗下，西部的沙州（敦煌）則由張議潮政權掌控。中國的記錄上記載，吐蕃人向西州回鶻人投降，因此他們也開始移居到原先吐蕃有著極大影響力的河西區域。

西元九世紀後半，漢人張議潮占領河西走廊東部的涼州，將自身的勢力擴張到整個河西地區，此時回鶻人正好遷徙到此地。而在張議潮逝世後，沙州政權從西元八九〇年代起內部發生分化，回鶻人趁著這個機會，順著額濟納河南下，掌控了甘州。張氏政權的君主自稱為「金山白衣天子」，國號為「西漢金山國」，但是他們的勢力被侷限在河西地區的西邊，以甘州為中心的東部則被掌握在回鶻人手中。

甘州回鶻的統治者被中國方面冊封為「可汗」，從張氏政權開始也被稱為「天可汗」，可以看出他們跟過去一樣，沿用了「可汗」這個稱號。事實上，透過西元九二五年左右，以于闐文所書寫的文卷（由俄國梵文學者鋼和泰收藏）可知，遷徙的回鶻人直到西元十世紀前半為止，仍然維持著原有的部落組成，

左｜于闐君主景仰圖

敦煌莫高窟第98號窟，其洞壁南側的壁畫，畫有與沙州曹氏結婚的于闐王李聖天的肖像。

右｜回鶻王景仰圖

敦煌莫高窟第409號窟，其洞壁南側的壁畫、左側的題記已經磨損，很難辨識。推測為回鶻王或貴族的景仰圖。

以及遊牧生活的方式。這份文書中也有註記甘州回鶻的各部落名字，分別屬於左翼的咄陸和右翼的弩失畢：左翼的咄陸居住在焉耆山附近，也就是今日的山丹附近；右翼的弩失畢則住在台黎山（現今合黎山）。也就是說，遷到河西地區的回鶻人，以可汗居住的甘州為中心，往東南部的山脈地區，延伸到西北部、順著額濟納河一路到合黎山，居住範圍非常廣泛。他們努力維持各部落的整體性，在附近的草原區域過著遊牧生活，但隨著時間的流逝，也漸漸地發展為定居族群。有記錄指出，回鶻君主們在甘州城內，「一直過著居住於樓房的生活」。

回鶻政權和漢人政權並存於河西地區，雖然兩者之間的關係非常緊張，但雙方也曾經嘗試締結友好關係。在張氏之後統治沙州地區的曹氏政權，和河西的回鶻可汗結為義父子或義兄弟關係，皇室間也進行通婚，雙方更共同制定對策，以應對周邊區域陸續出現的新興民族。但是，党項出身的李繼遷宣布獨立，並在西元一〇〇二年占領了靈州，而甘州到了一〇二六年時也淪陷。沙州的曹氏政權苟延殘喘，而甘州回鶻一世紀的歷史就此畫下終點，回鶻帝國就此斷了命脈。元明時代，在青海地區都出現過被稱為黃頭回鶻的部落，這些人被推測是甘州回鶻的後裔。

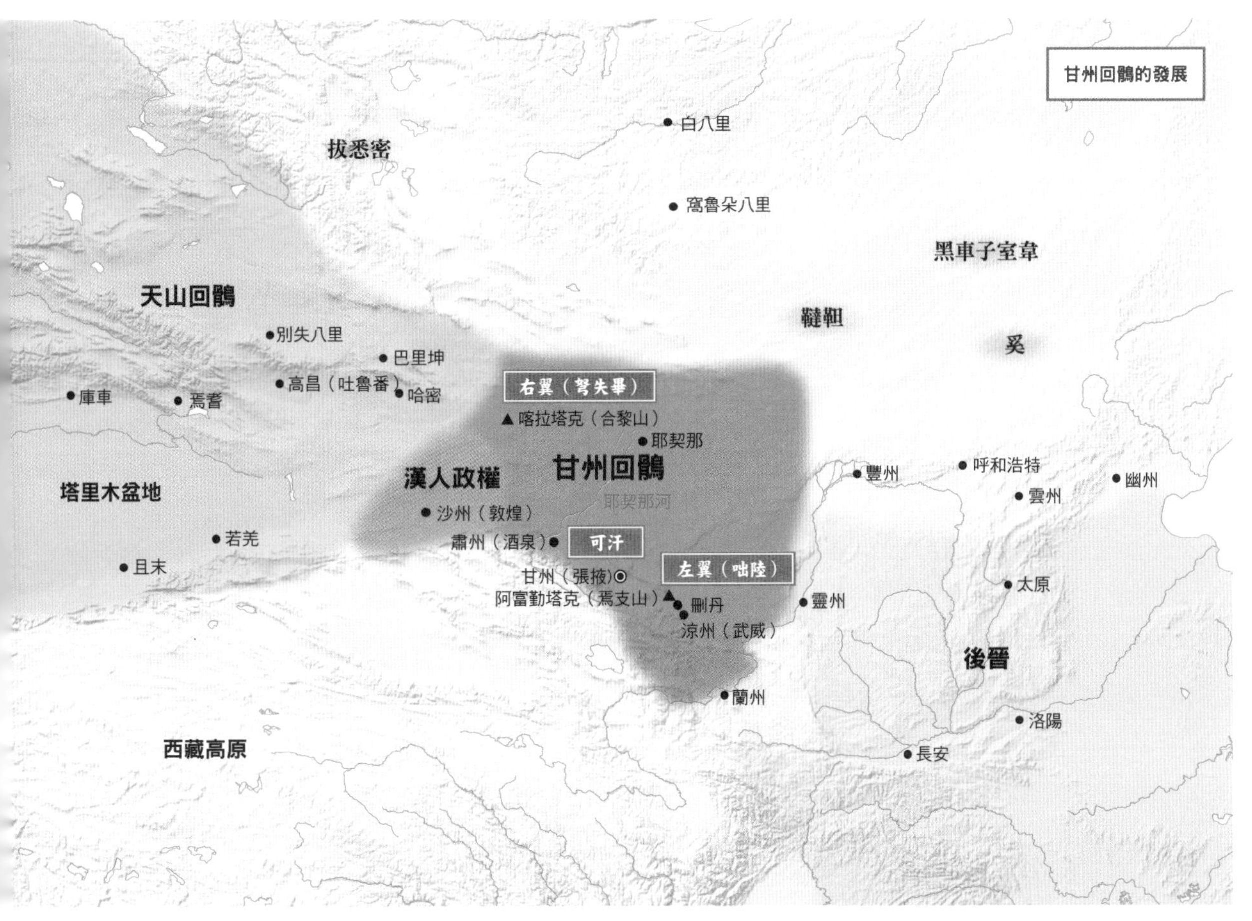

西元851至13世紀初

天山回鶻

851 年
龐特勤成為唐的都督

857 年
龐特勤被冊封為懷建可汗

866 年
僕固俊征服西周、北庭、輪臺、清鎮等地

907 年
唐滅亡，開啟五代十國時代

960 年
宋建國

約 10 世紀
宋派遣使臣王延德前往天山回鶻一帶

13 世紀初
天山回鶻被成吉思汗滅亡

西遷的回鶻人除了進入河西區域的一部分之外，剩下的大部分人都在龐特勤的指揮之下，持續西進到天山山脈北邊，並抵達折羅漫山（巴里坤附近），雖然這其中有一部分的人越過天山到了南部的哈密四堡地區，但大部分還是繼續西進到天山東翼的吐魯番和別失八里，並在當地建立了新的王國。

根據漢文的資料，他們就是到達西域「安西四鎮」的回鶻人。這些人的名稱很多，在不同地區分別被人們稱為天山回鶻、西州回鶻、華州回鶻、高昌回鶻等，或是直接按照其君主的名號，稱這些人為阿爾斯蘭（意為「獅子王」）回鶻，而他們西遷所建立的新國家，則被稱為回鶻王國；至於穆斯林史料中則把他們記錄為九姓烏護。這些回鶻人的遷徙和定居，在東突厥斯坦的突厥化進程當中，發揮了決定性的作用。

天山回鶻人在一開始越過天山山脈南下，並以焉耆為根據地。焉耆位於裕勒都斯河谷的入口，非常適合遊牧生活，龐特勤在此地紮營，並自稱葉護 西元八五一年，唐庭授予他都護的稱號，並在西元八五七年冊封他為懷建可汗。西元八六六年，名為僕固俊的人物登場，他陸續征服了西州、北庭、輪臺、清鎮等地，在草原回鶻帝國滅亡後的四個半世紀，回鶻王國以天山一帶為基本盤，統合了別失八里、焉耆、吐魯番、龜茲等城邦，並控制著周邊的遊牧地。

回鶻王國的命脈延續了三個世紀，直到西元十三世紀初，從屬於成吉思汗旗下為止。西元十九世紀末以來在中亞各地，例如吐魯番盆地等地區探查的結果，是發現了相當數量的，屬於遊牧民族的遺跡、遺物和文書，可以證實他們當時發展出了高水準的定居文化。西元十世紀，宋朝的使臣王延德在別失八里附近的草原，目擊到無數的馬正在吃草的景象，並記錄道多數的回鶻人正轉變為於綠洲生活的農民。透過考古研究與到目前為止發現的文書中可知，當時東突厥斯坦的住民有使用突厥語的大地主、奴婢和工匠等階層，並且有許多關於商業交易的訴訟紀錄，代表

北庭西台

天山回鶻時代建設的北庭的烽火台。筆者在西元1995年造訪此地時，只有一部分被挖出，剩餘的部分因保存不易，因此維持埋在土中的狀態。內部有巨大的臥佛像和三層壁龕中的壁畫，令人印象深刻。臥佛對面留有鮮明的回鶻國王、王后的景仰圖。

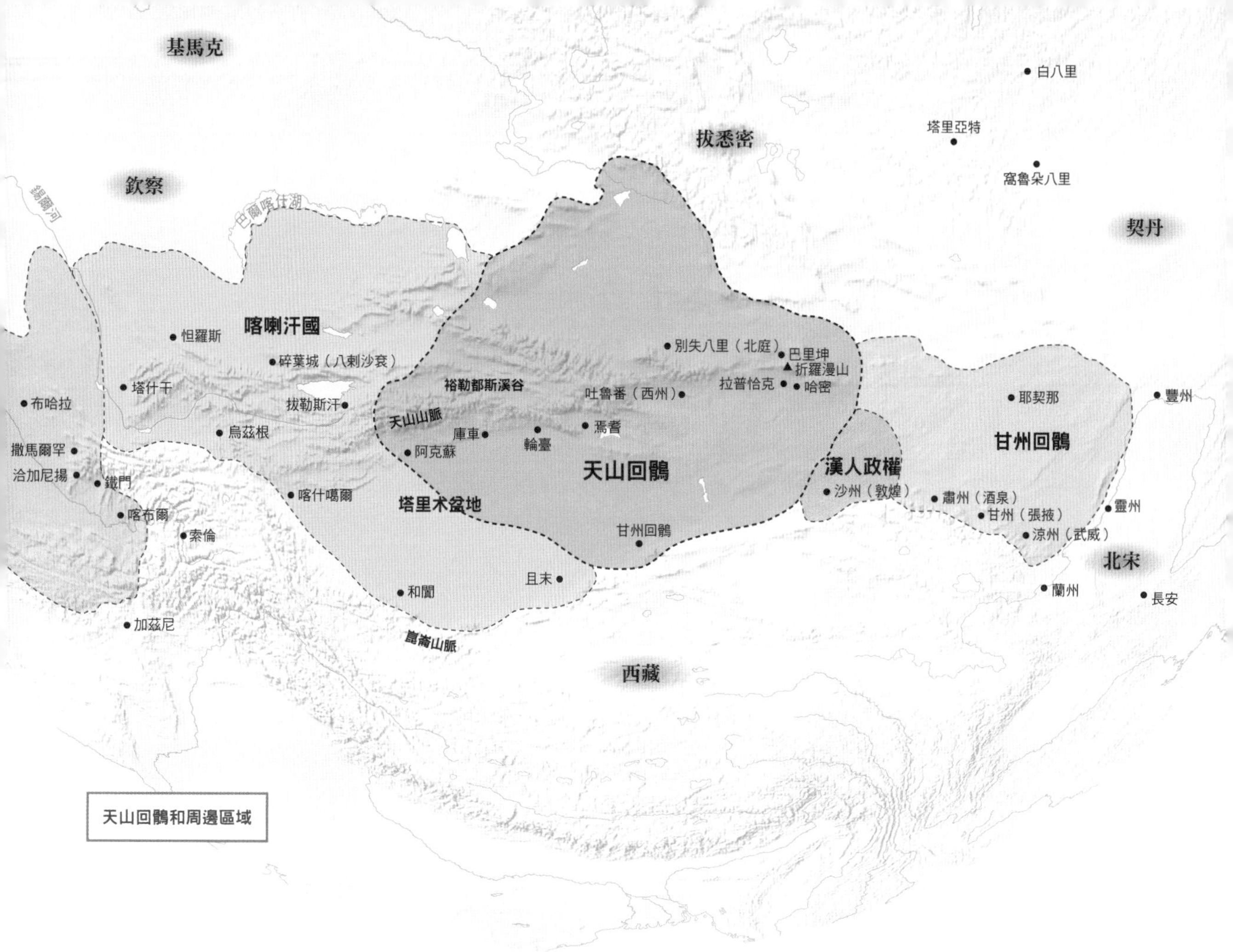

天山回鶻和周邊區域

這裡的商業活動也非常發達。

在當地發掘到的回鶻文獻大部分採用了回鶻人移住後所使用的新文字來記錄，而語言則是屬於突厥語其中一個分支的回鶻語。這些檔案大致上可分為宗教文件和世俗文書：前者主要為佛教、摩尼教、聶斯脫里派基督教的經典教義、讚歌、民間傳說等；而後者則分為公、私文書：包括行政命令書、外交書函、許可證、收據、請願書等在內的公文書，以及由各種買賣文件、契約書、收據、禱文等組成的私文書。這些回鶻文獻的缺點，是文字寫作的年代不甚明確，只能透過極少數可以確認的字跡，或者紙張的製作年代作為判斷基準。其中一部分為天山回鶻王國在西元九世紀之後的文書，但大多數屬於西元十三到十四世紀的蒙古帝國時期。

回鶻王子和王女們

吐魯番的柏孜克里克千佛洞（第19號）中，回鶻王子和王女們的畫像，推測為西元9到10世紀左右的作品。德國勒柯克將其割下取走，現收藏於柏林印度美術館。

西元992年～1077年

喀喇汗國

992 年
喀喇汗國掌控費爾干納

999 年
占領布哈拉，導致薩曼王朝崩潰

1069 ～ 1070 年
玉素甫．哈斯．哈吉甫寫下《福樂智慧》

1077 年
麻赫穆德．喀什噶里編寫《突厥語大辭典》

11 世紀末
因為塞爾柱王朝攻擊而喪失撒馬爾罕，轉變為附庸國

12 世紀前半
受到西遼統治

從西元十世紀末到十一世紀末為止，喀喇汗國支配天山山脈周邊的草原和農耕地區約一個世紀，君主的稱號是喀喇汗，並以這個名稱作為國家的名號。雖然學者們的見解並不一致，但可以確認喀喇汗國的核心集團是葛邏祿、藥勿葛或者處月之類的突厥系遊牧民族。

西元九世紀中葉，因回鶻帝國崩潰而導致的遊牧民大規模遷徙，以及與推進到錫爾河以南的伊朗系國家、薩曼王朝之間的交流和對立，這兩項因素使得喀喇汗國在政治和文化上都得以成長。西元十世紀中葉，在喀喇汗國內的遊牧民族當中有不少人信奉伊斯蘭教，其中薩圖克．博格拉汗本人是最好的例子，他因為布哈拉出身的蘇菲主義教派長老艾布．奈斯爾．薩曼尼的影響而改信伊斯蘭教後，有另外二十帳的遊牧民也跟隨他成為穆斯林，之後薩圖克除掉了身為異教徒的伯父，掌控喀什地區，同時打下喀喇汗國的基礎。

建設喀喇汗國的遊牧民族，從西元十世紀末起進逼薩曼王朝的北部邊境，在西元九九二年掌控費爾干納，並在西元九九九年占領布哈拉，因此導致薩曼王朝崩潰。雖然屬於突厥系的遊牧民族，但是由於已經改信伊斯蘭教的關係，所以當地穆斯林對於他們的迅猛攻勢並沒有展開太大的反抗，喀喇汗國和當時在阿富汗地區新崛起的伽色尼王國聯手，同時壓迫薩曼王朝的南北方防線，加速了薩曼王朝的滅亡。喀喇汗國和伽色尼王國兩勢力摧毀了薩曼王朝之後，以阿姆河作為明確的國境分界。

喀喇汗國分為東汗國和西汗國，以「兩國體制」實施統治，分別由可汗家族的旁系、阿里和哈珊兩大家族管理。阿里家族的東汗國，以楚河流域的八剌沙袞（虎思斡耳朵）和塔里木盆地的喀什為中心；哈珊家族的西汗國則把布哈拉、撒馬爾罕所在的河中地區以及費爾

玉素甫．哈斯．哈吉甫的陵廟

位於現今新疆維吾爾自治區的喀什市。

干納所在的烏茲根作為根據地。東可汗稱為「阿爾斯蘭汗」（獅子王），西可汗稱為「博格拉汗」（駱駝王），底下各配置一名副王。喀喇汗國在西元十一世紀末遭受塞爾柱王朝的攻擊，失去了撒馬爾罕，並淪為附屬國；十二世紀前半時，又被打敗塞爾柱王朝的西遼納入旗下；而之後則因為被成吉思汗追趕而來到西遼的乃蠻部首領屈出律的攻擊，最終走向滅亡。

在西元十一世紀到十二世紀、喀喇汗國統治期間，一直以來由伊朗系民族占據多數的帕米爾高原東、西端的定居區域（也就是河中地區和喀什噶爾地區），住民結構開始產生變化，突厥系民族開始取得優勢。西元八世紀的怛羅斯戰役可說是中亞的重要歷史分水嶺，因為在之後這個區域隨即發生急遽的「突厥化」與「伊斯蘭化」現象，而其中最重要的兩個文化成果，是在喀喇汗國時代達成。第一個是玉素甫・哈斯・哈吉甫在西元一〇六九年到一〇七〇年所撰寫的《福樂智慧》（Qutadğu Bilig），這首敘事詩使用了超過六千五百組的對句，以維吾爾文寫成，透過國王、宰相、賢者和修道士四人的對話和獨白，強調伊斯蘭宗教的價值觀。另一則是麻赫穆德・喀什噶里在西元一〇七七年間所編寫的《突厥語大辭典》（Dīwān Luğāt al-Turk），他親自走訪各區域並記錄下突厥語的詞彙，按照字母順序加以系統的分類和說明，以阿拉伯語撰寫釋文並獻給巴格達的哈里發。

《突厥語大辭典》中的世界地圖

麻赫穆德・喀什噶里所寫的《突厥語大辭典》中的世界地圖，方位的配置由頂端開始，順時鐘為東、南、西、北，圖中紅色的線之間是喀喇汗國的領土。

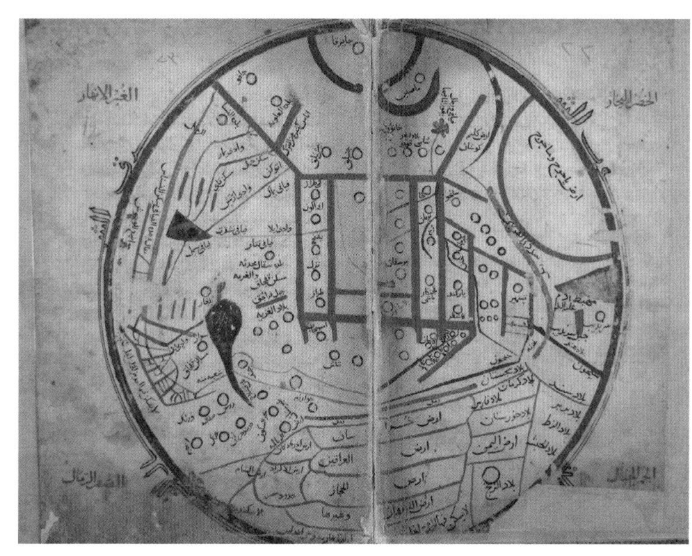

巴格達淪陷

PART
03
征服王朝與蒙古帝國

900

907年 契丹建國

918年 高麗建國

936年 契丹占據燕雲十六州

960年 北宋建國

1000

1077年 花剌子模王國建立

1100

1115年 完顏阿骨打建立女真國家

1127年 靖康之變、南宋建國

1200

1206年 成吉思汗統一蒙古草原

1229年 窩闊台即位

1258年 蒙古攻陷巴格達，阿拔斯王朝滅亡

1260年 忽必烈即位

1271年 馬可波羅開始東方旅行

1274年 第一次日本遠征

1300

1276年 南宋滅亡

1280年 蒙古將高麗設為征東行省

1294年 忽必烈逝世

1368年 朱元璋建立明

1400

民族遷徙從西元十世紀起再次啟動，期間經歷了蒙古帝國的興起和瓦解，最後於十四世紀結束。而在蒙古帝國建立之前，中國史上就已經出現以「征服王朝」之名而廣為人知的契丹（遼）和女真（金）政權。對於這些統治中國北部的政權，本章首先分析它們各自的特徵，進而講述蒙古帝國的歷史。蒙古人憑藉什麼力量而建立起史上面積最為廣大的帝國，這確實值得探究——蒙古帝國的領土除了中央歐亞的草原之外，更包括東亞、西亞、俄羅斯以及黑海北部。

但是過於廣大的帝國領土，以及發生在成吉思汗家族內部的對立與戰爭，使得蒙古帝國逐漸喪失初期的統合性，分解成幾個政治獨立性較強的「**Ulus**」（兀魯思），也就是可汗（大元）兀魯思以及位於其西邊的三大兀魯思。儘管目前的一般看法是它們屬於從單一帝國分離出的獨立國家，但本書認為蒙古帝國始終維持著相當程度的政治統合性。正如「**Pax Mongolica**」（蒙古治世）這一詞彙所指稱的，統合中央歐亞廣闊區域的蒙古帝國，在促進這一時期的文明交流當中發揮了重要作用，這個事實背後的歷史意義是不能忽視的。

西元906年～960年

契丹帝國的登場

907 年
唐滅亡，耶律阿保機建契丹國

920 年
創建契丹文字

923 年
後唐建國

924 年
契丹攻入巴里坤

926 年
契丹滅渤海國

936 年
契丹助石敬瑭建立後晉，接收燕雲十六州

946 年
後晉滅亡

960 年
宋建國

西元十世紀初，生活在西拉木倫河和遼河流域的遊牧民族契丹人建立了國家，雖然它的名字用漢字標示為「契丹」，在韓文中讀為「Keuran」或「Keoran」，但原本的發音其實是「Qitan」或「Qitay」。他們建立的帝國在漢字史料中被稱為「遼」，看起來和中國的其他王朝差不多；但目前為止所發現的契丹文史料中，並沒有他們稱自己的國家為「遼」的記錄，反而是繼續使用著「Qitan」這個名字。就像後來的蒙古帝國在中國被稱為「（大）元」那樣，「遼」這一國號也只是為了漢字使用者而編造的名稱。

契丹帝國的開國者是耶律阿保機，耶律是他所屬氏族的名稱，阿保機則是他本人的名字。根據《遼史》記載，阿保機在西元九〇七年以天皇帝之名即位，這個稱呼就是契丹文當中的「撐犁可汗」。在他之前，契丹的首領們大多被稱為「可汗」，例如阿保機即位在中國的記錄裡被稱為「太祖受可汗之禪」，而這個時期的契丹可汗在任期屆滿後會發生權力交替。但是，耶律阿保機打破了長久以來的部落首領有限任期制，成功建立了單一的最高政治權力。首先，阿保機讓自己被指派為「夷離堇」一職，透過軍事遠征成功收服周邊部落；第二，他建立了供漢人居住的「漢城」，為自己的集權統治打下經濟基礎。當時居住在漢城的漢人大多數是流亡者或俘虜，而前往漢城的僧侶人數也達一千名左右，也有大規模的「鹽鐵貿易」——也就是說，漢城是阿保機所建設、位於契丹境內的經濟特區。

以這樣的軍事成就和經濟實力為基礎，阿保機又從契丹各部落選出兩千多名勇猛之士，設立皮室軍（又稱「腹心部」）；另外也採用漢人、渤海國人和其他非契丹出身的士兵，組成數萬名的「屬珊軍」，強化自身的君主權力。

完成對內部的整合後，耶律阿保機開始積極對外發動遠征，而西元十世紀初、唐帝國瓦解後的分裂局面，是他取得成功的最佳保障。阿保機在西元九二四年進到蒙古草原，越過窩魯朵八里，攻擊哈密北方的巴里坤（蒲類海），之後進攻鄂爾多斯的吐谷渾和党項。結束漠北遠征後，阿保機又在西元九二五

觀音菩薩石像（契丹上京）

契丹五京中的上京，位於現今內蒙古自治區的巴林左旗。當時的都城和建築物大部分已經不復存在，草原的正中央有一座沒有頭的菩薩石像，吸引了觀光客的目光。

年到九二六年，下令遠征渤海國。這趟遠征就連皇后、皇太子等人也一同跟隨，陣仗十分浩大。渤海國幾乎沒有人可以抵抗契丹軍，他們幾次向忽汗城派出使者，等待城中的人投降。渤海投降後，阿保機在渤海國故地設立了東丹國，封他的長子為東丹國王，而阿保機在折返的途中病死，之後繼位的是耶律德光（遼太宗）。

西元九三六年即後唐時期，河東節度使石敬瑭舉旗反叛，並且請求契丹的援助。遼太宗派遣軍隊進入洛陽城，攻滅後唐，協助石敬瑭成立後晉。因此契丹接收了長城以南的燕雲十六州，並和後晉建立軍事聯盟，每年獲得金帛三十萬兩，大筆來自南方的資源穩固了契丹帝國的基礎。

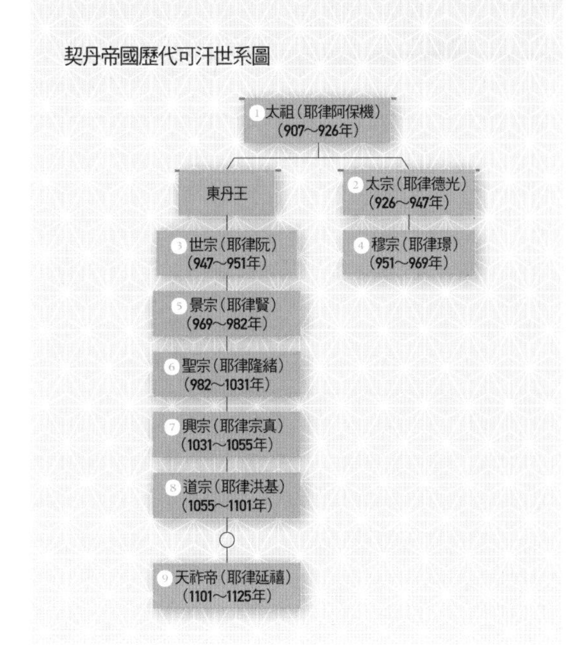

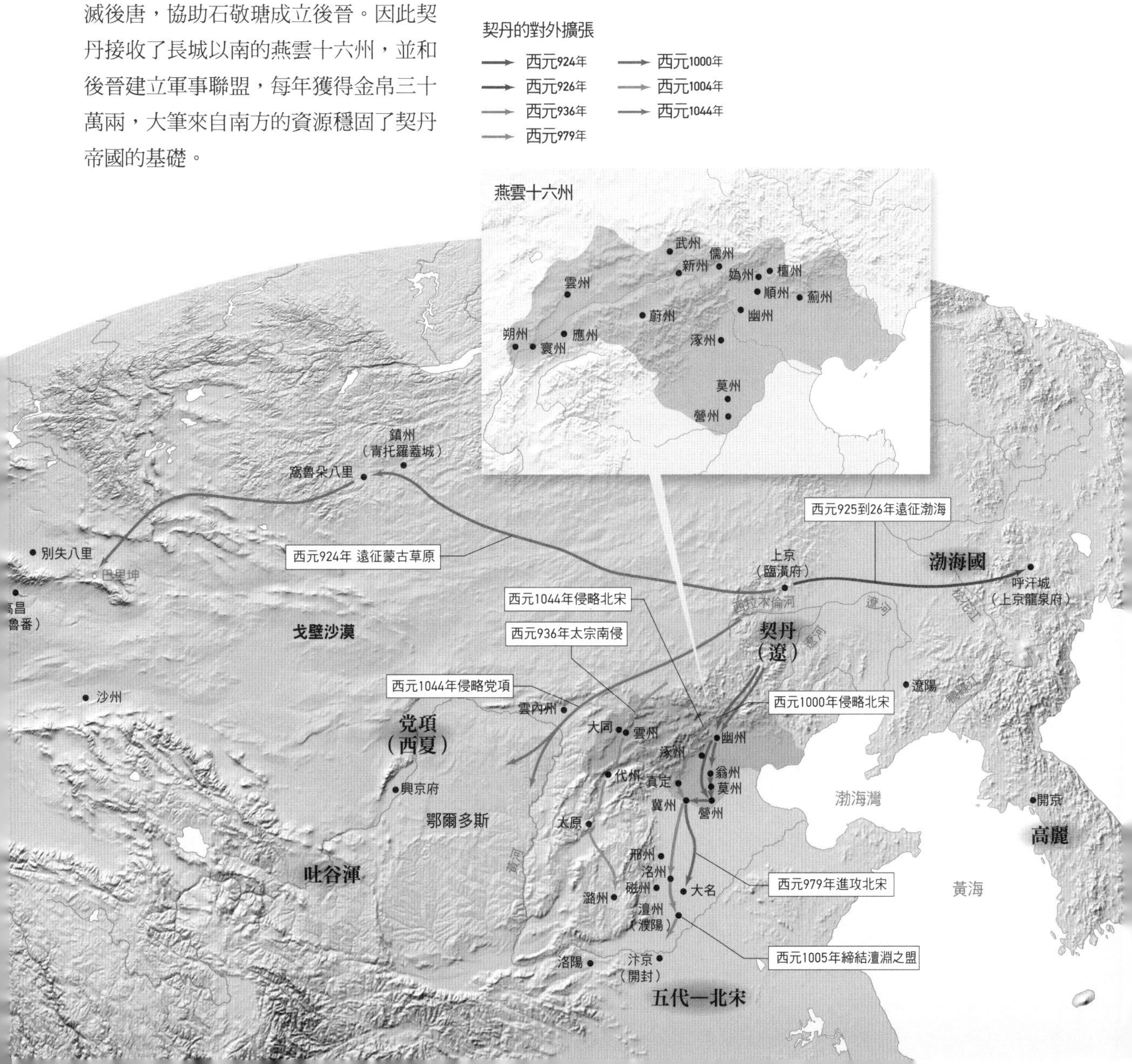

契丹的對外擴張

西元924年
西元926年
西元936年
西元979年
西元1000年
西元1004年
西元1044年

燕雲十六州

武州 儒州 新州 媯州 檀州 雲州 順州 薊州 蔚州 幽州 朔州 應州 寰州 涿州 莫州 瀛州

鎮州（青托羅蓋城）
窩魯朵八里
西元924年 遠征蒙古草原
別失八里
西元925到26年遠征渤海
上京（臨潢府）
渤海國
呼汗城（上京龍泉府）
西元1044年侵略北宋
西元936年太宗南侵
戈壁沙漠
契丹（遼）
遼河
遼陽
西元1044年侵略党項
沙州
雲內州
党項（西夏）
西元1000年侵略北宋
大同
雲州
幽州
涿州
代州
真定
瀛州
莫州
冀州
興京府
鄂爾多斯
太原
渤海灣
開京
高麗
吐谷渾
黃河
邢州
洺州
磁州
大名
西元979年進攻北宋
潞州
澶州（濮陽）
黃海
西元1005年締結澶淵之盟
洛陽
汴京（開封）
五代—北宋

西元906年～960年

契丹帝國的體制

907 年
契丹建國

918 年
開始京城建設

920 年
創建契丹文字

923 年
後唐建國

924 年
契丹攻入巴里坤

926 年
契丹滅渤海國

936 年
契丹支援石敬瑭建立後晉，接收燕雲十六州

946 年
後晉滅亡

960 年
北宋建國

《遼史》的〈地理志〉以「東部臨海、西部接有金山和流沙、北部有臚朐河、南部有白溝，範圍達萬里之廣」來描述契丹帝國的疆域。也就是說，西邊以阿爾泰山脈和塔克拉瑪干沙漠為起始點，東邊延伸至日本海沿岸，從北邊的克魯倫河，往南延伸到位於現今的北京市以南的河北白溝鎮為止，範圍非常廣闊。契丹的疆域以遼河流域為中心，包含了滿洲、蒙古高原還有中國北部的一部分，自然環境相當多樣化。而這也意味著，契丹人要管理、統治著介於遊牧和農耕生活之間、進行各式各樣經濟活動的各種居民。以部落為單位生活的契丹人約有七十五萬人到一百萬人之間，加上二百四十萬漢人、四十五萬渤海人等，組成約三百萬的契丹國家。

為了連接散落在契丹廣大領土上的都市和要塞，必須建立並維持高效率的訊息傳遞系統，方法就是憑牌照使用驛站的制度（其後蒙古帝國也沿用這一方法），商務是每天五百里（合兩百八十公里、一里等於五百六十公尺）的速度，急件則是每天七百里（合三百九十二公里）的速度。契丹帝國的核心區域是所謂的「五京六府」，包括上京臨潢府、中京大定府、東京遼陽府、南京析津府、西京大同府和興中府，其中的西京大同府和中京大定府是在草原中央建立的新城市，大部分居民屬於強制遷徙的漢人和渤海人。與此同時，又建立起包括一百五十六州、軍、城市和三百零九個縣，五十三個部落和六十個附屬國在內的地方編制。

為了有效率的統治遊牧民和農耕民，契丹國家分別設立了北面院和南面院。雖然這種「雙重組織」的型態從耶律阿保機時代已經出現，但到了遼聖宗時期（西元九八二年～一〇三一年）才正式確立。南面院的制度跟過去的漢人王朝相同，設有三省六部；北面院則設立了負責軍事問題的大于越府、負責部落行政的宰相府、主管刑政監獄的夷離畢院、負責禮儀的敵烈麻都司、文書行

契丹上京

建立契丹帝國的耶律阿保機，在西元918年開始建設，並於926年擴張，最後在938年命名為上京。契丹使用五京制度，除了上京之外，還有西京、南京、中京、東京。本圖即為上京城牆的空拍圖。

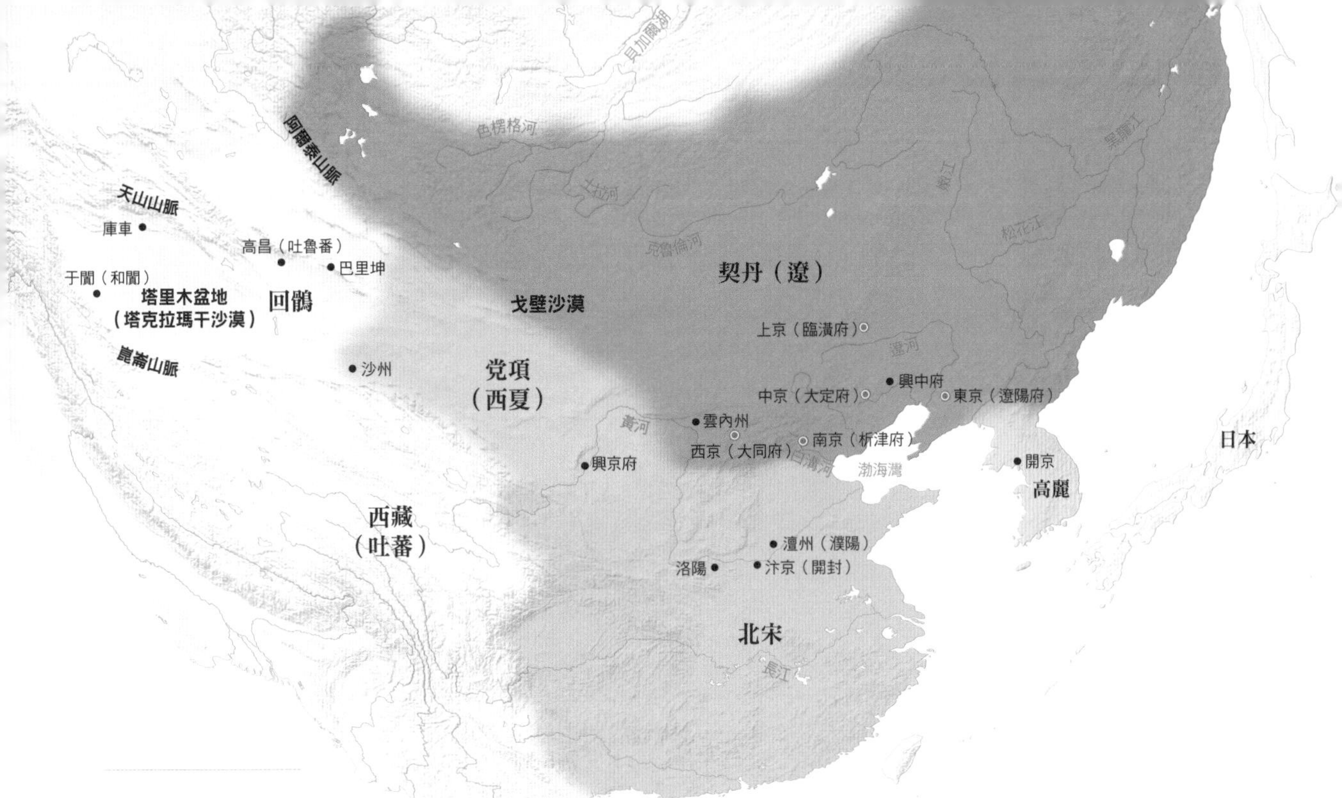

契丹帝國的發展

◉ 契丹五京

政的大林牙院，諸如此類使用契丹名稱的管制單位。

契丹一方面維持著遊牧民的原有部落制度，一方面將農耕民編置入州、縣，當時的州、縣除了中央政府直接管轄的之外，也有隸屬於「斡耳朵」（宮衛）或「投下」的地區。「投下」指的是被契丹貴族征服的區域中，以封邑的方式將村落和居民分發給軍事貴族。日後蒙古帝國時期的「投下」也是相同意思，但是領主並非親自統治下屬的州、軍，而是由中央分派節度使管理，並從賦稅中撥出一部分作為領主的收入。至於隸屬於「斡耳朵」的州、縣，是為了維持君主和他們的夫人生活所需的財政，而特別設立。斡耳朵隨著時代的變遷，數量持續增加到十二宮衛、一王府，但在遼聖宗之後，便因重新隸屬於中央而縮減規模。

為了確保所需物資，契丹帝國十分積極地推動對外貿易，除了北宋之外，也和高昌（吐魯番）、龜車（龜茲）、于闐（和闐）等國家，透過互遣使臣來維持官方貿易，另外也在邊境的「榷場」設立互市，允許民間貿易。在中亞定居之後，積極地透過絲路進行國際貿易的回鶻人，也在契丹帝國境內活動，上京的回鶻營就是他們設立的根據地之一。

契丹壁畫

河北省宣化的遼代古墓中發現的壁畫。頭上頂著契丹特有髮型的二個童子正在沏茶，兩個女人端著木漆器杯墊和白瓷杯，描繪出當時契丹貴族生活的各式樣貌和場面。

西元1113年～1142年

女真的出現與金的建立

1113 年
完顏阿骨打成為女真部族聯盟的首領

1114 年
在與契丹的寧江州之戰中勝利，制定「猛安謀克制」

1115 年
完顏阿骨打成為金開國皇帝

1122 年
女真占領契丹的中京、西京和南京

1123 年
金太宗即位

1125 年
契丹滅亡

1127 年
北宋滅亡、南宋建立

1142 年
和南宋簽訂「皇統和議」

在中國統治之下以「東三省」廣為人知的滿洲地區，地理上其實屬於三個不同的區域：西南部的遼河中下游流域是肥沃的農作區、西部的興安嶺山脈東麓是草原、而東部和東北部是以長白山脈和張廣才嶺等為主的山林地。這些區域的住民組成和經濟結構的差異也非常大：西南部農耕地區很早就有漢人移住，總人口較多；反觀西部草原地區，則以契丹、室韋、奚等蒙古系遊牧民為主；東北部的山林地區則是扶餘、靺鞨、挹婁、肅慎等通古斯系狩獵民的聚居地，女真就屬於最後這一種，他們是靺鞨的後裔。

在北魏末期到隋唐初期的這段期間，人們就已經知道靺鞨的存在，西元八世紀渤海建國之際，東北方出現了名為黑水靺鞨的強大勢力，他們在西元十世紀初、渤海滅亡後南下，並開始用「Jurchen」代替原本的靺鞨，用漢字表示的話，就是「朱里真」或「女真」。其中完顏部的阿骨打建立了名為「金」的國家，他們所居住的松花江支流按出虎水流域，在女真語中就是「金」的意思。

女真人一開始從事的經濟活動非常原始，根據《舊唐書．靺鞨傳》所載，他們在夏天的時候過著移動放牧的生活，冬天的時候便挖地穴居。渤海國瓦解之後，他們便移居到氣候較溫和的區域，使用鐵製農具和牛耕作，開始成為定居民。另外，透過跟契丹和高麗等國家的交流，女真人也接收到較先進的文化、文明程度加深，這些變化也記錄在女真人的傳說中。記錄阿骨打先祖事蹟的《金史》中，一開始有提到阿骨打這號人物的祖先，本來居住在「高麗」，這類的傳說也出現在其他文獻中，所以不大可能是完全架空的故事。這裡所說的「高麗」指的就是歷史上的「高句麗」，因此可以確認在當時滿洲的住民中，高句麗國家具有相當大的政治魅力。

女真人不只透過販賣毛皮、猛禽海東青等山林地區的特產品獲取經濟利益，同時也通過草原區域的遊牧民大量進口馬匹，打下了強大軍事實力的基礎。在女真壯大的過程中，不可避免要和契丹發生衝突，例如女真在邊境市場所處的寧江州積極進行珍珠、人參、

大金得勝陀頌碑

西元1114年，女真的阿骨打打敗契丹後，建立了金。為了紀念這場勝利，阿骨打的孫子世宗便於1185年立下這塊石碑。碑文的正面刻有漢文、背面是女真文，記錄了阿骨打立誓攻打契丹和遠征的緣由，目前位於吉林省扶餘市。高3.2公尺。

松實、蜜蠟等物品的交易，契丹人用「打女真」一詞汙辱他們的貿易活動，加上發生了女真首領阿疏逃亡到契丹的事件，於是阿骨打便在西元一一一四年帶領軍隊攻擊寧江州。令人意外的是，這場戰爭的結果是女真人大獲全勝，西元一一一五年阿骨打即皇帝位，並頒布國號為金。隔年他征服遼東，並在西元一一二五年活捉天祚皇帝，滅了契丹國。

之後繼位的是阿骨打的弟弟吳乞買（金太宗），太宗即位後立即進攻北宋，並在西元一一二六年攻下首都開封，俘虜了皇帝宋欽宗和太上皇宋徽宗，是為「靖康之變」，宋的皇室成員和貴族則往南逃，成立了南宋政權。但是金國並沒有停止對宋的軍事威脅，金熙宗在位的西元一一四二年，簽訂了「皇統和議」，以淮水作為兩國的邊界線，南宋每年要向金國進貢二十五萬兩白銀和二十五萬匹綢緞，這比西元一〇〇五年北宋和契丹簽訂的「澶淵之盟」更顯示出北方政權的強勢地位，而這也為金的征服王朝統治打下了良好的基礎。

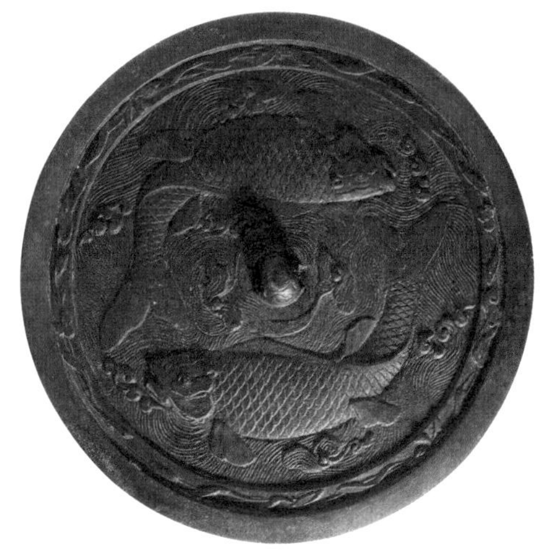

雙魚紋大銅鏡

西元1964年出土於黑龍江阿城的雙魚紋大銅鏡。直至今日，鏡面依舊能清楚地反射事物的樣貌，背面刻有兩尾鯽魚，直徑36.7公分、重4.3公斤。

女真的中國策略

女真征服華北(西元1120~22年)

女真征服北宋(西元1125~29年)

契丹五京

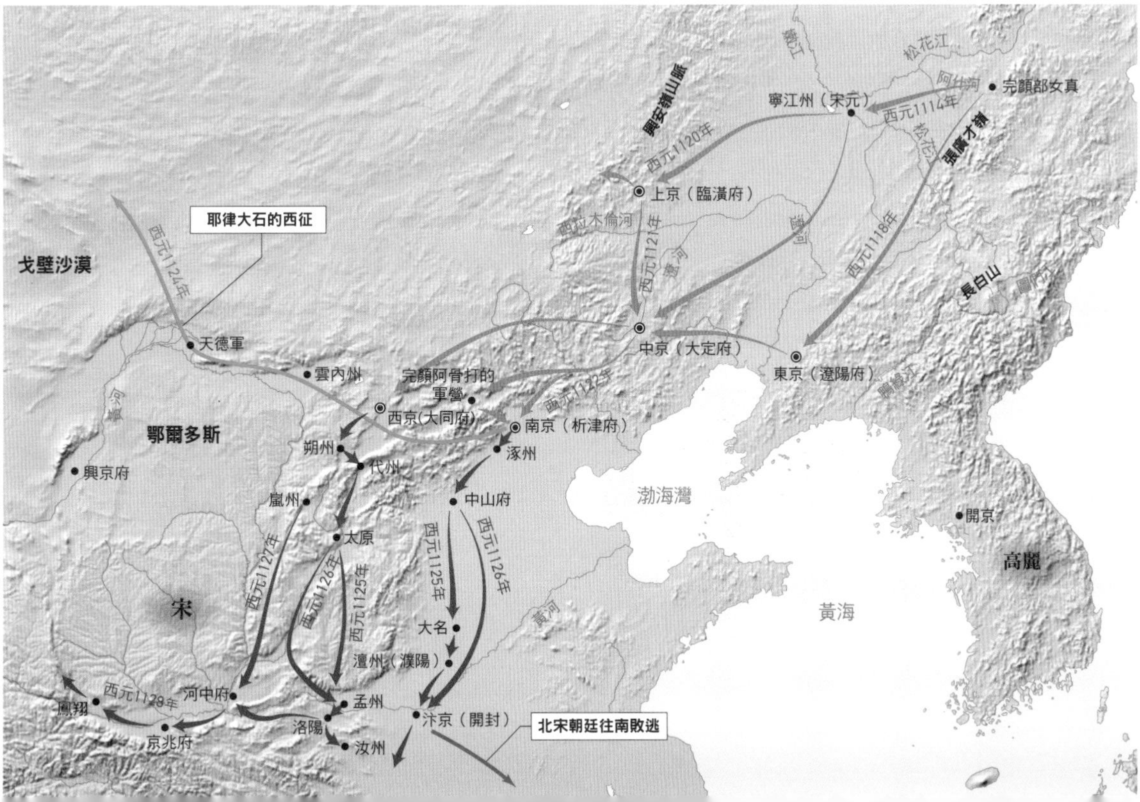

西元1113年～1173年

女真帝國的統治體制

1113 年
完顏阿骨打成為女真部族聯盟的首領

1114 年
與契丹的寧江州之戰中勝利，完顏阿骨打制定猛安謀克制

1115 年
完顏阿骨打成為金國的開國皇帝

1119 年
制定女真文字

1123 年
金太宗即位

1125 年
契丹滅亡

1135 年
金熙宗即位，啟用中國三省六部制

1149 年
金海陵王發動政變後即位

1153 年
金海陵王遷都燕京

1161 年
金世宗即位

1173 年
禁止女真人使用中國姓氏

女真帝國的疆域以大興府為中心，從滿洲往長城以南延伸一直到淮水流域，包括了整個中國北部。為了統治上的方便，金國沿用契丹過往的京、府、州、縣行政制度。上京（今哈爾濱）是完顏阿骨打崛起之地，稱為會寧府（西元一一五三年廢除建制）。金國第四代君主海陵王遷都到五京之一的燕京後，該地成為新首都，是中國史上第一個以北京為首都的王朝。為了同時統治北方的女真聚居地與南方的中國地區，選擇了暴露在遊牧民族攻擊範圍之下的北京，而非以長安為中心的關中地區，北京既是兩個區域的來往樞紐、也是農業區域和牧業區域的交界之地。

女真人與契丹人不同，並非純粹的遊牧民族，因此不以部族為單位，而是採用名為「猛安謀克」的特殊制度：在女真語中，「猛安」的意思是千，「謀克」意為氏族部落，每三百戶為一謀克、十謀克為一猛安。阿骨打在一一一四年取得寧江州之戰的勝利後，便開始採用這一制度，事實上猛安謀克制只是將以前的村落單位稍作修改，成為兵農合一的新制度，與後來滿洲八旗軍的「牛彔—甲喇—固山」制度相似。除了契丹人之外，周邊的奚人、渤海人、漢人向女真投降後，也被編入這個制度中，而女真人征服長城以南後，也嘗試使用相同的制度統治當地漢人。但是因為各族習慣差異而難以推行，再者，因為猛安謀克制是兵農合一的體制，由漢人或渤海人為主的猛安謀克容易擁兵自重，對女真統治者構成威脅，因此這一制度後來被廢除。

移居到中國北部的女真人轉變為農耕居民，國家提供耕牛、而人民根據牛的數量繳交「牛頭稅」或是「牛具稅」，但是因為不熟悉農耕技術、也無法適應新的環境，許多女真人過著非常貧困的生活，猛安謀克制度內的各個編戶，貧富差距越來越嚴重，因此政府無法再收取到足額的牛頭稅，金世宗時期改為實行物力錢制度，根據個人財產徵收稅額；並且為了確保兵源和稅收基礎，啟用被稱為「通檢推排」的戶口調查制度。但即使如此，仍然無法解決猛安謀克制度下的貧富差距問題，在金國末期時改制為二十五人為一謀克、四謀克為一猛安。

契丹小字銅鏡

現在收藏於韓國國立中央博物館的銅鏡，鏡上的刻印一直被認為是女真文字，但最近的研究指出，該文字其實是契丹小字。女真文字是仿照契丹文字制定，兩者在外型上非常相似，容易產生上述誤認的情況。本銅鏡上共刻有二十八個字、七個音節，內容述說該銅鏡常帶在身邊，能明辨善惡，是值得信任的夥伴。

女真帝國的發展（西元12世紀）

◉ 女真五京

移居到中國的女真人雖然努力維持原有的習慣與制度，卻得不到與努力程度相對應的成功。最具代表性的例子就是勃極烈官制。勃極烈在女真語中是官員的意思，例如皇太子稱為諳班勃極烈、宰相稱為國論勃極烈。但是在西元一一三五年金熙宗即位後，這個制度被廢止，改用中國的三省六部制；而位在中央官員之下的勃堇指的就是村長，在女真人移居北中國後也無法發揮原有的功能，進而改用部、州、縣為單位的城鎮分級制度。

反對女真社會過分漢化的金世宗，積極推進女真本位主義的相關政策，例如為了恢復女真人固有的精神與風氣，每年舉行狩獵活動、透過熟悉軍事技術來加強尚武精神，並且重新推廣女真風俗、禁止近衛軍使用漢語交談，同時將《易經》、《詩經》、《春秋》、《論語》等諸子百家的著作與歷史書籍陸續翻譯為女真語，但這些努力並沒有奏效。

女真的謀克印章

這個印章上刻有「撒土渾謀克印」的文字，左邊的邊款刻有「系納里渾猛安下」的句子，已確認是這個謀克所屬的猛安名稱，在吉林省九台市出土，推定為大定九年（西元1170年）時製造。材質為銅，高5公分、長6.1公分。

女真帝國可汗世系圖

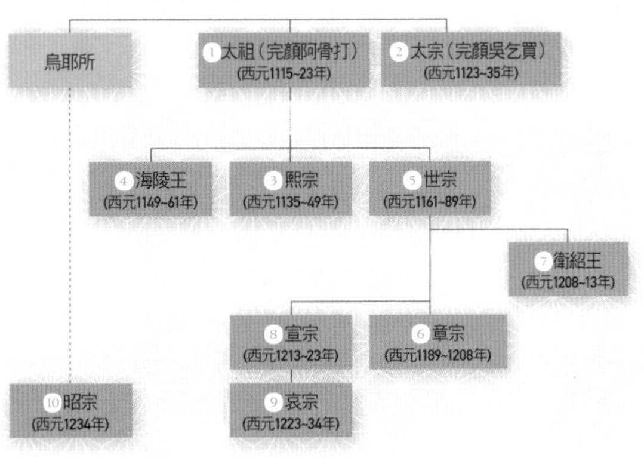

喀喇契丹（西遼）

1125 年
契丹滅亡

1130 年
耶律大石開始「西征」

1131～1132 年
耶律大石在葉密立城登基，號「菊兒汗」

1134 年
耶律大石進入八剌沙袞，收此地為都邑

1137 年
耶律大石攻擊西突厥斯坦

1141 年
耶律大石在和塞爾柱王朝的卡特萬之戰中勝利，進入撒馬爾罕

13 世紀初
乃蠻王子屈出律被奪權

「Kara Khitai」（喀喇契丹）是契丹帝國被女真攻滅後，移往中亞的契丹人所建立的新國家，這個國家在歷史上也被稱為「西遼」。對於「喀喇契丹」這個國名的起源，學界有諸多爭議，筆者則認為，因為後來蒙古人把生活在中國北部和中亞一帶的居民都統稱為「Khitai」，為了防止和真正的契丹人搞混，並解釋他們並非北中國地區的住民，而原本就是「Khitai」人，因此才出現這個名稱。

西元一一二五年契丹帝國滅亡後，移居到西邊的契丹人領導者就是耶律大石。他一開始帶著少數的軍隊越過天山山脈，往蒙古草原的方向而去，並且到達位於土拉河上游的鎮州、也就是昔日回鶻帝國的重鎮「可敦城」，在這裡設立了建安軍節度，並徵召兩萬名的軍隊負責鎮守。耶律大石在可敦城附近召集了七個州的領導者和十八個部族的首領，表達了他復興契丹帝國和收復疆土的決心，呼籲大家同心齊力支持自己，並成功集結了一定數量的遊牧軍隊。

西元一一三〇年三月，耶律大石帶領一到兩萬名的軍力，先往北方葉尼塞河流域的方向出發，之後轉往西邊的葉密立，並在該地建設一座小城池，這成為喀喇契丹的最初根據地。耶律大石也派出使臣到吐魯番，晉見天山回鶻的毗伽可汗，強調歷史上契丹和回鶻間的友好關係，並請求回鶻人允許他的軍隊繼續西行之路。但是他的西行夢想因為遭受到喀喇汗國攻擊而破滅，因此只能暫時停留在葉密立地區。這期間耶律大石旗下的人口增加到四萬戶，他在西元一一三一年到一一三二年間，以「菊兒汗」之名登基，意思就是「四海的君主」，同時取得了「天佑皇帝」這個中國式的稱號。

接著，耶律大石開始對外征伐。他首先壓迫南部的天山回鶻，並將其納為附庸國後，繼而攻擊當時掌控著塔里木盆地的東喀喇汗國。根據伊斯蘭教方面的記錄，在耶律大石到來之前，更早遷入的突厥、契丹人約有一萬六千帳之多，這些人對喀喇汗國積怨已久，因此加入了他的陣營。而在雙方交戰之際，喀喇汗軍隊的主力、葛邏祿和康里的遊牧民也舉旗反叛，因此耶律大石在西元

喀喇契丹人的樣貌

《三才圖會》中收錄的喀喇契丹遊牧民畫像。

一一三四年初，得以進入北方據點八剌沙袞（虎思斡耳朵），並在當地建立新的據點。

西元一一三七年，耶律大石開始攻擊西突厥斯坦，當時該區域雖然由西喀喇汗國統治，但它已經國力衰弱，並附屬於新興勢力塞爾柱王朝之下。塞爾柱王朝的蘇丹桑賈爾和西喀喇汗國的馬黑木一世聯手，在西元一一四一年秋天，對位於撒馬爾罕附近卡特萬平原的喀喇契丹軍發動反擊戰，但這場戰役以塞爾柱軍的慘敗而告終，於是耶律大石進入了撒馬爾罕。成為中亞新霸權的喀喇契丹，疆域西至阿姆河、東與党項交接，東北部則毗鄰乃蠻，帝國的首都設在八剌沙袞，而被稱為河中府的撒馬爾罕城成為了副政治中心。喀喇契丹把喀喇汗國、天山回鶻納為附庸國，並派遣名為「沙赫納」（Shahna）或「沙午甘」的官員前往管理。喀喇契丹的統治延續了半個世紀之久，直到西元十三世紀初，乃蠻部首領屈出律因成吉思汗的追趕而逃亡到境內，並成功奪權為止。

鎮州城

契丹（遼）時代建設在蒙古草原上的戰略據點，其舊址乃是回鶻時代廣為人知的可敦城。位於今天蒙古國布爾干省內的青托羅蓋城。鎮州（Chin Tolgoi）的「鎮」，取自蒙古語的山坡。

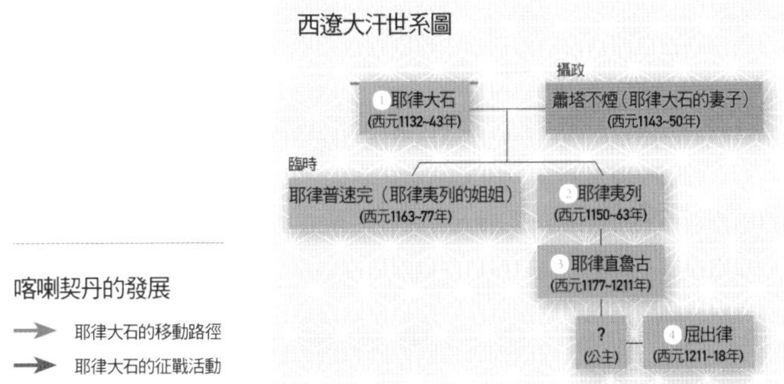

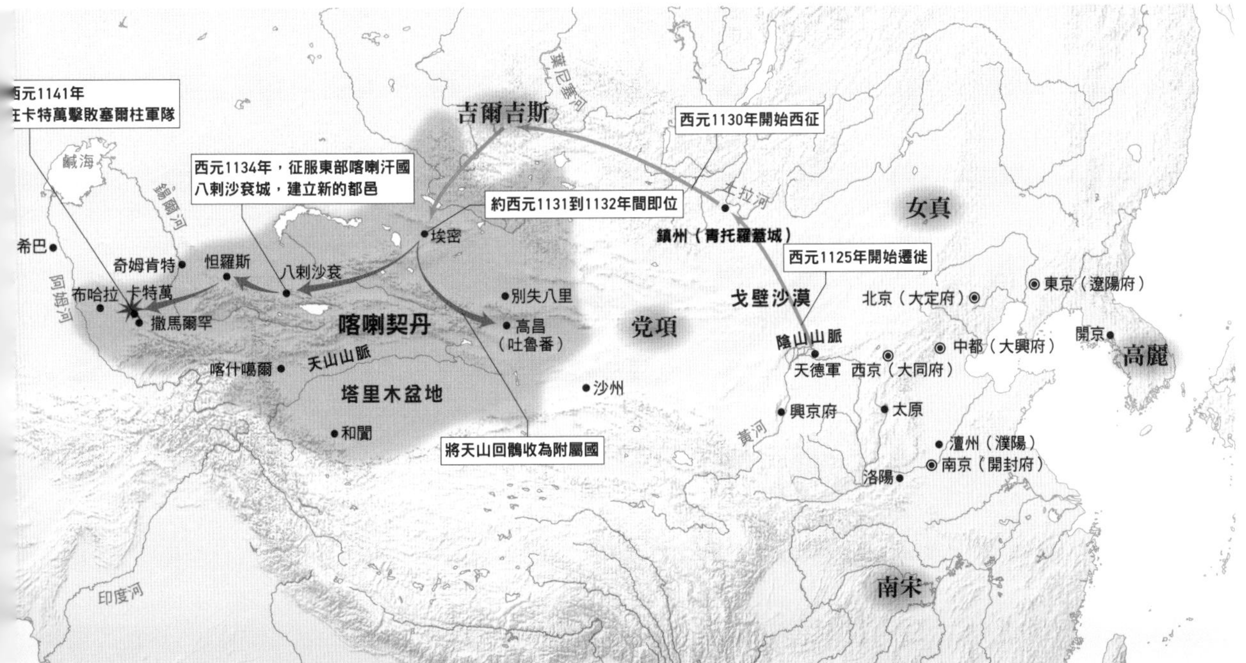

西元756年～1517年

歐亞大陸西部的征服王朝

756～1031年
後伍麥亞政權（阿卜杜拉赫曼一世建國）

874～999年
薩曼王朝（葉海亞．伊本．阿薩德建國）

909～1171年
法蒂瑪王朝（薩伊德．伊本．侯賽因建國）

962～1186年
伽色尼王國（蘇布克特勤建國）

1038～1194年
塞爾柱王朝（圖赫里勒．貝格建國）

1055年
塞爾柱王朝打敗布維西王朝，占領巴格達

1077～1212年
花剌子模王國（阿努什的斤建國）

1206～1290年
德里蘇丹國（庫特布丁建國）

1250～1517年
馬木路克蘇丹國（拜巴爾一世建國）

「征服王朝」是由社會經濟學者魏復古（Karl August Wittfogel）提出，用來指稱中國史上的遼、金、元、清等政權的名詞，這些都是以軍事上的優勢征服並統治中國的異族政權。有趣的是，征服王朝並非只屬於發生在東亞的現象，西元九到十世紀期間，在中亞和西亞也連續出現過。無論東方還是西方，征服王朝的大範圍出現都是在西元九世紀的中後半，這與歐亞大陸的整體政治秩序動搖有著密切關聯。

契丹帝國的登場可說是中國征服王朝的開端，這是因為唐帝國的弱化和回鶻帝國的崩潰，從而出現了區域性的權力真空。幾乎同一時期的西亞，阿拔斯王朝的政治體制開始動搖，握有實際軍事權力的地方政權陸續出現。就跟中國出現軍事割據的地區政權之後，北方的遊牧民族便會開始南下建立征服王朝一樣，歐亞大陸西部的遊牧民族也開始向南方遷徙移動，在波斯地區建立起征服王朝。塞爾柱王朝就是這其中最具代表性的例子，他們本來是居住在鹹海附近、過著遊牧生活的烏古斯系突厥部落，中亞的薩曼王朝崩潰後，塞爾柱人越過阿姆河到達大呼羅珊地區，並從這裡繼續西進，在西元一〇五五年擊敗布維西王朝並掌控巴格達；此後又壓倒哈里發和遜尼派穆斯林的守護者，成為中東的新霸主。但是烏古斯人持續移住到塞爾柱國內，塞爾柱王朝只能把他們疏導到跟拜占庭帝國接壤的西部邊境，而這些「Ghazi」（聖戰士）中的一部分人，成為了後來鄂圖曼帝國建立者的祖先。

西亞征服王朝的另外一種形式則並非源於部落式的集體移居，而是個別被賣為奴隸而遷入的突厥人，慢慢地累積起軍事力量後從而建立國家，阿富汗地區的伽色尼王國就是最好的例子。薩曼王朝捕捉突厥遊牧民作為奴隸，施以特別的教育後，把他們分到布哈拉等地的奴隸市場販賣，這些被稱為「馬木路克」或「古拉姆」的突厥奴隸，大部分會進到哈里發的宮殿中工作。突厥奴隸的人數一度達到七至八萬人，而這些奴隸士兵如果受到哈里發青睞，便會被任命為軍隊指揮官或地區總督。伽色尼總督蘇布克特勤（西元九七七年～九九七年在位）和他的兒子馬哈茂德（西元九九八年～一〇三〇年在位）取得獨立後，陸續建立起統治阿富汗、伊朗、中

魯姆塞爾柱式驛站

魯姆塞爾柱的蘇丹凱庫巴德一世，在西元1229到1236年間，於安那托利亞中部城市科尼亞附近建立的驛站，命名為「蘇丹哈尼」。在從科尼亞越過開塞利，一路延伸到錫瓦斯、艾斯倫的公路上，都設有重要的貿易設施。

亞和西北印度的伽色尼帝國。

花剌子模王國的情況也大同小異，例如為塞爾柱王朝君主工作的突厥奴隸阿努什的斤（Anushtegin），後來被任命為花剌子模總督，他以當地豐富的資源和貿易收益作為建國的基礎。塞爾柱王朝的桑賈爾於卡特萬之役中敗給喀喇契丹之後，阿努什的斤的孫子阿即思取得政治上的獨立，之後阿即思的孫子塔乞失於西元一一九四年，打敗了塞爾柱的君主圖格里爾三世。西元一二〇〇年，塔乞失的繼任者阿拉烏丁占領了整個大呼羅珊，拿下了馬贊德蘭和克爾曼，成為伊斯蘭文化圈裡名副其實的霸主。

此外，被伽色尼王國任命為德里總督的庫特布烏德丁，後來也宣布獨立、建立德里蘇丹國；勢力席捲埃及和巴勒斯坦地區的馬木路克蘇丹國，也是由突厥奴隸軍建立的國家，西元十三世紀中葉，馬木路克君主拜巴爾一世，集結奴隸傭兵、組成騎兵隊，成功阻擋了蒙古軍的侵襲。

馬哈茂德蘇丹

身為伽色尼王國的君主，統治了包含現今阿富汗、伊朗東北部、印度西北部等地的廣大領土。因認可哈里發名義上代表的權位，自稱為「蘇丹」，以統治者的身分君臨天下。此圖為由愛丁堡大學收藏的《史集》複本中的插畫，描繪出他穿著哈里發贈予他的衣服登基的場面。

庫特布丁宣禮塔

出身於阿富汗地區的突厥奴隸庫特布丁，在蒙古帝國成立的西元1206年，於印度北部建立獨立王朝，在歷史上被稱為「德里奴隸王朝」或「德里蘇丹國」。這座宣禮塔是他登基之前，於西元1199年建築在德里的建築物，高72.5公尺，底部直徑15公尺，頂端直徑3公尺，是引以為傲的建築之一。

歐亞大陸西部的征服王朝

伽色尼王朝(西元962~1186年)
塞爾柱王朝(西元1038~1194年)
花剌子模王朝(西元1077~1212年)
德里蘇丹國(西元1206~90年)

黑海
鹹海
賈肯特
錫爾河
埃密
阿力麻里
別失八里
高昌
(吐魯番)
恒羅斯
八剌沙袞
烏茲根
喀什噶爾
葉爾羌
和闐
帕米爾高原
君士坦丁堡
安卡拉
艾斯倫
提比里斯
傑爾賓特
巴庫
烏爾根奇
希巴
阿姆河
花剌子模王朝
布哈拉
撒馬爾罕
埃爾津詹
裏海
科尼亞
大不里士
哈蘭
加茲溫
梅爾夫
泰爾梅茲
巴爾赫
安提阿
阿勒坡
摩蘇爾
馬贊德蘭
巴斯塔姆
途思
內沙布爾
塞爾柱王朝
萊伊
地中海
哈瑪丹
呼羅珊
凱因
赫拉特
伽色尼
白沙瓦
巴格達
伽色尼王朝
亞歷山卓
耶路撒冷
伊斯法罕
開羅
坎達哈
喜馬拉雅山脈
克爾曼
木爾坦
設拉子
德里
吉羅夫特
德里蘇丹國
波斯灣
霍爾木茲
印度河
恒河
瓦拉納西
麥地那
紅海
桑吉
馬斯喀特
麥加
阿拉伯半島
阿拉伯海

西元9世紀中葉～1162年

蒙古族集團的遷徙

9 世紀中葉
回鶻帝國瓦解

9 世紀後半葉
東部的蒙古系遊牧民開始遷入草原

907 年
耶律阿保機建立契丹國

924 年
耶律阿保機攻擊阻卜（韃靼）

960 年
北宋建國

981 年
北宋使臣王延德遭遇九姓韃靼

982 年
遼聖宗向草原擴張

1003 年
契丹重建可敦城，命名鎮州

1004 年
契丹設立建安軍節度使司

1162 年
成吉思汗誕生

西元九世紀，回鶻帝國因為黠戛斯的進攻而瓦解，大部分的回鶻遊牧民離開蒙古草原，分別遷往南部和西部，但黠戛斯人並沒有就地建立新國家，而是回到原本居住的葉尼塞河流域。因此，蒙古草原出現了權力真空，而生活在回鶻帝國東北部邊境的蒙古系集團例如韃靼等部落，在經過各種偵察之後，開始移居到資源豐富的草原。在唐代的記錄中，這些蒙古系集團被稱為「室韋」，其中也包含被稱為「蒙兀室韋」的集團。他們以「蒙古」這個名字第一次出現在歷史上，一開始不過是小型的部落，但之後由於蒙古部的成吉思汗統一草原，爾後這個地區的遊牧民便都自稱為「蒙古人」。

根據中國的記錄，蒙古系集團在西元十世紀初就開始遷居到草原，西元九二四年秋天，建立契丹帝國的耶律阿保機遠征蒙古草原，到達「古回鶻城」（窩魯朵八里）後，攻擊了附近的「阻卜」部落。而在西元九八一年，北宋派遣使臣王延德訪問吐魯番的高昌回鶻時，在途中遇見了九姓韃靼部落，他們本來是居住在鄂爾渾河流域的蒙古系遊牧民。雖然不了解名字的語源，但可以確知的是契丹人稱這群蒙古遊牧民為阻卜，而宋人稱他們為韃靼。當時黠戛斯人留下的碑文，也記錄下針對移居草原的韃靼人而發動的遠征行動，把他們稱為「九姓韃靼的國家」，可見這些人已經發展成一定規模的政治集團。

額爾古納河邊的村落

克魯倫河流入呼倫湖後，再從另一側流入額爾古納河，後者貫穿滿洲地區的黑龍江上游。成吉思汗的祖先移居到蒙古草原前，就住在這個地方。這裡是現今中國和俄國的邊界，照片中是俄國村落一側的景象。

為了壓制這些遊牧民，契丹多次派遣大規模的遠征軍，並在廣大的草原上修建城壁和要塞，後來以「Wall of Genghis Khan」（成吉思汗邊牆）之名而為眾人知曉的防禦工事，從東邊的額爾古納河開始，越過呼倫湖，延伸到斡里札河和鄂嫩河，全長約八百公里，並在中間分段設置碉堡，可說是為了防禦當時居住在附近的蒙古系遊牧民而修築的城牆。遼聖宗在西元九八二年對草原遊牧民發動遠征，一〇〇三年下令修復回鶻的可敦城遺址，一〇〇四年設立鎮州、維州、防州，並配置了建安軍節度使司，負責管理土拉河和鄂爾渾河沿岸。這其中位於土拉河下游的鎮州是最重要的軍事要塞，考古學家在當地挖出了非常多的遺物，它們標誌著士兵和農民在該地生活的痕跡，推測鎮州位於現在的青托羅蓋城（Chin Tolgoi）、維州位於塔林烏蘭（Talin Uran）、防州位於哈爾布赫（Har bukh）。

最近學界提出了新的見解，從九世紀後半開始的蒙古系民族遷徙，雖然讓這個區域成為名副其實的「蒙古草原」，但是這些名為「蒙古」的集團，其實是先從原居住地額爾古納河下游，往西南部的土拉河、鄂嫩河、克魯倫河進發，並在這三條河的發源地不兒罕合勒敦山（Burkhan Khaldun）地區定居，遷徙到蒙古草原是這以後才發生的事情。而根據考古發掘的成果，在成吉思汗所屬集團的原聚居地鄂嫩河地區，西元十二世紀前後下葬方式發生了重大變化，這一點非常值得關注。上述假設如果屬實，漢文史料所稱呼的「蒙兀室韋」，至少在西元十一世紀時仍然居住在位於黑龍江上游的額爾古納河流域。而蒙古帝國時期的文獻《蒙古祕史》和《史集》，也都記錄下這些遊牧民的遷徙歷史，其內容十分耐人尋味。

蒙古族集團的遷徙

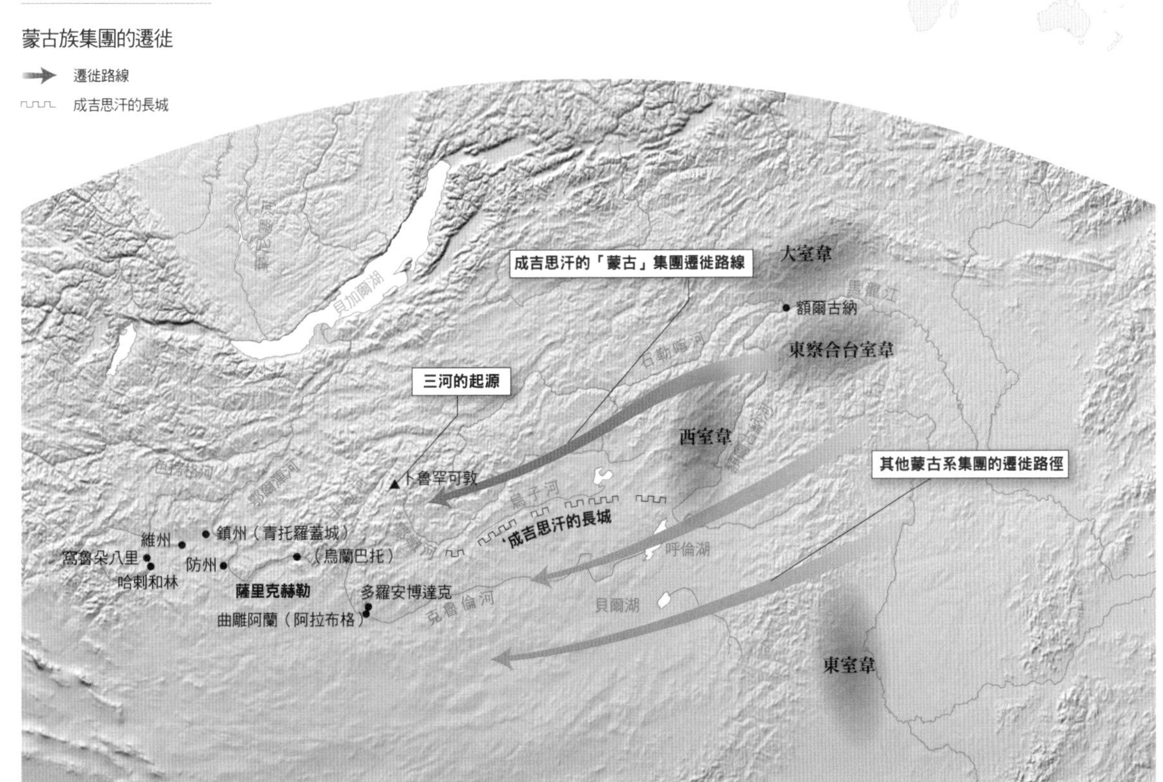

西元9世紀中葉～1162年

蒙古帝國誕生前夜

9 世紀中葉
回鶻帝國崩潰

9 世紀後半葉
蒙古系遊牧民開始遷徙草原

907 年
耶律阿保機建契丹國

960 年
宋建國

1115 年
金建國

1125 年
契丹滅亡

1127 年
北宋滅亡、南宋成立

1162 年
成吉思汗出生

成吉思汗出生在西元十二世紀中葉，當時正是蒙古高原的遊牧民族集團，以「兀魯思」（Ulus）為單位各自分居的時代。兀魯思本來的意思是「人」、「百姓」，後來引申為「部落」、「國家」。當時最具代表性的兀魯思有乃蠻、克烈、韃靼、蔑兒乞、瓦剌、蒙古等。

乃蠻部位於蒙古高原的最西端阿爾泰山附近，他們的領導階層是突厥系居民，並和南部的天山回鶻和党項締結關係，沿用後者使用著的回鶻文字。乃蠻東邊的克烈部位於蒙古高原的中心區域，他們的領導階層也有突厥人的特徵，信奉聶斯脫里派基督教的人較多。高原東部有韃靼，這些人早在西元八世紀的突厥碑文中就已經登場，勢力非常龐大，蒙古帝國瓦解之後是以韃靼這個名稱泛稱草原上的遊牧民。而在草原的北方，也就是貝加爾湖南部、色楞格河流域居住的是蔑兒乞部；至於最靠近西北部額爾濟斯河流域的「林中百姓」，就是瓦剌部。「蒙古」位於高原中北部的肯特山脈，而鄂嫩河、克魯倫河、土拉河的共同發源地不兒罕合勒敦山，就是蒙古部的根據地。《蒙古祕史》中提到，按照蒙古人的傳說，他們是蒼狼和白鹿的後裔，並在之後向東方移居。

兀魯思這個社會組織，是由名為「斡孛黑」的氏族集團所組成。舉例來說，在蒙古部這個兀魯思當中，以成吉思汗所屬的孛兒只斤氏為首，另外還有巴魯剌思氏、兀魯兀惕氏、忙忽惕氏等斡孛黑，而跟斡孛黑同一「牙速」（胞族）的是父系親族集團，但並非只限於同一血脈，而是在政治層面上隸屬於同一個家門的人，因此牙速裡面包含各式各樣的人。根據政治上的從屬關係，可以把兀魯思分為「那顏」（領導階層）、「哈剌出」（平民）、「孛斡勒」（奴隸）這三種階層，而兀魯思的最上位統治者則是「汗」。可以看出，在西元十二世紀的遊牧民社會中，已經出現一定程度的社會分化。

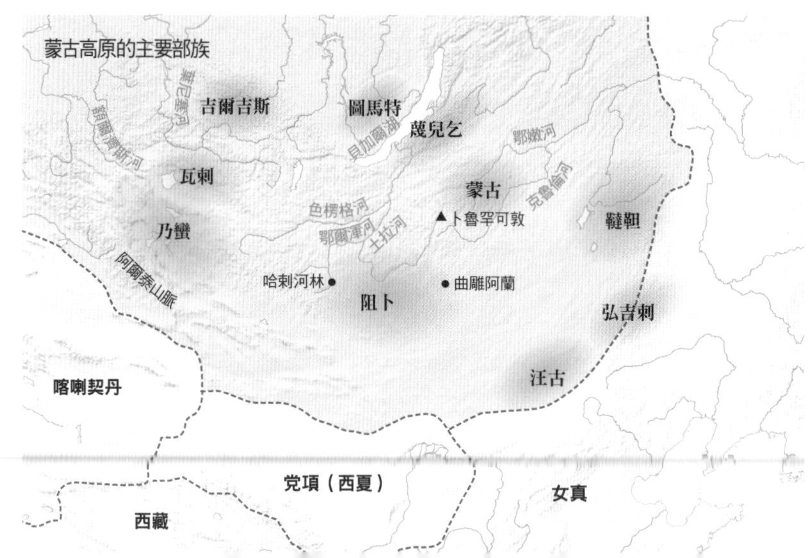

導致這種分化的主要原因，是長期在整片草原上持續著的戰爭，但也有學者提出另外的說法，例如認為是乾燥和寒冷的氣候所導致。但回鶻帝國崩潰後，各集團為了爭奪蒙古草原上的霸權，確實從未停止過激烈的軍事對立。契丹、女真等外部勢力的介入更使得對立局面逐漸惡化，契丹從西元十一世紀初開始，積極地在蒙古草原經營，從興安嶺山脈一路往西建設城牆和軍事基地，甚至延伸到杭愛山脈入口。女真也是巧妙地運用遊牧集團之間的對立，採用「以夷制夷」的策略，阻止任何想要統一草原的勢力。

各遊牧集團間的戰爭漸漸白熱化，這從當時的古墓中出土的武器就可窺知一二：弓箭是遊牧民戰爭中最重要的武器，而在這些古墓中則找到了大量的重型鐵製箭。為了在戰爭中保有優勢，各個集團必須要確保製作武器時最為重要的鐵礦石供應，同時掌握輸入各種武器和物資的渠道也十分重要，因此他們與掌握貿易通路或者居住在重要鐵礦產地附近的集團建立合作，而戰爭手段也隨著這些合作關係而越發激烈。

蒙古的盔甲和武器

成吉思汗統一之前，蒙古遊牧民的戰爭從未停歇，因此武器非常發達，而且形體也越來越大，特別是鐵製弓的尺寸也變大。圖中由內蒙古博物館收藏的鐵簇長8公分。

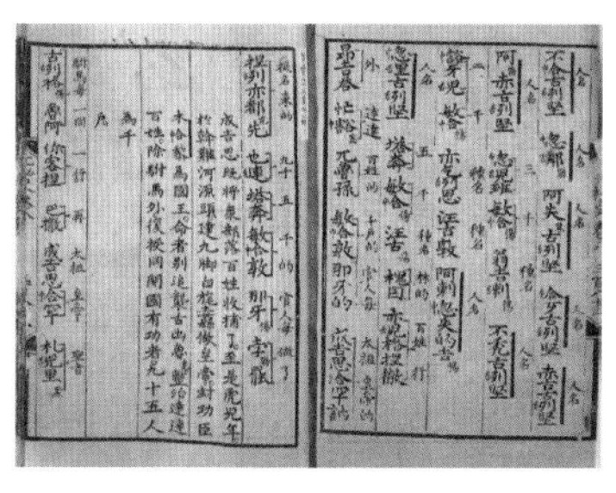

《蒙古秘史》（洪武刊本）

以混和韻文和散文的敘詩文學型態，記載了成吉思汗以及他的祖先的歷史的書，後面的附錄記載有窩闊台統治的情勢。本來以蒙古語撰寫而成的書，現在已經找不到原本，明初時以漢字文體翻譯，以《元朝祕史》的名稱流傳下來。

蒙古帝國出現前的世界

諾夫哥羅德
弗拉基米爾
伏爾加
俄羅斯
波蘭
羅馬帝國
基輔
匈牙利
欽察
拜占庭帝國
黑海
君士坦丁堡
裏海
鹹海
喬治亞
塞爾柱王朝
贊吉王朝
阿拔斯王朝
開羅
紅海
阿拉伯半島
麥加
波斯灣
馬斯喀特
花剌子模王朝
撒馬爾罕
虎思斡耳朵（八剌沙袞）
喀什噶爾
塔里木盆地
喀喇契丹
高昌（吐魯番）
巴爾喀什湖
鄂畢河
葉尼塞河
額爾齊斯河
安加拉河
貝加爾湖
黑龍江
卜魯罕可敦
哈剌和林
蒙古
戈壁沙漠
党項（西夏）
中興府
黃海
女真（金）
上京（會寧府）
北京（大定府）
中都
開京
高麗
日本
京都
洛陽
杭州
長江
南宋
西藏
大理
德里
印度河
恆河

西元1162年～1227年

成吉思汗統一與對外遠征

1162 年
成吉思汗誕生

1206 年
成吉思汗統一蒙古高原

1207 年
黠戛斯附屬蒙古旗下

1208 年
斡亦剌惕附屬蒙古旗下

1209 年
回鶻王國附屬蒙古旗下

1210 年
邦泥定國（西夏）附屬蒙古旗下

1211 年
葛邏祿的阿爾斯蘭汗（東喀喇汗國的可汗）附屬蒙古旗下

1214 年
金向蒙古投降

1220 年
花剌子模國王死於逃亡途中

1225 年
花剌子模王國滅亡

1227 年
成吉思汗逝世

西元一二〇六年，鐵木真在鄂嫩江的發源地舉行了忽里勒台大會，宣布蒙古高原上所有的遊牧民都已經處在自己的統治之下，並自封「成吉思汗」。他的出生年分，可以確定是在西元一一五五年到一一六七年之間，但究竟是哪一年則眾說紛紜，目前蒙古國的正式說法是他於西元一一六二年出生。

鐵木真十幾歲的時候，塔塔兒人毒殺了他的父親也速該，這以後他們一家人便躲在不兒罕合勒敦山上，過著悲慘的生活，但是隨著鐵木真和他弟弟們的成長，狀況逐漸有所好轉。鐵木真和弘吉剌氏特薛禪的女兒孛兒帖結婚後，投奔父親的安答（義兄弟）、克烈氏首領脫里（Toghrul），並成為其家臣，而他也從這時候開始，逐步擊敗各個敵對勢力。在處死自己的義兄弟札木合後，鐵木真和自己的後援者脫里產生衝突，這期間他又戰勝了泰赤烏部、蔑兒乞、韃靼等兀魯思，最後鐵木真順勢擊敗了克烈部和乃蠻部這兩個草原上的大勢力，進而達成蒙古高原的統一。

西元一二〇六年，鐵木真在忽里勒台大會上獲得「成吉思汗」的尊號，並制定了蒙古國家的基本組織和制度。成吉思汗首先將統合起來的各部遊牧民，以「千戶」的新組織單位重新劃分，而忠心於他本人的武將則被任命為千戶長。根據《蒙古祕史》記載，這些牧民總共被編製成九十五個千戶。雖然這種十進位的組織方式由來已久，但蒙古的千戶則是直接效忠君主，屬於高度中央集權的組織結構，這點是與過去非常不同的地方。另外，成吉思汗從千戶長、百戶長、十戶長的子弟中選出一萬人，組成「怯薛」；他也頒布了被稱為「大札撒」（Yehe Zasag）的法令，詳訂關於日常和戰時的行動規範和戒律。總而言之，成吉思汗平定了與自己對立和反抗他的各部遊牧民，並將以嚴格的組織形式和法令規範將他們組成新的騎兵團，跨越了種族和語言的隔閡，並統一以「蒙古」作為這個新集團的自稱。這就是「Yeqe Mong ol Ulus」（大蒙古國）的誕生。

從這時候開始，直到西元一二二七年逝世，成吉思汗

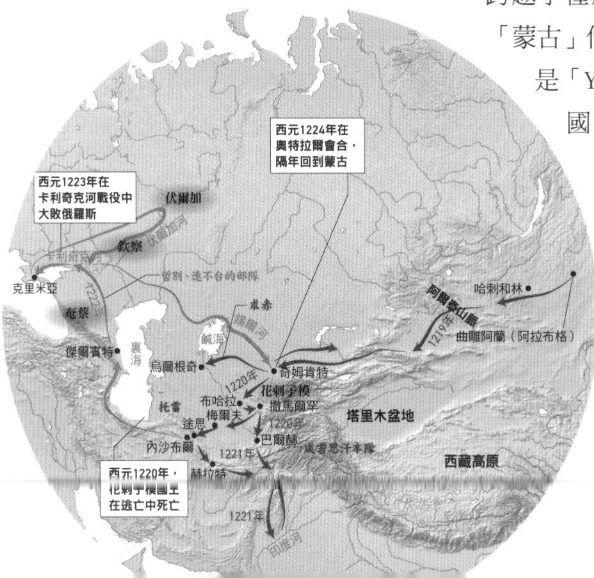

成吉思汗統一和遠征（中亞、西亞部分）

西元1219~21年遠征
西元1222~24年遠征

在這約二十年的時間裡通常都在對外發動遠征。他首先降服了蒙古高原周邊的黠戛斯部（一二〇七年）和斡亦剌惕部（一二〇八年），之後為了追擊逃亡的乃蠻部王子屈出律，派遣軍隊到中亞地區。經過一二〇五年、一二〇七到一二〇八年的三次遠征後，成吉思汗於一二〇九年親自帶兵攻擊党項（西夏），並在同年使其成為附庸國；而在一二一一年，蒙古軍也和女真族建立的金國展開作戰。金的首都中都被包圍之後，雖然在一二一四年接受了蒙古的議和條件，同意與蒙古和親，但是蒙古軍撤退之後，金人在這年夏天將首都遷到黃河以南的開封。因此，蒙古軍再度南下，重新與金開戰，並占領了黃河以北的區域。

另一方面，蒙古派遣到花剌子模的使臣，在一二一八年時，於錫爾河下游的訛答剌遭到當地士兵殺害，這成為成吉思汗遠征西方的契機。從一二一九年到一二二五年，這七年的戰爭使新興大國花剌子模走向滅亡，中亞和西亞各地一度繁榮的城市變得荒廢，居民也遭到屠殺。伊斯蘭的史料中，可能誇大了遭到屠殺的總人數，但不能否認蒙古軍當時帶來的破壞確實非常嚴重。

成吉思汗西征回國後，於一二二七年再次對党項發動遠征，但他在行軍途中逝世。儘管無法確定成吉思汗是不是從一開始就已經懷有征服世界的抱負，但他遠征的結果是，北中國地區和中亞的農耕地區都納入其統治，而他建立的蒙古國家也漸漸轉變為世界帝國，並在半個世紀後，成為有史以來領土最大的陸地帝國。

成吉思汗石碑和拓片

成吉思汗從西方遠征回國後，舉辦了射箭大賽，他的姪子也松格在比賽中取得優勝，因而立此碑紀念。這是使用回鶻文字的蒙古帝國時代的資料，推測為西元1225年所立。這個石碑被發現於外貝加爾山脈，現收藏於隱士廬博物館。上面刻的文字內容如下：「成吉思汗征服了西域的人，大蒙古國全體將領聚會之時，也松格射出了三百三十五『Alda』（約合530公尺）遠的箭。」此碑文也是記錄了當時蒙古人使用的複合弓射程的資料。

成吉思汗統一和遠征（斡亦剌惕、党項、女真部分）

遠征瓦剌
遠征党項
西元1211年
西元1212年 女真遠征
西元1213~14年

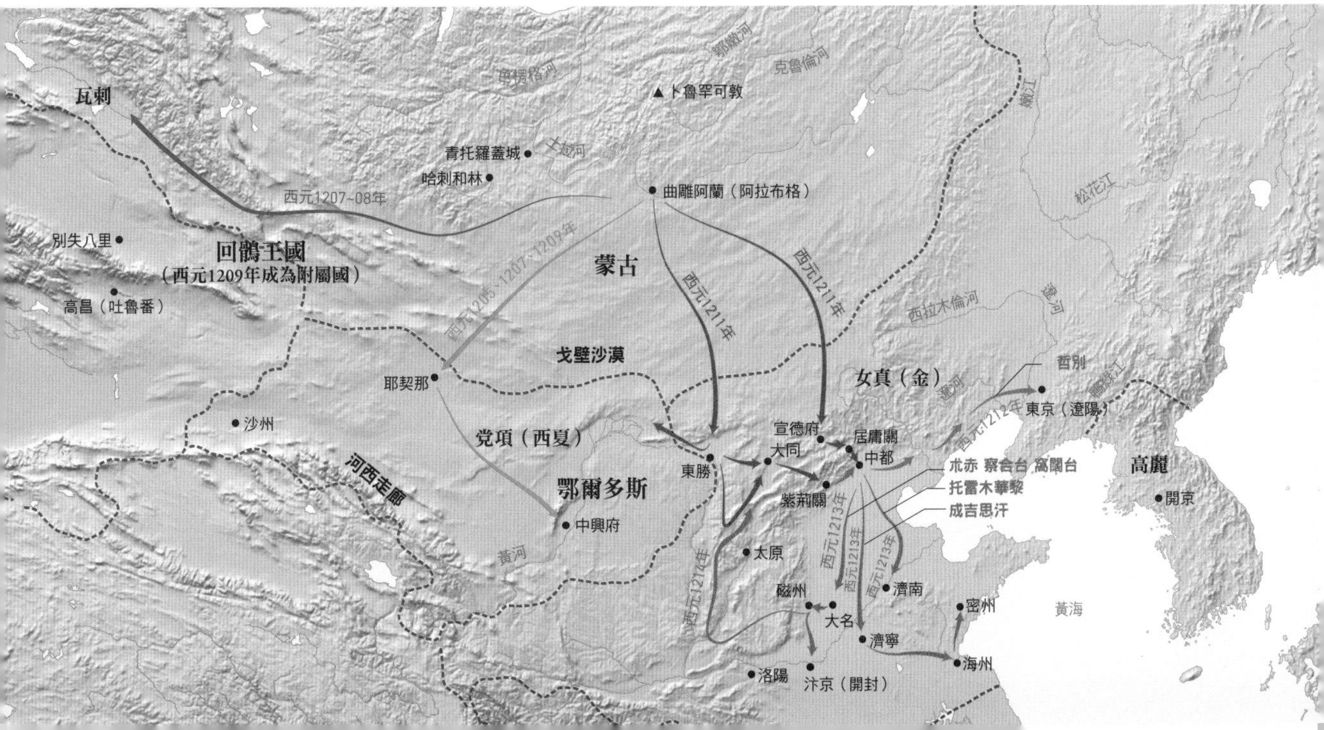

瓦剌
色楞格河
鄂嫩河
克魯倫河
▲卜魯罕可敦
土拉河
青托羅蓋城
哈剌和林
曲雕阿蘭（阿拉布格）
西元1207~08年
別失八里
回鶻王國
（西元1209年成為附屬國）
高昌（吐魯番）
蒙古
西元1205、1207、1209年
西元1211年
西元1211年
嫩江
松花江
西拉木倫河
遼河
戈壁沙漠
女真（金）
耶契那
沙州
党項（西夏）
鄂爾多斯
河西走廊
中興府
黃河
東勝
宣德府
大同
居庸關
中都
紫荊關
朮赤 察合台 窩闊台
托雷木華黎
成吉思汗
咸平
東京（遼陽）
西元1212年
鴨綠江
高麗
開京
太原
西元1213年
西元1213年
西元1214年
磁州
大名
濟南
濟寧
密州
黃海
海州
洛陽
汴京（開封）

西元1206年～1279年

征服世界之戰

1206 年
成吉思汗統一蒙古高原

1214 年
金向蒙古投降

1227 年
成吉思汗逝世

1229 年
窩闊台汗即位

1231 年
窩闊台汗送國書到高麗

1258 年
阿拔斯王朝的巴格達淪陷

1259 年
蒙哥汗逝世

1260 年
旭烈兀敗給馬木路克軍隊

1276 年
蒙古軍攻入南宋首都杭州

1279 年
南宋滅亡

成吉思汗從西元一二〇六年統一蒙古草原起，便開始發動對外遠征，但他這樣做並非是為了擴張領土。例如西元一二一四年，金國同意和親後他馬上從中都撤兵，以及在結束對花剌子模的遠征後，他也跟著軍隊一起回到蒙古草原。成吉思汗的遠征，與歷代遊牧國家經常使用的戰略沒有太太差別，也就是透過軍事實力，締結和親關係、確保足夠的物資輸入。但是，金人其後遷都開封，放棄了黃河以北的區域，而花剌子模國王在逃亡途中被殺害，導致國家滅亡。這些事件，使得一部分中國北部地區和中亞被納入成吉思汗的統治之下。

因此，成吉思汗死後，後繼者們發動遠征的目的，不再是基於單純的政治或軍事考慮，而是想要征服和擴展疆土。西元一二三一年窩闊台即位，他在寄送到高麗的國書中，清楚地表明了這個意圖。國書中威脅道，蒙古軍是接受上天指示而出征的軍隊，反抗的國家或個人終將遭到滅亡，同時要求高麗國王親自前往蒙古，向他投降。之後成為可汗的貴由、蒙哥，在送給教皇和法國國王的書信中，也都宣示了同樣的內容。

成吉思汗逝世後，蒙古的征服世界之戰陸續進行了半個世紀，時間從西元一二二九年第二代可汗窩闊台即位起，直到西元一二七九年第五代可汗忽必烈攻滅南宋為止。蒙古軍的征戰方式不是先滅掉一個國家，然後才往它的鄰近國家前進，而是同時對多個區域發動攻擊，這點非常的特別。窩闊台一方面和金國進行戰爭，同時也派出由拔都和貴由率領的遠征軍西進，收服烏拉山以西的伏爾加保加爾人和欽察人，並繼續向俄羅斯和東歐各國前進；另外，窩闊台派遣綽兒馬罕軍攻略西亞、撒里台軍前往高麗。在窩闊台之後繼位的貴由，甚至親自帶兵西征，但他在遠征的途中死亡。

第四代可汗蒙哥一方面和南宋交戰，同時為了剷除西亞的哈里發政權以及有著「阿薩辛」（意為「暗殺者」）惡名的什葉派勢力，派遣旭烈兀帶兵遠征。旭烈兀在西元一二五八年，攻陷阿拔斯王朝的首都巴格達，並成功破壞了什葉派的要塞，但他在西元一二六〇年，於巴勒斯坦的阿音札魯特敗給了埃及的馬木路克軍隊。

西元一二五九年夏天，蒙哥在遠征南宋的途中，於四川逝世，忽必烈歷

巴格達淪陷

描繪西元1258年初，蒙古軍包圍並攻擊巴格達的場景的插畫，可以看到城牆外圍設有投石器，鳴鐵鼓進行攻擊的場面。護城河上設置浮橋，並有船載著逃跑的阿拉伯貴族、官員。推測為14世紀初所著的《史集》中的插畫。

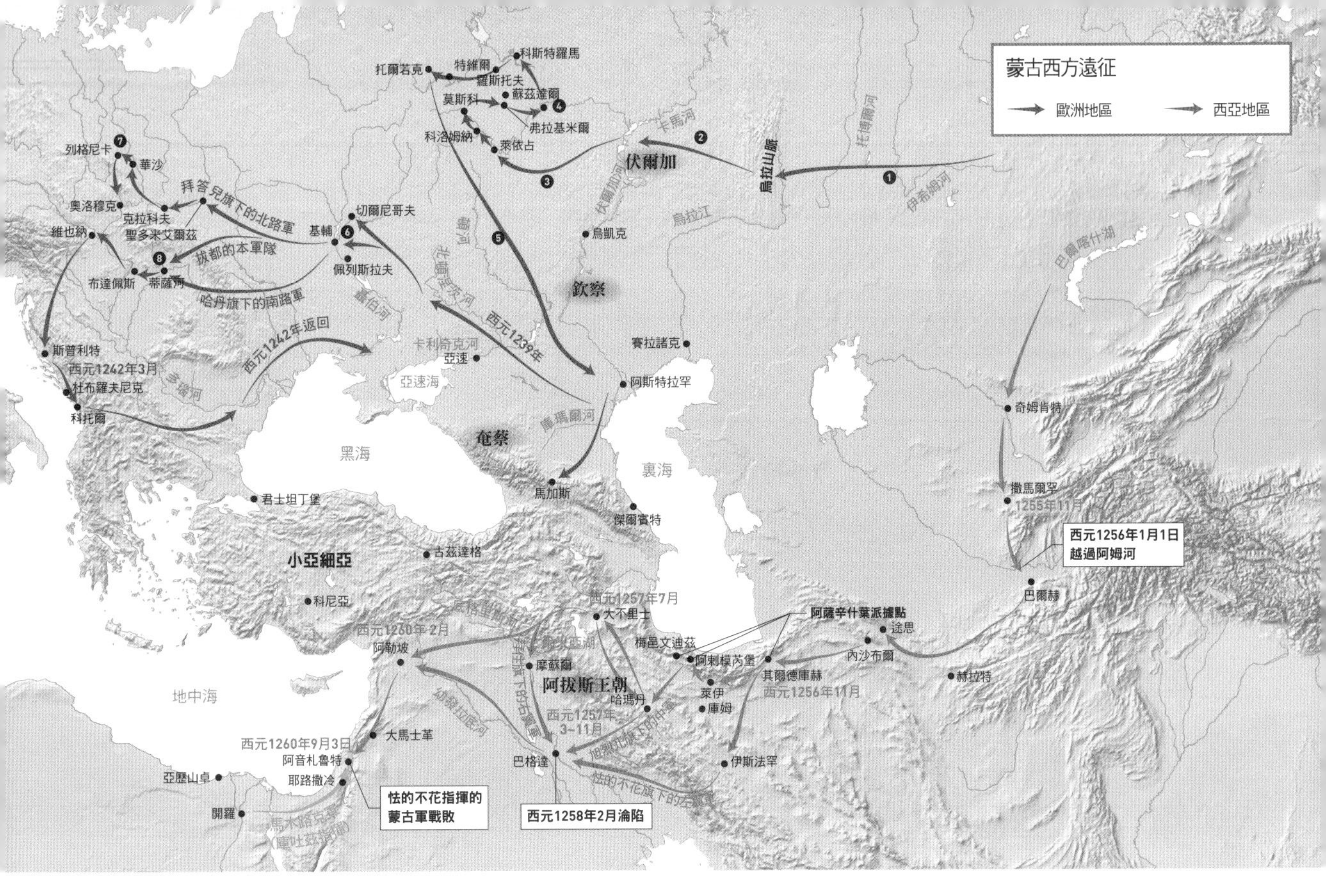

制弟弟阿里不哥成為第五代可汗。西元一二七三年，攻陷襄陽和樊城的蒙古軍降伏了由呂文煥指揮的南宋軍，之後順著長江而下，在一二七六年以優勢武力攻入南宋首都臨安（杭州）。

蒙古的征服世界之戰至此結束，並因此而建立歷史上疆域最廣的陸上帝國，國土面積約為兩千四百萬平方公里，是今日美國國土面積的三倍之大。總人口不到一百萬的蒙古人，到底是如何達到這個成果？答案之一就是機動性極高的優秀騎兵部隊。

跟過去的遊牧軍隊不同，蒙古的軍隊紀律嚴格，並培養對君主本人的絕對忠誠心，因此訓練出精銳的士兵。但是只靠著騎兵隊，沒辦法統治定居民的都市與城鎮，因此蒙古人將征服地居民的技術、人力和財力盡可能善加運用，以便同時熟練攻城戰和防禦戰的配置。除了軍事上的優勢之外，成吉思汗建立的國家基本制度，例如千戶制、怯薛軍、大扎撒等中央集權體制，對內確立起領導階層的權力。另外，成吉思汗的繼承者們大都具有優秀的領導能力，這也是蒙古人能夠被成功組織起來，對外征戰長達數個世代之久的原動力。

❶1236年春天，「長子西征」開始出戰。
❷1236年秋天，以朮赤氏為首的各族宗王軍隊會合。
❸1237年12月底，梁贊淪陷。
❹1238年3月4日，西蒂河戰役。（伏拉迪米爾大公國，尤里大親王戰死）
❺1238年夏天，蒙古軍南下休養。
❻1240年7月6日，基輔淪陷。
❼1241年4月9日，列格尼卡戰役。（日爾曼、波蘭聯軍戰敗）
❽1241年4月11日，蒂薩河之戰。（匈牙利國王敗逃）

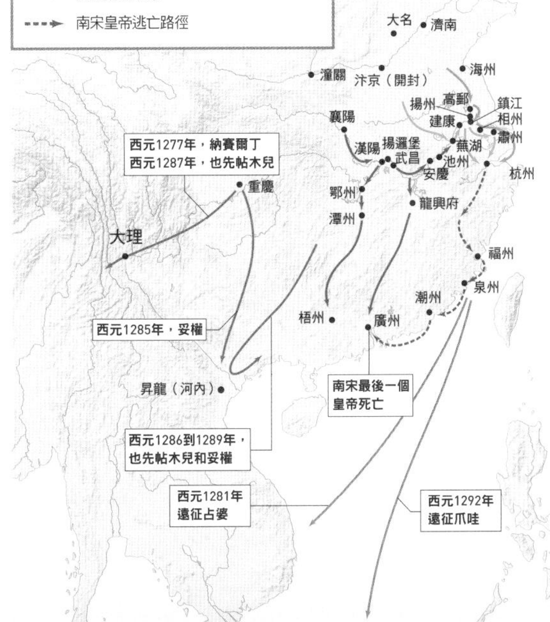

拖雷家族掌權

1227 年
成吉思汗逝世

1229 年
窩闊台汗即位

1241 年
窩闊台汗逝世

1246 年
貴由汗即位

1247 年
貴由汗發動西方遠征

1248 年
貴由汗逝世

1251 年
蒙哥汗即位，肅清察合台和窩闊台家族

1259 年
蒙哥汗逝世

成吉思汗生前指名他的第三個兒子窩闊台為後繼者，但在他逝世的同時，末子拖雷按照蒙古習俗成為地位特殊的「Otchigin」（斡赤斤，意為看守爐灶的人），因此也是下任可汗的有力候補。拖雷繼位一事原本指日可待，然而，父親成吉思汗的遺願讓他心裡有些疙瘩，因此他延遲忽里勒台大會的召開，而在西元一二二九年兄長窩闊台即位之後，兩人關係的惡化在所難免。儘管史料中對拖雷的死亡有所掩飾，說他是為了窩闊台獻出性命，但另一種說法也就是毒殺的可能性其實相當高。拖雷死後，原本隸屬於他的三個千戶皆被窩闊台沒收，甚至他的遺孀唆魯禾帖尼也幾乎被強迫再嫁給貴由，這些處置都說明了拖雷的死因並非史料所說的那麼簡單。

西元一二四一年窩闊台逝世後，關於下任可汗的人選同樣產生了混亂，但在窩闊台遺孀乃馬真的積極介入和干涉之下，五年後忽里勒台決定由窩闊台長男貴由即可汗位。然而，在不久後的一二四八年春天，貴由於遠征途中遭到殺害，因此汗位繼承一事再度陷入膠著狀態。當時朮赤家族的代表人拔都已經結束對俄羅斯的遠征，雖然他仍在欽察草原，但是他手上有著強大的遠征軍兵力，同時也保有在成吉思汗家族當中基於「Aqa」（長者）身分而擁有的優先發言權；由於先前拔都跟貴由有過激烈的爭執，因此他支持拖雷的兒子蒙哥，而非窩闊台家族所推舉的繼位人選。而在這段期間默不作聲，同時悄悄地在蒙古貴族之間散播謠言的拖雷遺孀唆魯禾帖

拖雷家族的政變

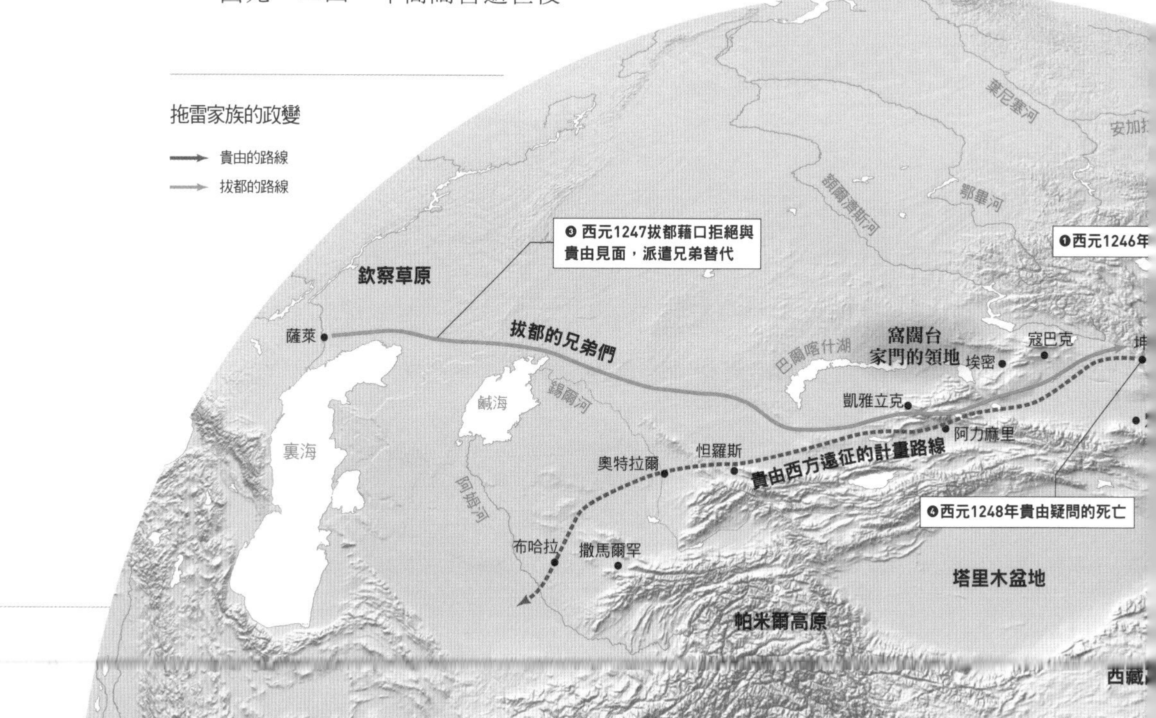

尼，也發揮了她的影響力。

窩闊台家族一度企圖用成吉思汗的遺願反抗，但最後仍屈服於拔都的軍事威脅，被迫接受蒙哥即位的結果。因此，他們計畫在蒙哥登基當天除去所有政敵，但這個計畫在執行前被洩露，包括窩闊台家族、從旁協助的察合台家族領導人和普通軍官在內的許多人都被處以死刑，貴由遺孀斡兀立海迷失也是被處決者的其中一人。

蒙哥即位是朮赤和拖雷兩大家族勢力聯合主導的政變，但是拖雷家族畢竟違反了成吉思汗的遺願，屠殺隸屬於「Altan Urugh」（黃金家族）的親族、功臣和將軍，這個標籤是無法擺脫的。為了鞏固政權、使自己的統治正當化，蒙哥必須採取應對措施，因此他首先任命窩闊台、察合台兩家族的領導者，擔任帝國中的主要軍事職位，而在遠征南宋的軍隊中，由蒙哥和其弟忽必烈共同領軍；西亞遠征時蒙哥則和朮赤以及另一個弟弟旭烈兀分享指揮權。

為了在理論上證成拖雷家族得以掌權，「末子繼承制度」被特別加以強調，例如曾擔任旭烈兀幕僚的波斯史學家志費尼（Ata-Malik Juvaini），在他的著作《世界征服者史》中寫道，由於蒙古人的習俗是末子繼承父親所有的財產和權位，因此成吉思汗一度猶豫到底是讓窩闊台還是讓拖雷繼位。此外，《蒙古祕史》也描述說，雖然成吉思汗說過可汗之位只能傳給窩闊台家族，但是該家族後來沒有任何適任人選，因此從其他家族推舉繼承人也不失為一種補正方法。至於拉施德丁的《史集》中，則提到成吉思汗逝世時所留下的軍隊共有一百二十九個千戶，其中的一百零一個千戶隸屬於拖雷之下，而出征伊朗地區後返回蒙古的軍隊，也由拖雷家族所指揮。這些描述，反映了拉施德丁希望論證得出他的君主合贊汗（旭烈兀曾孫），基於這些歷史原因而具備統治正當性。

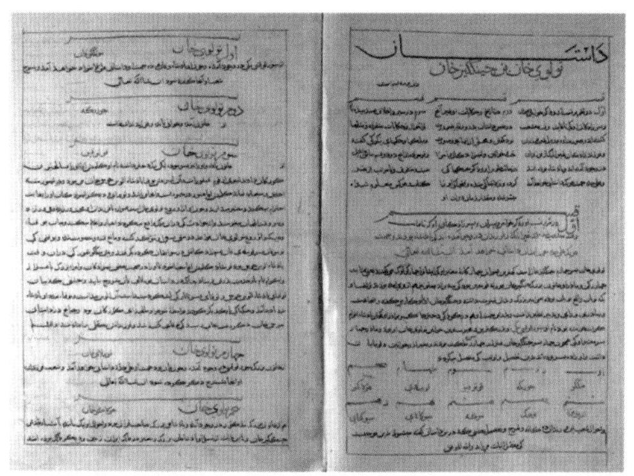

拖雷和他的子孫們

拉施德丁的《史集》中，有記錄拖雷和他的子孫們的內容。目前收藏於伊斯坦堡托普卡匹皇宮博物館中。Revan Köskü 1518，175v-176r.

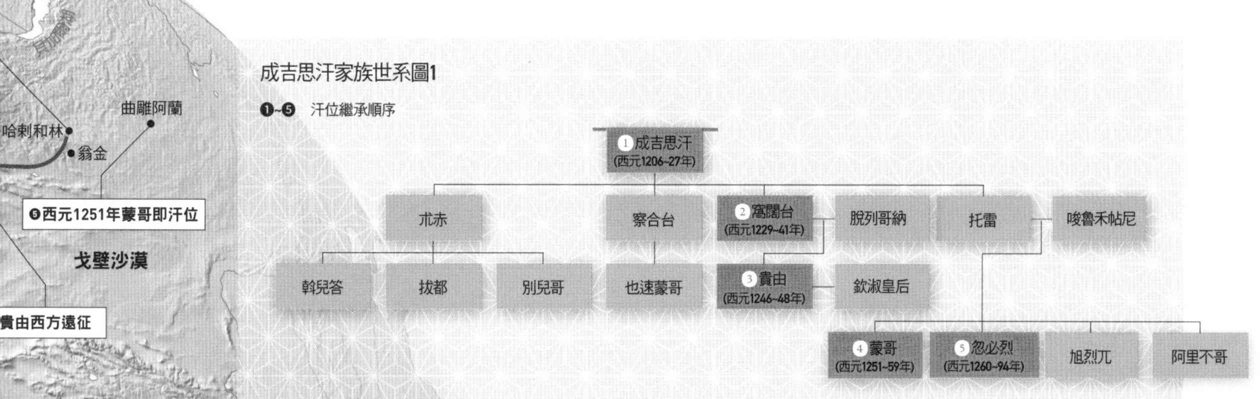

西元1259年～1264年

忽必烈集權

1259年7月
蒙哥汗在釣魚山逝世

1260年4月
忽必烈在開平被選為可汗

1260年5月
阿里不哥在哈剌和林附近被選為可汗

1260年8月
忽必烈開始攻打阿里不哥

1260年夏天
忽必烈攻入哈剌和林

1261年
阿里不哥奪回哈剌和林

1261年11月
錫木台之戰

1261年冬天
兩軍於錫木台不分勝負

1264年
阿里不哥投降

西元一二五九年，蒙哥汗突然在四川釣魚山逝世，再次激起繼位者人選之爭，而這次是在蒙哥的兩個弟弟，忽必烈和阿里不哥兩個人之間的競爭。當時忽必烈正帶領遠征軍越過淮水進攻南宋，而阿里不哥則留在帝國首都哈剌和林，總管軍隊後勤。兩個人的鬥爭，一度被看作是堅持以遊牧生活為主的保守派，和改為定居生活的漢地派之間的權力鬥爭，但這套理論與現實相差甚遠。忽必烈確實跟漢人學者或官僚有所接觸，而在他和阿里不哥爭權的過程中，北中國的人力、物力也成為他的主要資本，但憑此斷定忽必烈是「深受漢文化影響的定居派」則並不妥當。

另外，一直以來用「阿里不哥的反叛」來形容這場兩大勢力之間的爭鬥，同樣不符合當時的情境。忽必烈在聽到蒙哥死亡的消息後，馬上取消對南宋的遠征掉頭北上，於西元一二六〇年四月在今天的內蒙古開平，匆忙召集追隨自己的人組成忽里勒台大會，並登上可汗之位；而阿里不哥聽到這個消息後，在同年五月於哈剌和林附近，召開了另一個推舉他為可汗的忽里勒台大會。因此從法理來說，忽必烈是最先犯規的那個人，然而關於誰才是「正統繼承人」這一點，只能透過軍事對決得到答案。

阿里不哥的銀幣

金帳汗國領域內的伏爾加保加利亞地區鑄造的阿里不哥的銀幣。正面刻有「Arigh Buka Qan Azam」（偉大的可汗阿里不哥），背面刻有「Darb Bulghar」（鑄於伏爾加保加利亞）。此銀幣是由阿里不哥在和忽必烈爭奪可汗之位時，支持他的金帳汗國君主別兒哥所鑄。

最終的勝利者是忽必烈，但他是怎麼打敗阿里不哥的呢？其中一種理解是，統治漢地的忽必烈手上可運用的人力和物資非常豐富，因此最後得以勝利。最近的研究指出，雙方最後以一場大會戰作為總對決，值得注目的是這場戰役屬於草原上的騎兵戰，而之前和忽必烈一起遠征南宋的五大部族以及東方三王家的軍隊，這些蒙古當時最精銳的騎兵隊成為了忽必烈攻擊阿里不哥的主力。雖然這個說法大致正確，但是也不能忽略阿里不哥並未馬上屈服於忽必烈這一點，即便忽必烈在西元一二六〇年夏天親自帶兵攻入哈剌和林，但是卻沒有抓到阿里不哥；而阿里不哥則在翌年秋天展開反擊，奪回哈剌和林，而到了臨冬之際的一二六一年十一月，雙方在蒙古高原南部的錫木台（Shimultai）、中國史書所說的「昔木土腦兒」展開激烈的決戰，最終兩軍不分勝負。這以後，雙方在兩年半的時間內沒再發生大的衝突。

而到了西元一二六四年，阿里不哥卻突然投降，這到底是怎麼一回事呢？原來，成吉思汗家族中支持他的勢力陸

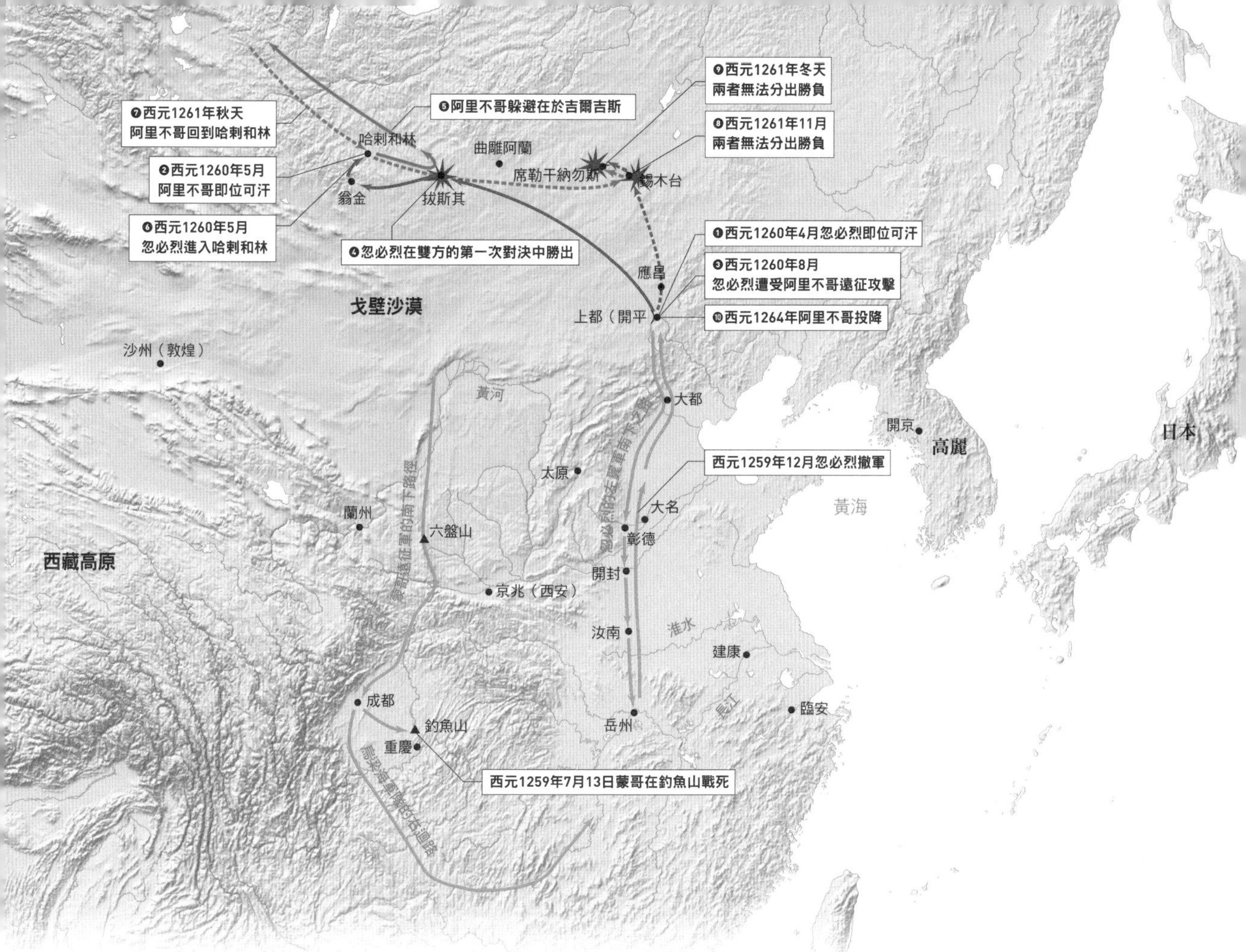

❼西元1261年秋天
阿里不哥回到哈剌和林
❺阿里不哥躲避在於吉爾吉斯
❾西元1261年冬天
兩者無法分出勝負
❽西元1261年11月
兩者無法分出勝負
❷西元1260年5月
阿里不哥即位可汗
❻西元1260年5月
忽必烈進入哈剌和林
❹忽必烈在雙方的第一次對決中勝出
❶西元1260年4月忽必烈即位可汗
❸西元1260年8月
忽必烈遭受阿里不哥遠征攻擊
❿西元1264年阿里不哥投降
西元1259年12月忽必烈撤軍
西元1259年7月13日蒙哥在釣魚山戰死

哈剌和林
曲雕阿蘭
席勒干納勿斯
錫木台
翁金
拔斯其
應昌
上都（開平）
戈壁沙漠
沙州（敦煌）
黃河
大都
開京
高麗
日本
太原
黃海
蘭州
六盤山
大名
彰德
西藏高原
開封
京兆（西安）
汝南
淮水
建康
成都
臨安
長江
釣魚山
重慶
岳州
蒙哥遠征軍的南下路徑
忽必烈的左翼軍南下之路

忽必烈和阿里不哥的對決

第一次對決 ⟶ 忽必烈 ⇢ 阿里不哥
第二次對決 ⟶ 忽必烈 ⇢ 阿里不哥
⟶ 忽必烈遠征南宋

續倒戈，而他的陣營內部也陷入紛爭。

這場繼位紛爭剛開始的時候，以別兒哥為代表、統治欽察草原的朮赤家族積極支持阿里不哥繼位，甚至在當地發行的貨幣印上他的名字，至於中亞方面，由阿魯忽掌權的察合台家族同樣推崇阿里不哥，而西亞的旭烈兀則採取觀望態度。這一局面在西元一二六一年末的戰爭後出現了變化：別兒哥的立場不變，但是阿魯忽和旭烈兀轉為支持忽必烈。阿里不哥為了重新獲得阿魯忽的支持而東奔西走，並在這個過程中失去了其他追隨者。阿魯忽和旭烈兀之所以變節，是因為忽必烈賦予他們對中亞和西亞的管轄權，承認他們是統治著兀魯思的獨立君主。旭烈兀是由蒙哥任命的人，而阿魯忽則是由阿里不哥任命的人，因此忽必烈承認他們的政治地位，等於是透過把原來由可汗本人掌握的單一統治權，分給阿魯忽和旭烈兀，以確保自己取得可汗的位置。

狩獵中的忽必烈

元畫家劉貫道所畫的《元世祖出獵圖》中的一部分，描繪出忽必烈和他的夫人察必皇后，以及幫忽必烈提箭的衛兵的樣貌。忽必烈每年正月會到大都（北京）附近打獵，二月會從大都往東南方移動到約四十五里外的郭州，也就是柳林進行打獵活動。

西元1265年～1286年

激烈的內鬥

1265 年
忽必烈封兒子那木罕為北平王，命令他在蒙古高原西北部駐屯

1269 年春天
怛羅斯忽里勒台大會召開

1269 ～ 1270 年
八剌入侵大呼羅珊，在赫拉特之戰中敗北

1271 年
八剌逝世，海都掌控中亞霸權

1271 年
那木罕進駐阿力麻里

1276 年
昔里吉叛亂

1282 年
昔里吉向忽必烈投降，叛亂終結

1285 ～ 1286 年
海都和篤哇的聯軍攻陷哈剌火州（吐魯番）和別失八里

成吉思汗家族內部的權力鬥爭，並沒有隨著忽必烈的掌權而結束。窩闊台和察合台兩個家族反對拖雷家族得勢，而蒙哥掌權之後對他們發動血腥肅清，兩大家族的怨憤並非一時半刻可以平息的，而拖雷家族內部也不是團結一致，例如蒙哥的兒子們和阿里不哥對於忽必烈的即位就心生不滿。在這些不滿分子當中，第一個舉旗反抗忽必烈的是察合台的後裔八剌，阿魯忽死後，忽必烈為了掌控察合台兀魯思而任命八剌，但不久八剌就開始走上自己的道路。

除了察合台家族之外，當時的中亞還有兩大勢力，這就是以海都為首領的窩闊台家族與忙哥帖木兒主導的朮赤家族。西元一二六九年的春天，八剌、海都和忙哥帖木兒在怛羅斯舉行忽里勒台大會，就河中一帶定居區域的支配權而展開討論，結果是八剌取得三分之二的勢力範圍，剩下的部分屬於海都和忙哥帖木兒，而蒙古遊牧民在定居地區的掠奪行為也受到節制。但是八剌並不滿意勢力分配，在西元一二六九到一二七〇年間進攻旭烈兀兀魯思統治的大呼羅珊地區，卻因為一同遠征的海都軍隊提前撤退，導致八剌在與阿八哈汗交戰時敗北。八剌歸國後，在一二七一年逝世，而中亞的霸權也落入海都手中。

在怛羅斯舉行的忽里勒台大會自行集結了各兀魯思的君主，並在決議時將忽必烈排除在外，這等於是挑戰忽必烈作為可汗對於中央歐亞的整個定居區域的管轄權。因此，忽必烈在一二六五年任命兒子那木罕為北平王，負責鎮守蒙古高原西北部；一二七〇年派出五部斷事官，負責駐守葉尼塞河流域。因為海都的勢力逐漸強大，忽必烈在一二七一年下令那木罕進駐阿力麻里，並在一二七五年派遣名將木華黎的後裔安童輔佐那木罕。

然而，由於一二七六年爆發的昔里吉叛亂，局勢往著無法預料的方向發展。平常就對忽必烈有諸多不滿的拖雷家族首領們，推舉蒙哥的兒子昔里吉為可汗，他們抓住那木罕並送往朮赤兀魯思，把捉到的安童獻給海都，以換取這兩大家族的支持。雖然昔里吉後來在一二八二年向忽必烈投降，整場叛亂以失敗告終，但是大元兀魯思的西北方防線也因此瓦解，特別是在一二八五到

阿力麻里城牆

忽必烈為了壓制海都的勢力，將兒子那木罕和大臣安童派往位於伊犁河的阿力麻里駐守，此為當地的要塞。但是那木罕因為昔里吉的叛亂被監禁，這個地區也被納入海都的領域內，日後成為篤哇統治下的察合台兀魯思都邑。現在新疆維吾爾自治區的伊犁哈薩克自治州的霍城一帶，可以看到當時建築的城牆遺址。

一二八六年之間，海都和篤哇（八剌之子）的聯軍攻陷東突厥斯坦的吐魯番和別失八里，這個事件對大元兀魯思的打擊非常大。因此，以亦都護紐林的斤為首的高昌回鶻統治階層，陸續移居到甘肅地區的永昌附近，而忽必烈也在一二八八年下令駐守西域工匠們撤離，因此這一帶的霸權也落入海都手中。

此後海都強化自己對於察合台家族的掌控權，雖然附庸於海都之下的篤哇沒有太大的不滿，但是阿魯忽的兩個兒子合班和出班並不是這樣想，他們在一二七七年左右一同投奔忽必烈，因而被賞賜位於肅州、沙州、瓜州等河西走廊區域的牧地，並負責防守大元兀魯思的西北邊境，與海都和篤哇分庭抗禮。

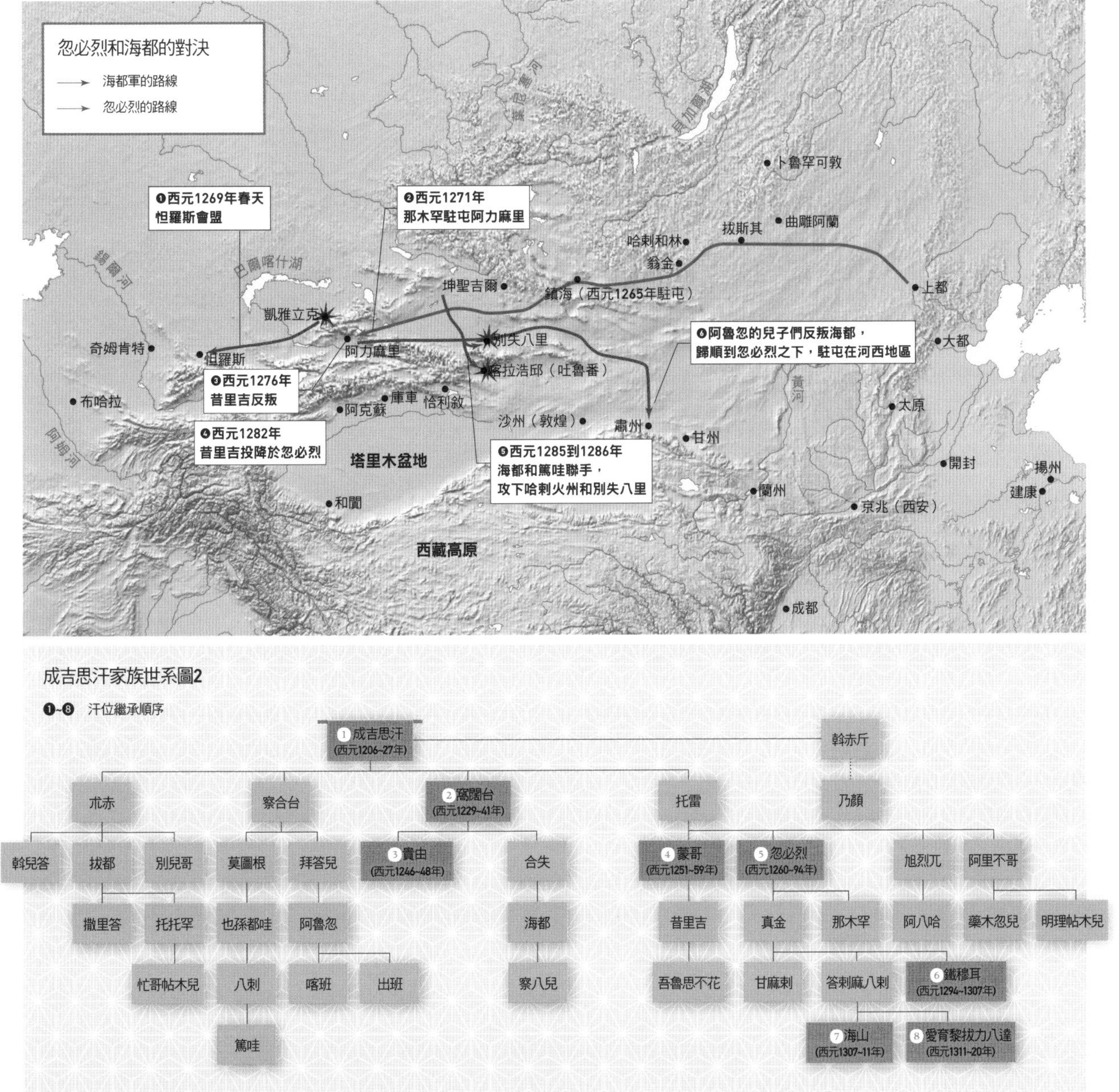

西元1285年～1310年

內亂的結束與大團結

1285 年
忽必烈設立遼陽行省

1287 年
乃顏發動叛亂，但失敗

1289 年
忽必烈派甘麻剌進駐哈剌和林

1290～1293 年
忽必烈和海都在哈剌和林展開攻防戰

1294 年
忽必烈逝世，鐵穆耳汗繼位

1301 年
海山迎擊往阿爾泰南部進攻的海都、篤哇聯軍
海都死亡

1303 年
篤哇和察八兒向鐵穆耳汗提議講和

1310 年
察八兒投奔大元兀魯思

中亞蒙古首領們的叛亂，並沒有在忽必烈的有生之年終結。西元一二八七年，乃顏舉旗反叛，情況越發不樂觀。乃顏是大元兀魯思左翼（東部）的統治者，在忽必烈對日本發起遠征的時候，乃顏在自己領地內部加緊徵集人力和物資，並於一二八六年反對遼陽行省的設立。感受到危機來襲的忽必烈，儘管已經是七十三歲的高齡，仍然在一二八七年的春天，不顧因痛風而疼痛的膝蓋，親自帶兵奇襲乃顏。

另一方面，海都在中亞的勢力依然相當穩固，西元一二八九年，忽必烈派遣真金的長子甘麻剌，代替那木罕駐守哈剌和林。然而，甘麻剌的軍隊在杭愛山被擊敗，因此海都攻陷了哈剌和林。失去蒙古帝國政權象徵地的忽必烈，再次於一二八九年夏天帶兵親征，而這次海都自行撤退。一二九一年，甘麻剌被任命為北平王，負責守衛杭愛山地的東部；而真金的另一個兒子鐵穆耳則被派往杭愛山地的西部。

忽必烈於一二九四年逝世，此後由伯顏支持的鐵穆耳即位。儘管長期駐紮在西北部草原，但鐵穆耳非常瞭解蒙古帝國的整體局勢，因此中斷了對日本和東南亞的遠征，將兵力集中在蒙古草原的西北部。鐵穆耳把哈剌和林交給大哥甘麻剌的兒子也孫鐵木兒，而西部的阿爾泰山地就交給二哥答剌麻八剌的兒子海山，而鐵穆耳的戰略也隨之而展開。一二九六年，阿里不哥的長子明里帖木兒，與昔里吉的兒子兀魯思不花，在歸順海都數年之後，又向鐵穆耳的部下、札剌亦兒部的脫脫投降。一二九八年，欽察系的將軍床兀兒開始嶄露頭角，鼓舞了該部士氣而恢復戰勢，接著海山在

乃顏的叛亂和哈剌和林的攻防戰

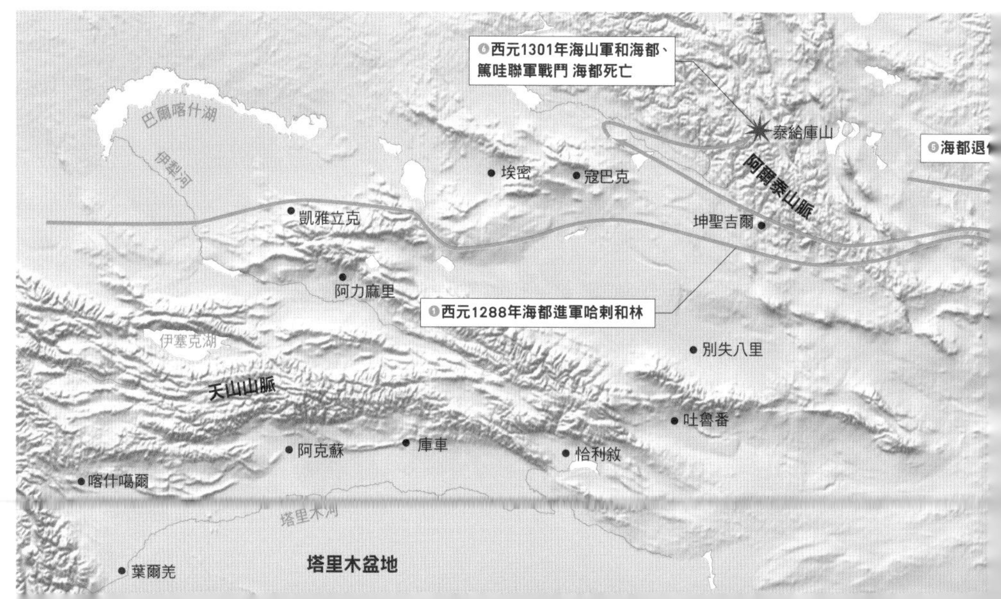

一三〇一年帶著軍隊，和海都、篤哇的聯軍在阿爾泰山地的南部展開大戰，雖然最後雙方沒有分出勝負，但海都因為受傷而撤退，並在不久後去世。

海都死後，繼承中亞霸主之位的是察合台家族的篤哇，他長期退居第二位、輔佐海都，現在反而客占主位，凌駕於窩闊台家族之上。篤哇任命海都的兒子察八兒為窩闊台家族的首領，但隨後察八兒和他的兄弟們發生激烈的內鬨。另一方面，篤哇和察八兒在一三〇三年，向鐵穆耳派遣使臣，願意從屬於他之下，以換取雙方和平共處。鐵穆耳在平定蒙古帝國的內部紛爭後，派遣使臣到伊兒汗國拜見完者都汗。目前在法國巴黎國立圖書館中，收藏有完者都汗寄送給腓力四世的書信，信中強調成吉思汗家族結束了過去四十五年的內亂，草原上的和平得以恢復。這裡的「四十五年」是從蒙哥死後的一二五九年起計算，到一三〇四年為止。爾後，不只是和篤哇對立的海都諸子，甚至察八兒本人也投奔大元兀魯思，由海都確立的、窩闊台家族在中亞的霸權也正式瓦解。

作為和大元兀魯思對立的勢力，海都抑制了大元兀魯思將軍事勢力擴展到其他區域的程度，取而代之的是精銳的軍力大多集中在蒙古草原上，因此西北軍團在大元兀魯思的繼位紛爭中占有極大的優勢。無論是忽必烈死後即位的鐵穆耳，還是在鐵穆耳之後繼位的海山，兩人都是因為得到西北軍團的支援，才得以登上可汗之位。

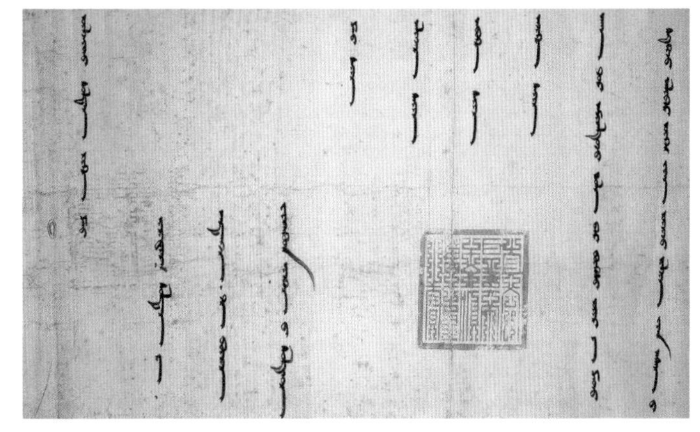

完者都汗的信（部分）

這是支配西亞的旭烈兀兀魯思的君主完者都汗，在西元1305年送給法國的腓力四世的回鶻體蒙文書信。信中強調，在海都死後，東西方終於達到和平共識，並也註明希望和法國結為同盟。紅色的四方形印章中，寫有「真命皇帝天順萬夷之寶」的內容，字體為九疊篆。

西元1260年～1310年

蒙古帝國的統合與延續

1260 年
忽必烈即位

1264 年
阿里不哥向忽必烈投降

1260 ～ 1270 年代
旭烈兀誕生

1271 年
忽必烈頒布國號「大元」

1276 年
蒙古軍攻入南宋首都杭州

1279 年
南宋滅亡

1287 年
乃顏叛亂

1294 年
忽必烈逝世

1301 年
海都逝世

1310 年
察八兒投降於大元兀魯思

西元一二六〇年左右，由於忽必烈的即位和集權而引發一連串的事件，因此蒙古帝國的統治體制產生變化，從統一的帝國分裂為四個政權、也就是所謂的「汗國」（Khanate）。

但是這個分析角度，並無法正確地反映出當時的歷史情勢，因為蒙古帝國或者「大蒙古國」這個龐大政治體，是由隸屬於成吉思汗家族旗下的眾多兀魯思組成，而這種由各個小兀魯思聯合而形成的「兀魯思體制」，一直延續到西元十四世紀蒙古帝國崩解為止，只是隨著時間的推移，兀魯思之間的關係也隨之發生變化；而事實上，儘管這四個大兀魯思最終導致了蒙古帝國的瓦解，但無論是這些大兀魯思的領導者或者他們旗下的蒙古人，都依舊認定自己屬於蒙古帝國這個政治體。因此，將忽必烈之後蒙古帝國看作四個獨立的國家，是對真實歷史的一種非常危險的曲解。

因為外部征戰成功而擴張領土，以及各汗國之間的對立關係，這些都是引發兀魯思體制變化的最原始誘因。舉例來說，西元一二五〇年到一二六〇年期間，旭烈兀遠征西亞並建立了新的兀魯思，而在一二八〇年，以乃顏的叛亂事件為轉捩點，左翼兀魯思的勢力大大減弱。海都與中亞的察合台系諸兀魯思，以及窩闊台系的諸兀魯思結盟，而一部分被排除在這個聯盟之外的察合台系兀魯思，則移居到河西走廊地區，在大元兀魯思的體系中取得自己的地位。海都逝世後，察八兒向鐵穆耳投降，他的旗下部眾也大舉移居到蒙古草原，於是窩闊台兀魯思被大元兀魯思吸收。因此到了一三一〇年代左右，構成西邊三大兀魯思的朮赤兀魯思、察合台兀魯思、旭烈兀兀魯思，加上東邊的大元兀魯思，統整為四個隸屬於蒙古帝國之內的大型兀魯思。這四個大型（第一層）兀魯思內部依舊存在許多小型（第二層）兀魯思，因此蒙古帝國本身由諸兀魯思聯合而成的特性沒有改變，四大兀魯思並非由於帝國分裂而形成的獨立「國家」。

所以，中國史書記錄的「忽必烈創建元王朝」的主張，其實是與真實歷史相衝突的，即便當時蒙古帝國將首都遷到當時被稱為「契丹」的內扎薩克蒙古、北中國地區，並採用中國式的年號和制度（西元一二七一年，取《易經》內出現的「大哉乾元」中的「大元」兩字作為國號）；但是這一連串的措施，其實並非新帝國誕生的證據。漢文資料中，有非常多的引人誤會的記錄，它們和忽必烈本人以及其他蒙古人的想法其實出入很大。西元十四世紀前期到中葉所撰的蒙古帝國碑文中，有「被稱為大元的蒙古汗國」這段內容，這裡的「大元」只是「Yeqe Mong ol Ulus」的漢文名字，而不是忽必烈所指定的新帝國之名。無論是在由拉施德丁所著的《史集》以及其他波斯語史料當中，還是在以蒙古文記錄的帝國編年史（蒙古大汗失去對中國的統治權，移居草原之後）裡面，都找

蒙古帝國的四大兀魯思

四大兀魯思
附屬國

不到關於忽必烈建立新王朝的看法。希望讀者們都能銘記這一點：忽必烈並沒有建立「中國史書所認為的元王朝」，他只是試圖將三大兀魯思和其他的眾多小兀魯思加以整合，成為蒙古帝國的最上位統治者罷了。

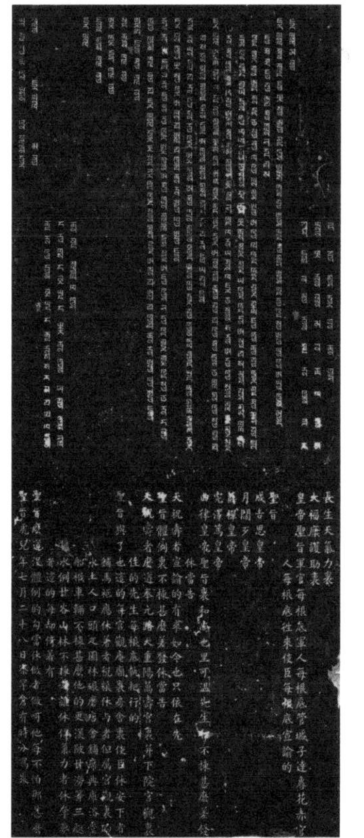

愛育黎拔力八達的聖旨

蒙古大汗國的第八代可汗愛育黎拔力八達（元仁宗），在西元1314年所下的聖旨，混合八思巴文和漢文刻在合璧石碑上。拓本照片上可看到漢字的「聖旨」二字，內容由「長生天氣力里，大福蔭護助里，皇帝聖旨」這幾句話開始，此為受到道教重陽宮恩惠的聖旨。

西元1256年～1312年

大元兀魯思的體制

1256 年
忽必烈在金蓮川設立幕府

1260 年
忽必烈即位

1267 年
建設大都

1271 年
忽必烈頒布國號「大元」

1276 年
蒙古軍攻入南宋首都杭州

1279 年
南宋滅亡

1287 年
鎮壓乃顏的叛亂後設立遼陽行省

1294 年
忽必烈逝世

1307 年
和林行省設立（1312 年改名嶺北行省）

在忽必烈和阿里不哥的繼位紛爭中，忽必烈最終取得勝利，當時大部分兀魯思的首領們，都認同他作為蒙古帝國最高君主的身分。但是，朮赤兀魯思的別兒哥早在蒙哥可汗時期就已經被賜予單獨的統治權，其後忽必烈本人又承認中亞的阿魯忽和西亞的旭烈兀在他們各自領地內的管轄權，因此忽必烈直接統治的地區只剩下蒙古草原、過去由女真人統治的北中國、由党項人統治的河西地區，以及稍後編入的西藏地區、南宋故地等等。這些由忽必烈和他的子孫直接統治的區域，被當時的蒙古人稱為「大元兀魯思」（元帝國）。

忽必烈將蒙古帝國的首都，從哈剌和林移到漠北的金蓮川附近，這裡是他曾經居住過的區域，忽必烈在此建立都市，作為蒙古帝國的夏季都城「上都」；之後，又在已經廢棄的女真首都中都附近建設新的城市，作為冬季的都城「大都」。春天的時候，忽必烈住在上都；到了秋天，他就南下到大都過冬。可汗本人當時所在的城市就是主都，而與它相對應的陪都則派專人留守。

可汗在兩個都城之間往返，他在這期間經過的「腹裏」區域類似於今天的「首都圈」概念，也是元帝國的核心區域。當時的蒙古人稱以往由女真人統治的領土為「Kitai」（契丹），攻滅南宋後所收編的地區為「Manzi」（蠻子），漢文資料中則分別以「漢地」和「江南」稱呼。居住在這兩個地區的人，被劃分為「漢人」和「南人」；而從外域來的人被稱為色目人，意指「各色名目之人」。為了有效率地統治，蒙古人也實行戶口調查，將住民分配給可汗本人和貴族們分別管理，並根據性質的不同，分為民戶、軍戶、站戶等類別，這就是「諸色戶計」制度。

由元帝國直接派遣管理機構的十幾個地區被稱為「行中書省」，附屬於首都的中書省之下，例如滿洲和蒙古草原就設有遼陽行省和嶺北行省；西藏則屬於特別的行政區，由八思巴教團的領導者們組成宣政院負責管理。中書省和行省以下又分為路、府、州、縣，而為了有效加強日常行政和軍事行動的效率，也配置有宣慰司，另外根據中央政府裡主管軍事的樞密院、負責監察官員的御史台，在各地方區域也設有行樞密院和

上都空拍圖

圖是蒙古帝國中大元兀魯思的夏季首都上都的遺址，位於現在內蒙古自治區錫林郭勒盟的多倫。分為外城、內城、宮城三部分，外城一圈為2.2公里；內城位於外城的東南邊，一圈為1.4公里；宮城則位於內城的中北部，南北長620公尺、東西長570公尺。馬可波羅將此地標記為「Shandu」，在歐洲被稱為「Xanadu」。

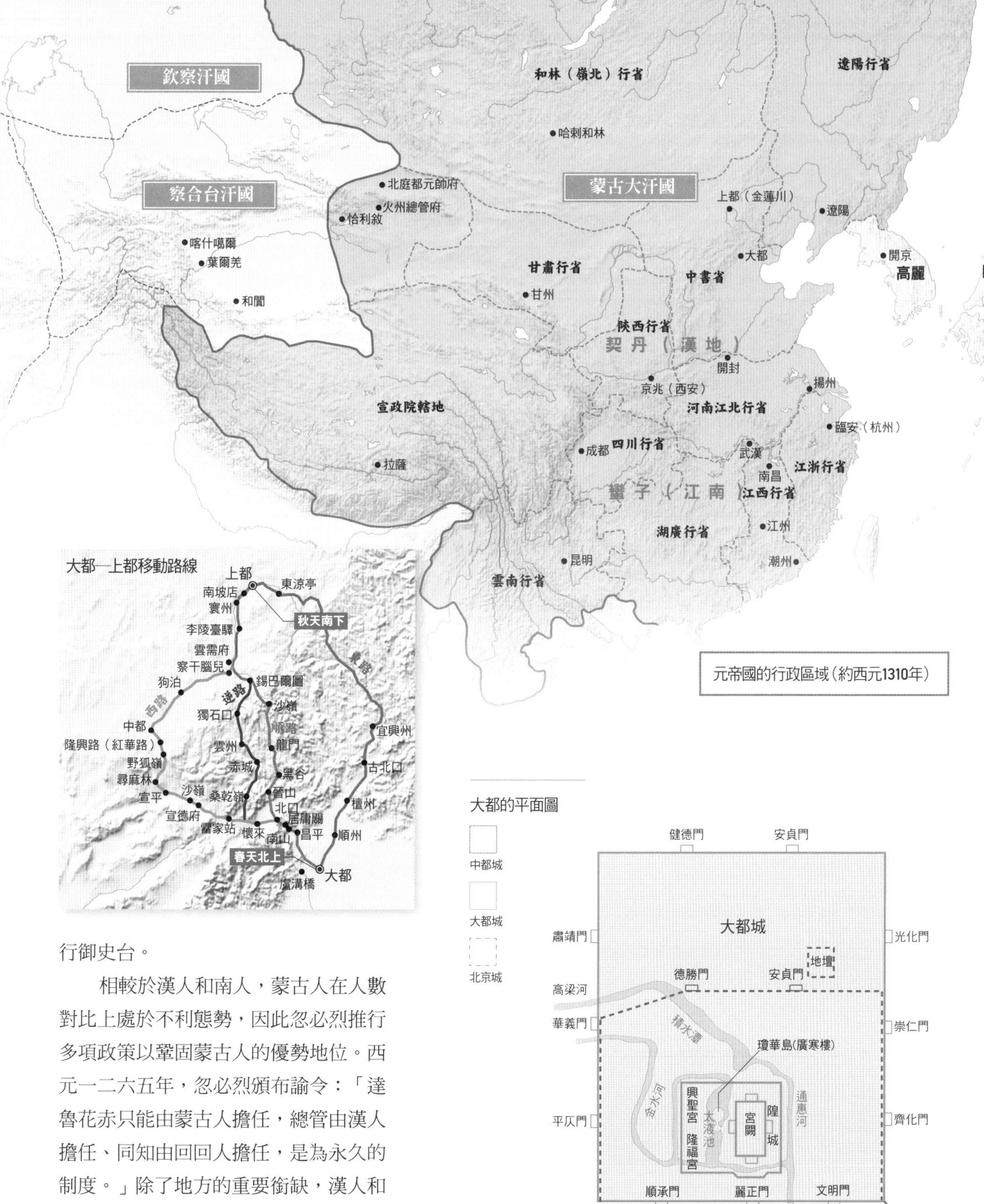

行御史台。

相較於漢人和南人，蒙古人在人數對比上處於不利態勢，因此忽必烈推行多項政策以鞏固蒙古人的優勢地位。西元一二六五年，忽必烈頒布諭令：「達魯花赤只能由蒙古人擔任，總管由漢人擔任、同知由回回人擔任，是為永久的制度。」除了地方的重要銜缺，漢人和南人也不被允許擔任樞密院和御史台的要職。皇城裡配置有負責保衛皇族的宿衛軍，而各地區也配置有守衛軍，但是這些士兵的具體數字，只有在樞密院負責處理機密軍務的一小部分人才能夠知道。

西元1294年～1332年

大元兀魯思的政治發展

1294 年
忽必烈逝世，鐵穆耳（元成宗）即位

1307 年
鐵穆耳逝世，海山（元武宗）即位

1311 年
海山逝世，愛育黎拔力八達（元仁宗）即位

1320 年
碩德八剌（元英宗）即位

1323 年
南坡政變
也孫鐵木兒（元泰定帝）即位

1328 年
兩都之戰
圖帖睦爾（元文宗）即位

1329 年
和世㻋（元明宗）即位
天曆之變，圖帖睦爾再次即位

1332 年
妥懽貼睦爾（元惠宗）即位

西元一三〇七年鐵穆耳逝世，雖然他有兒子，但是卻在鐵穆耳本人之前就已離世，因此再次引發繼位之爭，他的可敦卜魯罕（巴牙愓氏）和左丞相阿忽台等人，擁立駐守在京兆（今西安）附近、六盤山一帶的安西王阿難答。但是以右丞相哈剌哈孫為首的蒙古貴族們反對這一安排，他們幫助鐵穆耳的姪子愛育黎拔力八達登上可汗寶座。但是愛育黎拔力八達的哥哥、也就是海山帶領強大的軍隊從駐地阿爾泰山地南下，愛育黎拔力八達不得不讓位，之後海山（元武宗）便任命自己為蒙古可汗。

在短時間內取得政權的海山，濫用權力冊封各部族的首領和貴族，例如在忽必烈和鐵穆耳統治時期非常少賜予的單字王號，海山就冊封了十五人以上；而物價也暴漲起來，使得之前長期流通的至元鈔價值大跌，因此發行了新的至元鈔。後來海山在西元一三一一年突然死亡，於是愛育黎拔力八達（元仁宗）再次即位，取消了他哥哥的蠻橫政策。仁宗在執政中採用儒學的政治理論，制定了抑制蒙古貴族的制度，同時增加稅收以解決財政困難，並且整頓吏治。

在愛育黎拔力八達之後即位的是他的兒子碩德八剌（元英宗），而他的祖母答己（弘吉剌氏），從仁宗時期起就握有極大的權力。答己死後，碩德八剌由丞相拜住輔佐，並實施了旨在大幅削減各部族首領權力的「至治新政」。而新政招來蒙古貴族的反彈，因此西元一三二三年，碩德八剌在從上都回到大都的途中，於南坡遭到殺害（南坡政變）。政變勢力將真金的孫子也孫鐵木兒（泰定帝）擁立為可汗。但是四年後也孫鐵木兒在柳林打獵的時候莫名死亡，以丞相倒剌沙為主的上都派擁護幼子阿剌吉八（天順帝）即位，以燕鐵木兒為主的大都派卻支持海山的兒子圖帖

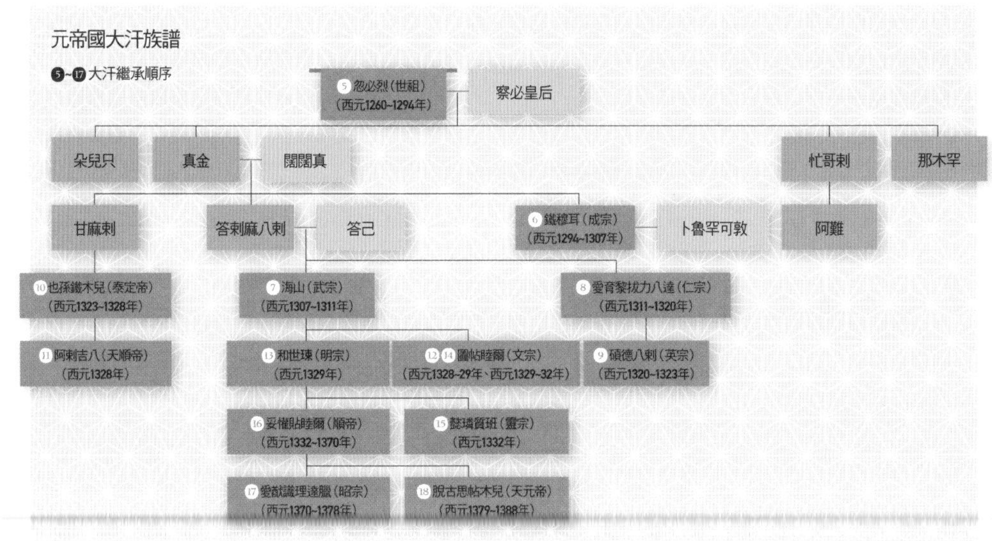

睦爾，兩派之間發生了被稱為「兩都之戰」的爭鬥，最終大都派取得了勝利。

圖帖睦爾（元文宗）在「兩都之戰」結束後登上大位，但是他的哥哥和世瑓，結束在察合台汗國的流亡生活並帶著軍隊南下，因此圖帖睦爾不得不讓位。和世瑓（元明宗）在西元一三二九年二月，於哈剌和林召開的忽里勒台大會上被選為可汗。其後和世瑓到達位於今天內蒙古地區的王忽察都，會見弟弟圖帖睦爾，但在十天後突然死亡，很明顯他是死於毒殺，而背後的主導人就是燕鐵木兒，這個事件則被稱為「天曆之變」。在忽必烈和鐵穆耳之後，蒙古大汗國的內部政治矛盾不斷加劇，可汗本人和成吉思汗家族的勢力變得十分薄弱，而權臣跋扈的問題則非常嚴重，特別是欽察衛、阿速衛、康里衛等親衛軍隊陸續介入政治，更是讓可汗這個稱號有名無實，例如妥懽貼睦爾（元惠宗）就是在這些衛隊的主導下而成為可汗。妥懽貼睦爾是和世瑓的兒子，先後被流放到高麗的大青島和湖廣行省的靜江（今廣西桂林），因為燕鐵木兒的反對，一度不能即位。雖然惠宗在位的時間長達三十七年，但這不過是各種包圍著無能可汗的勢力所達成的奇妙平衡。與此同時，蒙古大汗國因為各地的自然災害以及財政破產而漸漸開始瓦解，而蒙古帝國也走上滅亡之路。

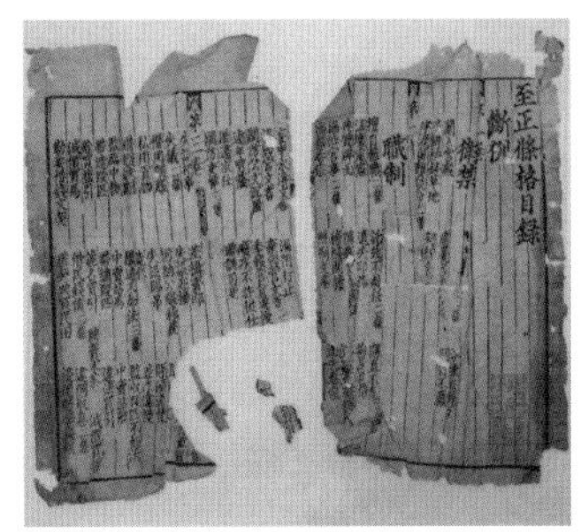

《至正條格》

大元於至正年間（1341～1370年）所編撰的最後一部法典，目前只知道有此一法典的存在，詳細的法律條文只能透過其他資料來推敲。西元2003年在慶州楊東村的慶州孫氏宗家中找到一部分副本；2007年在韓國出版了複印本和抄寫本。圖為發現法典時進行保管處理前的模樣。

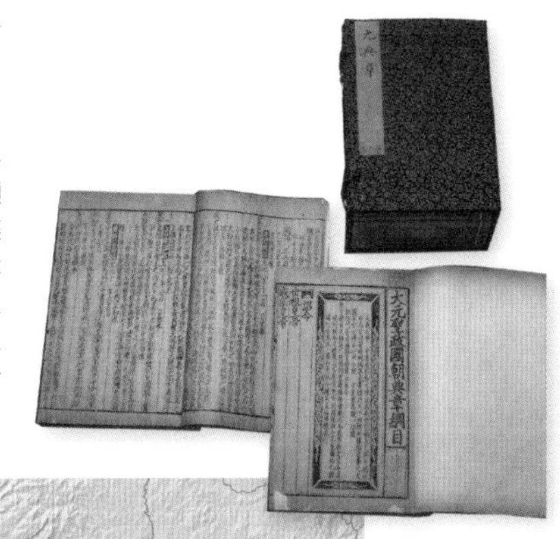

《元典章》

《大元聖政國朝典章》（又名《元典章》）是集結蒙古人為了統治中國所頒布的各種法令的書。但是和《至正條格》一樣，並非是蒙古帝國內通用的律法，也不是用在蒙古大汗國內的蒙古人或色目人身上，而是專門用來管制漢人和南人的法令集。照片上的刻本發行於西元1321到1322年間。

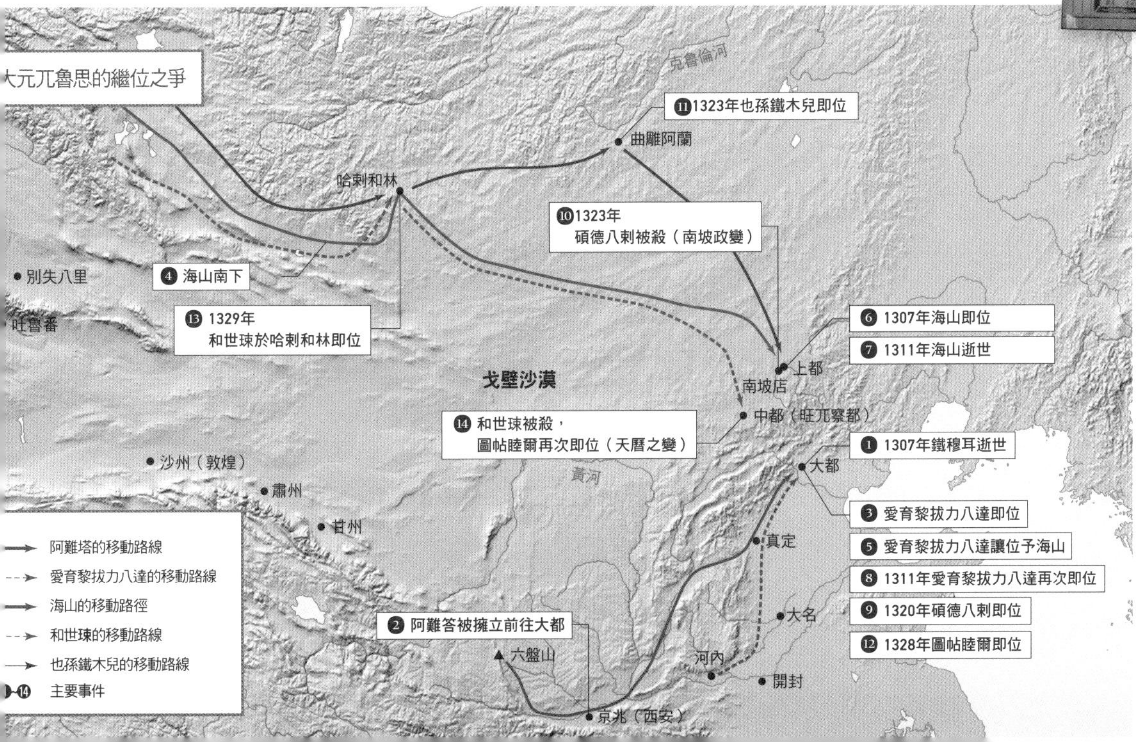

大元兀魯思的繼位之爭

克魯倫河
⓫1323年也孫鐵木兒即位
曲雕阿蘭
哈剌和林
⓾1323年
碩德八剌被殺（南坡政變）
別失八里
❹海山南下
吐魯番
⓭1329年
和世瑓於哈剌和林即位
❻1307年海山即位
❼1311年海山逝世
上都
南坡店
戈壁沙漠
中都（旺兀察都）
⓮和世瑓被殺，
圖帖睦爾再次即位（天曆之變）
❶1307年鐵穆耳逝世
大都
沙州（敦煌）
黃河
肅州
甘州
❸愛育黎拔力八達即位
❺愛育黎拔力八達讓位予海山
真定
❽1311年愛育黎拔力八達再次即位
❾1320年碩德八剌即位
大名
⓬1328年圖帖睦爾即位
❷阿難答被擁立前往大都
六盤山
河內
開封
京兆（西安）

阿難塔的移動路線
愛育黎拔力八達的移動路線
海山的移動路徑
和世瑓的移動路線
也孫鐵木兒的移動路線
❶-⓮ 主要事件

西元1306年～1347年

察合台兀魯思

1306 年
篤哇驅逐察八兒

1307 年
篤哇逝世

1310 年
也先不花即位，篤哇家族完全掌握權力
察八兒投降於大元兀魯思，察合台兀魯思崩解

1313 ～ 1314 年
怯別進攻大呼羅珊

1315 年
床兀兒率領軍隊進攻奇姆肯特

1316 年
牙撒兀兒投降於旭烈兀兀魯思

1318 年
也先不花逝世
怯別即位

1321 年
察合台兀魯思和大元兀魯思恢復友好關係

1331 年
答兒麻失里即位
實施尊崇伊斯蘭的政策

1347 年
合贊汗被殺，察合台兀魯思分裂為東西兩部

成吉思汗在西元一二〇七到一二一一年施行分封時，察合台被分到的「初封地」是阿爾泰山脈附近，而由於蒙古帝國的遠征和領土擴張，於是又得到阿力麻里和忽牙思一帶。因此，察合台兀魯思包括撒馬爾罕和布哈拉等區域，在它的東北方向是以葉密立和霍博為中心的窩闊台兀魯思，而西北部則與掌控烏爾根奇和花剌子模的朮赤兀魯思接壤，並與征服西亞、擁有獨立統治權的旭烈兀兀魯思分治阿姆河兩岸。位於中亞的察合台兀魯思，地處蒙古帝國所有汗國的正中央，因此也被稱為「Dumdadu Ulus」（中央兀魯思）。

也因為身處中心之地，察合台兀魯思容易受到蒙古帝國最上層結構的影響，結果導致察合台的歷代可汗很難保持並鞏固自己的權位。察合台本人逝世之後，貴由任命也速蒙哥繼位可汗，但其後蒙哥撤銷貴由的決定，另立哈剌旭烈。哈剌旭烈死後，由他的幼子木兒剌沙繼位，並由遺孀兀魯忽乃攝政掌權。其後阿里不哥指名阿魯忽繼承察合台可汗之位，但是阿魯忽背叛了他，投奔忽必烈。阿魯忽逝世時，忽必烈命八剌即位，篤哇雖然在八剌死後登上可汗寶座，但他卻是靠著海都才得以即位。

直到海都逝世，篤哇才得以獨自掌權，他分化海都兒子們的關係，並在西元一三〇六年以軍事力量壓制察八兒，將窩闊台家族的勢力逐出中亞。但是篤哇在次年死去，反對篤哇家族統治的勢力逐漸崛起，因此察合台汗國的政治再度陷入混亂。這時，篤哇的兒子怯別剷除了反對勢力，在一三一〇年擁護自己的哥哥也先不花登上可汗之位，篤哇家族重新掌握大權。有學者認為這意味著「察合台兀魯思正式作為一個獨立國家而成立」，事實上它只是擺脫了長期受到周邊勢力干涉和支配的狀態，因此「確立了兀魯思的自主性」的說法更為正確。

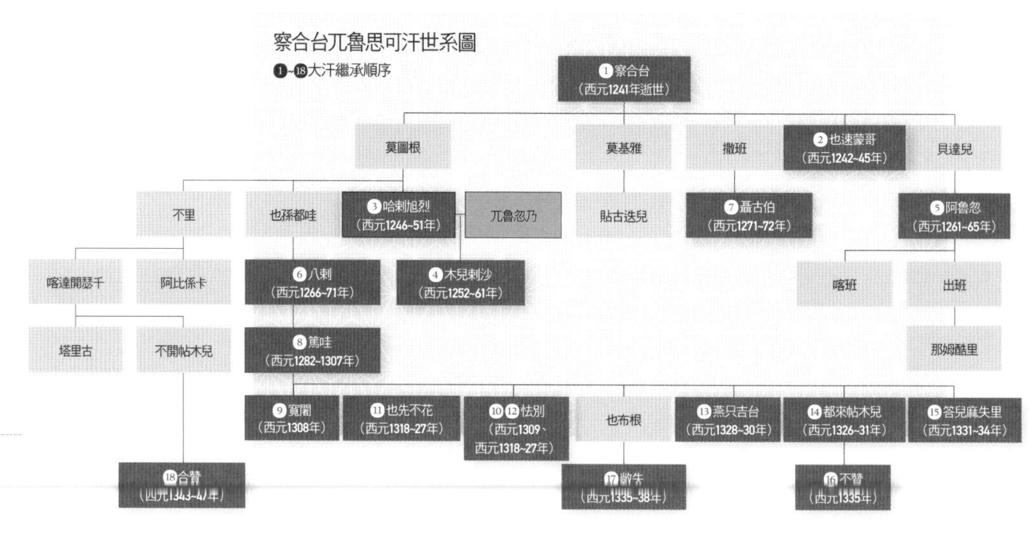

而在西元一三一〇年之後，察合台兀魯思面臨非常嚴重的外部問題。當時統治蒙古大汗國的海山，派遣軍團鎮守阿爾泰山脈一帶，而伊兒汗國也在大呼羅珊地區配置軍隊，當時各大兀魯思間的戰爭相當頻繁，因此有情報指出，這兩大勢力打算一同攻擊察合台汗國。但是其後怯別於一三一八年即位，這時候狀況有了一百八十度的大轉變，察合台兀魯思的外交策略從軍事對立回復到和平相處，並且汗國的政治中心也從天山北方的草原遷到了河中地區的定居區域。怯別在卡什卡達里亞流域的那黑沙不（現卡爾希）建立宮殿，並在迭里迷鑄造銀幣。

之後繼位的可汗也延續這些政策，答兒麻失里甚至改信伊斯蘭教，並頒布優待定居區域貴族和尊崇伊斯蘭文化的一系列政策。對察合台兀魯思這一時期的蒙古貴族的名字進行分析，得到的結論是百分之五十到七十的人已經改用穆斯林姓氏，可以看出察合台兀魯思的上層社會在一定程度上已經伊斯蘭化。到了西元一三二〇年代，傳統的遊牧生活更是被中止，並在定居區域建築宮城居住，而阿力麻里成為新的政治中心。察合台可汗這些強調和當地貴族合作的舉動，加深了和蒙古保守勢力之間的矛盾，結果可汗遭到殺害，最終在一三四七年合贊汗被殺，而察合台兀魯思也分裂為東西兩部。

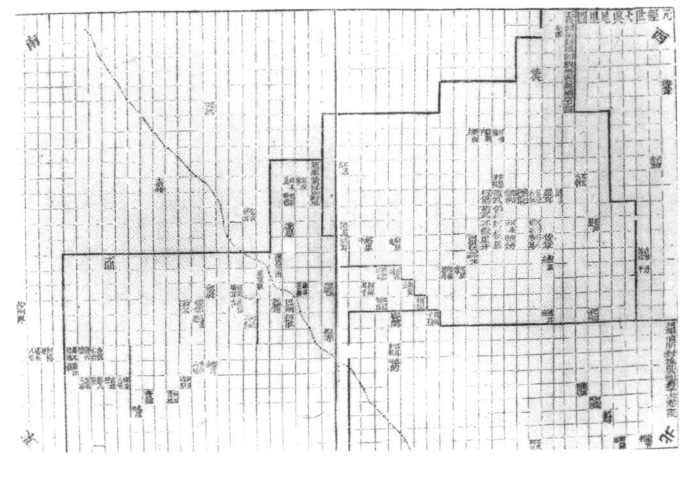

元經世大典地圖

西元1331年編著的《元經世大典》雖然已不復存在，但一部分的內容被收錄在日後的文獻中流傳下來。它記錄了蒙古帝國西邊三王的領土範圍和主要地名，地圖上的地名和《元史・地理志》中〈西北地附錄〉出現的地名非常相似。

察合台兀魯思的發展（約西元1310年）

＊《元經世大典地里圖》裡出現的地名

朮赤兀魯思

1230 年代後半
拔都征服俄羅斯，其後由朮赤一族統治當地

1267 年
右翼：忙哥帖木兒即位

1277 年
左翼：科齊即位

1287 年
右翼：兀剌不花即位

1291 年
兀剌不花打敗那海，整合右翼

1299 年
左翼：伯顏在科齊身後即位

1342 年
右翼：札尼別即位

1357 年
札尼別被兒子別爾迪別殺害

1370 年
帖木兒帝國成立

1377 年
脫脫迷失掌握左翼兀魯思

1381 年
脫脫迷失統合左右兩翼兀魯思

1395 年
帖木兒擊破脫脫迷失，摧毀阿斯特拉罕和薩萊

15 世紀中葉
朮赤兀魯思分為克里米亞、喀山、阿斯特拉罕三個汗國

根據波斯史學家志費尼（Atâ-Malek Juvayni）的紀錄，成吉思汗於生前把凱阿力克、花剌子模以西、直到薩克辛（位於窩瓦河下游）一帶的保加爾人的土地，只要是「韃靼人馬蹄所及之處」，就都分封給朮赤。這件事大概是在西元一二一九年到一二二五年，也就是成吉思汗對西方的遠征結束時發生的。其後在西元一二三〇年代的後半，朮赤的兒子拔都帶領軍隊往西遠征，征服了欽察草原和基輔羅斯，於是這些地方也被納入朮赤家族的統治。擁有着如此廣闊領土的朮赤兀魯思，以烏拉山脈和南邊的伊爾吉茲河、錫爾河為界線，分為左、右兩翼而實施統治。

以「黃金斡耳朵」（金帳汗國）之名廣為人知的朮赤兀魯思右翼，由朮赤次子拔都的後裔統治。其首府原本是拔都在窩瓦河下游建立的薩萊城，之後則遷往北邊的「新薩萊」。對於臣屬的諸羅斯城市，右翼派遣八思哈或達魯花赤等官員到當地進行戶口調查與監督當地的稅款徵收情況。左翼則由朮赤長子斡兒答一族統治。根據帖木兒帝國和烏茲別克汗國時代的資料，右翼被稱為「白色斡耳朵」（Aq Orda，白帳汗國），而左翼則被稱為「藍色斡耳朵」（Kök Orda，藍帳汗國），但這種說法引發人們的爭議。儘管統治著窩瓦河流域的諸羅斯城鎮以及錫爾河沿岸大都市的右翼，得以透過徵收貢賦與從事貿易確保龐大財源，但領地內缺乏這類城市的左翼，其經濟狀況非常貧困，在政治上起初也處於從屬於右翼的地位。

朮赤兀魯思右翼不承認旭烈兀兀魯思擁有合法地位，雙方在高加索山脈的邊界地區不斷發生軍事衝突。別兒哥改信伊斯蘭教後，衝突更加激烈，他甚至選擇與埃及的馬木路克政權聯手。其後繼任的忙哥帖木兒支持窩闊台家族的

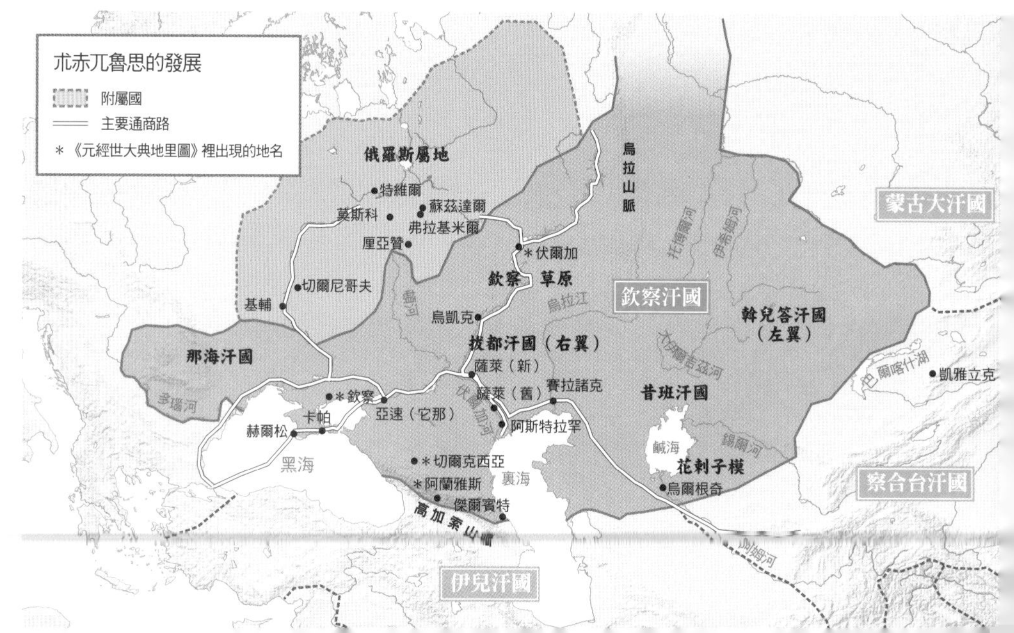

海都，並在西元一二六九年派出他的代理人參與怛羅斯會盟。另一方面，成為朮赤兀魯思左翼首領的科齊對於海都的勢力日漸茁壯，感到非常的憂心，因此引發了雙方之間的軍事衝突，而他也向大元兀魯思和旭烈兀兀魯思陸續派遣使臣。科齊死後，他的兒子和姪子發生了繼位紛爭，海都選擇援助後者。

右翼的忙哥帖木兒汗逝世後，他的弟弟脫脫蒙哥繼位，他狂熱的伊斯蘭信仰引發了下屬各汗的反感，最終被廢位，政權實際上落到了名為那海的人物手中。而得到那海支持的脫脫登上汗位之後，兩人轉變為對立關係。脫脫在西元一二九一年成功壓制那海的勢力，統一了整個右翼。之後繼位的月即別頻繁向大元兀魯思和旭烈兀兀魯思派遣使臣，政治和經濟層面的交流得以擴大。朮赤兀魯思在月即別治下取得了政治安定和經濟繁榮，國勢也達到了全盛時期。

但是朮赤兀魯思右翼最終還是因為黑死病和汗位繼承紛爭而趨向滅亡。札尼別時代，黑死病嚴重侵襲了花剌子模（一三四五年）、薩萊（一三四六年）等區域。札尼別被自己的兒子別爾迪別殺害，而別爾迪別隨後也被自己的弟弟諾魯斯殺死。西元一三六〇年前後，俄羅斯編年史的記錄將其稱為「大混亂時期」的開端。權臣馬麥驕橫跋扈，一三七七年得到帖木兒支持的脫脫迷失（朮赤庶子禿花帖木兒的後裔）成為左翼兀魯思的統治者，其後於一三八一年驅逐了馬麥，統一了左右兩翼的兀魯思。但是這時脫脫迷失開始跟帖木兒對立，帖木兒在一三九一年發動討伐脫脫迷失的遠征，並在一三九五年攻破阿斯特拉罕和薩萊。脫脫迷失逃亡後，朮赤兀魯思走上了衰亡之路，於十五世紀中葉分裂成克里米亞、喀山、阿斯特拉罕三個區域政權。

列格尼卡戰役

西元1241年4月9日，蒙古軍與歐洲的基督教軍隊在波蘭窩斯塔特（Walstadt）平原的列格尼卡展開會戰。圖為弗雷塔海葳手抄本（Freytag' s Hedwig，西元 1451年繪製，現藏於華沙大學圖書館）中的插畫，記錄下雙方戰鬥時的場面，並描繪在戰爭中死亡的西利西亞公爵亨利二世的首級，被插在蒙古軍的矛上的情景。

朮赤兀魯思的銀製碗

西元14世紀初期製作的銀器，目前收藏於隱士廬博物館。

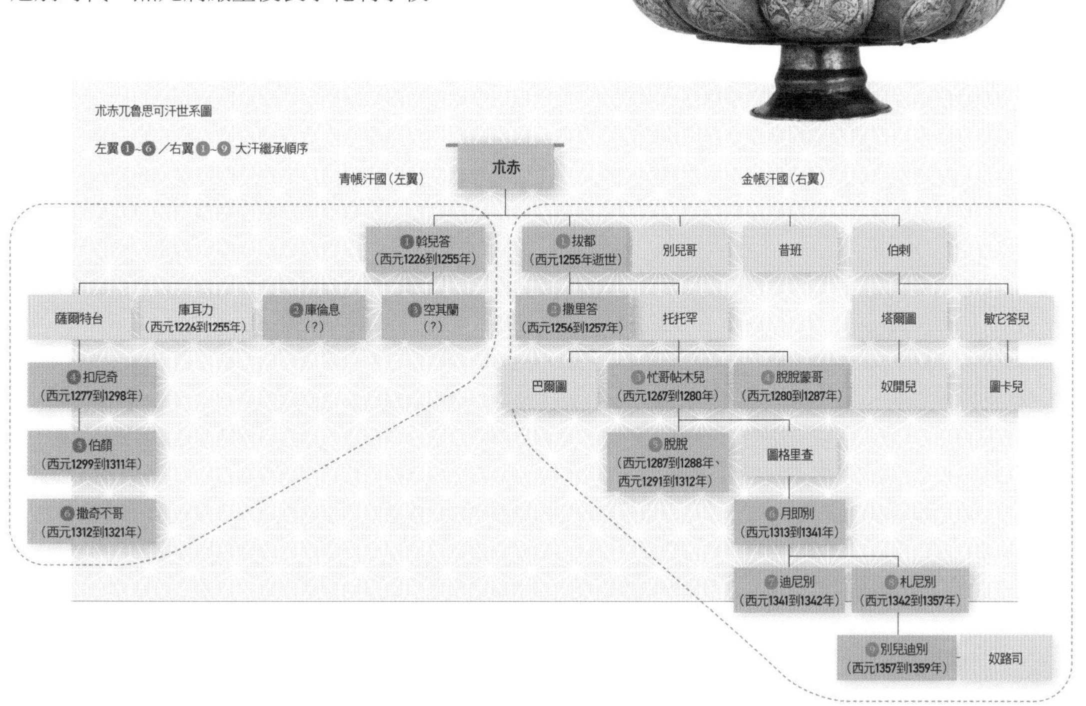

西元1258年～1335年

旭烈兀兀魯思

1258 年
旭烈兀攻破巴格達

1260 ～ 1261 年
旭烈兀驅逐朮赤一族，獨占該地統治權

1265 年
旭烈兀逝世

1282 年
阿八哈逝世

1291 年
海合都即位

1295 年
拜都與合贊之間發生紛爭，其後合贊即位

1316 年
不賽因即位

1335 年
不賽因逝世，旭烈兀兀魯思解體

嚴格來說，旭烈兀兀魯思並不屬於「兀魯思」。原因在於兀魯思本來是由成吉思汗分封領地、配屬蒙古牧民而得以建立，但旭烈兀與其後裔統治的蒙古集團，是基於蒙哥的遠征指示而從各個兀魯思當中借調而成的臨時部隊。雖然主導遠征的是朮赤和拖雷兩大家族，不過旭烈兀其後驅逐了朮赤一族的勢力，並將遠征軍中的蒙古士兵收納為自己部下。其後旭烈兀和他的後人便統治著西亞地區。

但是朮赤兀魯思與察合台兀魯思並不承認前者的正當性。因此，從同樣由拖雷家族統治的大元兀魯思取得支持和認可具有極大意義，旭烈兀的後繼者們都是在大汗向其頒授認證書和印鑑後，才正式舉行即位典禮。兩家族經常透過陸路或海路向對方派遣使臣，交換各方面的情報。例如忽必烈派遣的丞相孛羅，他除了擔任合贊汗的政治顧問，同時也幫助拉施德丁編撰書籍，以「文化仲介人」的身分而活躍。

旭烈兀兀魯思的領土從西邊的安納托利亞高原，一路延伸到東邊的阿姆河流域，北至高加索山脈、南至波斯灣。當時的資料中對這片區域的常用稱呼是「伊朗之地」（Iran-Zamin），它比起今日的「伊朗」範圍更為廣泛。旭烈兀及其後繼者被稱為「伊兒汗」，因此產生了「伊兒汗國」這個詞彙。時至今日，「伊兒汗」的含義常常被誤解為「附屬（於大汗之下）的可汗」，但實際上它是結合了突厥語的「伊兒」（il，國家）和蒙古語的「汗」兩個概念而成的複合詞，因此伊兒汗的解釋應該是「國家的君主」。相對於「伊兒汗」一詞，合贊汗時代則開始使用「伊斯蘭國王」的新稱號。同時，合贊汗任命宰相拉施德丁編寫蒙古史，其目的在於試圖從歷史層面證成他本人在政治上的正統性與合法性。換言之，追隨旭烈兀的蒙古遠征軍乃是從成吉思汗賜予拖雷的千戶集團中選出，他們屬於拖雷之子旭烈兀的「所有物」，因此「旭烈兀兀魯思」的成立具備正當性。

伊兒諸汗延續了遊牧民族特有的移動生活方式。由於可汗個人喜好的差異，旭烈兀兀魯思的主要根據地先後設在馬拉蓋、大不里士與蘇丹尼耶。蒙古、突厥系出身的軍事貴族組成核心統

伊利汗國遺址

位於伊朗西北部亞塞拜然地區的塔赫特蘇萊曼（Takht-i Sulayman），意為「所羅門王的寶座」，是由於火山活動而形成的湖。周邊有薩珊王朝的瑣羅亞斯德教的寺院遺址，也有蒙古統治時期的建築物，旭烈兀兀魯思將這裡當作夏季營地使用。

治階層，伊朗系的管理人、宗教人士、商人則與他們合作。在重要的區域配置以萬戶、千戶為單位的遊牧民駐屯，為了供給他們的財政開支，會向其發放可以對特定區域的當地居民徵收稅款的「Barat」（付款證書）。然而不加節制的徵稅導致農村經濟衰弱，國家的財政狀況也急速惡化。海合都汗為了改善這一局面，效仿大元兀魯思的紙幣政策而發行「Chau」（紙鈔），卻慘遭失敗。合贊汗在拉施德丁的幫助下，推行了大範圍的改革。包括改善稅制、建設驛站設施、統一度量衡、振興農業等多方面措施，並取得了一定的成果。

旭烈兀兀魯思的汗位繼承紛爭同樣不可避免的相當頻繁。阿八哈逝世後，他的弟弟貼古迭兒和兒子阿魯渾之間發生了衝突；而海合都死後，又出現拜都與合贊之間的繼承紛爭。合贊汗去世之後，兀魯思的實權漸漸落到諸權臣的手中，相對於前任，末代可汗不賽因雖然統治時間較長，但同樣未能掌握實權，只是一個虛有其表的可汗。旭烈兀兀魯思在他死後瓦解，保有部落軍隊的軍事貴族們驕橫跋扈，在各區域自行建立政權。

旭烈兀兀魯思可汗世系圖

彩色磁磚

西元1270年，旭烈兀兀魯思境內製作的星型彩色磁磚，推測出土於塔赫特蘇萊曼，現在收藏在美國華盛頓特區的史密森尼博物館。

旭烈兀兀魯思的發展

附庸／從屬國　主要的交流／交易之路

＊《元經世大典地圖》裡出現的地名

蒙古帝國和高麗

1219 年
蒙古軍聯合高麗攻擊契丹遺民、江東城淪陷
蒙麗締結兄弟盟約

1225 年
蒙古使臣著古與被殺

1231 年
撒里台帶領蒙古軍攻擊高麗

1258 年
崔竩被殺，武臣政權瓦解

1259 年
太子王倎出使蒙古

1269 年
林衍廢元宗

1280 年
大元兀魯思在高麗設立征東行省

蒙古和高麗的第一次接觸是在西元一二一八年，其時由克欽和撒里台率領的蒙古軍追擊契丹遺民，因此推進到了朝鮮半島北部。高麗王朝派遣金就礪和趙沖兩位將軍協助蒙古軍，於一二一九年攻陷了江東城（今平壤市江東郡）。此後雙方締結兄弟之盟，但因為蒙古方面索取的貢物太多，雙方關係在一二二五年蒙古使臣著古與被殺事件發生後急速惡化。

成吉思汗逝世後，蒙古人在很長的一段時間內沒有餘力報復，直到窩闊台即位後才決定對高麗發動遠征，於一二三一年派遣撒里台擔任指揮官。蒙古軍不費吹灰之力就攻陷了高麗北部，並派駐七十二位達魯花赤，負責在征服區域內徵收貢賦。陷入危機的高麗朝廷逃到江華島避難，並展開對蒙古的抗戰。高麗軍以一部分的山城和主要據點為中心，展開遊擊式抗戰，甚至撒里台本人也在處仁城被金允侯射殺。從這時候開始，蒙古對高麗的攻擊斷斷續續地持續了三十年，包括在一二三五到一二三九年的唐古遠征軍、一二四七年的阿母侃遠征軍、一二五一到一二五三年的也窟遠征軍、一二五四到一二五九年的車羅大遠征軍。

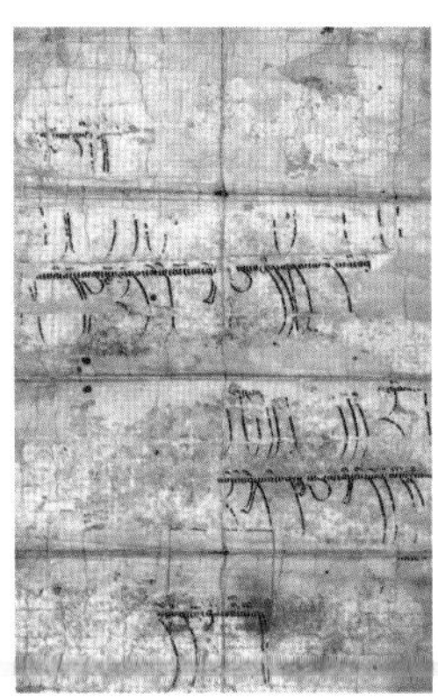

順天松廣寺中的藏文法旨

位於韓國全羅南道順天市的松廣寺中所藏的蒙古法旨。西元1272到1275年，蒙古帝國的帝師被派往松廣寺，以長腳行書體（Tshugs Ring）的藏文撰寫，被列為全南道有形文化遺產第30號，寬51公分、長77公分。

一二五八年崔竩被殺後，堅持對蒙古採取強硬立場的武臣政權崩潰，蒙麗關係因而出現轉機。高麗朝廷為了傳達願意附屬蒙古以達成和平的意願，在一二五九年派遣太子王倎（其後即位為元宗）出使蒙古。王倎在前往四川拜訪蒙哥的途中，收到蒙哥逝世的訃告而準備折返高麗，卻同時邂逅中斷南宋遠征並北返的忽必烈。當時正在和阿里不哥競逐汗位的忽必烈，充分利用自己與高麗太子王倎會面一事的政治效果，宣稱高麗的自願附屬足以證明他是天命之子，並因此獲得對其競爭對手宣戰的理據。這樣一來，高麗也得以擺脫蒙古人的不斷進攻和報復，與之締結和平友好的關係。

西元一二六九年元宗被林衍廢位，蒙古人以軍事介入的方式使其復位，並以此為契機，宣布太子王諶和忽必烈的親生女兒忽都魯揭里迷失的婚事。以忠烈王之名即位的王諶既是高麗的國王，同時也是蒙古皇室的駙馬（Guregen），並於一二八〇年忽必烈為遠征日本而在高麗設立「征東等處行中書省」時兼任行省丞相，他因此得以擁有三個尊號。

從西元一二六〇年開始，到一二八〇年左右完成的蒙麗關係架構，基本上延續至高麗和蒙古兩國相繼滅亡的十四世紀中葉為止。雙方的往來信件以漢字文書為主，因此表面上和傳統的「冊封．朝貢」關係沒什麼差異。但和漢族王朝不同的是，因為蒙古帝國是由遊牧民所建立的國家，蒙麗外交體制的獨特之處非常明顯。蒙古人向高麗要求「六事」（交出人質、提供軍事支援、繳交貢賦、設置驛站、實施戶口調查、設置達魯花赤），而高麗國王也並非「附屬國君主」而是「駙馬」，也就是以諸侯身分而在政壇活躍。

若要理解蒙古高麗關係的特徵，就必須先了解當時蒙古人所抱持的政治觀念是如何特殊。蒙古人在處理外交關係時，並不是以「國家」或「王朝」這種抽象的觀念為主軸，而是傾向於理解為具體的人際連結，也就是成吉思汗一族跟其他國家的君主之間的關係。換言之，高麗和蒙古的國交，是以高麗國王和蒙古諸汗間的私人來往為核心。在當時，高麗國王既是統治著蒙古帝國之外的領土和百姓的君主，同時作為成吉思汗一族的駙馬，也是屬於帝國內部的諸侯。而征東等處行中書省丞相這一役職，也是作為高級官僚而存在於蒙古帝國的統治體制內。高麗在蒙古帝國時期的政治地位，由於與國王本人的狀態有著連結，因此也展現出雙重的制度特徵。

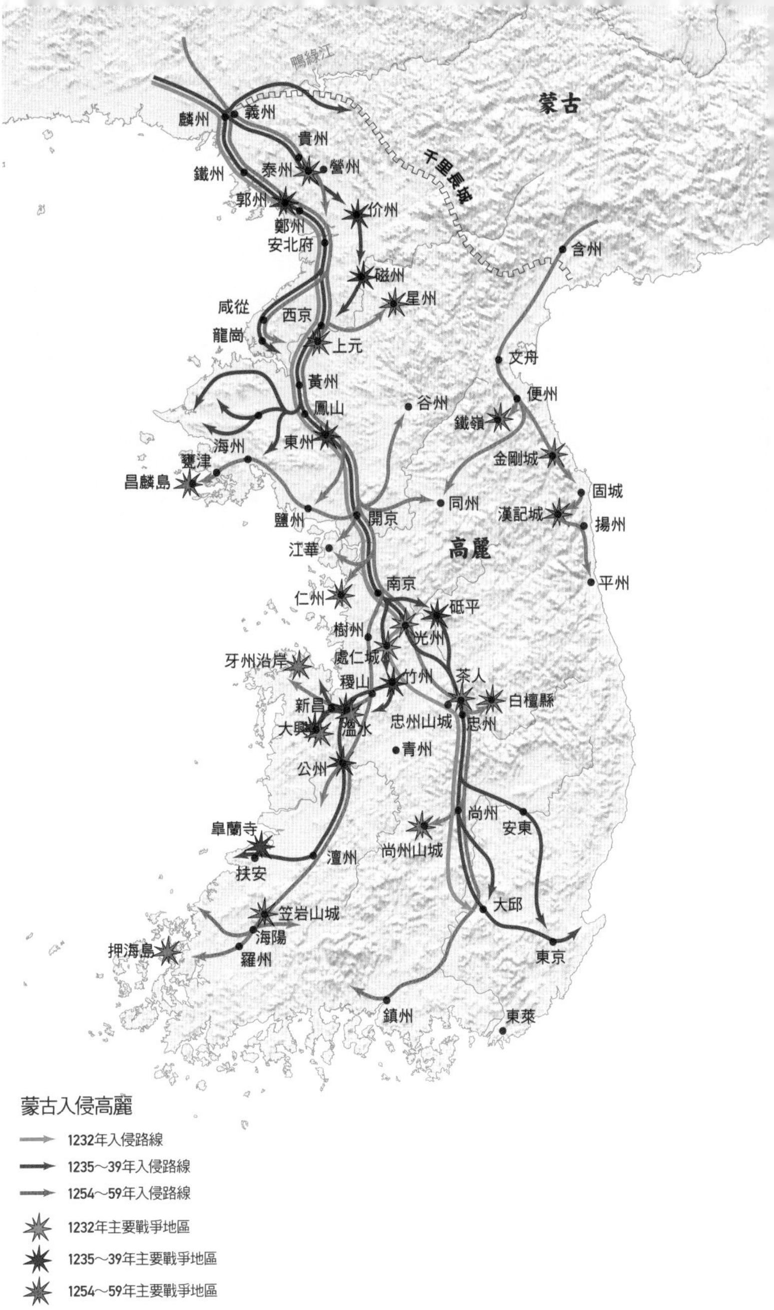

蒙古入侵高麗

1232年入侵路線
1235～39年入侵路線
1254～59年入侵路線
1232年主要戰爭地區
1235～39年主要戰爭地區
1254～59年主要戰爭地區

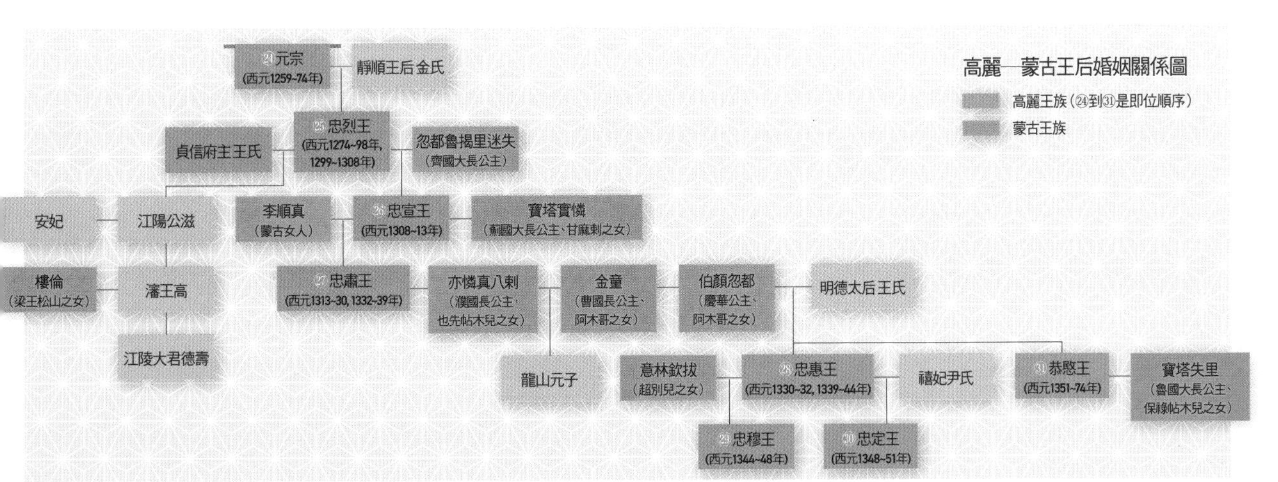

西元1206年～1357年

蒙古治世

1206 年
成吉思汗統一蒙古高原

1210 年
邦泥定國（西夏）附屬旗下

1234 年
女真帝國滅亡

1258 年
阿拔斯王朝的巴格達淪陷

1276 年
蒙古軍攻入南宋首都臨安（杭州）

1280 年
大元兀魯思在高麗設立征東行省

1335 年
旭烈兀兀魯思瓦解

1347 年
察合台兀魯思東西分裂

1357 年
朮赤兀魯思在札尼別逝世後陷入混亂

「蒙古治世」（Pax Mongolica）這個術語，是指由於蒙古軍的征戰，導致歐亞大陸的大部分區域在政治上被納入為單一帝國的領土，因此政治、經濟、文化等層面的交流非常廣泛且密切的一種歷史現象。當然，因為蒙古帝國的政治統合所帶來的安定期非常短暫，而諸兀魯思之間的對立和衝突十分漫長且頻繁，因此也有學者反對這種描述方式。但是從蒙古帝國出現的十三世紀初期，直到各兀魯思相繼崩潰的十四世紀中葉為止，儘管這些兀魯思內部和他們之間的關係都持續出現動盪，但以歐亞大陸為舞台的交流活動，所觸及的範圍比任何時期都來得廣泛。再者，蒙古帝國的領導階層對於這些交流也非常積極地加以支援，因此「蒙古治世」仍然是一個非常有意義的歷史概念。

蒙古治世之下，各地的人力和物資之所以能夠大範圍的流動，是因為驛站制度的設立。現代韓文中的「驛」（Yeog）的淵源是中文的「站」，而這一字義又源自於蒙古語的「Jam」，指的是人們在穿越草原時，在途中可提供暫時休息功能的住所。透過這個建制從而形成全帝國的交通網絡，是從窩闊台時代開始的事。窩闊台指定哈剌和林為帝國首都，並為了和西邊的察合台兀魯思、朮赤兀魯思保持交流而建立驛站系統。在蒙古草原和中國北部之間，則建立起「祕道」（Narin）、「馬道」（Morin）、「車道」（Tergen）這三種通路。伴隨著帝國的領土擴張，聯繫歐亞大陸各主要城市的交通網絡也逐漸發展起來，而蒙古人也主動要求在高麗和俄羅斯等從屬國設置驛站。驛站在西亞地區和俄羅斯分別被稱為「Yam」或「Barid」。忽必烈時代，僅在大元兀魯思境內就設有一千四百個驛站，同時將約三十五萬到七十萬戶百姓編列為「站戶」。他們負責主持馬匹、船舶、貨車等運輸方式以及各國使臣的住宿，同時要自行準備食糧和飼料。使用驛站的人必須持有牌子

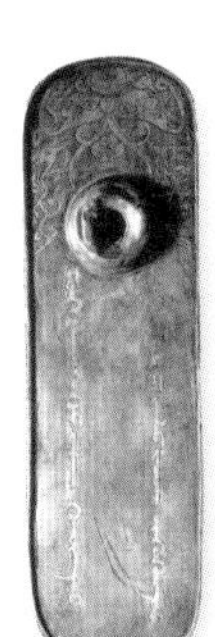

回鶻文牌子

這是旭烈兀兀魯思阿卜杜拉汗統治時期（西元1361～1370年）所製作的回鶻文牌子，在俄羅斯聶伯河附近被發現。排字正面刻有「長生天氣力里，大福蔭護助里」，背面則刻有「不服從阿卜杜拉的敕令之人，都應被處以死刑」。

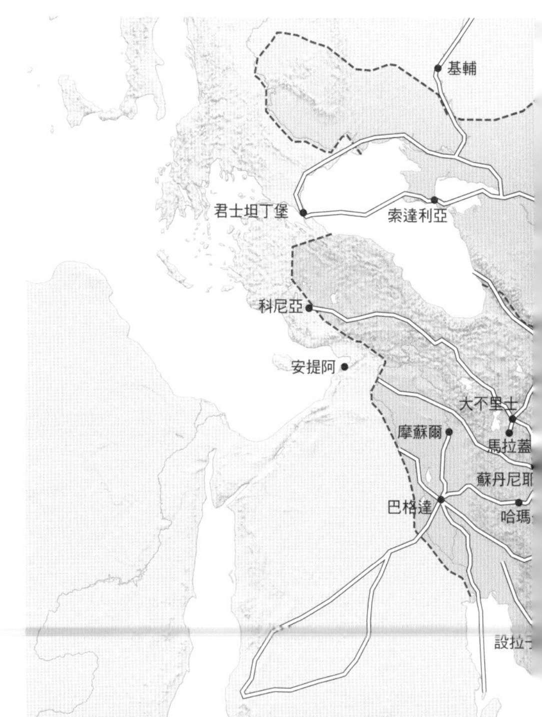

（Paiza）或鋪馬差札（Belge），作為其身分的證明文件。若是由於軍事上的緊急狀況而需要迅速取得連絡時，另外也設有急遞鋪（Payken）制度。馬可・波羅對當時蒙古人所營運的驛站制度大為稱讚，並詳細地記錄下其運作細節。

蒙古帝國的驛站網絡貫通歐亞大陸，在促進內陸交通的活躍上發揮了非常重要的作用，除了在西元一二八〇年代末期，即中亞戰事白熱化的那十幾年時間，這一網絡大致上也是非常順暢。同時，由於各兀魯思之間的外交活動較為活躍，除了互相派遣的使臣之外，關於軍人、宗教人士、學者、技術人員的交流也成為可能。大元兀魯思派遣孛羅丞相到西亞就是最好的例子，而相對地，也有為數不少的西亞人士到東方活動。受到忽必烈重用的札馬剌丁、愛薛（Ngai-Sie Isu'a）等天文學家和醫藥學家，就是其中的著名例子。

在這些西亞人士當中，特別值得留意的是作為蒙古貴族的財務協力者而代其營運資本的「斡脫」（Ortoq）商人們，他們透過陸路和海路進行遠距離的貿易。斡脫的任務，是替其資本的的所有者即蒙古貴族賺取最多的利潤。他們在中國開設高利貸業務，並以收取極高利息的「斡脫錢」而惡名昭彰。而蒙古帝國為了使經濟活動更為活躍，推行銀本位制度，並統一各地的貨幣單位。舉例來說，兩公斤的銀塊原先在中國稱為「錠」、在中亞稱為「雅斯特科」（Yastuq）、在西亞稱為「巴里失」（Balish）、在蒙古草原稱為「蘇克」（Süke）。蒙古人頒令以銀四十公克為一「兩」、四公克為一「錢」。如此這般，覆蓋帝國全域的貨幣計算標準得以建立，各地的財富流通也更為活躍。

八思巴文牌子

這是出土於內蒙古自治區呼和浩特市的八思巴文牌子，左圖為正面，中央刻有「永遠的」，兩旁刻有「長生天氣力里，皇帝之名即為神」等字樣；右圖為背面，刻有「神聖。不服從阿卜杜拉的勅令之人，不論是誰都得被處以死刑」。重**350**克、長**29**公分、寬**8**公分。

常樂站銅印

這是西元**1268**年，元庭發給內扎薩克蒙古地區、被稱為常樂站的驛站之銅印。四角形的正面刻有「常樂醮印」、背面刻有「常樂站印」，並註記為至元五年十月鑄造。高**5**公分、每邊長**5.5**公分。

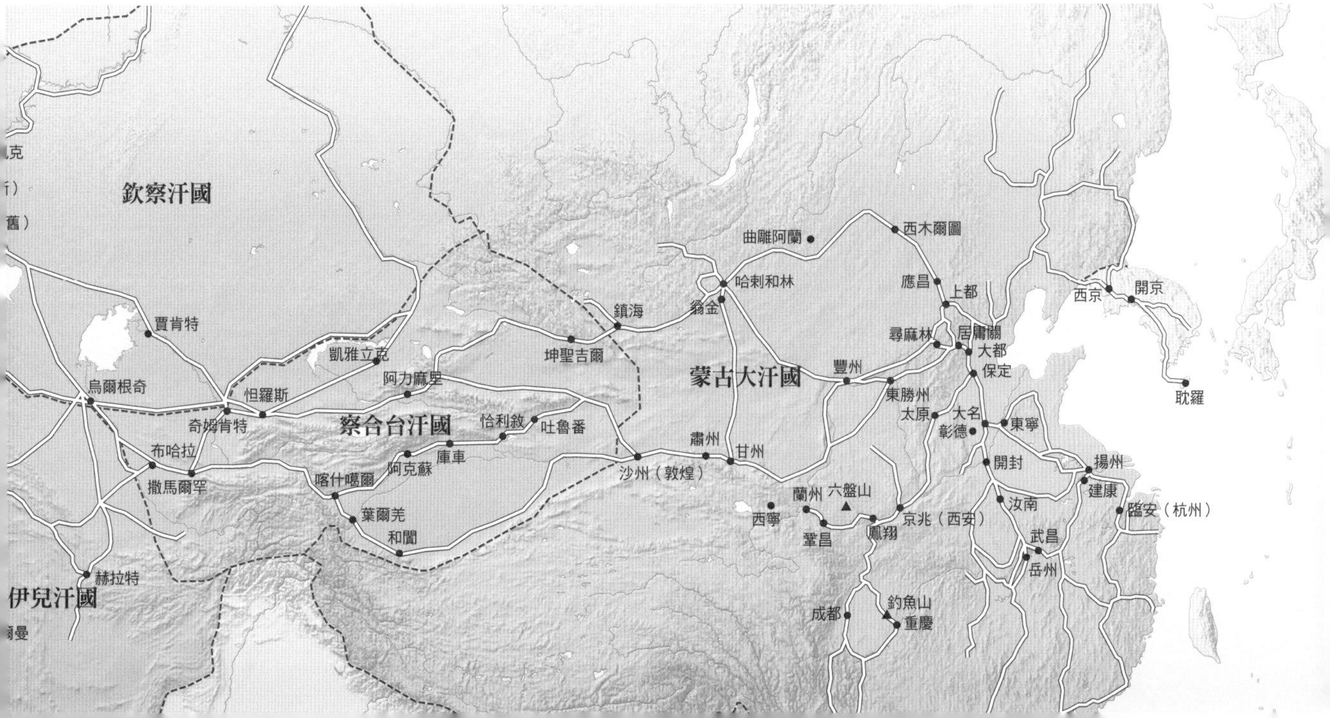

西元1245年～1342年

大旅行時代

里昂
❶❹
日內瓦
羅馬
地中海

1245～1247年
柏朗嘉賓東遊

1253～1255年
魯不魯乞的旅行

1271～1295年
馬可波羅的旅行

1287～1288年
拉班・掃馬造訪歐洲各地

1307年
若望・孟高維諾被任命為汗八里總主教

1316～1330年
鄂多立克東遊

1325～1354年
伊本・巴圖塔開始麥加朝聖之旅，旅行三大洲

1342年
馬黎諾里在大都滯留三年

歐亞大陸經歷過蒙古帝國的統一，在蒙古治世情勢下，先前無法展開的大旅行時代正式開啟。雖然之前也並非沒有使臣、僧侶、軍人穿越大陸旅行，但在距離和頻率上是無法和此時比較的。就像十五到十六世紀的「大航海時代」，重新透過旅行擴充地理知識，帶來世界觀的變化；十三到十四世紀的「大旅行時代」，在人類歷史上也具有非常重要的意義。

一切都從歐洲傳教士訪問蒙古草原和中國開始。因為拔都帶領的蒙古軍侵略俄羅斯、匈牙利、波蘭，歐洲各國首領產生深刻的危機意識，教宗英諾森四世在西元一二四五年，於法國召開的第一次里昂大公議會中，決定由方濟會和道明會兩派的傳教士組成四個使節團，前往蒙古草原和西亞進行傳教。其中值得注目的就是柏朗嘉賓，他在一二四六到一二四七年訪問哈剌和林，回去後寫了《蒙古史》（Ystoria Mongalorum）說明自己的旅程，警告大家逐漸強大的蒙古將會成為威脅。

在他之後，是魯不魯乞帶著法國國王路易九世的親筆信，在一二五三年抵達哈剌和林，並在同年冬天待在當地，直到一二五五年才返回法國；他也一樣寫下了《魯不魯乞東遊記》（Itinerarium），書中出現的「Caule」一詞，後來不知何時轉變成了「Korea」。之後，孟高維諾（Giovanni da Montecorvino）也前往中國，從一二九四年到一三二八年逝世為止，進行了長達三十年以上的傳教活動。鄂多立克則在一三一六年開始東方之旅，越過印度、中國、西藏、中亞、伊朗，直到一三三〇年才回到祖國。一三四二年，馬黎諾里帶著由三十幾人組成的傳教使節團來到大都，在當地停留了三年。除了傳教士，無數的商人也在蒙古帝國的各地活躍著。

主要旅行家的活動

—— 柏郎嘉賓
❶ 1245年4月　自里昂出發
❷ 1246年4月　抵達薩萊（舊）
❸ 1246年7月　抵達哈剌和林
參與貴由登基大汗的大典
❹ 1247年11月　抵達里昂

—— 魯不魯乞
❶ 1253年春　自君士坦丁堡出發
❷ 1253年12月　抵達哈剌和林
❸ 1254年7月　由哈剌和林出發
❹ 1255年8月　抵達的黎波里

—— 馬可波羅
❶ 1271年　自威尼斯出發
❷ 1274年　抵達上都
❸ 1274～91年　在中國逗留
❹ 1295年　抵達威尼斯

也有人是反向從東方前往西方旅行的，蒙古大汗國和伊兒汗國之間有非常頻繁的人力往來，特別值得關注的是原為內蒙古的汪古特部落民、信奉聶斯脫里派基督教的馬可波羅和拉班・掃馬，起身出發前往耶路撒冷朝聖。抵達伊兒汗國的馬可波羅，在一二八一年被教團任命為總主教後，以雅巴拉哈三世之名即位；至於拉班・掃馬遵從阿魯渾汗希望與歐洲建立政治軍事聯盟的指示，在

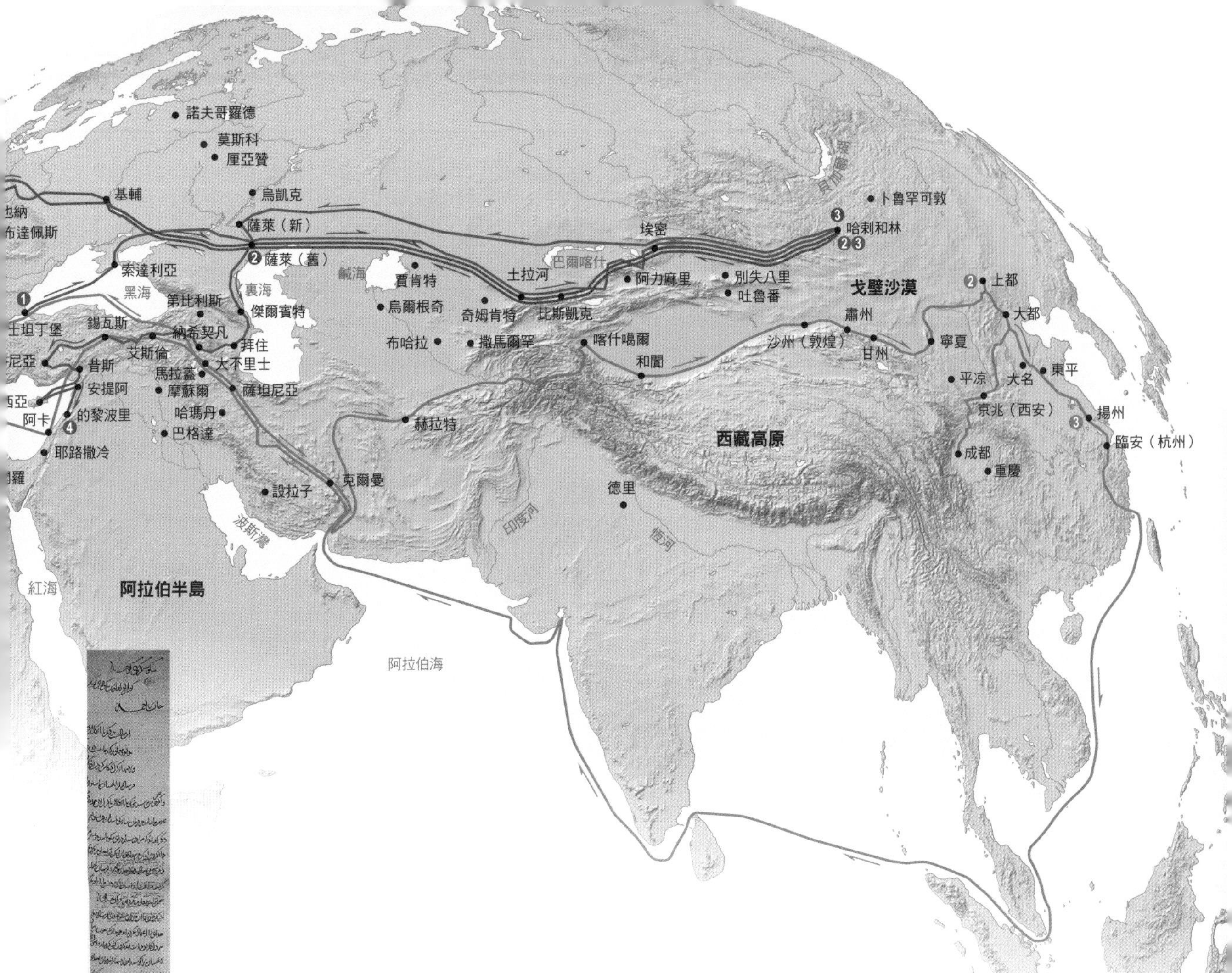

貴由的親筆信

教宗英諾森四世派遣到蒙古的方濟會修道士柏朗嘉賓，在西元1246到1247年訪問蒙古帝國準備回國時，蒙古的貴由汗寫給教皇的親筆信之波斯語譯本。目前收藏於梵蒂岡祕密檔案室。

一二八七到一二八八年尋訪歐洲各地。另一方面，出身於摩洛哥丹吉爾的伊本·巴圖塔在一三二五年，以二十一歲的年紀走上前往麥加的朝聖之路，在之後的三十年之間走訪了歐亞非三大洲，進行了十二萬公里的大旅行。他的旅程中，造訪了各個城市的伊斯蘭聖地，透過與學者和蘇菲們的對話和辯論，達到「追求智慧」的目標。他在一三五四年回到祖國，用口述的方式，由伊本·朱宰整理成《伊本·巴圖塔遊記》（Rihla）。

拉班·掃馬的旅程
（西元1287~88年）

西元1240年～1402年

對世界的新認知

1240 年
《史集》作者拉施德丁出生

1254 年
馬可波羅出生

1306 年
《史集》第一部完成

1306 ～ 1311 年
《史集》第二部完成

1318 年
拉施德丁遭處決

1324 年
馬可波羅逝世

1375 年
克雷斯克繪製《加泰隆尼亞地圖集》

1389 年
明繪製《大明混一圖》

1402 年
朝鮮繪製《混一疆理歷代國都之圖》

西元十三到十四世紀，以蒙古治世和大旅行時代為背景，成就了空前絕後的文化大交流，並帶來「世界」這個超脫的居住區域或文明範圍的概念。世界地圖的出現、世界地理和世界史相關的書籍也相繼出版，蒙古帝國的誕生就是最具代表性的例子，而最廣為人知的地圖就是朝鮮所製作的《混一疆理歷代國都之圖》。這份地圖中畫出過去所有地圖上，都未曾出現的非洲南端的好望角，因此很早就受到各方注目。

朝鮮到底是怎麼畫出這樣的地圖呢？根據地圖下段所註記的理學家權近的跋文，這份地圖是西元一四〇二年（太宗二年），左議政金士衡和右議政李茂把從中國入手的兩頁地圖——推測是一三三〇年左右李澤民的《聖教廣被圖》和清浚《混一疆理圖》——組合後，再加入朝鮮和日本的地圖所繪成，而非洲南端的部分，則是來自於李澤民的地圖。但是明初製作的《大明混一圖》中也有相同的部分，因此可以推測，在蒙古帝國時期，就已經有非洲南部的地理情報，特別是在忽必烈的統治時代，在西亞出身的地理學家札馬魯丁的主導之下，推進了國際貿易事業，估計這跟蒙古帝國的地圖繪製的擴展息息相關。朝鮮的《混一疆理歷代國都之圖》有可能是在蒙古時代擴張後，產生世界意識的成果。

而比這早一點的一三七五年，克雷斯克父子在歐亞大陸的最西端、西班牙東部的馬約卡島製作了《加泰隆尼亞地圖集》。十二面木板所組成的地圖，是以西方國家一直以來的聖經世界觀為基礎，克服了 OT 地圖（一種歐洲中世紀的圓形世界地圖）的限制，參考馬可波羅所提供的新地理資料，近乎準確地描繪東方世界。這也可以說是在蒙古帝國時期，所誕生的另一幅世界地圖。

以蒙古治世和大旅行時代為背景，最具代表性的著作就是《東方見聞錄》（馬可波羅行紀），因名稱來自日本，因此韓國也沿用這個書名，但這並不是一本單純的馬可波羅行紀，就如同原書名是《寰宇記》(Divisament dou Monde)一樣，這本書並非單純的遊記，而是有系

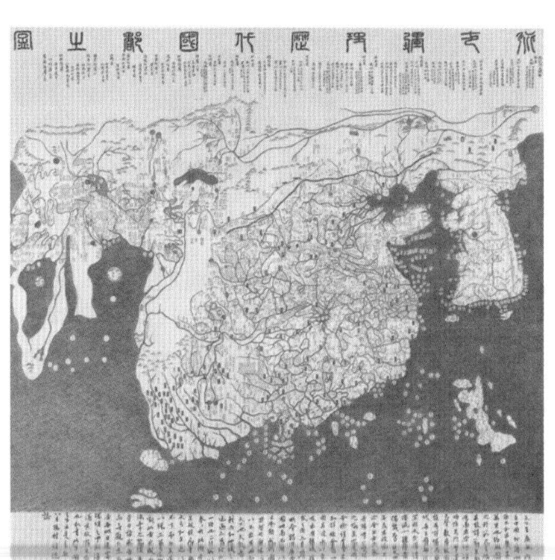

《混一疆理歷代國都之圖》

朝鮮初期，西元1402年所製作的地圖。參考元代的地圖製作而成，因畫有非洲好望角，而受到學界的非常關注。原本已經不復存在，現存兩份副本則分別收藏在京都龍谷大學和九州本光寺。照片上的地圖是根據龍谷大學的副本重新繪製、帶回韓國，目前收藏在首爾大學奎章閣中。

統地描述了歐洲之外的整體世界，是馬可波羅以旅行的所見所聞為基礎，並參考許多資料和情報後，所寫下的一本關於世界地理的博物誌。因此，他到底有沒有真的去過中國？歷史上真的有這號人物嗎？這些疑惑都是因為「遊記」、「見聞錄」等名稱所帶來的疑惑。

蒙古帝國時代也誕生了史上最初的「世界史」，伊朗出身的宰相拉施德丁，在合贊汗的命令之下編寫了蒙古史，之後從完者都汗開始，也將世界各民族的歷史納入其中，因而完成了三部曲的《史集》。第一部的標題是《突厥蒙古部族志、成吉思汗先祖紀及成吉思汗傳記》，主要是蒙古史；第二部是阿拉伯、印度、猶太、中國、法蘭克、突厥等歷史，標題是《世界民族史》；第三部是記錄了各地區的地理特徵、都市以及山川的《世界疆域史》。現在不知道這三部書籍的下落，第一部是研究蒙古帝國史時的必要資料，第二部作為史料的價值稍低，但至今沒有範圍如此之廣的記錄，因此《世界民族史》依舊有非常重要的歷史意義。

《史集》

拉施德丁所編撰的《史集》中，第二部《世界民族史》內容中所出現的「西遼和中國的皇帝們的歷史」（俗稱「中國史」）。照片看到的是拉施德丁生前所寫之書的副本一部分，目前被納入喀利里珍藏（Khalili Collection）中。

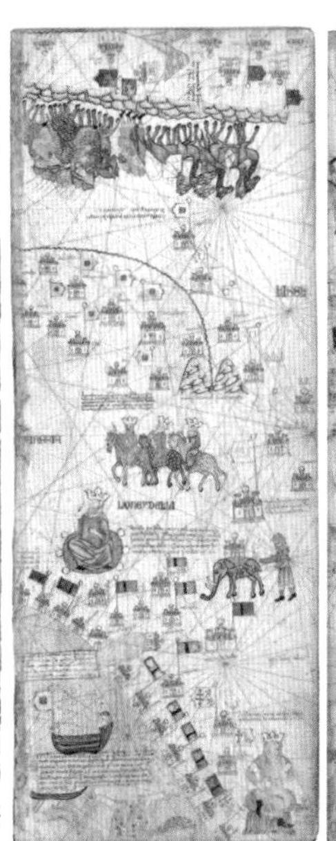

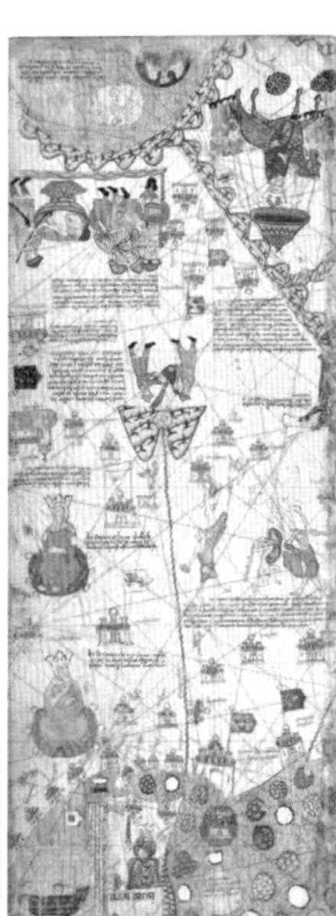

《加泰隆尼亞地圖集》

西元1375年，克雷斯克父子所製作的世界地圖。複本現收藏於法國巴黎國立博物館中，克服了中世紀歐洲以聖書地理觀所繪製的OT地圖的盲點，融入許多關於東方的詳細地理情報，算是當時空前絕後的地圖。

西元1316年～1388年

世界帝國的崩壞

1316 年
旭烈兀兀魯思的不賽因即位

1326 年
察合台兀魯思的怯別汗逝世

1335 年
旭烈兀兀魯思瓦解

1340 年代
黃河爆發水患

1340 年代後半
察合台兀魯思東西分裂

1357 年
朮赤兀魯思在札尼別逝世後陷入混亂

1368 年
朱元璋建立明

1370 年代
朮赤兀魯思因為帖木兒的攻擊而急速衰退

1388 年
大元兀魯思瓦解

蒙古帝國的統治世界大業，直到西元十四世紀中葉左右開始漸漸瓦解，而帝國內各地早在二十到三十年前，就已經出現了瓦解的徵兆。

首先是統治中亞的察合台兀魯思，在一三二六年怯別汗逝世後，繼位的可汗們壽命都非常短，改信伊斯蘭教的答兒麻失里汗因為統治集團內部劇烈的反對而被廢位。因為內部的矛盾越來越嚴重，察合台兀魯思在一三四〇年代後半東西分裂。

旭烈兀兀魯思的最後一位君主是不賽因，在他二十年的統治之下，是政治上相對較為安定的時期。因此，很難理解為什麼在他逝世後汗國會瞬間崩解，繼位紛爭可能是最主要的原因之一，旭烈兀兀魯思瓦解之後，西亞分裂成許多小規模的區域政權。以巴格達為中心的札剌亦兒王朝，占領的範圍延伸到大不里士地區，領土十分廣大。卡爾提德王朝以赫拉特為首都，統治大呼羅珊東部地區；薩爾德巴勒王朝則統治大呼羅珊西部；伊朗南部的克爾曼和法爾斯有莫札法爾王朝。一三七四年歪思汗死後，名為黑羊部的土庫曼人部落占領大不里士，建立了黑羊王朝，而白羊部則掌控了安那托利亞東部的高原地區。

朮赤兀魯思也同樣在一三五七年札尼別逝世後，陷入了「大混亂」時期，一三七〇年代，主要的貿易區域因為帖

14世紀中後半歐亞大陸的形勢
（蒙古帝國瓦解之後）

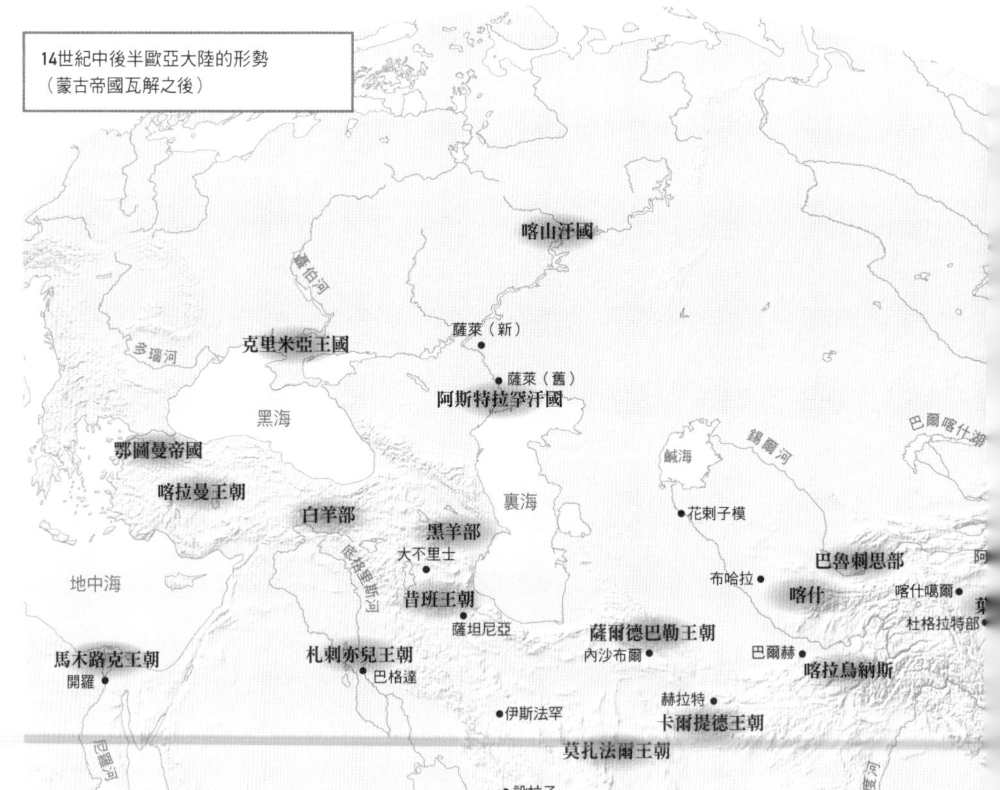

木兒的遠征而被破壞。朮赤兀魯思因為政治、經濟的衰退終致分裂成數個地區政權。

大元兀魯思和其他兀魯思的命運也相差不遠，一三四〇年代發生的黃河水患，帶給大運河河道上的河南和江西地區嚴重打擊，加上為了建造堤防而募集的大量人力，因為待遇極差而感到強烈不滿。除此之外，宮廷中的政治暗鬥、貨幣制度的混亂等，讓狀況更加惡化，結果就是各地叛亂四起。由白蓮教徒、走私鹽販、貧農們參與的叛亂，範圍從黃河流域一路延伸到長江流域。紅巾軍的首領朱元璋鎮壓了其他反叛勢力後，在一三六八年建立大明，他北上掌控了大都和上都，將蒙古勢力驅逐到長城以北。妥懽貼睦爾可汗（元惠宗）逃到應昌躲避，最後在當地逝世，高麗人奇皇后所生的兒子愛猷識理答臘即位可汗，並將根據地遷到哈剌和林。

一般說法是「元朝」滅於西元一三六八年，但這個說法並不適當。大元兀魯思的領域除了南部的中國地區之外，也包括西藏和蒙古草原。一三六八年時，雖然元帝國喪失了疆域的核心地區，但是可汗依舊存在，當時高麗稱他們為「北元」，直到愛猷識理答臘逝世，他的繼位者脫古思帖木兒在一三八八年被殺後，大元兀魯思才正式滅亡。

因此，整個蒙古帝國在十四世紀中葉左右瓦解，這些現象跟各兀魯思內部的事件發生的時間，很難說是一致的。最新的研究指出，雖然確定黑死病病原體第一次出現是在青海、寧夏一帶，但這個疾病在西元十四世紀前半時，除了東部的大元兀魯思和西部的三大兀魯思之外，已一路擴散到歐洲，這對組成蒙古帝國的各兀魯思帶來致命性打擊，而蒙古帝國連接內陸交通的網絡機能也癱瘓，或許這就是導致帝國弱化的最初原因。不只受到覆蓋整個歐亞大陸的黑死病的影響，以全球的觀點來看，我們也有必要研究這些自然災害。

景教墓石

西元1885年，在今吉爾吉斯的伊塞克湖附近，景教教徒的共同墓地發現了六百餘個墓石。以敘利亞文字寫成的銘文註記了死者的姓名和死亡年代，最早的是西元858年。這裡發現了大量在西元1338年和1339年，因為「域病」而死的人們的墓石，看的出來是受到黑死病的影響。

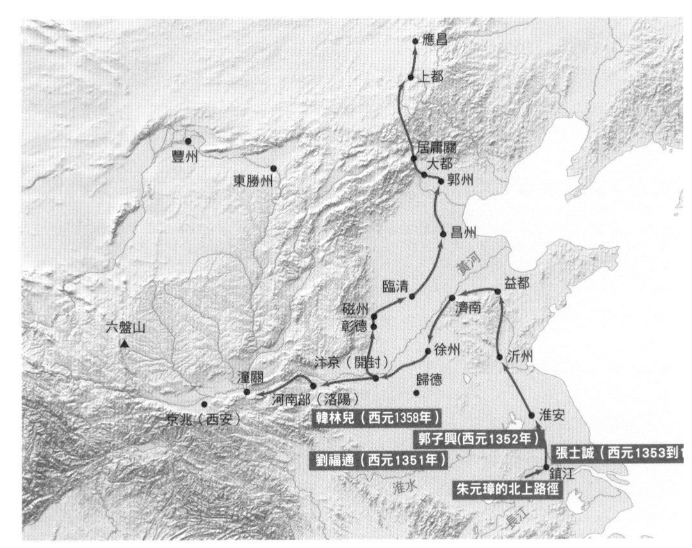

大元兀魯思的崩壞

→ 朱元璋的北上路徑
■ 主要反叛集團

貝加爾湖
西蒙古
東蒙古
黃河
青海—西藏交界
明
長江
布拉馬普特拉河

《蒙古源流》

西元1662年薩岡徹辰所著的蒙古編年史《*Qad-un ündüsün-ü Erdeni-yin tob i*》（諸汗源流寶史綱），以《蒙古源流》這個書名廣為人知。目前烏蘭巴托國家圖書館所藏的副本是可信度評價最高的副本。照片是副本中記錄妥懽貼睦爾可汗通過居庸關、逃難到北方的「惠宗悲歌」部分。

描述帖木兒帝國的畫作

PART

04

後蒙古帝國時代

所謂「後蒙古帝國時代」，指的是十五到十七世紀期間的中央歐亞史。蒙古帝國的滅亡很容易給人們造成一種錯覺——此後遊牧民便不再於歷史上扮演重要角色，不過中央歐亞在十五世紀後的情勢發展，卻清楚顯示這類迷思和事實相距甚遠。

退回草原的蒙古遊牧民群體，雖然有一段時間由於明帝國的攻勢以及遊牧民的內部分裂而陷入衰退，但是從十五世紀開始，在衛拉特（Oirat）主導之下的西蒙古又開始對中國和中亞造成壓迫，之後衛拉特又統合了東蒙古。至於中亞地區，以察合台兀魯思為搖籃的新興勢力帖木兒帝國也在這時候登場，憑藉其軍力席捲西亞地區，威名遠揚。

與此同時，藏傳佛教和伊斯蘭教各自在蒙古草原和東突厥斯坦積極地進行布教活動，而結果是中央歐亞東西兩側的住民，分別成為佛教徒和穆斯林。伊斯蘭勢力一路擴張到回鶻斯坦（吐魯番和哈密），前鋒到達甘肅和陝西；而藏傳佛教則以青海地區為媒介，連接蒙古草原的南北兩端。因此，藏傳佛教和伊斯蘭教的宗教理念構成統治正當性的新基礎，這是後蒙古時期的重要特徵之一。

1300

1368年 朱元璋建立明

1370年 帖木兒帝國建立

1388年 蒙古帝國滅亡

1392年 朝鮮建國

1400

1402年 朝鮮繪製《混一疆理歷代國都之圖》

1405年 帖木兒逝世
鄭和下西洋開始（共七次）

1410年 明成祖五次親征蒙古

1417年 兀魯伯在撒馬爾罕設立「馬達沙」

1449年 土木之變

1453年 君士坦丁堡淪陷

1487年 達延汗即位

1498年 瓦斯科·達伽馬發現印度航路

1500

1504年 昔班尼征服河中地區

1526年 巴布爾締建蒙兀兒帝國的基業

1547年 伊凡四世建立俄羅斯帝國

1576年 索南嘉措成為第三世達賴喇嘛

1592年 壬辰倭亂（萬曆朝鮮之役）

1600

西元1368年～1424年

明初的蒙古與中國

1368 年
朱元璋建立明

1379 年
脫古思帖木兒即位

1388 年
蒙古帝國瓦解

1403 年
靖難之役

1405 年
帖木兒在訛答剌逝世

1408 年
阿魯台擁立本雅失里為可汗

1410 ～ 1424 年
明成祖五次遠征蒙古

一三六八年，由於大都、上都淪陷而喪失中國部分的領土，蒙古人因此遷回草原，此後他們經歷了一個世紀以上的分裂，直到一四八七年達延汗即位、並重新展開統一為止。這個時代發生的重要事件大致可分為兩類：成吉思汗一族的權力弱化，以及東西蒙古的對立。

妥懽貼睦爾的兒子愛猷識理答臘（必里克圖汗）在明軍奇襲應昌的時候僅以身免，帶領數十騎人馬抵達哈剌和林避難。其時擴廓帖木兒（又稱王保保）在甘肅一帶敗給明軍，只得經寧夏往北逃亡，愛猷識理答臘與他聯手以對抗明的軍事威脅。而明太祖朱元璋於一三七二年春天，命令徐達、李文忠、馮勝等武將，帶領十五萬大軍分三路北征。但是明軍在土拉河畔遭到擴廓帖木兒的軍隊攻擊，慘敗並導致數萬士兵死亡。一三七八年，愛猷識理答臘逝世，他的弟弟脫古思帖木兒繼承了汗位。

另一方面，明太祖在土拉河之役後暫停北伐，轉變為「尺進寸取」的消極政策，即是企圖使邊境的蒙古人從屬於自己。一三八七年，馮勝等人帶著二十萬大軍越過遼河，攻打以金山（今遼寧鐵嶺）、瀧安一帶為根據地的納哈出（木華黎後裔）。由於明軍突然殺個措手不及，納哈出率領旗下的二十萬蒙古士兵投降。儘管脫古思帖木兒在聽到這個消息後趕到呼倫貝爾，企圖挽回東部地區的戰局，但他仍在一三八八年被明軍襲擊而戰敗。之後脫古思帖木兒帶著僅有數十騎的兵力往西逃亡，途中於土拉河畔被阿里不哥的後裔也速迭兒等人殺害。

隨著脫古思帖木兒的逝世，由忽必烈開創的大元兀魯思也就此滅亡。也速迭兒雖然在這之後登上汗位，但實權卻落到曾協助他殺害脫古思帖木兒的衛拉特部（也就是西蒙古）首領的手中。一三九二年，也速迭兒死亡，衛拉特首領們透過擁立傀儡可汗，完全掌控了最高權力。其時已成為中亞霸主的帖木兒，自然也留意到蒙古本土的混亂局面。一四〇五年，帖木兒以復興蒙古帝國之名發動遠征，成吉思汗的後裔本雅失里也一同隨行，而帖木兒在途中病逝。但是本雅失里仍然到達蒙古草原，

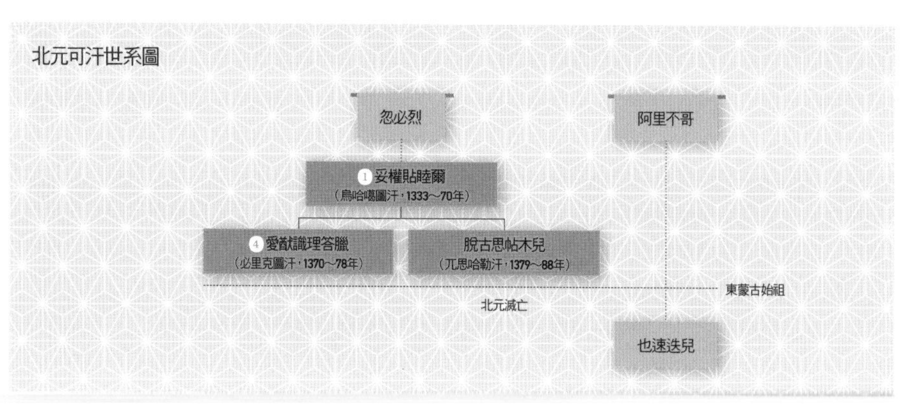

1400年代歐亞大陸的形勢

東蒙古首領阿魯台為了牽制西蒙古的勢力，於一四〇八年擁戴本雅失里以「完者帖木兒」之名登上可汗之位。

另一方面，明成祖朱棣在靖難之役後的一四〇三年即位，基於對東蒙古日漸威脅北方邊境的擔憂，因此他尋求和衛拉特結為聯盟。其時的衛拉特已經不只是大元兀魯思時期住在葉尼塞河附近的山林部落，而是以葉尼塞河為核心，集結阿爾泰地區的乃蠻部、杭愛山附近的克烈部、貝加爾湖附近的巴兒忽惕部等各勢力而成的集團，當時由馬哈木、太平和把禿孛羅三兄弟掌握權力。明成祖在一四〇九年分別賜予三人封號，與衛拉特締結軍事同盟，於翌年帶領五十萬大軍親征蒙古草原。之後明成祖還發動了四次遠征（一四一四年、一四二一～二二年、一四二三年、一四二四年），由於明軍的連番打擊，作為蒙古帝國後裔的東蒙古勢力衰退，而與之對立的西蒙古則有所增長。

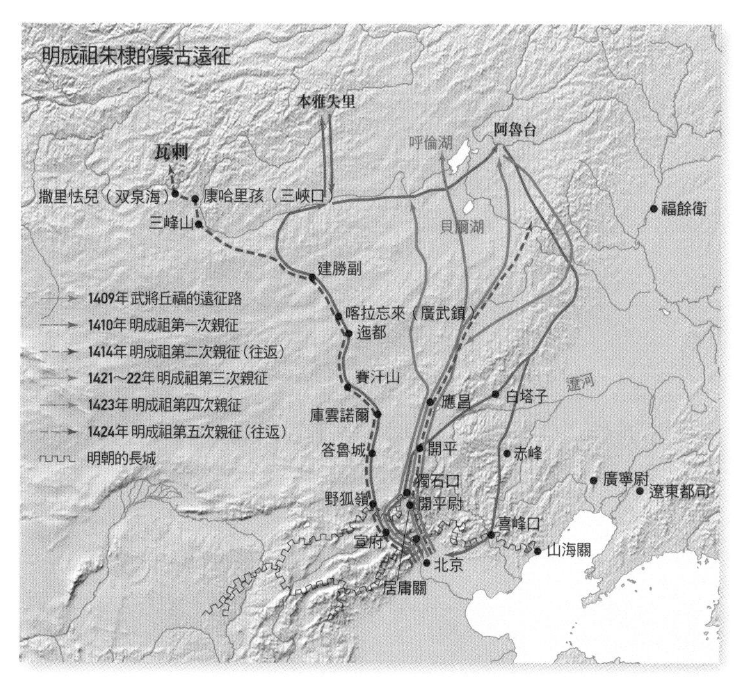

西元1347年～1425年

蒙兀兒汗國的成立與發展

1347 年
合贊汗遭殺害

1360 年，1361 ～ 1362 年
禿忽魯帖木兒兩次遠征河中地區

1365 年
哈馬兒丁殺害也里牙思火者

1369 年
帖木兒統一河中地區

1389 年
哈馬兒丁的叛亂落幕，忽歹達擁立黑的兒火者

1425 年
兀魯伯攻滅忽歹達

察合台兀魯思的合贊汗於一三四七年被殺，之後生活在天山北部草原的遊牧民們，擁戴禿忽魯帖木兒成立「蒙兀兒汗國」。但是在兀魯思的西部、其時已於突厥斯坦的都市過著定居生活的舊遊牧集團對此並不認同，察合台兀魯思因此一分為二。東部建立的王朝，在學界被稱為「東察合台汗國」，而他們也叫做「蒙兀兒汗國」，因為這些遊牧民認為自己繼承了蒙古帝國的源流，同時以「Moghul」（蒙兀兒）作為自稱。

禿忽魯帖木兒得到東部兀魯思勢力最為強大的朵豁剌惕部支持，他接受了當時迅速在蒙兀兒遊牧民中傳播的伊斯蘭教，並自稱伊斯蘭信仰的保衛者；禿忽魯帖木兒之所以對伊斯蘭教表現得如此積極，是為了統合旗下的遊牧民、強化蒙兀兒汗國內部的團結。根據十六世紀史學家米爾咱．海答兒（一四九九年～一五五一年）所寫的《拉失德史》，伊斯蘭的神祕主義教派也即是蘇菲派，在促使禿忽魯帖木兒改信伊斯蘭教這件事當中發揮了很大作用，而賈拉丁（Jalal al-Din Kataki）和他兒子額什丁創建的卡塔基（Kataki）教團，更是扮演了決定性的角色。賈拉丁等人也到達今日庫車一帶，對當地住民發揮著非常大的影響力。

禿忽魯帖木兒先後兩次遠征河中地區，旨在統合整個察合台兀魯思，但是以帖木兒為首的西部遊牧民集團，組織了非常激烈的反抗。其後禿忽魯帖木兒的兒子、負責駐守當地的也里牙思火者在包圍撒馬爾罕的途中，因疫病爆發而被迫撤退，結果造就了帖木兒這類新晉人物的崛起。

禿忽魯帖木兒死後，蒙兀兒汗國陷入了混亂，當時朵豁剌惕部占有天山以南的塔里木盆地（當時被稱為「Manggalai Sübe」）一帶，勢力十分強大。一三六五年，朵豁剌惕部其中一名首領哈馬兒丁殺害也里牙思火者，並自稱為可汗。由於一直以來的不成文規定——只有成吉思汗的後裔才能擁有這一稱號，因此哈馬兒丁的舉動引起激烈反對，並造成蒙兀兒遊牧部落之間長達三十年的對立。直到一三八九年，朵豁剌惕部的忽歹達擁立黑的兒火者即位，才終結了這場混亂。然而忽歹達自稱為「Ulusbegi」（兀魯思的指導者），先後

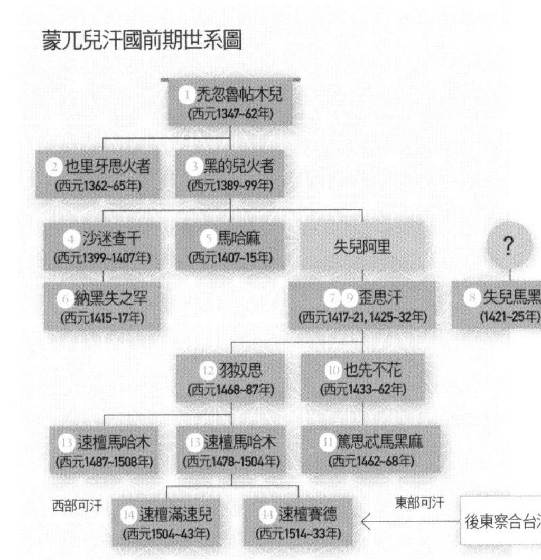

擁立六名可汗即位，以「造王者」的姿態占據權力，因此造成可汗本人的權力被弱化、部落首領們掌握國政的局面。而這類在部族內部或者各部族之間爭奪權力的「部族政治」（Tribal Politics），就是導致蒙兀兒汗國衰弱的首要原因。

順帶一提，十五世紀發生了值得注目的兩大歷史現象。第一，直到這時候為止都生活在天山北方蒙兀兒草原的遊牧軍事貴族，出現遷移到天山南部定居地帶的傾向。舉例來說，羽奴思汗大部分時間都在塔什干或撒馬爾罕之類的城市生活，甚至因此引致一部分保守的遊牧部落發起叛亂、將羽奴思汗本人囚禁，但即便如此，蒙兀兒汗國的領導層往定居地帶遷移的傾向，在這之後仍越來越強烈。

第二，伊斯蘭勢力的擴張也是非常值得關注的現象。由於禿忽魯帖木兒改信伊斯蘭教，所以蒙兀兒遊牧民在較早時候也開始伊斯蘭化，但是大多流於形式。然而伊斯蘭教慢慢改變著他們的生活型態，包括可汗本人在內的統治階層，也強化了和宗教領袖例如蘇菲派長老的關係。由於定居化和伊斯蘭化這兩個原因，蒙兀兒汗國的統治階層逐漸失去了遊牧民族的原有特性。

蒙兀兒汗國的前期發展
額爾濟斯河
西蒙古
東察合台汗國
禿忽魯帖木兒汗的陵墓
東察合台汗國的夏營地
馬納斯
別失八里
巴里坤
阿力麻里
伊犁
歪思汗的陵墓
哈密
吐魯番
裕勒都斯草原
維吾爾斯坦
東察合台汗國
塔什干
烏什
庫車
恰利敘
阿爾普阿他（Alp Ata）的聖廟
阿克蘇
安集延
東察合台汗國的冬營地
卡塔基教團的根據地
喀什噶爾
忙佳立蘇倍
（杜格拉特部管轄區域）
沙圖克．柏格拉汗的聖廟
葉爾羌
塔什庫爾干
塔里木盆地
和闐
西藏

天方列聖

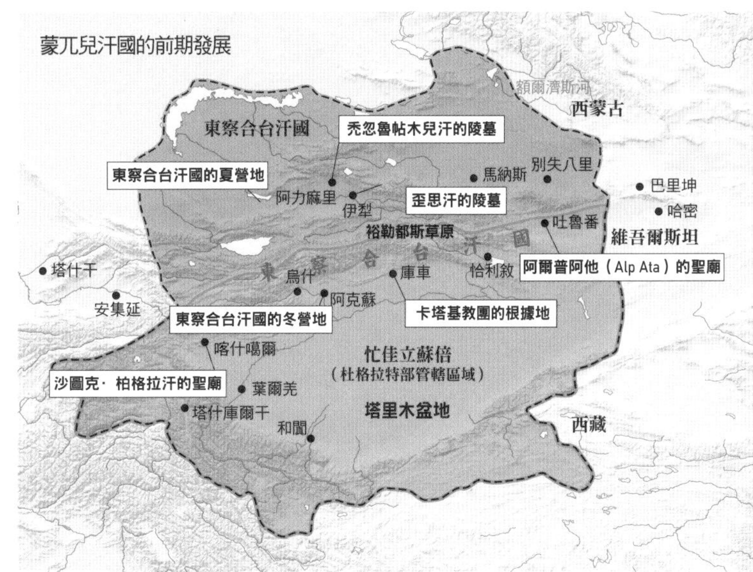

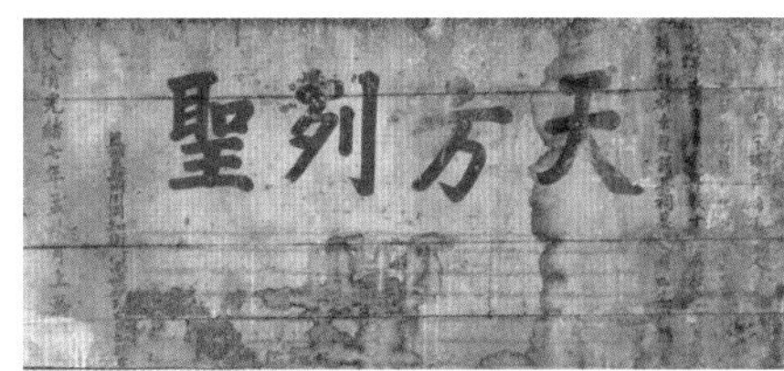

阿沙夏德兒丁聖廟匾額

圖中是掛在位於塔里木盆地北部的庫車縣、額什丁的聖墓大門的匾額，由晚清庫車知縣李藩於光緒七年（1881年）題字。

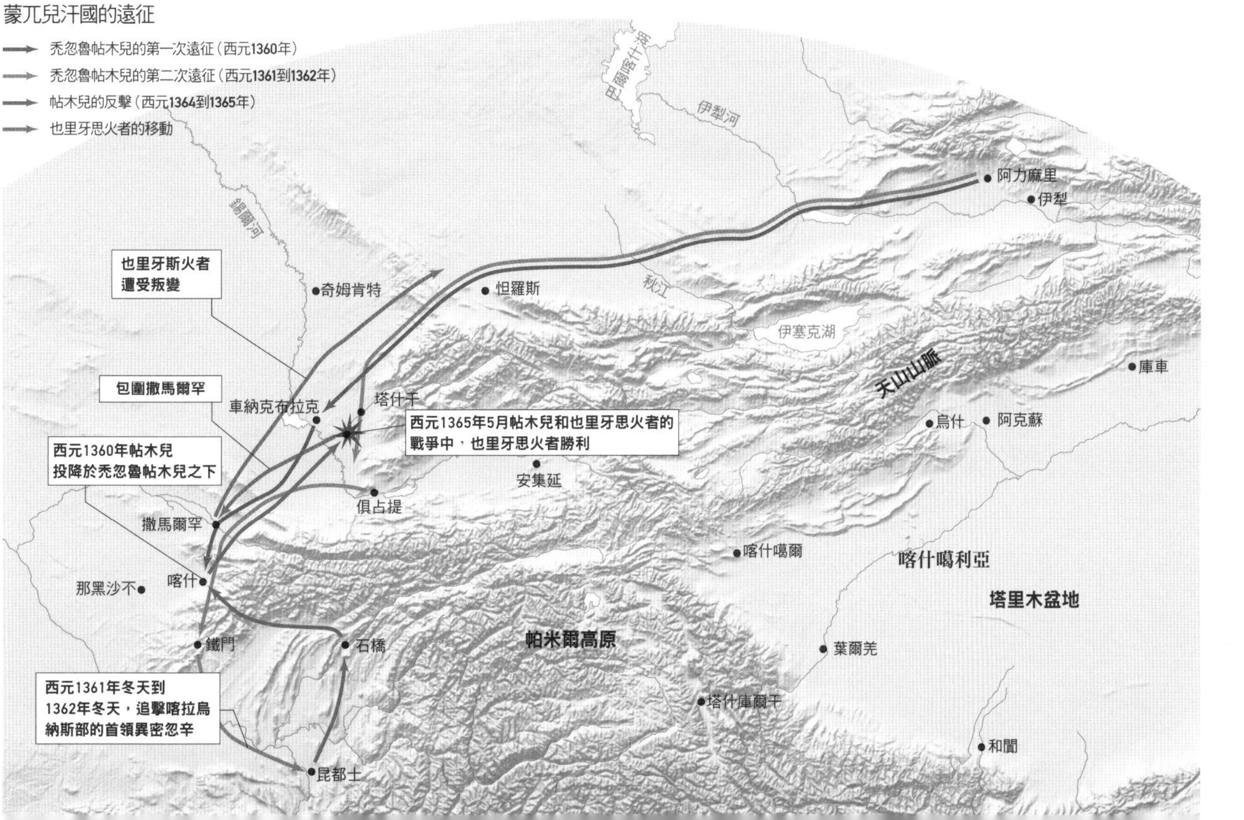

蒙兀兒汗國的遠征
禿忽魯帖木兒的第一次遠征（西元1360年）
禿忽魯帖木兒的第二次遠征（西元1361到1362年）
帖木兒的反擊（西元1364到1365年）
也里牙思火者的移動
巴爾喀什湖
伊犁河
錫爾河
阿力麻里
伊犁
也里牙斯火者
遭受叛變
奇姆肯特
怛羅斯
秋江
伊塞克湖
天山山脈
包圍撒馬爾罕
塔什干
車納克布拉克
西元1365年5月帖木兒和也里牙思火者的
戰爭中，也里牙思火者勝利
庫車
烏什
阿克蘇
西元1360年帖木兒
投降於禿忽魯帖木兒之下
安集延
俱占提
撒馬爾罕
喀什噶爾
喀什噶利亞
那黑沙不
喀什
塔里木盆地
鐵門
石橋
帕米爾高原
葉爾羌
西元1361年冬天到
1362年冬天，追擊喀拉烏
納斯部的首領異密忽辛
塔什庫爾干
和闐
昆都士

西元1336年～1405年

帖木兒的崛起與征戰

1336 年
帖木兒誕生

1360 年
禿忽魯帖木兒掌控河中地區

1369 年
帖木兒統一河中地區

1370 ～ 1372 年
帖木兒遠征蒙兀兒汗國

1372 ～ 1373 年
帖木兒遠征花剌子模

1375 ～ 1377 年
帖木兒遠征欽察草原，大敗蒙古大汗

1379 年
花剌子模的烏爾根奇淪陷

1384 ～ 1386 年
帖木兒遠征伊朗西部和高加索

1395 年
帖木兒攻破朮赤兀魯思的薩萊

1398 年
帖木兒掠奪德里

1399 年
帖木兒開始「七年遠征」

1402 年
帖木兒於安哥拉之戰中活捉巴耶塞特一世

1405 年
帖木兒於訛答剌逝世

出身為巴魯剌思氏首領家族的帖木兒，於一三三六年誕生於撒馬爾罕附近的碣石城（今沙赫里薩布茲）。禿忽魯帖木兒汗於一三六〇年代開始侵略，引發隨後的政治混亂，而帖木兒善用這些因素掌握部落的主導權，並於一三六九年成功將河中地區的數個遊牧部落加以統合。

蒙古帝國的政治傳統在當時仍然較為強勢，不屬於成吉思汗後裔的帖木兒只能使用「Güregen」（駙馬爺）這個稱謂而無法成為「可汗」，但是他被稱為「Amir」（埃米爾），也就是穆斯林們的領導者，因此事實上還是以君主的身分實行統治。直到他在一四〇五年於遠征明國的途中逝世為止，帖木兒一直都是中央歐亞的偉大征服者。因為在戰爭中負傷而造成腳疾，帖木兒獲得「跛子」（Timur-i Lang）的暱稱，而這個稱號又輾轉傳播到歐洲，於是歐洲人稱帖木兒為「Tamerlane」。

從一三七〇年代到一四〇五年為止，帖木兒的遠征可大致分為以下幾個階段。首先是最初的十年，這期間他主要與鄰近的敵對勢力，也就是和東部的蒙兀兒汗國、西部的花剌子模、北部的朮赤兀魯思作戰。當時哈馬兒丁自封為蒙兀兒的可汗，對於因為不屬於成吉思汗後裔而無法稱汗的帖木兒來說，這件事實在難以接受，因此他在一三七〇年遠征蒙兀兒汗國，並取得勝利。

之後在一三七二到七三年，帖木兒出兵攻打花剌子模一帶。這時候，與朮赤兀魯思的左翼君主烏魯斯汗（Urus Khan）敵對、名為脫脫迷失的人物，逃亡至帖木兒處並請求支援，帖木兒打算利用這一機會，因此在一三七五到七七年遠征欽察草原，並擊敗烏魯斯汗。一三七九年，帖木兒再次與花剌子模開戰，攻陷烏爾根奇，將其納入自己的統治。

一三八〇年之後，帖木兒的視線開始移往南部。首先他任命自己的兒子米蘭沙為大呼羅珊地區的總督，並在一三八一年占領阿富汗的赫拉特，在一三八三到八四年期間占領坎達哈。之後帖木兒向伊朗西部推進，陸續攻陷馬贊德蘭、萊伊、蘇丹尼耶等地，並於一三八六年回國。與此同時，由於帖木兒援助而成為朮赤兀魯思君主的脫脫迷

失占領了大不里士，並轉為與他徹底敵對的態度；為了懲罰脫脫迷失，帖木兒繼續對伊朗和欽察等地發動遠征，並於一三九五年摧毀薩萊。之後帖木兒又將目標轉向印度，在一三九八年掠奪德里後返國。

一三九九年，帖木兒展開針對西亞的「七年遠征」，他擊破以安納托利亞東部為根據地的黑羊部（Kara Koyunlu），並打敗占據敘利亞一帶的馬木路克，攻陷阿勒坡和大馬士革。一四〇二年，帖木兒與鄂圖曼帝國交戰，在安哥拉之戰中活捉了巴耶塞特一世，然後於一四〇四年返回撒馬爾罕。同年，西班牙卡斯提亞國王的使臣克拉維約（Ruy González de Clavijo）拜訪帖木兒，在他的旅行記中，克拉維約仔細地描述了與他會面的帖木兒的模樣。帖木兒在一四〇四年秋天對中國發動遠征，但一四〇五年二月他於錫爾河流域的訛答剌逝世。

帖木兒征服了包括中亞、西亞以及欽察草原在內的廣闊區域，並建立起一個大帝國。在當時蒙古帝國和成吉思汗家族仍然備受崇敬，因此帖木兒的統治合法性並不高，他的多次遠征實際上也是為了消除察合台兀魯思部眾的不滿和反抗。身為伊斯蘭教的信仰守護者而進行「聖戰」，以及重建大蒙古國，帖木兒正是透過以上名分和手段，企圖統合他治下的民眾。

帖木兒復原像

前蘇聯學者格拉西莫夫復原的帖木兒長相。1941年在史達林的指示之下，位於撒馬爾罕的帖木兒墓被打開，就如同「跛子帖木兒」的稱號，他遺骸的兩條腿骨確實長度不一樣。

帖木兒帝國的繪畫

統治伊朗設拉子地區的伊斯坎達爾蘇丹（其父為帖木兒之子烏馬爾．沙黑），在1411年編撰成的文集（里斯本的Gulbenkian Collection, Ms. L. A. 161）中出現的插畫（f.166）。在波斯的長篇敘事詩《列王紀》中，敘述了伊斯坎達爾俘虜一個名為答剌的人物的場景。

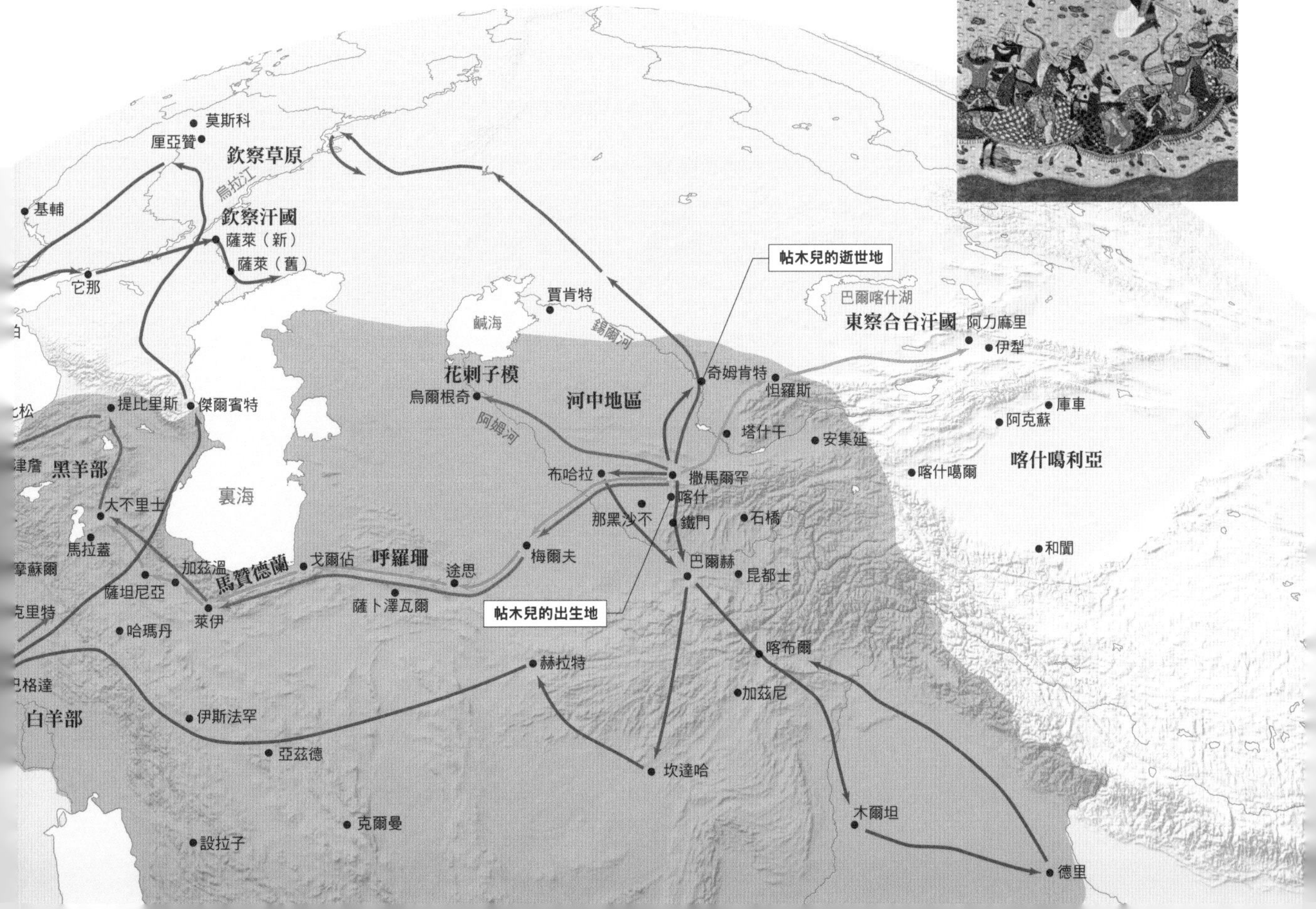

西元1405年～1526年

帖木兒的後裔們

1405 年
帖木兒逝世

1407 年
沙哈魯即位

1413 年
沙哈魯派遣使臣到明國

1421 ～ 1434 年
沙哈魯打敗黑羊部的優素福

1425 年
兀魯伯遠征蒙兀兒汗國

1450 年左右
黑羊部占領伊朗的要地

1451 年
卜撒因即位

1500 年
昔班尼占領撒馬爾罕和布哈拉

1503 年
昔班尼擊敗巴布爾，取得阿赫昔之役的勝利

1504 年
昔班尼征服花剌子模

1505 ～ 1507 年
昔班尼占領巴爾赫和赫拉特

1510 年
昔班尼於梅爾夫戰役中戰死

1511 年
巴布爾試圖奪回撒馬爾罕但失敗

1525 年
巴布爾占領拉合爾

1526 年
巴布爾取得帕尼帕特戰役的勝利，並征服印度西北部，奠定蒙兀兒帝國的基業

帖木兒花費畢生精力所建立的帝國，在他逝世後由於繼承權紛爭而迅速走向分裂。帖木兒在生前指定自己的孫子馬黑麻為繼承人，而在他逝世時，馬黑麻正位於距離帝國首都撒馬爾罕非常遙遠的巴爾赫。因此，帖木兒的另一個孫子哈利勒蘇丹在馬黑麻被暗殺後迅速奪取了權力，之後又由帖木兒的四子沙哈魯控制局面。不過，沙哈魯統治的領域只限於西突厥斯坦，伊朗中部的伊斯法罕和設拉子一帶則由帖木兒的次子烏馬爾．沙黑的後裔掌控。另外，位於帝國最為西端和北端的伊朗西部和亞塞拜然，土庫曼系的遊牧民也建立了政權，也就是札剌亦兒蘇丹國（Jalairid_Sultanate）；其藩屬白羊部（Aq Qoyunlu）和黑羊部也在這期間取得獨立。

沙哈魯企圖以自己的根據地赫拉特為中心重建帝國，位於伊朗中部的帖木兒家族成員也承認他的宗主權。但是黑羊部的優素福占領了大不里士和巴格達，沙哈魯在一四二一到三四年，經過三次遠征打敗了優素福。然而沙哈魯死後，黑羊部再次崛起，於一四五〇年代陸續占領伊斯法罕、設拉子、克爾曼等地。一四六〇年代後半，黑羊部雖然由於白羊部烏尊．哈桑的攻擊而滅亡，但是帖木兒帝國仍然未能恢復在伊朗西部的統治。

沙哈魯也對東邊的蒙兀兒汗國施加軍事壓力，並在一四二五年派遣兒子兀魯伯對其發起遠征。對於中國，沙哈魯採取和其父帖木兒不同的立場，積極尋求建立和平外交關係。一四一三年，訪問北京的帖木兒帝國使臣回國，而明成祖派遣陳誠和李暹前往赫拉特，兩人於一四一五年回國，並寫成《西域行程記》和《西域蕃國志》兩部著作。

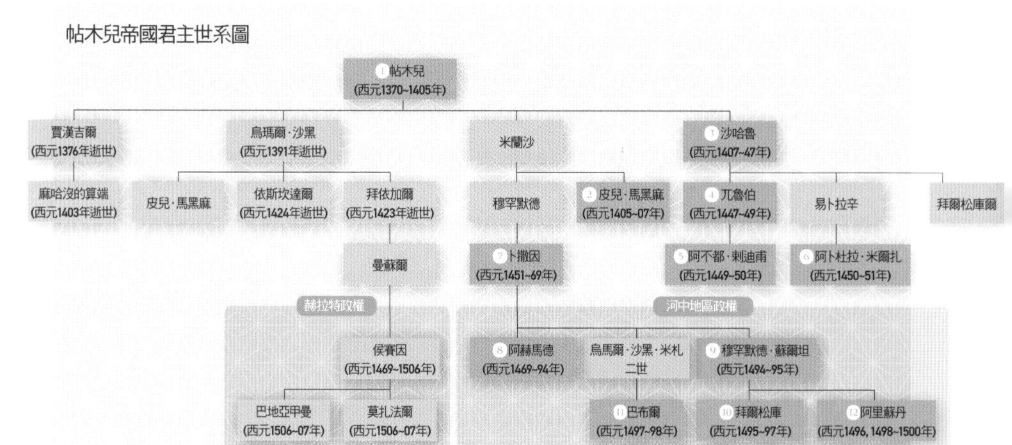

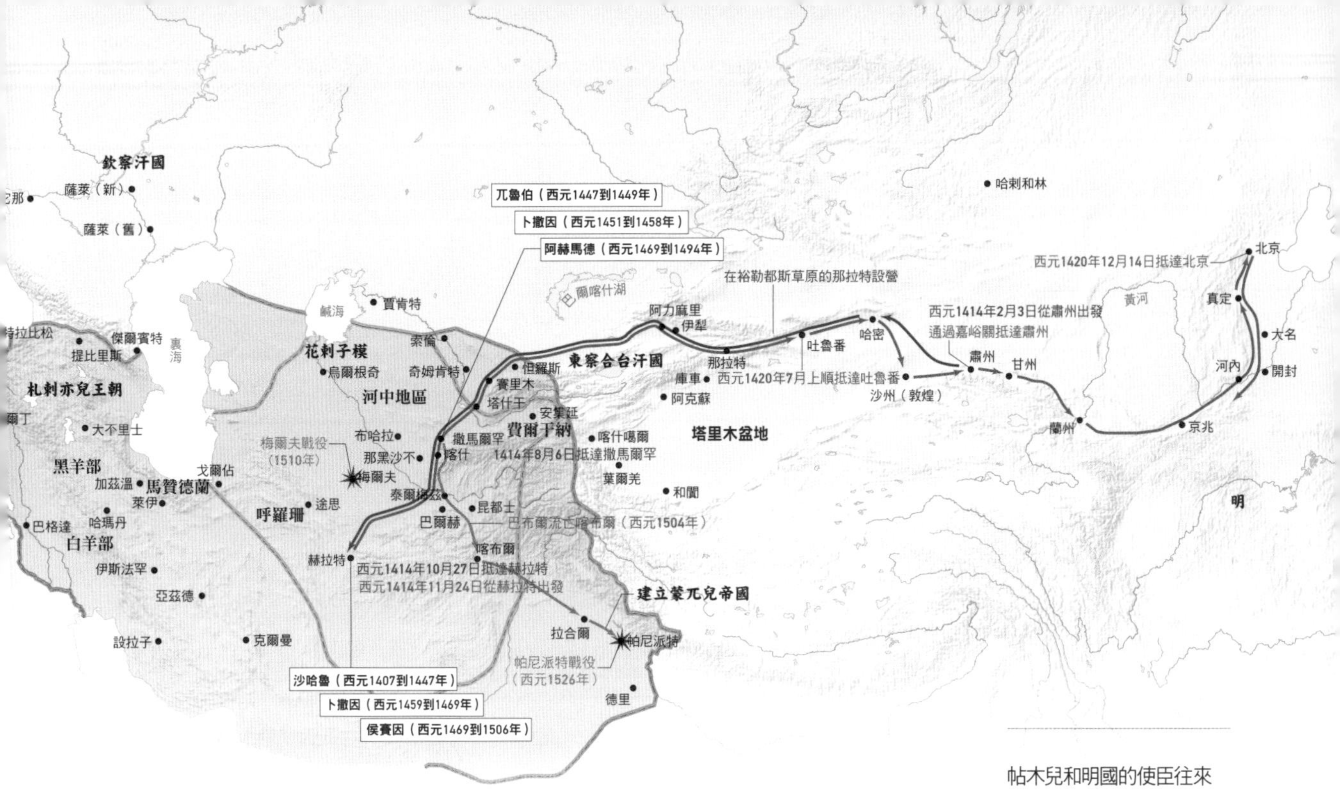

帖木兒和明國的使臣往來

火者·蓋耶速丁的路線
陳誠出使西域的路線
帖木兒帝國最大的面積
帖木兒帝國最後的領土
巴布爾的移動路線

一四一九到二一年，沙哈魯和他的兒子再次派遣使臣團前往明國，使臣火者·蓋耶速丁在其著作《沙哈魯遣使中國記》中生動地描寫了紫禁城於永樂年間遭遇大火時的情景。

一四四七年沙哈魯死後，其長子兀魯伯（原名穆罕默德·塔剌海，Muhammad Taragay，「兀魯伯」意為偉大的君王）在位還不到兩年，就被他的兒子阿不都·剌迪甫殺害，而阿不都後來也被殺，權力鬥爭也不斷加劇。於一四五一年即位的卜撒因，他在一四五七年平定大呼羅珊地區並入主赫拉特，控制了中亞和伊朗東部。卜撒因並不是「Altan Urugh」（黃金家族，成吉思汗的直系後裔）出身，但他卻打破了不成文規定，以「可汗」自稱。後來他在一四六九年攻打白羊部的烏尊·哈桑時，反被抓捕並處死。

卜撒因死後，其統治領土由他的兒子們瓜分，其中統治安集延和費爾干納的烏馬爾·沙黑·米爾扎二世於一四九四年逝世，之後由他十二歲的幼子巴布爾繼位；而北方的新興勢力、烏茲別克的昔班尼汗，則在一五〇〇年占領了撒馬爾罕和布哈拉。一五〇三年夏天，巴布爾和蒙兀兒汗國的兩位可汗速檀瑪哈木、速檀阿黑麻聯手對抗昔班尼的軍隊，結果慘敗，而兩個蒙兀兒可汗也成為俘虜。一五〇四年巴布爾向南逃亡，占領了阿富汗的昆都士和喀布爾，作為新根據地。昔班尼在一五〇四年掌握了花剌子模，並且完全征服了西突厥斯坦，占領了帖木兒帝國的最後領土赫拉特和巴爾赫。但是在一五一〇年，昔班尼和伊朗的新興勢力、隸屬什葉派的薩法維王朝君主伊斯瑪儀一世於梅爾夫交戰，並當場戰死。在伊斯瑪儀一世的幫助之下，巴布爾試圖收復撒馬爾罕，卻沒有成功。離開故鄉的巴布爾，於一五二五年占領了拉合爾，並在隔年的帕尼帕特戰役中取得勝利，征服了印度西北部，並以這裡作為蒙兀兒帝國的基礎。

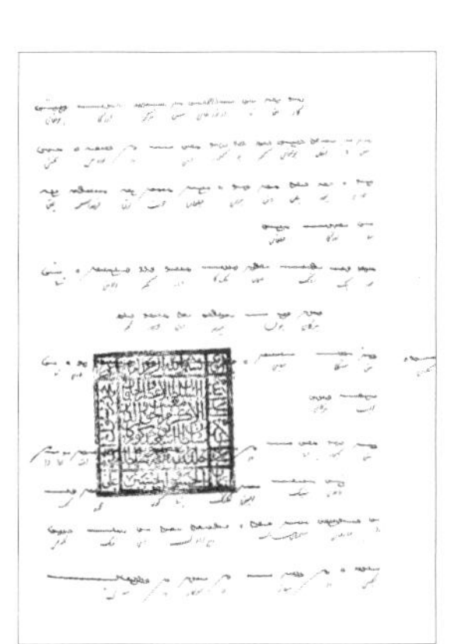

卜撒因的信

這是帖木兒帝國蘇丹卜撒因，寄給白羊部君主烏尊·哈桑的信件的最後一頁。信的內容先以突厥文撰寫，之後翻譯成回鶻文或阿拉伯文，並蓋上阿拉伯文的印鑑。值得留意的是，第七十一行以「Tengri」（騰格里）作為抬頭。

西元1369年～1534年

帖木兒帝國的文化

1369 年
帖木兒統一河中地區

1403 年
帖木兒著手建設古里埃米爾聖墓

1404 年
克拉維約訪問撒馬爾罕
比比哈努姆清真寺竣工
建設夏伊辛達聖墓

1414 ～ 1492 年
蘇菲教詩人拉赫曼・雅米的生卒年

1417 年
兀魯伯在撒馬爾罕建立伊斯蘭學校

1424 ～ 1429 年
兀魯伯下令建設天文台

1433 ～ 1468 年
歷史學家米爾洪德的生卒年

1437 ～ 1449 年
兀魯伯制定天文表

1441 ～ 1501 年
察合台語文學巨匠阿里希爾・納沃依的生卒年

1450 ～ 1535 年
畫家比扎德的生卒年

1469 ～ 1506 年
忽辛・拜哈拉統治時期，赫拉特的文化大興盛

1475 ～ 1534 年
歷史學家弘戴米兒（米爾洪德之孫）的生卒年

帖木兒是稀世罕見的征服者。他所發起的多場戰爭造成了慘烈的破壞和殺戮，但是他的征服也將各類工匠遷往帝國的首都撒馬爾罕，將其變成擁有各種偉大建築的都市。直至今日依舊莊嚴肅穆的比比哈努姆清真寺（Bibi-Khanym Mosque）、夏伊辛達墓城（Shah-i-Zinda），還有埋葬帖木兒遺骸的古里埃米爾聖墓（Gur-e-Amir），這些都是非常有說服力的例子。繼承遊牧民族血統的帖木兒，下令在撒馬爾罕郊外建造將都市建築與草原生活相結合的各種「Bagh」（花園），包括「Bagh-i Chinar」（細木之園）、「Bagh-i Dilgusha」（歡樂之園）、「Bagh-i Bihisht」（天國之園）、「Bagh-i Boland」（壯麗之園）等；這些花園都由圍欄所環繞，設有許多入口，花園裡面則是華麗壯闊的帳篷和亭子。

根據克拉維約於一四〇四年訪問撒馬爾罕時的證言，帖木兒帝國的首都撒馬爾罕大約有十五萬人口，包括突厥人、阿拉伯人、摩爾人、希臘人、亞美尼亞人等來自世界各地、信仰不同宗教的民眾；城中隨處可見產自俄羅斯和欽察草原一帶的皮草和亞麻，契丹（北中國）地區的綢緞和麝香，以及印度的肉豆蔻、沉香、肉桂等香料。帖木兒用對待下臣的禮節對待來自中國的使者，並將中國的君主貶稱為「Tonguz」（豬），這是因為明國皇帝姓「朱」，發音在漢語中跟「豬」一樣的緣故。

帖木兒的子孫們也同樣熱衷於營造建築。於沙哈魯時代拜訪帝國首都赫拉特的中國使臣記錄如下：「君主居住在這座城的東北邊，以磚石建造的宮殿高聳，為四方形布局，不使用椽子或瓦片，內有數十個房間。牆壁和窗戶用金色和綠色的玻璃裝飾，在門框上雕刻花紋，並裝有骨角，而地上則鋪設毛毯。」（西域番國志）

沙哈魯的兒子兀魯伯獲封撒馬爾罕

夏伊達辛

撒馬爾罕的夏伊辛達聖墓（Shah-i Zinda），意思是「活著的國王」，而這座聖墓乃是獻給先知穆罕默德的姪子庫珊・伊本・阿拔斯（Kusam ibn Abbas）。

一帶，統治當地達四十年。作為一個熱衷於學問的領主，兀魯伯在撒馬爾罕、布哈拉、奇斯塔班這三個都市建立名為「Madrasa」（馬達沙，意為學校）的高階教育機構；其中於一四一七年建設、至今仍存的兀魯伯馬達沙（Ulugh Beg Madrasa），是撒馬爾罕乃至中亞地區最具代表性的古建築之一。

另外，兀魯伯還下令建設了直徑為四十公尺的圓頂天文台，當地的天文學者們於一四三七年為兀魯伯編制天文表，並在兀魯伯本人被殺害的一四四九年年完成修訂。這份天文表不僅在當時的伊斯蘭世界，即便以其後的歐洲天文學作為標準，其觀測結果也是相當準確。兀魯伯也下令建立圖書館，收藏一萬五千本關於各個領域的書籍，甚至親自撰寫《朮赤兀魯思史》（Tārīkh-i Arba Ulūs）一書，敘述月即別汗（在他統治下，朮赤兀魯思實現伊斯蘭化）及其先祖的事蹟。

與帝國自身命運的戲劇性相反，十五世紀後半時帖木兒文化於赫拉特達到巔峰。忽辛・拜哈拉於一四六九年到一五〇六年統治當地，在他治下的半世紀時間裡，赫拉特聚集了許多因戰爭而離散各地的學者、文人和藝術家。當時的帝國宰相、同時也是察合台語文學奠定者的阿里希爾・納沃依，寫下《霍斯陸與席琳》、《萊伊麗和馬季農》等詩集；而以神祕主義詩人聞名的札密（Abd ar-Rahmān Jāmī）是納格什班迪耶教團的長老，他為自己的老師、宗教及文化界領袖和卓阿赫拉爾（Khwaja Ahrar）撰寫了傳記。忽辛的朝廷中還有阿勃魯（Hafiz-i Abru）、薩瑪爾干迪（Abd-al-Razzāq Samarqandī）、米爾洪德（Mirhond）、弘戴米兒（Hondemir）等歷史學家，這些人留下的歷史書籍不只數量龐大，史料價值也非常高。此外，帖木兒帝國最傑出的畫家比扎德（Kamal al-din Bihzad）、書法家馬西哈迪（Sultan Ali Mashhadi）等人，也都是在這一時期相當活躍的藝術家。

兀魯伯天文台內部

接替父親沙哈魯統治撒馬爾罕的兀魯伯，在1424到1429年間建造了天文台，並以觀測結果為基礎，留下了相當準確的天文記錄。根據俄羅斯學者碧雅德金在20世紀初的考古研究，此地呈現荒廢狀態，只剩下一部分遺跡留存。

西元1430年～1511年

烏茲別克、哈薩克、吉爾吉斯的登場

1430～1431年
阿布海兒汗征服花剌子模，占領塞格納克、索倫、烏茲根等地

1440～1550年左右
吉爾吉斯為了逃避衛拉特的壓迫而南遷

1456～1457年
阿布海兒汗擊敗衛拉特

1503年
昔班尼在阿赫昔之役中擊敗並俘虜蒙兀兒汗國兩位可汗

1504年
昔班尼征服花剌子模

1505～1507年
昔班尼征服赫拉特和巴爾赫

1510年
昔班尼在梅爾夫戰役中陣亡

1511年
哈薩克的卡瑟穆汗繼位

十五世紀中葉到十六世紀前期，中央歐亞又發生了大規模的民族聚集和遷徙現象。在錫爾河北部，一部分遊牧民取得政治獨立，並逐漸形成了新的民族，也就是今天的哈薩克族；烏茲別克部則集體向錫爾河南部遷徙，形成烏茲別克族。而當時在葉尼塞河流域繁衍生息的吉爾吉斯人，也在這個時期選擇南下，遷徙至天山北部一帶，是為現在吉爾吉斯人的祖先。這些事件之所以發生，既是因為朮赤兀魯思的分崩離析，也和帖木兒帝國的衰弱有關。

關於「烏茲別克」這一名字的起源，學界對此有著許多爭議、難以作出定論，但「烏茲別克源於朮赤兀魯思君主的名字」這種說法較為合理。蒙古人的做法是以首領名字命名他們所屬的兀魯思，因此隨著君主的世代交替，」朮赤兀魯思也有「拔都兀魯思」、「別兒哥兀魯思」之類的別稱。月即別汗（Öz-Beg Khan）統治朮赤兀魯思長達三十年，因此「月即別兀魯思」（烏茲別克）被用作慣用名稱也在情理之中。十四世紀末到十五世紀初，朮赤兀魯思衰弱並分裂，而阿布海兒汗（Abu'l-Khayr Khan）統合了隸屬於兀魯思左翼的遊牧民，為了承繼朮赤兀魯思的榮耀，於是繼續使用「烏茲別克（兀魯思）」這個名稱。

這時帖木兒帝國正處於衰弱之中，利用這一形勢的阿布海兒汗於是在一四三〇到一四三一年期間奪取了花剌子模，積極向錫爾河中部流域擴張勢力，最終占領了塞格納克、索倫、烏茲根等地。但是在一四五六到一四五七年、阿布海兒汗勢力最為強大的時候，卻不敵攻來的衛拉特軍隊，因此其威望受到沉重打擊。然而在這之前，朮赤的後裔、克列和賈尼別克兩人早已對阿布海兒汗的強勢統治深感不滿，因此他們率領一部分牧民，遷居到天山北部的蒙兀兒草原，並在當地建立了新的根據地。這些人被烏茲別克兀魯思稱為「哈薩克」（Qazaq），意為「脫離、逃亡的人」。在賈尼別克之子哈斯木汗（Kasym_Khan）的統治下，哈薩克勢力擴張到錫爾河的北部草原，對錫爾河南

昔班尼汗

烏茲別克王朝的奠基人昔班尼的畫像，左上角標有「比塞特」，右上角寫有「昔班尼汗之肖像」。這是帖木兒帝國時期著名畫家比塞特的作品，現收藏於烏茲別克美術研究院。

部流域造成嚴重威脅。

阿布海兒汗死後，儘管烏茲別克陷入一段時期的混亂，但阿布海兒汗的孫子昔班尼再次統合了兀魯思。昔班尼於一五〇〇年攻陷布哈拉及撒馬爾罕，控制了西突厥斯坦，並逐漸將四處流散的烏茲別克牧民們納入麾下。一五〇三年，他在阿赫昔之役中大獲全勝，擊敗並俘虜蒙兀兒汗國的兩位可汗。一五〇五到一五〇七年，昔班尼征服了呼羅珊的重要都市巴爾赫和赫拉特。但身為遜尼派穆斯林的昔班尼其後與什葉派的領袖伊斯瑪儀發生衝突，雙方於一五一〇年冬天在梅爾夫交戰，昔班尼戰敗身亡。昔班尼之死使得烏茲別克再次陷入短暫的混亂，但是烏茲別克人已經穩固掌握了西突厥斯坦。

從古代開始，吉爾吉斯人就在葉尼塞河上游地區繁衍生息，他們是一個以畜牧和狩獵為生的集團。吉爾吉斯在十五世紀初受衛拉特統治，而關於他們在什麼時期、因為什麼原因而遷徙到天山北部，並沒有明確的記錄。俄羅斯史學家巴托爾德認為，吉爾吉斯參與了衛拉特和蒙兀兒汗國的戰爭，而他們於一四七〇年戰爭結束後，選擇繼續留在天山地區。不僅如此，吉爾吉斯的著名史詩《瑪納斯》中也有例如「在亂刀叢中戰鬥」諸如此類關於戰爭和殺戮的描述，這也可以看作是對於吉爾吉斯人離開故鄉，向天山遷徙過程的敘述，它暗示了吉爾吉斯部其實是為了逃避衛拉特的壓迫，選擇在一四四〇年代到一四五〇年代期間南遷。

《拉失德史》副本

這是米爾札·海達爾於**1541**到**1546**年，以波斯語撰寫而成的蒙兀兒汗國史書《拉失德史》的副本。海達爾出生於當時勢力強大的朵豁剌惕部，由於後蒙兀兒汗國君主阿卜杜·拉失德汗的驅逐，他流亡到蒙兀兒帝國。此書生動地展示了中亞地區在**16**世紀前半期時的社會情況，史料價值相當高。現收藏於英國牛津大學圖書館。（pers. 35. 103R）

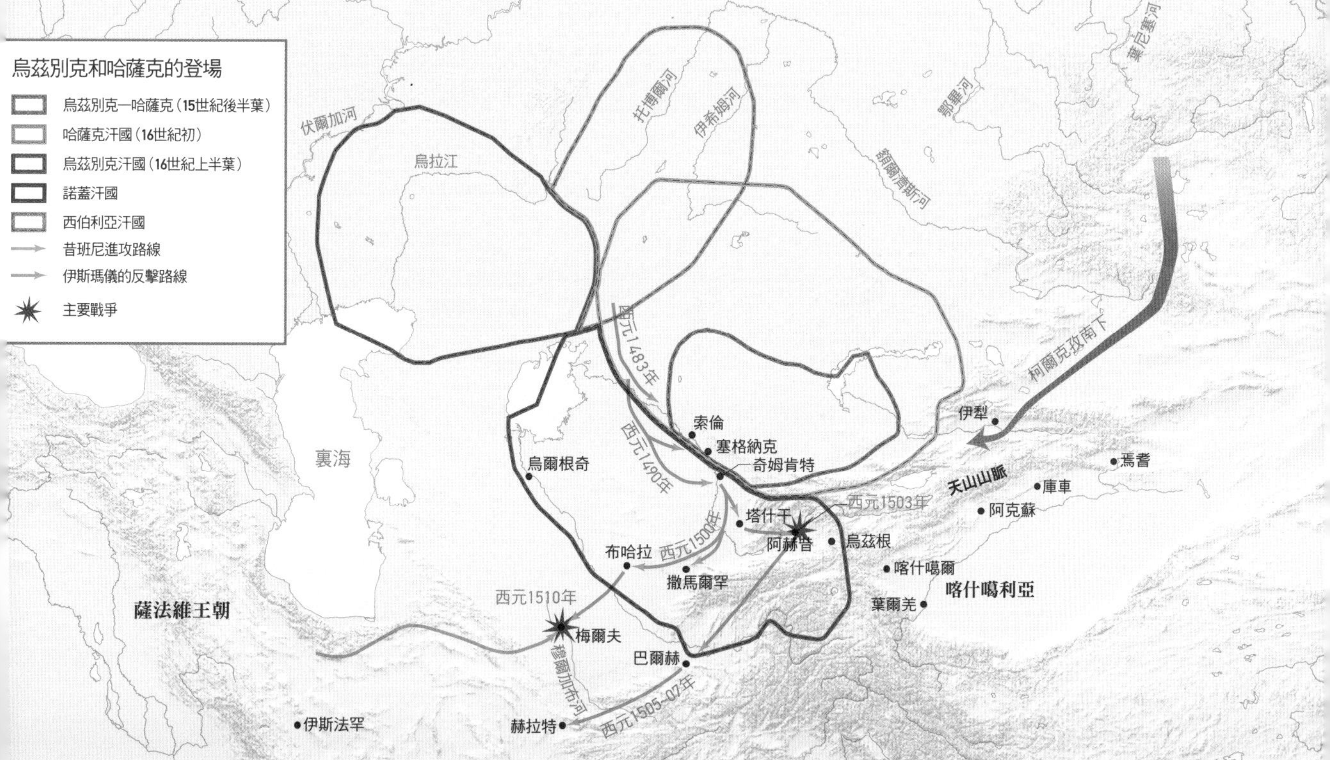

西元1500年～1763年

中亞諸汗國

1500 年
烏茲別克人大舉向西突厥斯坦遷徙

1510 年
昔班尼逝世

1515 年
伊勒巴爾斯建立希瓦汗國

1533 年
烏拜爾·安拉繼位可汗

1540 年
烏拜爾·安拉逝世，汗國發生內亂

1557 年
阿卜杜拉再次統合汗國，並更名為布哈拉汗國

1583 年
阿卜杜拉即可汗位

1733 年
沙魯赫獨立，成立浩罕汗國

1740 年
希瓦汗國遭受納迪爾沙阿的入侵

1763 年
浩罕汗國的額爾德尼自稱可汗

一五一〇年昔班尼兵敗身亡，但烏茲別克人在之後擊退帖木兒的後裔巴布爾與伊斯瑪儀的聯軍，建立新的「汗國」。其時掌握實權的烏拜爾·安拉（Ubayd Allah）在一五三三年稱汗，奠定了汗國的基礎。儘管烏拜爾·安拉於一五四〇年逝世後，汗國發生內亂，但一五五七年，阿卜杜拉重新統合了汗國內部，恢復了穩定。阿卜杜拉的根據地布哈拉成為首都，因此它也被稱作「布哈拉汗國」。

阿卜杜拉汗統治下的十六世紀後半葉，政治局勢的安定以及汗權的強化是這一時期的主要內容。阿卜杜拉汗征服南部的巴達赫尚與呼羅珊地區，合併西部的花剌子模；同時加強中央集權，確立了自己相對於烏茲別克軍事貴族的優勢地位，將貴族置於官僚體制的管理之下。深感威脅的希瓦汗國與薩法維帝國聯盟，而布哈拉汗國則和鄂圖曼帝國、蒙兀兒帝國組成聯合戰線。阿卜杜拉汗也重建本國的幣制，整修水利並興建大型建築。

另一邊，昔班尼一族的伊勒巴爾斯（Ilbars I）於一五一五年薩法維軍隊撤退後，在希瓦建立汗國。哈吉·穆罕默德統治時（一五八八年～一六〇二年），希瓦汗國由於阿卜杜拉汗的入侵而一度受其統治，同時也面臨來自俄羅斯與衛拉特的軍事威脅。一七四〇年到一七四七年，希瓦汗國遭到納迪爾沙阿的入侵，可汗被處死，而希瓦汗國也處於納迪爾沙阿的統治之下。此後希瓦汗國作為統治花剌子模地區的國家而維持命脈，直到十九世紀後期成為俄羅斯的附庸國為止。

由於納迪爾沙阿對費爾干納地區的入侵，布哈拉汗國對當地的掌控程度減弱，居住於此的明格部落首領沙魯赫利用這一機會，於一七三三年在浩罕（Khoqand）宣布脫離布哈拉汗國、成立新政權，是為浩罕汗國。一七五〇年代，攻滅準噶爾的清帝國開始統治新疆一帶，而與其相鄰的浩罕汗國則作為對哈薩克、俄羅斯、布哈拉等地貿易的仲介，因此獲利豐厚，成為其國力得以發展的重要因素。抱持著由此而來的自信感，額爾德尼伯克（Irdana Bi）在致清帝國的信函中，從一七六三年起自稱為「可汗」。浩罕汗國對流亡的東突厥斯坦宗教貴族「Khwaja」（和卓）給予庇

希瓦古城

希瓦是位於錫爾河下游的城市，這是城內「Kunya Ark」（老城堡）部分的模樣，建於17世紀後半葉，屬於「Ichan Kala」（內城）的一部分。

護，利用清屬新疆的弱點，謀求本國經濟利益的最大化。

烏茲別克人的向南遷徙，以及布哈拉、希瓦、浩罕三個汗國的陸續成立，標誌著西突厥斯坦的土庫曼化達成。直到帖木兒帝國時代為止，「薩爾特」和「土庫曼」分別是對當地伊朗裔居民和土庫曼裔居民的稱呼，但之後「薩爾特」和「烏茲別克」的區分不再基於部族差異，而是分別指「居住在城市和村落裡的農民」以及「過著遊牧生活的牧民」，餘下沒有土庫曼化的伊朗裔居民則稱為「塔吉克」。當地居民們說的「察合台語」，起源於十一到十三世紀喀喇汗國和十四世紀札剌亦兒蘇丹國所使用的文學語言。這種語言在帖木兒帝國時代得以發展，最終在十五世紀後半葉，由活躍於赫拉特的詩人阿里希爾·納沃依完整建構出。現代的烏茲別克語和維吾爾語，都是從察合台語發展而來的。

烏茲別克汗國時代，西突厥斯坦在中國、俄羅斯、印度與伊朗之間的國際貿易當中發揮著重要作用。一般的看法認為，以絲綢之路為基礎的內陸貿易從十六世紀進入大航海時代以後就陷入衰退，但這種觀點與事實並不相符。十六世紀中葉訪問布哈拉的英國商人詹金森（Anthony Jenkinson）評論道：「每年，以巴爾赫、印度、波斯、和俄羅斯為主的國內外商人，都會率領大規模的商隊到達布哈拉。」昔日粟特商人的傳統也由「布哈拉人」繼承，他們的活動範圍伸展到中央歐亞的各個區域。

布哈拉舊城區

布哈拉舊城區分為內城和外城，市內有清真寺和馬達沙（學校）之類的宗教設施、交易區（Bazzar）以及住宅區，屬於典型的伊斯蘭城市布局。

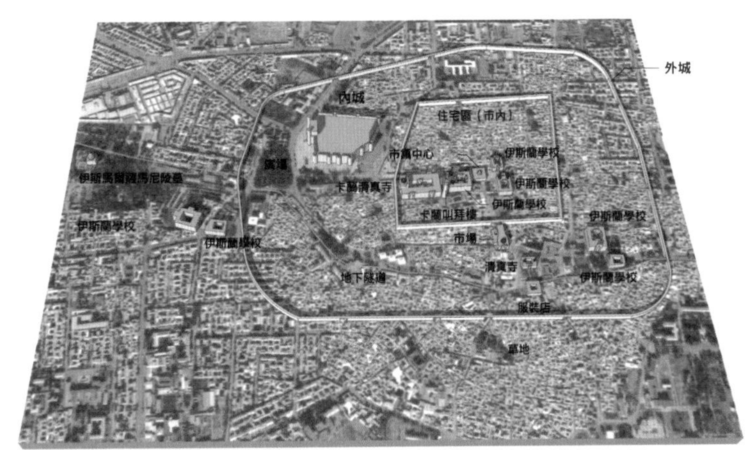

西元1388年～1453年

衛拉特的登場

1388 年
脫古思帖木兒遭殺害，蒙古帝國崩解

1411 年
馬哈木殺害完者帖木兒汗，推立德勒伯克汗

1434 年
脫懽統合東西蒙古

1438 年
脫懽逝世，也先繼承太師之位

1449 年
土木堡之變

1450 年
也先送還明英宗

1453 年
也先殺害脫脫不花，自立為「大元田盛可汗」，同年也被殺

根據拉施德丁在《史集》中的記載，衛拉特（又名斡亦剌惕、瓦剌）原先居住在「Sengkis Müren」（意為八河）一帶，這個地方位於今天葉尼塞河上遊的謙河附近，蒙元時代稱為謙州。衛拉特在較早時就已臣服於成吉思汗，並與成吉思汗家族的後裔聯姻，例如第三任大汗貴由的夫人斡兀立·海迷失就是衛拉特首領忽都合別乞的女兒。蒙古帝國時期，衛拉特與數個兀魯思相鄰接，因此與許多黃金家族的成員都結有姻親。衛拉特曾支援和忽必烈對立的阿里不哥以及海都，而北元時期的一三八八年，他們也協助阿里不哥的後裔也速迭兒殺害脫古思帖木兒。

隨著北元的瓦解，由成吉思汗一族統領的東蒙古也走向沒落，以衛拉特為首的西蒙古則把握這一時機而崛起。明成祖為了攻打東蒙古，向衛拉特的三位首領馬哈木、太平、把禿孛羅冊封王位，以此增強自己的勢力。繼馬哈木之後即位的脫懽合併了其他兩位首領的部眾，於一四三四年攻擊東蒙古的阿魯台並將其殺害，達成蒙古東西兩部的統一。脫懽將成吉思汗子孫中的脫脫不花立為傀儡可汗，自任「太師」一職並掌管實權。

脫懽的兒子也先在其父之後掌權，這期間衛拉特的勢力達到最高峰。也先首先壓迫當時占據東突厥斯坦南部的蒙兀兒汗國，並奪取了絲路的主要城市哈密。根據《拉失德史》，蒙兀兒汗國的君主烏瓦斯汗與也先作戰達六十一次，而烏瓦斯汗僅有一次獲勝。而當時的中國史書也紀錄烏瓦斯汗之後的蒙兀兒汗國把首都從「別失八里」搬到「亦力把力」（舊稱「阿力麻里」），這可以看出蒙兀兒汗國在受到衛拉特的攻擊以後，將國家的核心地帶後撤到伊犁河西岸一帶。

也先的勢力也擴展到蒙古高原南部和滿洲一帶，將兀良哈和女真納為附屬國，完全掌握長城以北的區域。之後，也先透過向明國朝貢和開展互市貿易，確保必需物資的供應並獲取經濟利益。但是明國方面就朝貢和互市設立了嚴密的規範，使臣的人數、時間和路程都受到許多限制。於是衛拉特便在哈密和其他西域都市將自己的商人偽裝成朝貢使節團，不過這個伎倆也被明國識破，最終只能採取軍事手段解決問題。

烏瓦斯汗聖廟

位於新疆西北部的阿馬力，蒙兀兒汗國君主烏瓦斯汗的聖墓。

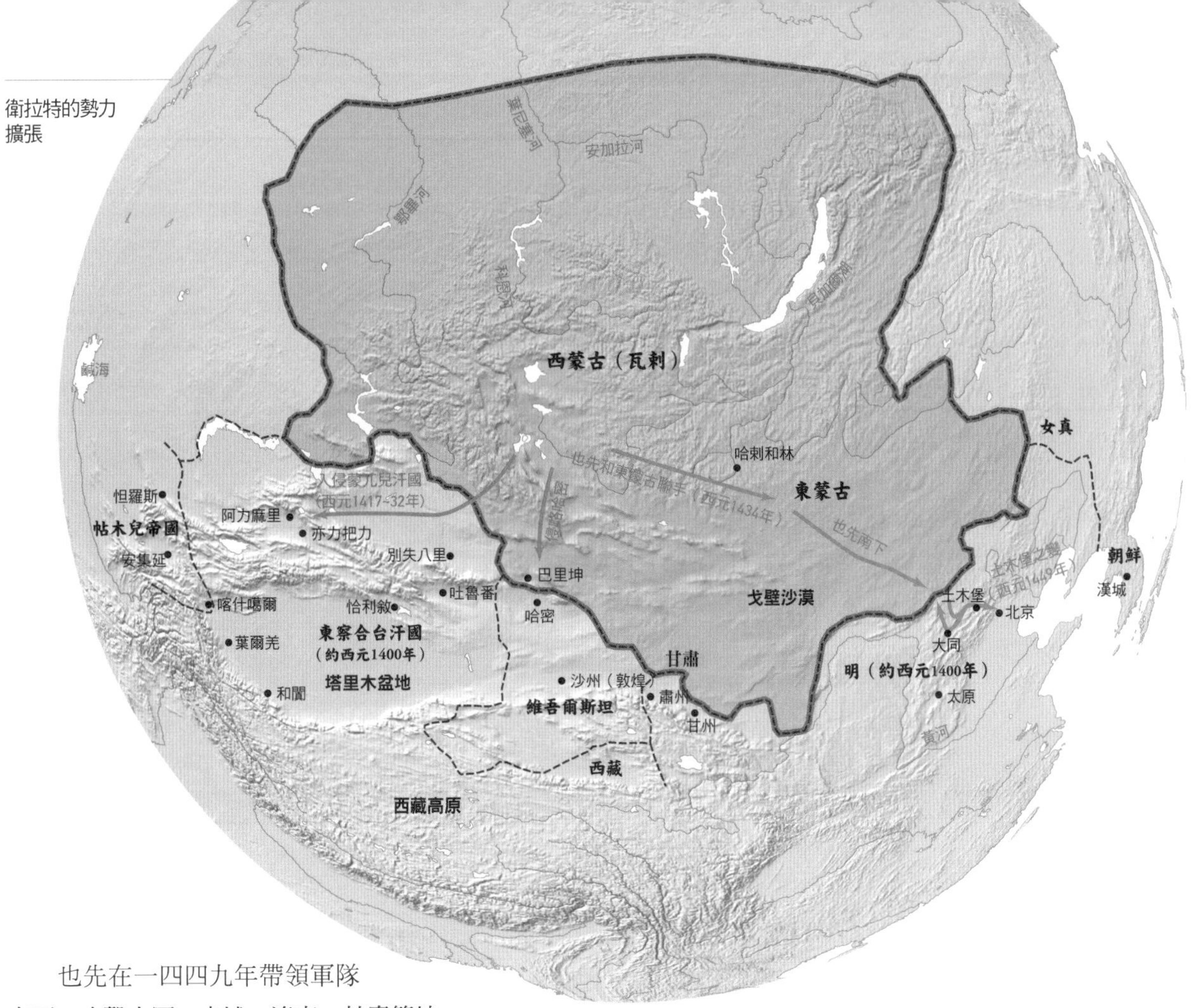

衛拉特的勢力擴張

也先在一四四九年帶領軍隊南下，攻擊大同、赤城、遼東、甘肅等地。明英宗聽信宦官王振的讒言，親自帶兵出戰，卻在土木堡遇襲被俘。也先對這個結果感到意外，但還是以放回明英宗為條件，要求明國在貿易問題上讓步。但是明廷讓英宗的弟弟登上皇位，同時拒絕也先的所有條件，無計可施的也先在沒得到任何贖金的情況下，於一四五〇年放回明英宗。

也先對於土木堡之變的處理方式讓衛拉特人感到非常失望，但更為嚴重的問題是他自立為汗。也先在一四五三年殺害了傀儡可汗，自稱「大元田盛可汗」。推測「田盛」是取「天聖」的諧音，這個稱號意味著也先自認為是延續過去蒙古帝國傳統、受到上天祝福的可汗，這與蒙古人在汗位交替當中重視成吉思汗血統的傳統觀念背道而馳，而也先在這一年也遭到殺害。因此，自脫懽以來的衛拉特霸權瓦解，而成吉思汗一族主導的東蒙古則再度興起。

土木堡之變

也先的進攻路線　也先的返回路線
英宗的進攻路線　英宗的返回路線
明代的長城

野狐嶺
開平衛
張家口
赤城
宣府
古北口
陽和衛
懷來衛
天城衛
土木堡
居庸關
大同
北京順天府
紫荊關

西元1453年～1524年

達延汗的統一

1453 年
也先被殺

1463 年
達延汗誕生

1479 年
滿都魯汗遭殺害，巴延蒙克繼位

1487 年
巴延蒙克遭殺害，巴圖蒙克繼位，稱達延汗
巴圖蒙克與滿都海成婚

1500 ～ 1507 年
達延汗進攻明國西北部

1510 年
達延汗在達蘭特哩袞之役擊敗亦卜剌

1524 年
達延汗逝世

一四八七年繼承可汗之位的達延汗（巴圖蒙克），他將已衰弱的東蒙古再度統合，之後將部眾分成了六個「Tümen」（萬戶），由他的兒子們掌管。其後統治蒙古的黃金家族，都是由達延汗分封的六萬戶的後裔。就這一點而言，達延汗可說是成吉思汗家族的中興之祖。「Dayan」（達延）來源於「大元」的音譯，這可謂是巴圖蒙克希望繼承蒙古帝國傳統的政治宣言。

在也先於一四五三年遭殺害後，儘管仍存在正統的可汗，然而勢力強大的各遊牧民首領互相對立，蒙古高原陷入混戰局面。這期間，多數的遊牧民聚集到鄰接中國、牧草豐富的蒙古高原南部鄂爾多斯地區。十五世紀後期，乩加思蘭壓制了其他首領，擁立滿都魯為可汗，自封太師而掌握權力。但滿都魯汗很快就成功親政，乩加思蘭被驅逐，太師一職改由亦思馬因擔任。一四七九年滿都魯被殺，之後亦思馬因擁立了新的可汗。按照中國的記錄中，繼任者是被稱為「小王子」的巴圖蒙克本人，但學界有不少否定的觀點，研究結果表明當時是由他的父親巴延蒙克繼位。

直到一四八三年巴延蒙克遭到謀殺，巴圖蒙克才成為可汗。之後他按照蒙古首領即位時的收繼婚風俗，與滿都魯汗的遺孀滿都海成婚。在達延汗統合蒙古各部這件事上，滿都海發揮了很大的作用。根據薩岡徹辰於一六六二年所著的《蒙古源流》，滿都海在與巴圖蒙克成婚前，向「也失哈屯」的祖先神位（Eshi Qatun）祈願，其後她實現了願望，共誕下七男一女。在蒙古語當中，「Eshi」意為新娘或媳婦，「Qatun」意為皇后，成吉思汗曾用「也失哈屯」這個詞稱呼小兒子拖雷的妻子唆魯禾帖尼。而滿都魯汗正是拖雷的後裔，是北元諸汗所隸屬的察哈爾部的領主，而也失哈屯則是最早掌管察哈爾部的人。

即位後不久，達延汗開始以掠奪行動向中國北部施加軍事壓力。一五〇〇年到一五〇七年期間，他與鄂爾多斯部聯合往寧夏方向進攻，在明國的西北部實施全方位的掠奪。與此同時，右翼的萬戶們對於鄂爾多斯部首領亦卜剌太師（Ibrahim）的蠻橫專制感到不滿。他們向達延汗請求援助，而達延汗任命自己的次子烏魯斯博羅特為「Jinong」（濟農，意為親王）。但其後爆發叛亂，烏魯斯博羅特被殺；於是達延汗在一五一〇年親自帶領左翼的三萬戶向亦卜剌進攻並取得勝利。達延汗也壓制了土默特

黃金史綱

羅布桑丹津在1651年前後完成的蒙古史書《黃金史綱》，述說成吉思汗一族直至17世紀中葉時的歷史。本書的前段引用現已不再使用的畏兀兒蒙古文《元朝祕史》，有很高的史料價值。

部落的首領庫西（Khoosai），因此取得了統合左、右翼屬下所有蒙古人的大成功。

達延汗將歸屬於他的蒙古人重新劃分為六個萬戶，在左翼配置察哈爾、兀良哈、罕哈三個萬戶，在右翼配置土默特、鄂爾多斯、永謝布三個萬戶。他也為分別隸屬於六個萬戶的遊牧民劃定了放牧範圍，把各個萬戶的統治權交給自己的兒子，並建立世襲制度。達延汗和他的繼承人圖魯博羅特（也是長子）駐牧在察哈爾部，並統治左翼的所有萬戶。三子巴爾斯博羅特被任命為土默特部落的首領，並指派為統治右翼三萬戶的濟農，成為輔佐可汗的第二領導人。於是，由達延汗確立的六萬戶體制，構成了之後蒙古遊牧民的政治核心。

東蒙古大汗世系圖

達延汗的施政與用兵

西元1532年～1571年

俺答汗的霸業

1532 年
俺答汗統領土默特部

1534 年
俺答汗向明國派遣朝貢使節團，結果遭拒

1542 年
俺答汗開始掠奪長城邊境一帶

1542 年～ 1543 年
俺答汗統合鄂爾多斯部、察哈爾部，控制從遼東到甘肅、青海之間的範圍

1550 年
庚戌之變

1561 年
漢人村落在蒙古高原南部建立

1570 年
大成台吉流亡明國

1571 年
明國與俺答汗締結和議（明蒙協定）

俺答汗是達延汗第三個兒子巴爾斯博羅特的次子，他繼承父親的位置，成為土默特部首領。俺答汗在一五三四年向明國派遣朝貢使節團，遭到對方的拒絕。明廷維持之前的強硬態度，因此俺答汗從一五四二年開始在長城沿線地區實施掠奪和破壞。由俺答汗率領的蒙古軍劫掠了明國北部的十個衛、三十八個州縣，屠殺約二十幾萬名男女、搶奪兩百餘萬頭家畜、搗毀約八萬間房屋、踐踏數十萬頃田地。一五五〇年，蒙古軍甚至南下到北京、包圍明國都城，是為「庚戌之變」。除了主導針對中國的軍事行動之外，俺答汗同時也強化自己在蒙古內部的權力。一五四二年到一五四三年期間，俺答汗吞併右翼的鄂爾多斯部、掌握左翼的察哈爾部，東至遼東、西到甘肅和青海的範圍，都服從他本人的號令。

俺答汗透過軍事威脅和外交協商，積極爭取明國開放邊境市場（關市）和朝貢貿易；另一方面，為了使遊牧社會在必需的物資方面達到自給自足，也開始將農耕民遷徙到草原並建立村落。這些農民主要是被強制遷徙或者主動投降的漢人，而叛離明國的白蓮教徒又占了大多數。漢人聚落於一五六一年在內蒙古豐州灘（現呼和浩特）附近建立，到一五六三年已經形成四十幾個大小各異的村落，總人口約一萬六千名。一五七〇年總人口達到五萬，一五八三年時已經成長到十萬人的規模。蒙古人稱呼這些草原上的屋舍為「Bayising」（板升）。

但是明國無法接受俺答汗收留漢人叛亂者和逃亡者的政策，對於明國來說，這是明蒙關係的一大陰影。與此同時，明廷對於邊境的局勢也無法繼續坐視不管。因此，雙方不得不摸索著建立新的關係模式，在這種情況之下，俺答汗的孫子大成台吉（又名把漢那吉）於一五七〇年亡命明國。這件事的起因是俺答汗在一五六八年，奪去了大成台吉的未婚妻「三娘子」（瓦剌部哲恆阿噶之女鐘金），納為自己的夫人。俺答汗要求明國遣返他的孫子，明廷則以「送還板升的漢人首領」作為交換條件。

於是，明國和蒙古在一五七一年簽

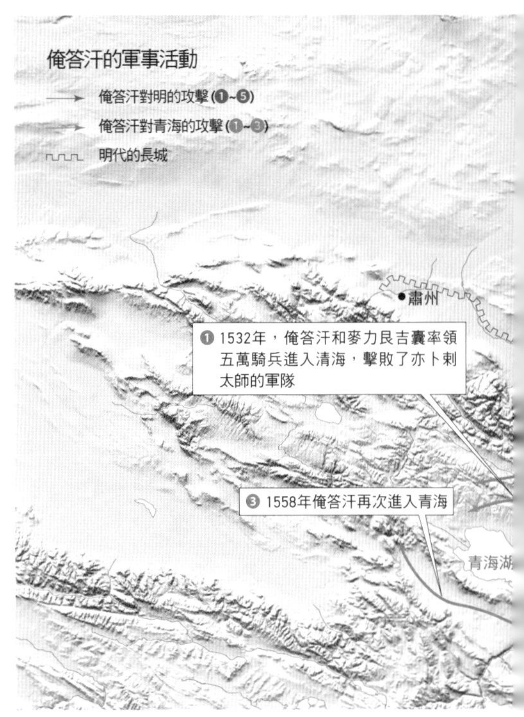

訂協議。俺答汗按照明國提出的條件，交出趙全、李自馨等人，同時明國也遣返大成台吉。明廷冊封俺答汗為「順義王」，而其他的蒙古部族首領也獲得千戶、百戶等稱號。朝貢貿易每年只能進行一次，而在宣府鎮、大同鎮、山西鎮等邊境地區開設的互市也限制為一年一次。然而，其他區域的蒙古人也提出貿易要求，因此明國之後在邊境各地也開設了大大小小的互市。如此一來，明廷中斷了態度消極的「閉關絕貢」政策，改為自由放任主義。

於一五七一年簽訂的明蒙協定，從結果而言很難斷定為蒙古向明「稱臣」的舉動。而這一事件，也無法作為漢蒙友好的證據。另外，「協議對於朝貢和互市的規定，被各遊牧部族的首領廣泛接受」以及「遊牧君主的經濟基礎因此崩潰，從而阻礙了強盛遊牧國家的出現」之類觀點，說服力也不是很強。倒不如說，透過遵守朝貢規定，從而認同中國在政治上的訴求；而自己則追求實質利益，從經濟層面確保所需物資的供應——這反映的正是遊牧民族自匈奴時代以來的典型戰略。

司馬台長城

在北京北部最為險峻的山地所建立、區間長度為5.4公里的司馬台長城。在俺答汗攻擊北京之後，明廷派遣大量人力和警備力量所建立，可以看出當時明國對蒙古存在一定程度的畏懼心理。

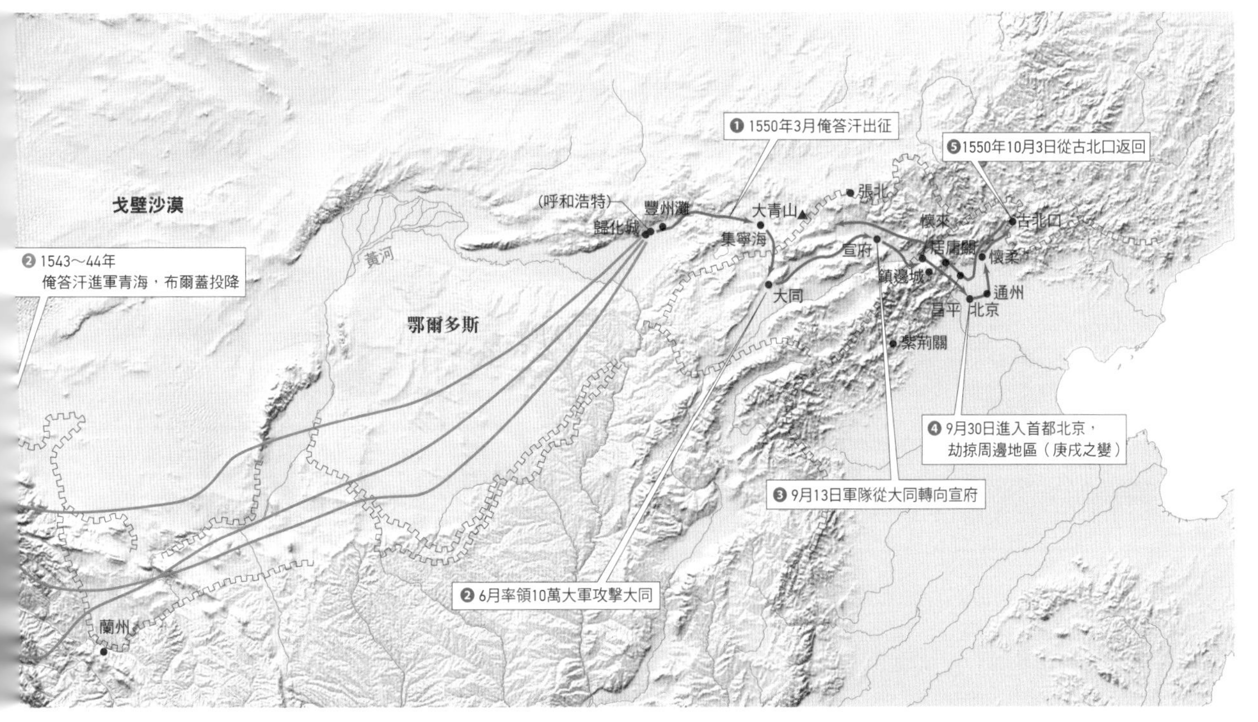

西元1504年～1680年

後期蒙兀兒汗國

1504 年
速檀阿黑麻逝世，速檀滿速兒即位

1508 年
速檀馬哈木逝世

1514 年
速檀賽德即位

1516 年
速檀滿速兒與速檀賽德會晤，決定以阿克蘇和庫車之間的中界點為領土邊界線

1517 年
速檀滿速兒占領哈密

1533 年
拉失德汗繼位

1660 年代後半
堯勒巴斯和父親阿卜杜拉汗對立

1667 年
堯勒巴斯成功掌權

1670 年
黑山派擊敗堯勒巴斯，擁立伊思瑪業勒為可汗

1680 年前後
噶爾丹征服喀什噶爾

蒙兀兒汗國（又稱葉爾羌汗國）在天山山脈一帶的統治，由於哈薩克、吉爾吉斯和烏茲別克等新興集團的南遷和活躍，受到極大的削弱。羽奴思汗的兒子速檀阿黑麻大約在一五〇四年死於阿克蘇，而另一個兒子速檀馬哈木也在一五〇八年為昔班尼所殺，蒙兀兒汗國完全失去對天山以東草原地區的主導權。

速檀阿黑麻的長子速檀滿速兒汗，將吐魯番、焉耆（Chalish）、庫車一帶作為新的根據地。而他的弟弟速檀賽德，則奪取了由朵豁剌惕部首領阿布．伯克爾統治的喀什噶爾、莎車、和闐等城市。於是，蒙兀兒汗國分別在天山南部的吐魯番（東部汗家）和莎車（西部汗家）重新建立。為了與之前以蒙兀兒草原為中心的「前期蒙兀兒汗國」相互區分，因此稱這個時期的政權為「後期蒙兀兒汗國」。

關於後期蒙兀兒汗國的歷史資料十分稀少，關於早期速檀賽德和其子拉失德汗統治時期的詳細情況，主要依靠米爾札．海達爾的《拉失德史》的描述。拉失德汗罷免了此前長期左右局勢的朵豁剌惕部首領們，鞏固了他在汗國內部的權力基礎，同時對北部的哈薩克和吉爾吉斯發起遠征。拉失德汗在喀什噶爾拜祭了喀喇汗國的薩圖克．博格拉汗（最早改信伊斯蘭教的突厥君主），並扶持當地的蘇菲教派長老穆罕默德．謝里夫。對當時擁有巨大影響力的納格什班迪耶教團加以排擠，而相比之下名望較低的蘇菲教派則給予資助，從而確保政治權力的獨立性，拉失德汗的舉動正是反映了這一點。

而在這之前，統治東部汗家的速檀滿速兒汗於一五一六年與速檀賽德舉行會晤，在阿克蘇和庫車之間劃定雙方的領土邊界。因此，速檀滿速兒汗得以向

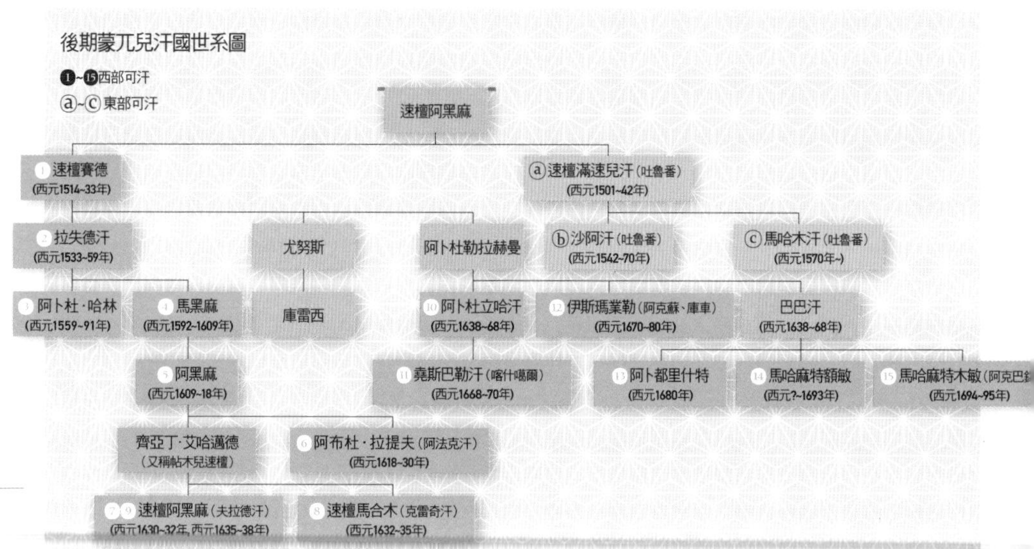

東部擴張，於一五一七年占領哈密王國，從明初以來就統治當地的察合台後裔忠順王家族被剷除。接著，速檀滿速兒汗越過邊界攻擊了明國的甘肅地區。速檀滿速兒汗發動的戰爭超越了純粹的掠奪，升級到討伐異教徒的程度，以「聖戰」的名義為自己的軍事行動賦予正當性，因此也出現了蘇菲派穆斯林塔伊丁作為先鋒，在指揮戰事時「殉教」的相關記錄。

蒙兀兒人原本屬於遊牧民族，但他們在遷徙到天山以南的綠洲地帶之後逐漸變成定居民，而隨著時間推移，部落的凝聚力也有所減弱。根據對沙馬哈木・楚拉斯（Shah Mahmud Churas）所著編年史的分析，十七世紀後半葉活躍於汗國的主要人物，他們的名字當普遍以「伯克」（Beg）的頭銜代替所屬部落的名稱。伯克是對執行各種職能的官員的統稱，是蒙兀兒人從遊牧生活轉為定居生活以後，由隸屬各個舊部落的軍事貴族所形成的新階級。

一六六〇年代後半，發生了阿卜杜拉汗的長子堯勒巴斯為爭奪汗位而與二弟及父親對立的事態，當時影響力極大的納格什班迪耶教團則分為白山派和黑山派，這兩個派別各自支持其中的一方。堯勒巴斯於一六六七年執政，但以莎車為根據地的黑山派在一六七〇年發起反攻並擊敗堯勒巴斯，阿卜杜拉汗的弟弟伊思瑪業勒被擁立為可汗。基於這樣的形勢，白山派領袖阿帕克和卓向國外的準噶爾君主噶爾丹尋求援助，而噶爾丹則打算利用這個機會占據塔里木盆地一帶，以控制絲綢之路的沿線貿易，因此同意阿帕克和卓的請求，於一六八〇年前後派遣軍隊征服了喀什噶爾。

喀什噶爾的陷落，意味著從一五〇〇年代初期起統治將近兩個世紀的後期蒙兀兒汗國也畫上句號，而準噶爾則以間接方式控制了塔里木盆地一帶。

阿曼尼莎陵園

圖為位於今天莎車縣（葉爾羌）的阿曼尼莎陵園。她是後期蒙兀兒汗國君主拉失德汗的妻子，以搜集整理維吾爾族傳統音樂「十二木卡姆」而聞名。

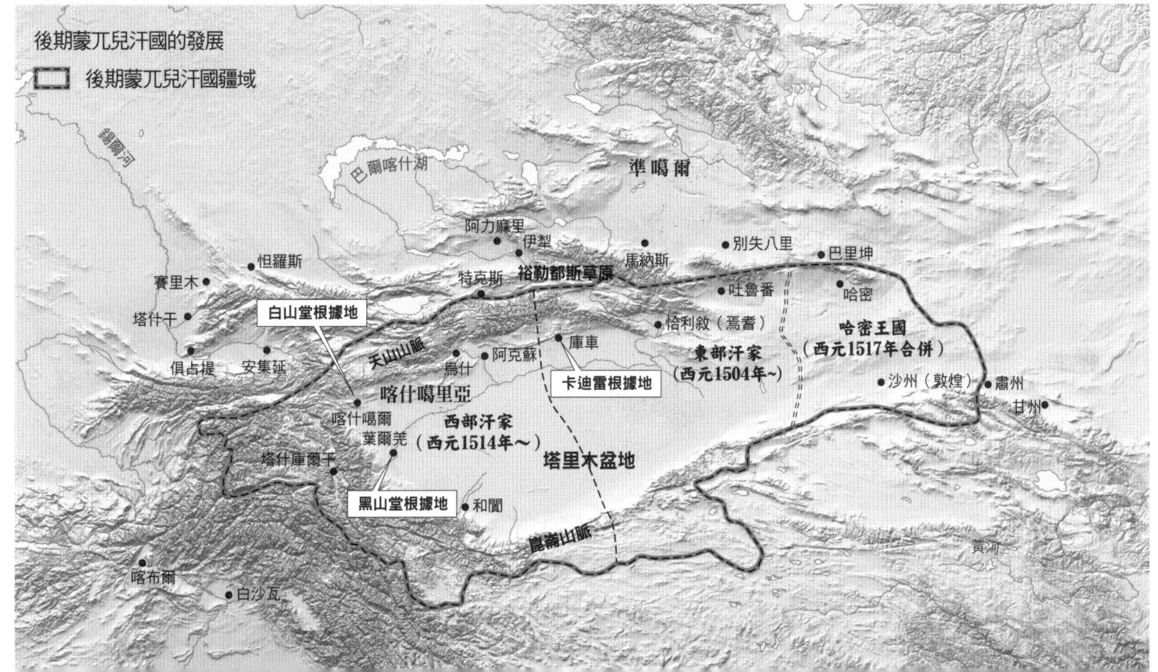

東突厥斯坦與納格什班迪耶教團

1093～1166年
艾哈邁德·亞薩維生卒年

1318～1389年
白哈丁·納格什班德生卒年

1404～1490年
納格什班迪耶教團長老、阿赫拉爾和卓生卒年

1461～1542年
麥赫杜姆·阿札姆和卓生卒年

1591年
伊思哈格和卓訪問塔什干

1599年
伊思哈格和卓逝世

1653年
優素福和卓被刺，阿帕克和卓逃難

1680年
阿帕克和卓在準噶爾的幫助下獲得喀什噶爾統治權

1694年
阿帕克和卓逝世

所謂伊斯蘭神祕主義者，指的是追求在靈魂上與造物者合而為一，因此嚴格執行禁欲和修行的穆斯林，他們在阿拉伯語中被稱為「Tasawwuf」。「Suf」意為羊毛或者其他毛織品所製作的質樸衣服，而「Sufi」（蘇菲）則指穿著這類衣服的人，因此歐美人也用這個詞稱呼伊斯蘭神祕主義者。在蒙古帝國時代以及後蒙古帝國時代，中央歐亞地區出現很多蘇菲派教團，這並不是偶然現象。這些教團在促使遊牧民改信伊斯蘭教這一方面發揮了重要作用，而在組成蒙古帝國的四大兀魯思當中，除了大元兀魯思之外，其他三個位於西部的兀魯思，在促使遊牧民們改信伊斯蘭教上也扮演了重要角色。

在中央歐亞地區的諸蘇菲教團當中，以艾哈邁德·亞薩維創立的亞薩維教團最為有名，他們致力於招募新信徒尤其是遊牧民。亞薩維教團與傳統教團不同的地方，除了在宗教儀式上引入薩滿教的元素，例如舞蹈和音樂之外，還強調在向安拉禱告時要竭力呼喊而不是「Dhikr」（在心中默念）。除此之外，各個地區帶有獨特起源的小型本地教團，其活動也十分引人注目。例如之前提到過的、以庫車和阿克蘇為中心的卡迪里教團，他們的活動核心是祭祀葬在喀什噶爾的薩圖克·博格拉汗，而吐魯番的本地教團則敬拜七賢墓（Alp Ata），並得到君主的支持。雖然這些教團的活動範圍都只限於本地，但他們對當地的民眾發揮著相當大的影響力。

相比之下，納格什班迪耶教團可謂是一個「國際化」的教團，它的活動範圍遍及西亞、中亞、中國的西北部、東南亞、印度、東歐、非洲等地的伊斯蘭社區。這個教團由布哈拉人白哈丁·納格什班德創立，其後在塔什干人阿赫拉爾的領導下逐漸發展為大型宗教組織。納格什班迪耶教團的長老們被尊稱為「Khwaja」（和卓），而這個詞的複數形式「Khwajagan」（諸和卓）則成為該教團的別稱。

納格什班迪耶教團擴展到塔什干，得益於伊思哈格和卓，伊思哈格是教團

和卓阿帕克麻札

圖為17世紀後半葉，在東突厥斯坦活動的納格什班迪耶教團的領導者阿帕克和卓的陵園。一開始是作為阿帕克的父親、優素福和卓的陵園而建造，後來變成整個阿帕克家族的陵園。

伊斯蘭神祕主義教團的主要活動

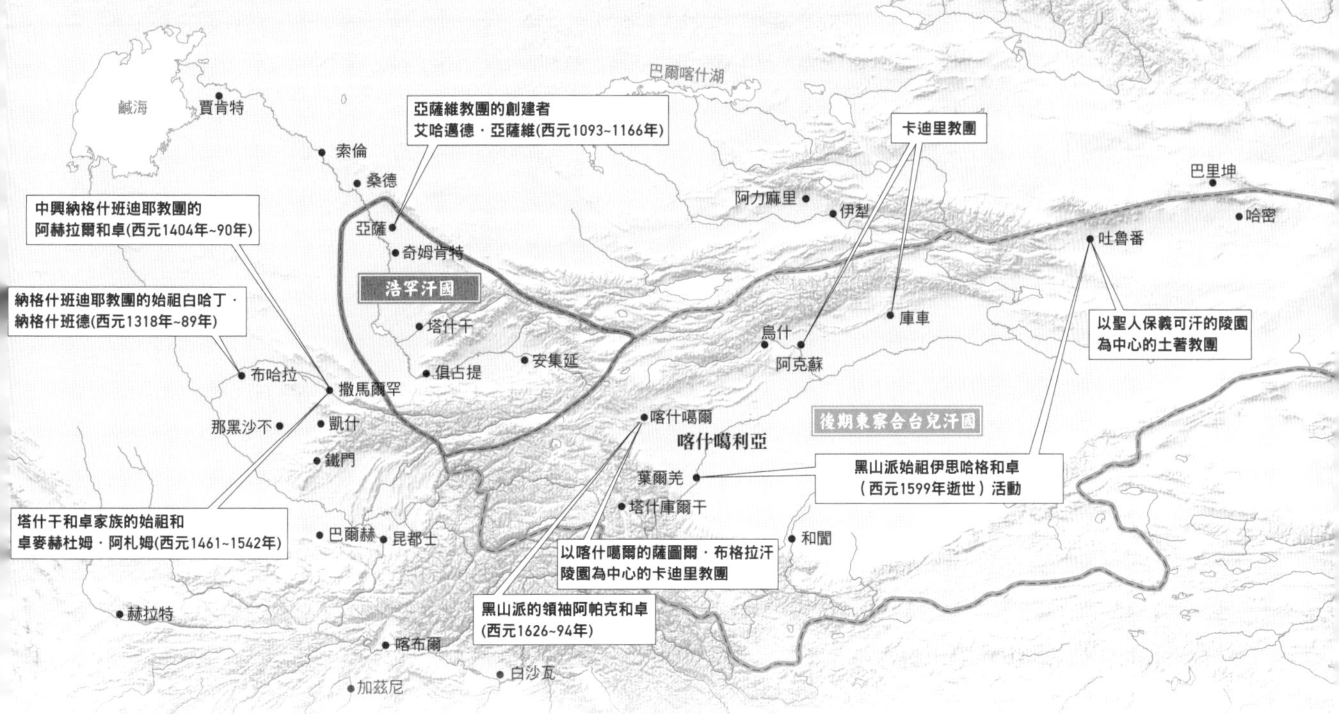

亞薩維教團的創建者
艾哈邁德．亞薩維(西元1093~1166年)

卡迪里教團

中興納格什班迪耶教團的
阿赫拉爾和卓(西元1404年~90年)

納格什班迪耶教團的始祖白哈丁．
納格什班德(西元1318年~89年)

以聖人保義可汗的陵園
為中心的土著教團

黑山派始祖伊思哈格和卓
（西元1599年逝世）活動

塔什干和卓家族的始祖和
卓麥赫杜姆．阿札姆(西元1461~1542年)

以喀什噶爾的薩圖爾．布格拉汗
陵園為中心的卡迪里教團

黑山派的領袖阿帕克和卓
(西元1626~94年)

浩罕汗國
後期東察合台兒汗國
喀什噶利亞

鹹海　賈肯特　索倫　桑德　亞薩　奇姆肯特　塔什干　俱占提　安集延　布哈拉　撒馬爾罕　那黑沙不　凱什　鐵門　巴爾赫　昆都士　赫拉特　喀布爾　加茲尼　白沙瓦　巴爾喀什湖　阿力麻里　伊犁　烏什　阿克蘇　庫車　喀什噶爾　葉爾羌　塔什庫爾干　和闐　巴里坤　哈密　吐魯番

長老艾哈邁德．卡薩尼的兒子，他在一五九一年訪問塔什干。同時卡薩尼的另一個兒子穆罕默德．阿敏（尊號依禪卡朗）與阿敏之子優素福也在塔什干舉辦宗教活動，因此兩個家族形成了對立關係。以伊思哈格和卓為首的團體被稱為「Ishaqiyya」或者「黑山派」；而以優素福及其子阿帕克和卓為首的團體則是「Afaqiyya」或者「白山派」。

黑山派和白山派的影響力，並不只限於宗教層面。除了綠洲地區的普通民眾，他們也分別得到各級官員的追隨。在信眾實現武裝化之後，和卓們開始干預蒙兀兒汗國的汗位繼承，建立了強大勢力。最終在一六八〇年，阿帕克和卓藉助準噶爾軍隊的援助，獲得喀什噶爾的統治權，成吉思汗家族自蒙古帝國時代以來對當地一直維持的政治影響力就此瓦解，擁有宗教權威、對世俗發揮著強大影響力的「和卓」與定居民的首領「伯克」分別享有東突厥斯坦的統治權。

亞薩維陵墓

亞薩維教團的創建者艾哈邁德．亞薩維的陵墓。坐落在哈薩克南部的城市突厥斯坦（Turkistan）。

西元620年～1640年

藏傳佛教的擴散

620 年
松贊干布即位

775 年
赤松德贊即位

1042 年
印度高僧阿底峽到達西藏

1576 年
俺答汗在青海會見索南嘉措，授予後者「達賴喇嘛」稱號

1586 年
阿巴岱汗建立光顯寺（額爾德尼召）

1628 ～ 1629 年
大藏經《甘珠爾》刊行

1639 年
札那巴札爾被推選為哲布尊丹巴呼圖克圖

1640 年
《喀爾喀．衛拉特法典》頒布

雖然藏傳佛教通常也被稱為「喇嘛教」，但這個名字並不符合事實。喇嘛是從印度引入西藏的名稱，屬於對僧侶的尊稱（意為上師），但並不意味著藏傳佛教是崇拜喇嘛本人的宗教；這和過去將伊斯蘭教稱為「穆罕默德教」一樣，都是錯誤的說法。

佛教第一次被引入西藏並受到認可，是在吐蕃王國建立之初的松贊干布統治時期（六二〇年～六四九年）。之後的赤松德贊統治時期（七七五年～七七九年）修建了桑耶寺，並邀請了印度怛特羅密教的得道高僧蓮花生入藏講道。藏傳佛教雖然在九世紀一度陷入衰退，但是在十至十一世紀，以西藏西部為中心再次繁榮興盛，並在一〇四二年，隨著印度高僧阿底峽尊者的到訪，佛教教理在西藏牢牢紮根。

蒙古帝國時期，薩迦派教團得到成吉思汗家族的保護，影響力也得以擴大。特別是薩迦．班智達的侄子八思巴被冊封為「國師」、「帝師」，而忽必烈以宗教保護者的輪轉聖王（斫迦羅伐剌底）身分，兩人分別掌管「Törö」（政治）和「Shashin」（宗教）。但是在蒙古帝國時期的西藏，並非由薩迦派一家獨大，在西藏擁有分封地的成吉思汗家系成員們也援助其他教團，特別是直貢派（Digungpa）得到了旭烈兀兀魯思的援助，他們的領土足以跟大元兀魯思相比。由於薩迦派利用其優越地位不斷施加壓力，直貢派在大元兀魯思引起叛亂，而旭烈兀兀魯思也派遣軍隊支援後者。

蒙古帝國垮台後，藏傳佛教也陷入衰退，失去了對於蒙古遊牧民的影響力，但在十六世紀後期，藉由俺答汗的積極支持而得以再次興盛。並非出身於黃金家族嫡系察哈爾部的達延汗為了加強自身權力，於一五七六年在青海的察卜齊雅勒，與格魯派的索南嘉措實現了歷史性的會面。格魯派是宗喀巴為了整頓各地寺院和僧侶的紀律、強調經書和教義的重要性而創立的新銳教團，因為成員身穿黃色袈裟和帽子，也被稱做「黃帽派」或者「黃教」。索南嘉措

光顯寺

1586年，喀爾喀蒙古的首領阿巴岱汗在蒙古帝國的故都哈剌和林建立佛教寺院，並取名為額爾德尼召（漢名光顯寺）。

宣布俺答汗是忽必烈汗的轉世，而俺答汗則向前者奉上「達賴喇嘛」的稱號，此後索南嘉措向教團的僧侶們強調這個稱號，而他本人是三世達賴喇嘛。「達賴」在蒙古語中意為「大海」，所以這個稱號意味著「擁有像大海一樣廣闊的智慧」。此後，藏傳佛教同時在蒙古高原的南北兩端迅速傳播，喀爾喀蒙古部族的首領阿巴岱汗和達賴喇嘛會面，表示願意為佛教的發展而努力，阿巴岱汗於一五八六年，在哈剌和林的廢墟上建立了蒙古高原最大規模的寺院——光顯寺（額爾德尼召）。三世達賴喇嘛於一五八八年圓寂後，其後繼者是喀爾喀蒙古貴族，因此西藏和蒙古在政治、宗教關係也變得更為緊密。

十七世紀前半期，林丹汗不僅在蒙古等許多地區建立寺院，而且讓三十五名西藏、蒙古僧侶，在一六二八年到一六二九年期間編撰了多達一百一十三卷的蒙古語大藏經《甘珠爾》（Kangyur）；一六三九年，喀爾喀蒙古的首領袞布多爾濟之子札那巴札爾，作為蒙古佛教教團的首長，被推選為哲布尊丹巴呼圖克圖；一六四〇年，由東蒙古諸首領聚集所制定的《喀爾喀·衛拉特法典》中，更規定每個首領家庭當中必須有一名成員出家擔任喇嘛。爾後，藏傳佛教作為蒙古人的宗教牢牢紮根，蒙古和西藏也締結了政治、宗教層面都密不可分的關係。

索南嘉措

1573年在青海附近的察卜齊雅勒會見俺答汗後，得到了「達賴喇嘛」稱號的索南嘉措。

《甘珠爾》

藏語大藏經經典部分的譯文叫做「甘珠爾」（Kangyur），而對譯文的評述和解釋則叫做「丹珠爾」（Tangyur）。圖片所展示的甘珠爾是在清國境內製作的。

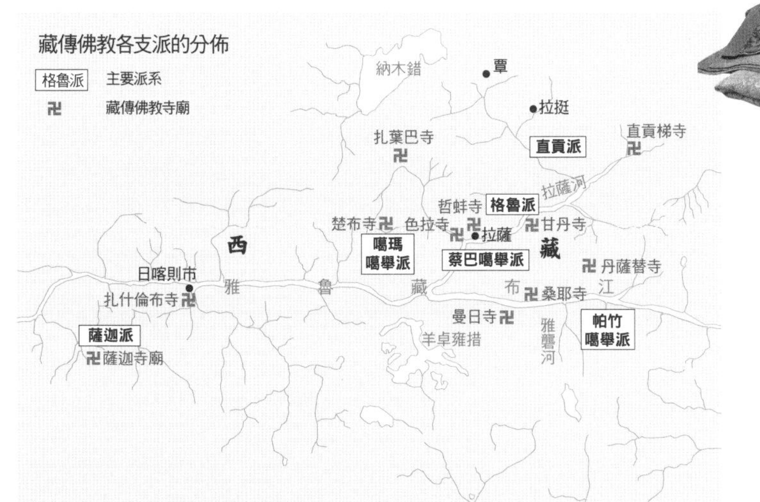

瑞典軍官、測繪師雷納特（Johan Gustaf Renat）繪製的
中央歐亞地圖（西突厥斯坦部分）

PART

05

遊牧國家的衰退

1500

1582年 俄羅斯開始經略西伯利亞

1600

1603年 日本的江戶幕府成立

1604年 俄羅斯建設托木斯克

1636年 丙子胡亂（清與朝鮮之戰）

1644年 滿洲人進攻長城以南的地區

1654年 第一次雅克薩戰役

1671年 噶爾丹成為準噶爾汗

1688年 英國光榮革命

1700

1689年 尼布楚條約

1690年 康熙皇帝親征準噶爾

1728年 恰克圖界約

1735年 清乾隆皇帝即位

1757年 準噶爾附屬於清

1776年 美國獨立宣言發布

1800

1779年 乾隆皇帝御詔班禪喇嘛駐北京

1789年 法國大革命

1840年 鴉片戰爭

1865年 阿古柏越過喀什噶爾，建立穆斯林政權

1900

1917年 俄國革命

2000

從十七世紀開始，到十九世紀後期，形勢再次發生了變化。一方面，滿洲人建立了新的帝國「清」，而另一方面俄羅斯人則在中央歐亞擴張勢力，而在這一區域生活的遊牧民和綠洲居民們分別臣服於這兩大勢力，並被編入帝國的統治體制。中央歐亞塑造歷史的原動力，也在這一過程當中逐漸消失。由成吉思汗開創的政治傳統和國家理念，滿洲人從中獲益良多，他們依次收服了蒙古高原南部與北部的遊牧民，並在十八世紀中葉消滅了被稱為「末代遊牧國家」的準噶爾。以這些事件為契機，滿洲人併吞了西藏和新疆，完全主宰了中央歐亞的東部地區。無獨有偶，俄羅斯也從十六世紀中期開始以怒濤之勢向東推進，並掌握西伯利亞地區，到十九世紀中後期為止，完成對中央歐亞的浩罕、布哈拉、希瓦等三個汗國的征服。於是，中央歐亞地區徹底成為清和俄羅斯兩大帝國的勢力範圍，而它原有的自主性和力量也就此喪失。

西元1593年～1662年

滿洲的興起與蒙古

1593 年
海西女真攻擊努爾哈赤並戰敗

1603 年
喀爾喀蒙古向努爾哈赤進獻「昆都侖汗」尊號

1616 年
努爾哈赤以「天命汗」的稱號即位

1626 年
皇太極即位

1627 年
丁卯胡亂（清與朝鮮的第一次戰爭）

1632 年
皇太極進攻林丹汗

1634 年
林丹汗逝世

1635 年
林丹汗的家人向皇太極投降

1636 年～ 1637 年
丙子胡亂（清與朝鮮的第二次戰爭）

1644 年
滿洲人攻入長城以南

1662 年
薩岡徹辰撰寫《蒙古源流》

清帝國於十七世紀前期的出現，不僅是對中國和東亞產生影響，對中央歐亞乃至世界整體來說，也造成很大的變化。建立清帝國的滿洲人在最初與蒙古人締結緊密關係，而隨著自身勢力的增強，反過來使蒙古向他們臣服。其後，清帝國控制了在政治、宗教方面都與蒙古有著緊密關係的西藏，並擊敗西蒙古的準噶爾部，占據了橫跨天山南北的整個東突厥斯坦。從這個角度而言，清帝國的興起引發了一連串影響著中央歐亞眾多民族命運的後續歷史事件。

十六世紀後期，女真人分為建州女真、海西女真、野人女真三大部族。奠定清帝國基礎的努爾哈赤，出身於建州女真五部當中的完顏部。努爾哈赤先是併合了其餘四部，海西女真四部（葉赫、哈達、烏拉、輝發）由於他實力的迅速壯大而倍感威脅，因此在一五九三年聯合以科爾沁部、內喀爾喀為首的另外五部向努爾哈赤發起進攻，結果九部聯軍戰敗。一六〇三年，喀爾喀五部向努爾哈赤進獻了「Sure Kundulen Han」（昆都侖汗）的尊號；一六一六年，統合女真所有部族的努爾哈赤以「Gengiyen Han」（天命汗，意為可汗中的可汗）的稱號即位。於是，清帝國的前身「Aisin Gurun」（大金國）就此建立，在漢文資料中寫作「後金」。

一六二六年，繼努爾哈赤即位的皇太極與希望統一整個蒙古的林丹汗展開了對決。林丹汗任命官員，以控制蒙古左翼和右翼的萬戶們。同時，林丹汗也積極支援西藏的薩迦派，以蒙古語發行大藏經《甘珠爾》。一六三二年，皇太極聯合蒙古反對派向林丹汗發起進攻。之後林丹汗退卻到鄂爾多斯，並往青海的方向移動，但在一六三四年患上天花而死於甘肅。林丹汗的兒子和妻妾在一六三五年向皇太極投降，並獻上在蒙

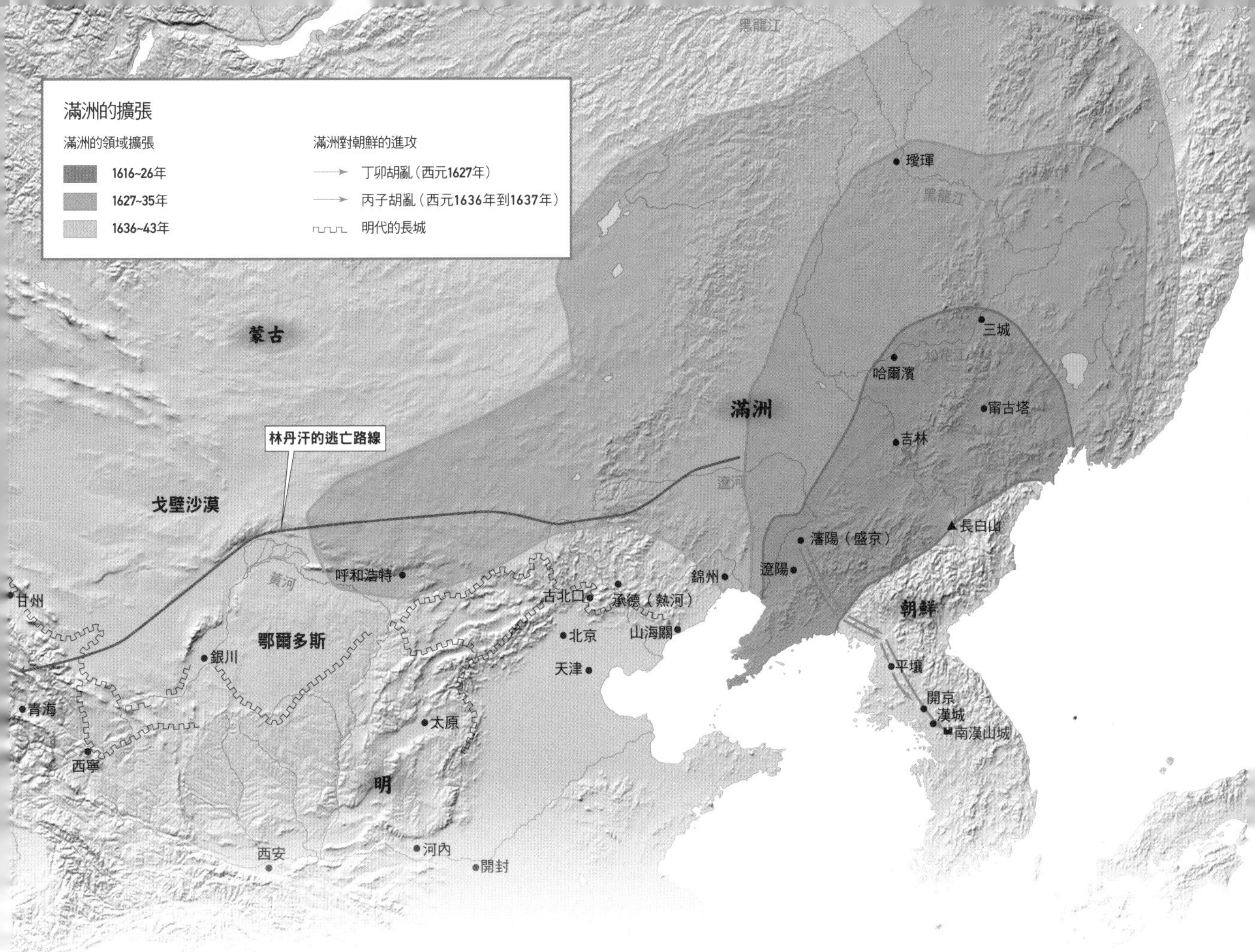

滿洲的擴張

滿洲的領域擴張

1616~26年

1627~35年

1636~43年

滿洲對朝鮮的進攻

丁卯胡亂（西元1627年）

丙子胡亂（西元1636年到1637年）

明代的長城

黑龍江
璦琿
黑龍江
三城
松花江
哈爾濱
寧古塔
滿洲
吉林
蒙古
林丹汗的逃亡路線
戈壁沙漠
遼河
長白山
瀋陽（盛京）
遼陽
呼和浩特
錦州
黃河
甘州
古北口
承德（熱河）
朝鮮
北京
山海關
鄂爾多斯
銀川
天津
平壤
青海
開京
漢城
南漢山城
太原
西寧
明
西安
河內
開封

古帝國時期使用的傳國璽。同時，皇太極也獲得元代高僧八思巴所打造的摩訶迦羅（Mahakala）佛像，並在瀋陽建立寺院以安置這座佛像。

之後，皇太極禁止了「女真」、「大金國」的說法，用「滿洲」和「Daicing Gurun」（大清國）的新名號代替以上指稱，意在表明自己的帝國是大元（而非金國）的正統繼承人。薩岡徹辰在《蒙古源流》當中，也認同努爾哈赤從政治層面而言屬於成吉思汗的繼承人，並留下皇太極掌握了「Törö」（政治正統）的紀錄，顯示出當時的蒙古人也接受皇太極的主張。而在文化上，清帝國也受到蒙古人的影響。努爾哈赤很早就開始任用「Bagshi」（學者）負責記錄文書，這些人除了擅長滿語之外，還精通蒙古語和漢語。一五九九年，蒙古文字開始被用於書寫滿語，而一六二〇年到一六三三年期間，對蒙古文字略加修整，從而創制了滿洲文字。

洲和蒙古的關係，在皇太極時期形成了基本的核心框架。兩個集團都服從清帝國君主的統治，並享有同等的地位。蒙古人被編成八旗，透過和滿洲的王公貴族們聯姻並結盟，與皇室締結緊密關係。這個關係框架在滿洲人征服漢人之前已經成形，並一直維持到一九一一年清帝國滅亡為止。《大清律例》是滿人在征服漢人後所編撰，以取代原先的《大明律》，清帝國對於新編入帝國版圖的外蒙古（喀爾喀四部）、西藏、新疆等，則不採用這部法律。朝鮮雖然是透過兩次「胡亂」（清與朝鮮的戰爭）才與清國締結政治上的從屬關係，但因為這是在一六四四年「入關」之前發生的事，所以朝鮮也獲得了和蒙古相同的地位。

滿洲旗人的肖像

西元1582年～1688年

俄羅斯東進

1582 年
葉爾馬克越過托博爾河，俄羅斯開始向西伯利亞擴張

1587 年
托博爾斯克建立

1643 年～ 1645 年
波亞爾科夫進行勘察

1648 年
哈巴羅夫進行勘察

1649 年
俄羅斯人到達鄂霍次克海沿岸

1652 年
伊爾庫茨克建立

1653 年
斯捷潘諾夫進行勘察

1654 年
第一次羅禪征伐

1658 年
第二次羅禪征伐

1685 年
第一次雅克薩戰爭

1686 年
第二次雅克薩戰爭

1688 年
準噶爾首領噶爾丹進攻東蒙古

擺脫「韃靼枷鎖」的俄羅斯，在十六世紀中葉消滅了窩瓦河流域的蒙古殘餘勢力也就是喀山汗國和阿斯特拉罕汗國，從而掌握了進入東方的門口。一五八二年，葉爾馬克（Yermak）帶領八百名哥薩克人穿越烏拉山脈附近的托博爾河，俄羅斯的西伯利亞擴張也就此展開。西伯利亞得名於托博爾河以及位於這一區域的西伯利亞汗國，俄羅斯人在這段期間一路東進，直到一六四九年抵達鄂霍茨克海沿岸為止。俄羅斯帝國占據了面積為一千三百萬平方公里、構成俄羅斯四分之三領土的西伯利亞，這意味著在六十年到七十年之間，每年新開拓的領土面積相當於一整個朝鮮半島。

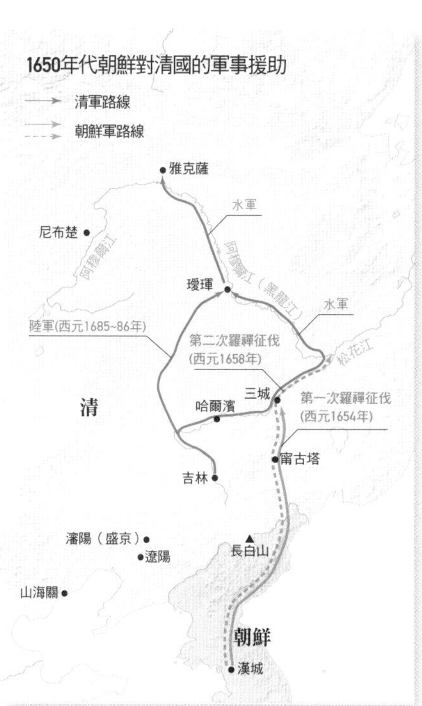

俄羅斯東進的目的，主要是為了獲取貂鼠、水獺等動物的毛皮以製作皮草。一六〇五年時，皮草的相關利得甚至在俄羅斯國家財政收入當中占到了十一個百分點。俄羅斯人向西伯利亞以打獵為生的原住民徵收名為「Yasak」的皮草稅，這一詞彙源於蒙古帝國時期的「Jasaq」（意為法令）。俄羅斯人也利用西伯利亞獨特的水路體系在各地之間迅速移動，貫穿西伯利亞的鄂畢河、額爾濟斯河、葉尼塞河等大型河流雖然是南北流向，但在這些河流之間有著許多東西流向的支流。因此，夏天時直接在這些支流上航行，而冬天時則在冰封的河床上以雪橇迅速移動。俄羅斯人於河流的交匯點聚居，並使用木材建造小型的「Ostrog」（城寨），各式各樣的俄羅斯本土居民，包括貧困的農民、罪犯和冒險家等等，都遷徙到西伯利亞並在當地定居。隨後，俄羅斯政府派出「Voevoda」（軍官）負責管理城寨，並以這些居民點為基礎掌控了西伯利亞全域。

俄羅斯人於一五八七年建立托博爾斯克、一六〇四年建立托木斯克、一六一九年建立葉尼塞斯克、一六三二年在勒拿河流域建立雅庫次克，最終在一六四九年到達鄂霍茨克海的沿岸。俄羅斯為了取得糧食和調查當地資源，分別在一六四三年到一六四五年派遣波亞爾科夫、一六四八年派遣哈巴羅夫，以

及一六五三年派遣由斯捷潘諾夫帶領的勘察隊前往黑龍江流域。勘察隊一路掠奪、殺戮，並強行徵收皮草稅和糧食，陷入困境的當地居民於是向清帝國請求支援。當時剛剛掌握中國不久的清帝國，很難派遣大批軍隊前往黑龍江流域，因此又請求朝鮮的援助。於是朝鮮孝宗在一六五四年，派遣由邊岌指揮的一百五十名士兵，其後又在一六五八年派遣由申瀏率領的二百六十二名鳥槍手前往黑龍江，而這兩次事件被稱為「羅禪征伐」。「羅禪」是當時「Rus」的韓文譯名，而漢文資料中寫作「羅　」或「俄羅斯」，滿文文獻中則記為「Loca」。一六五八年六月十日（陰曆），朝鮮和滿洲的聯軍在松花江邊擊敗了斯捷潘諾夫的俄軍。

但是，俄羅斯人其後馬上計劃擴展到黑龍江流域。一六八〇年代初期，俄羅斯人在雅克薩開墾耕地，建立二十幾個村落，光是成年男子就達到了八百名。因此，康熙帝在一六八五年，派遣以一千名騎兵為主力的四千名士兵攻擊雅克薩。俄羅斯人雖然撤退，但在清軍離開後又返回雅克薩。康熙帝不得不在一六八六年發動第二次遠征，但這次的戰爭最後陷入僵持狀態。

另一方面，當時中央歐亞的政治局勢也非常緊張。一六八八年，準噶爾首領噶爾丹開始大規模進攻喀爾喀部，清帝國也因此受到威脅，這迫使康熙帝必須儘快解決與俄羅斯的國界爭端。

葉爾馬克征服西伯利亞

這是俄羅斯畫家瓦西里·伊萬諾維奇·蘇里科夫的作品，描繪哥薩克首領葉爾馬克在1582年越過托博爾河，擊敗蒙古的庫楚汗的場面。

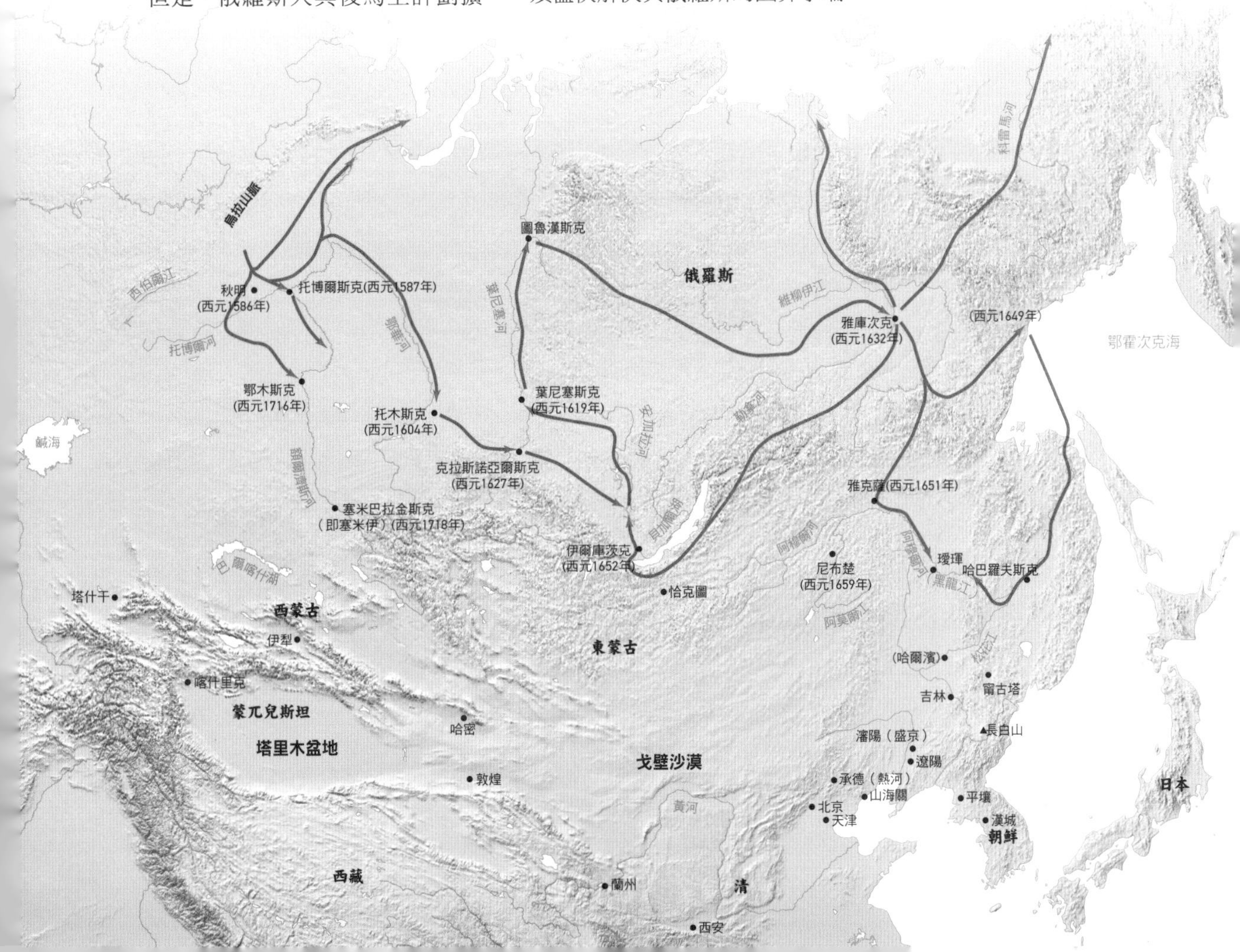

俄羅斯的東進

→ 東進路線

(1586年) 城市建設年

烏拉山脈　西伯爾江　托博爾河　秋明（西元1586年）　托博爾斯克(西元1587年)　鄂畢河　鄂木斯克（西元1716年）　托木斯克（西元1604年）　額爾濟斯河　塞米巴拉金斯克（即塞米伊）(西元1718年)　巴爾喀什湖　鹹海　塔什干　伊犁　西蒙古　喀什里克　蒙兀兒斯坦　塔里木盆地　哈密　敦煌　西藏　蘭州　黃河　西安　清　戈壁沙漠　東蒙古　恰克圖　圖魯漢斯克　葉尼塞河　葉尼塞斯克（西元1619年）　克拉斯諾亞爾斯克（西元1627年）　安加拉河　貝加爾湖　伊爾庫茨克（西元1652年）　俄羅斯　維柳伊江　勒拿河　雅庫次克（西元1632年）　科雷馬河　(西元1649年)　鄂霍次克海　雅克薩(西元1651年)　阿穆爾河（黑龍江）　尼布楚（西元1659年）　阿莫爾江　璦琿　哈巴羅夫斯克　(哈爾濱)　寧古塔　吉林　長白山　瀋陽（盛京）　遼陽　承德（熱河）　山海關　北京　天津　平壤　漢城　朝鮮　日本

西元1618年～1728年

俄羅斯與清帝國的外交關係

1618 年
俄國使者佩特林訪問明國

1654 年
亞爾班、背喀甫訪問清國

1667 年
根忒木爾亡命俄羅斯

1685 年
第一次雅克薩戰役

1686 年
第二次雅克薩戰役

1688 年
準噶爾首領噶爾丹入侵喀爾喀蒙古

1689 年
俄羅斯和大清國簽訂《尼布楚條約》

1728 年
俄羅斯和大清國簽訂《恰克圖界約》

十七世紀，俄羅斯和清帝國之間舉行了多次外交接觸和協商，旨在調解兩國的外交糾紛，而這同時也為中央歐亞地區許多民族的命運帶來很大影響。在兩國的往來當中，大多是由俄國主動派人接觸。

一六一八年，名為佩特林（Petaline）的俄羅斯翻譯官到訪明末的北京，由於他沒有正式的使臣身分，因此晉見明國皇帝的請求遭到拒絕，只能帶著信件返回。一六五四年，俄羅斯再次派遣背喀甫（F. Baikov）為使臣，當時俄羅斯政府由於各地的叛亂、瘟疫和戰爭而陷入經濟困境，為此他們開始尋找新的皮草市場，希望與清帝國開展貿易活動。首先被選派的是布哈拉的商人亞爾班（Albin），他到達北京時，清廷把他當作真正的使臣，亞爾班按照清政府對方的要求三拜九叩，因此得以順利返國。但是其後前往北京的背喀甫拒絕向清皇帝磕頭，因此連皇帝都沒見到，最終無功而返。通過這件事，俄羅斯感受到了在與清帝國交涉的過程中，分拆政治和經濟關係的重要性，因此決定不再派遣代表沙皇本人的正式使臣，而是派出以個人身分行動的商人。之後亞爾班再次接受命令，在一六六九年到達北京，在當地滯留了約一年的時間，晉見康熙皇帝並且達成交易，才返回俄羅斯。

當時，黑龍江流域的索倫部首領根忒木爾（Ghantimur）流亡俄羅斯，他原本是清帝國的武將，其後在一六六七年改投俄軍並皈依東正教，被沙皇封為貴族。擔心國家主權因此事而受衝擊的清帝國要求俄羅斯將根忒木爾遣返，而俄羅斯方面則派遣使者米樂番樂甫（Milovanov）前往北京，不僅拒絕要求，而且反過來要求大清皇帝向沙皇稱臣。之後便爆發了雅克薩戰爭，以及噶爾丹侵略喀爾喀的事件。

一六八九年夏天，雙方代表在尼布楚展開談判，俄羅斯和清國各自派出大批軍隊，氣氛十分緊張。這次會面的主

尼布楚

作為外貝加爾的主要根據地，在1654年建立城池，緊接著形成了都市。俄羅斯和大清在1689年，於此地達成協議並簽訂了條約。

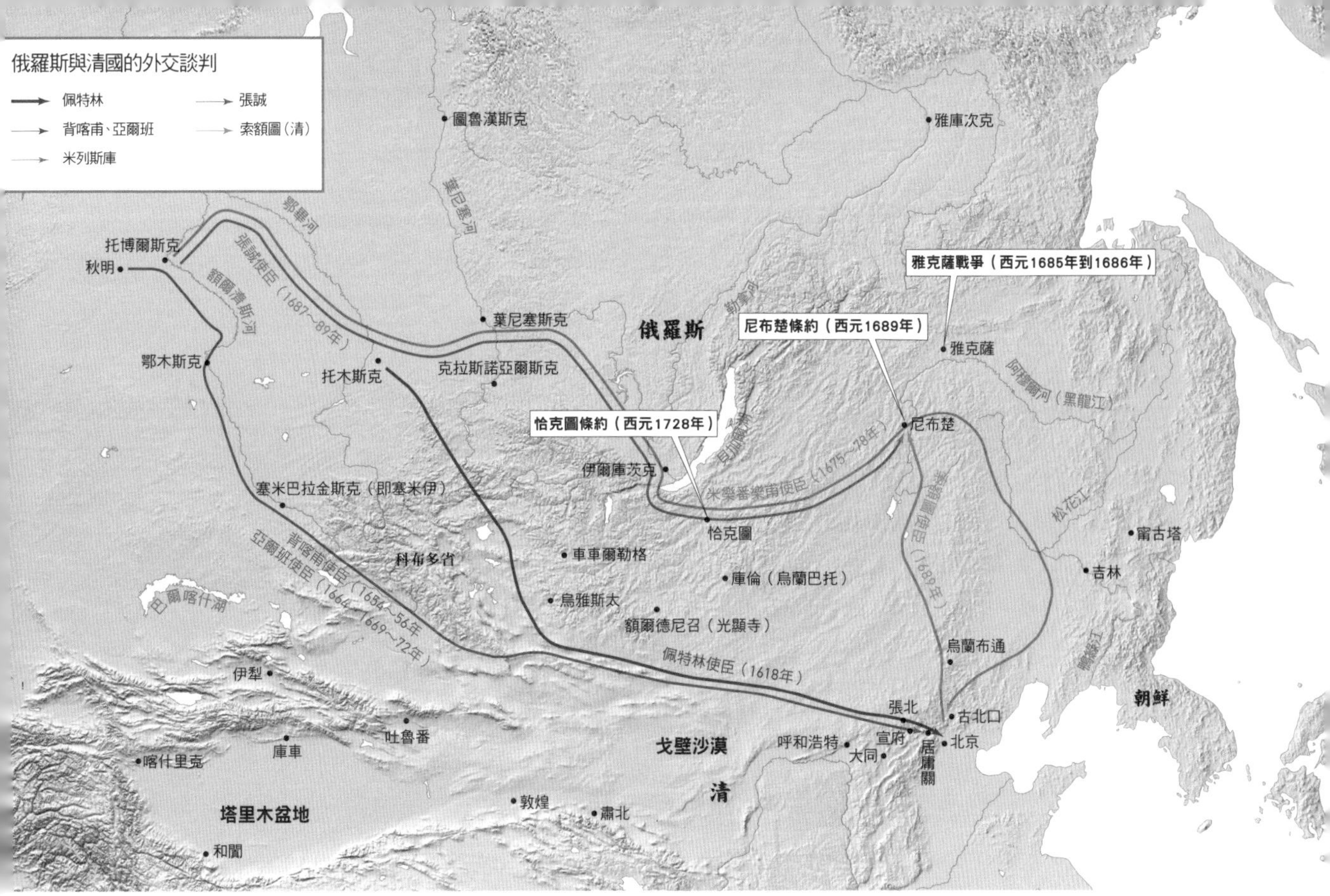

要目的，是為了劃定國界，處理流亡者、貿易糾紛等問題。在談判過程中，由法國人張誠（Jean-François Gerbillon）和葡萄牙人徐日升（Tomás Pereira）等耶穌會傳教士擔任翻譯，因此條約的勘定本也以拉丁文和滿文撰寫而成，該條約多次使用「兩國」這個詞彙，顯示這是兩個對等國家所締結的條約。但為了捍衛中華中心論，條文在漢譯本當中有多處文字被刪除或修改。

一七二八年，俄羅斯與清帝國對《尼布楚條約》的內容加以修訂、擴充，並簽訂《恰克圖界約》。俄羅斯對條約並不滿意，認為自己將包括雅克薩在內的大片區域割讓給清帝國，是礙於後者的軍事威脅；但同時俄羅斯不僅能夠前往北京貿易，而且獲得在尼布楚和恰克圖等邊境城市開設市場的權利，於是俄羅斯商人們有更多的機會交易物資。與此同時，清帝國透過給予俄羅斯商人貿易特權，既確保自己對於黑龍江上游的統治，也成功促使俄羅斯停止對準噶爾的援助。事實上，噶爾丹在一六九〇年派遣使臣前往伊爾庫茨克拜訪戈洛文，希望在他攻擊喀爾喀的時候得到軍事支援，但最終沒有達到目的。康熙帝以《尼布楚條約》促成俄羅斯的中立，因此得以全力投入與噶爾丹的戰爭，從而成功消除來自準噶爾的威脅。就這一點而言，一六九八年的《尼布楚條約》，是後來的中國與俄羅斯將中央歐亞地區一分為二的原點。

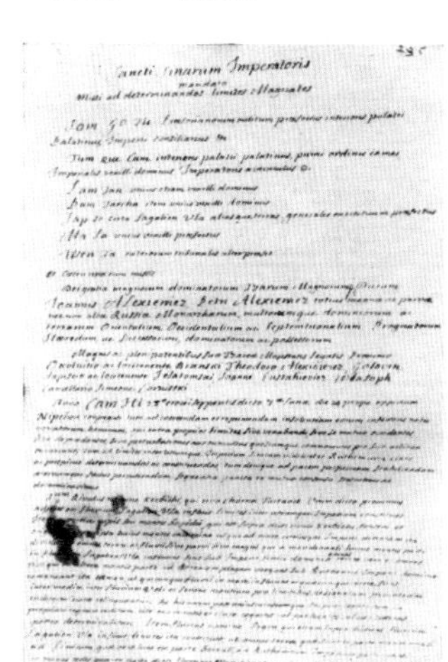

《尼布楚條約》文件

「神聖的中央之國的皇帝為了劃定邊境，任命以下大臣們」這句話，是出自1689年《尼布楚條約》的拉丁語正本。圖片是大清交付於俄羅斯的、現在僅存的條約正文原本。

西元1676年～1697年

噶爾丹與康熙帝

1676 年
噶爾丹成為準噶爾部首領

1677 年
噶爾丹擊敗鄂齊爾圖汗，取得西蒙古霸權

1688 年
噶爾丹進攻喀爾喀蒙古，光顯寺遭焚燒

1689 年
《尼布楚條約》簽署

1690 年
康熙帝第一次親征噶爾丹，烏蘭巴托之戰爆發

1691 年
康熙帝在多倫諾爾與蒙古各部首領會盟

1696 年
康熙帝第二次親征噶爾丹，昭莫多之戰爆發

1697 年
噶爾丹逝世

噶爾丹是西蒙古衛拉特準噶爾部首領巴圖爾琿台吉的第四個兒子。噶爾丹在一六六〇年於拉薩成為佛教僧侶，十年後他的親生兄長僧格琿台吉遭到異母兄弟們殺害。一六七六年，噶爾丹還俗返國，殺死諸位異母兄弟，並成為準噶爾部的首領。一六七七年，噶爾丹擊敗當時西蒙古唯一的可汗、和碩特部首領鄂齊爾圖汗，因此掌握了西蒙古的霸權。之後，五世達賴喇嘛向噶爾丹授予「博碩克圖汗」的稱號。

當時後期蒙兀兒汗國正發生權力鬥爭，遭受排擠的白山派首領阿帕克和卓到達準噶爾，向噶爾丹請求援助。噶爾丹以阿帕克和卓為先鋒征服了喀什噶爾，並將蒙兀兒汗國的末代可汗伊思瑪業勒囚禁於伊犁河谷的庫車。因此，噶爾丹得以利用宗教貴族也就是白山派和黑山派的和卓們，對後期蒙兀兒汗國實施間接的統治。掌控絲路樞紐的噶爾丹，再次將視線轉移到蒙古高原東部的盆地。當時屬於喀爾喀蒙古右翼的札薩克圖汗部，和左翼的土謝圖汗部發生紛爭，並導致噶爾丹之弟被殺，而噶爾丹則以報殺弟之仇的名義，於一六八八年初占領喀爾喀蒙古的大片區域。於是，以土謝圖汗部可汗為首的王公貴族以及哲布尊丹巴從戈壁沙漠南下，向康熙帝請求援助。而噶爾丹則強烈要求清政府遣返這些流亡者，因此雙方的軍事對決在所難免。

在與噶爾丹對決之前，康熙帝於一六八九年透過簽署《尼布楚條約》確保了俄羅斯的中立，並在次年與對抗噶爾丹的僧格之子策妄阿拉布坦於伊犁河谷會面，進一步孤立噶爾丹。一六九〇年七月，噶爾丹率領的軍隊迫近內札薩克蒙古，因此康熙帝御駕親征，清軍於九月三日在烏蘭布統與噶爾丹展開激戰，並以大炮壓制了噶爾丹。噶爾丹撤退之後，康熙帝於一六九一年五月到六月期間，與蒙古各部首領在多倫諾爾會盟。繼內札薩克蒙古之後，外札薩克蒙古也從屬於清帝國。

一六九五年，康熙帝得知噶爾丹將在科布多再次率軍東征，因此決定第二次親征噶爾丹。得到噶爾丹在克魯倫河、土拉河流域一帶安營紮寨的情報後，康熙帝將遠征軍分為三路，親自指揮三萬多名中路軍、薩布素統領一萬名東路軍、費揚古統領三萬名西路軍，並下令西路軍切斷噶爾丹的退路。康熙帝於一六九六年三月出發，橫越戈壁沙漠，六月初抵達克魯倫河畔。然而，噶爾丹的軍隊已經撤離，康熙帝的部隊由於馬疲糧盡，只能放棄追擊、無功而返。但一萬名左右的噶爾丹軍隊撤退時，與費揚古的西路軍於昭莫多正面相遇，噶爾丹軍隊在這次戰役中受到致命打擊。

噶爾丹率領剩下的五千餘名士兵逃到翁金河流域暫避，而在這個危急的關頭，他手下的將領們開始逃跑，甚

喀什噶爾

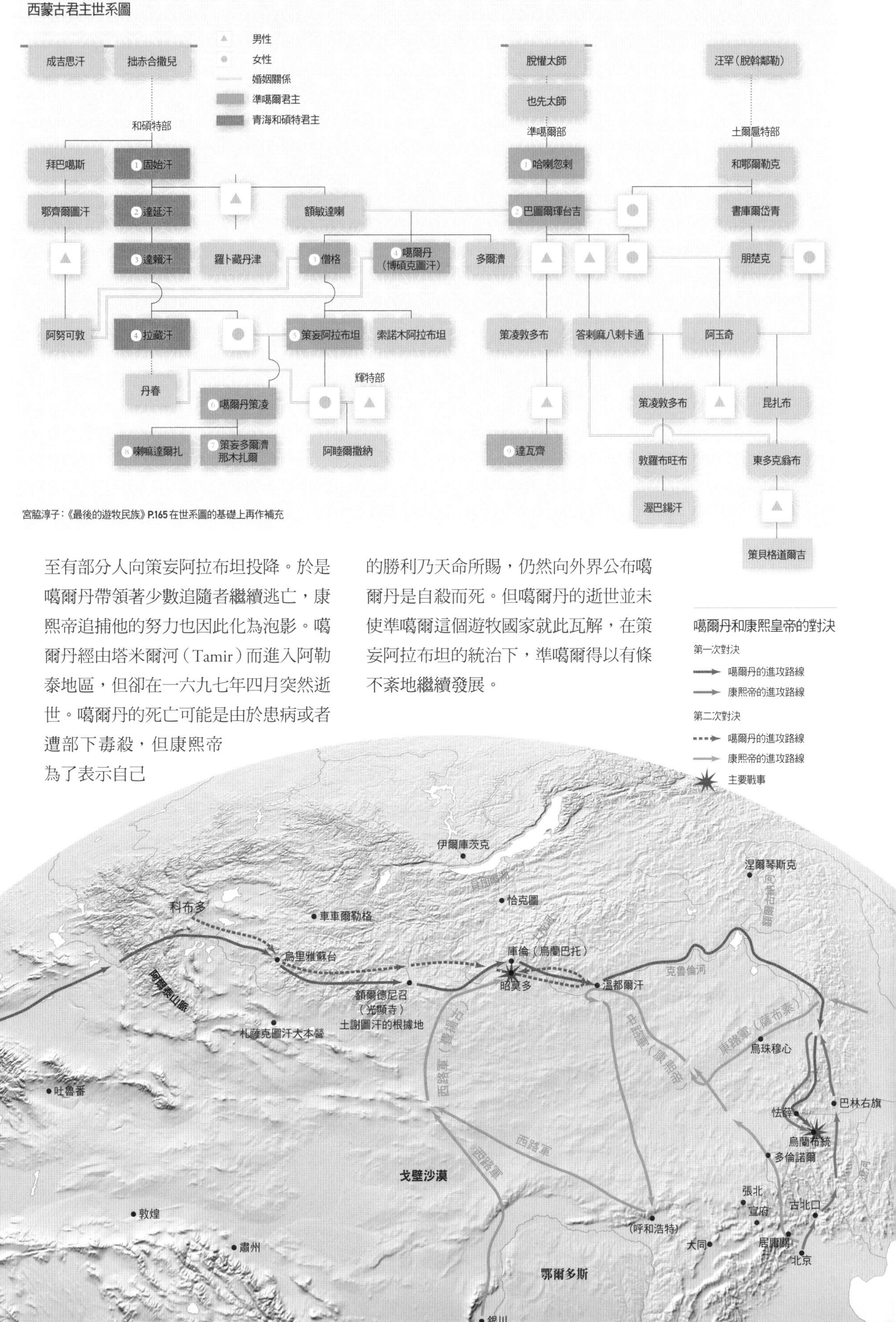

至有部分人向策妄阿拉布坦投降。於是噶爾丹帶領著少數追隨者繼續逃亡，康熙帝追捕他的努力也因此化為泡影。噶爾丹經由塔米爾河（Tamir）而進入阿勒泰地區，但卻在一六九七年四月突然逝世。噶爾丹的死亡可能是由於患病或者遭部下毒殺，但康熙帝為了表示自己的勝利乃天命所賜，仍然向外界公布噶爾丹是自殺而死。但噶爾丹的逝世並未使準噶爾這個遊牧國家就此瓦解，在策妄阿拉布坦的統治下，準噶爾得以有條不紊地繼續發展。

西元1682年～1779年

圍繞著西藏的角逐

1682 年
達賴喇嘛五世圓寂，倉央嘉措成為達賴喇嘛六世

1697 年
噶爾丹逝世

1705 年
拉藏汗殺害倉央嘉措

1708 年
格桑嘉措成為達賴喇嘛七世

1715 年
格桑嘉措被清政府劫持，軟禁於塔爾寺

1717 年
準噶爾軍殺害拉藏汗，在拉薩大肆燒殺劫掠

1720 年
清政府進駐拉薩

1723 年
羅卜藏丹津攻打青海地區的其他蒙古王公貴族

1724 年
雍正帝進攻羅卜藏丹津

1725 年
羅卜藏丹津被清軍抓獲，處死刑

1728 年
清政府將格桑嘉措軟禁於理塘

1747 年
西藏人殺害清政府大臣

1779 年
乾隆皇帝在京城款待班禪喇嘛

一五七六年，俺答汗與三世達賴喇嘛於青海會面，此後西藏就和蒙古的政治形勢緊密相連。在清帝國和準噶爾的對決中，由於五世達賴喇嘛羅桑嘉措是噶爾丹的積極後援者，因此基於噶爾丹的逝世而引發的一連串事件，也對西藏的命運產生了深遠影響。

噶爾丹雖然並不是成吉思汗的後人，但由於他是五世達賴喇嘛羅桑嘉措的弟子，於是也獲得「可汗」的封號。一六八二年羅桑嘉措圓寂，攝政王桑結嘉措對外隱瞞這一事實，並繼續支援噶爾丹。在得知噶爾丹逝世的消息後，康熙帝決定積極介入西藏事務，派遣和碩特部的拉藏汗前往當地；一七〇五年，拉藏汗殺害攝政王桑結嘉措，六世達賴喇嘛倉央嘉措則在被押送至清帝國的途中圓寂。拉藏汗找到一位二十五歲才成為僧侶的人，宣稱這個僧人是五世達賴喇嘛的轉世，民間的流言指他實際上是拉藏汗的兒子。儘管已圓寂的倉央嘉措生前沉湎於酒池肉林，但對於他的死於非命，西藏人依舊向拉藏汗提出抗議。一七〇八年，理塘出身的格桑嘉措被選為七世達賴喇嘛。然而，清軍於一七一五年劫持格桑嘉措，並將其軟禁於西寧的塔爾寺。

準噶爾的君主策妄阿拉布坦想藉此機會，恢復自身對西藏的影響力。他先派遣大策凌敦多布指揮六千大軍，先經由苦盞、後又經西藏西部的險峻山地，突襲位於拉薩的拉藏汗。另一方面，派遣小規模部隊至塔爾寺，從清軍手中俘獲達賴喇嘛七世，並指示該軍隊與從拉薩回去的軍隊會合。不過俘獲達賴喇嘛七世的計畫失敗，一七一七年冬季，攻入拉薩的準噶爾軍在殺害拉藏汗之後，大肆燒殺搶掠、無惡不作。

拉薩的百姓雖未能接回達賴喇嘛，但決定開始反攻入侵拉薩的準噶爾軍。清政府也利用此次機會，帶領達賴喇嘛七世，於一七二〇年九月進駐拉薩。因此西藏得以脫離了準噶爾的控制，受到清帝國的庇護。另一方面，隸屬於和碩特部的固始汗的孫輩羅卜藏丹津，在一七二三年進攻位於青海區域的其他蒙

布達拉宮之景

達賴喇嘛五世於1645年開始建造，耗時十餘年才建成的宮殿，可以說是達賴喇嘛的權力日趨成熟的象徵。

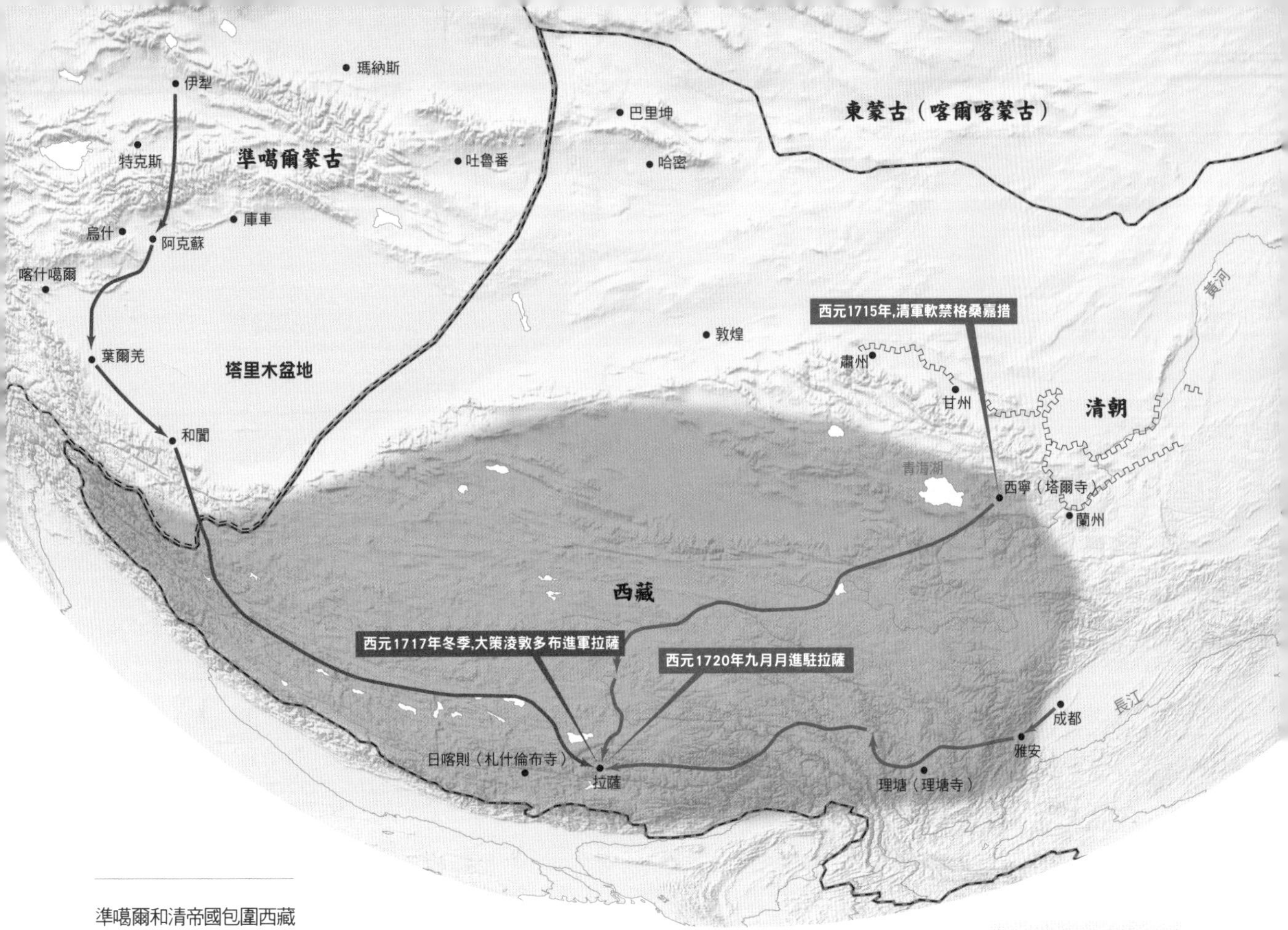

準噶爾和清帝國包圍西藏
（1715～1720年）

大策淩敦多布軍路線
清軍路線

達賴喇嘛世系圖

1 根敦朱巴（追封）
2 根敦嘉措（追封）
3 索南嘉措（實際上的首任達賴喇嘛）
4 雲丹嘉措
5 羅桑嘉措
6 倉央嘉措
7 格桑嘉措
8 強白嘉措
9 隆朵嘉措
10 楚臣嘉措
11 凱珠嘉措
12 成烈嘉措
13 土登嘉措
14 丹增嘉措（現任）

古王公貴族，但他們得幸脫逃，並向清政府請求支援。雍正皇帝為掌控青海區域，於一七二四年派遣軍隊，攻打位於塔爾寺的羅卜藏丹津，一七二五年將其俘獲，並處以死刑。清政府繼掌控內外蒙古後，又再次控制原本蒙古人占領的青海地區。但由於清政府對以拉薩為中心的西藏本土的影響力有限，受到準噶爾支援的西藏貴族勢力依舊不停反抗。因此，一七二八年，清政府派遣軍隊鎮壓反對勢力，將達賴喇嘛七世格桑嘉措軟禁於康區的理塘寺，並且派遣大臣至西藏，來處理當地的重要事務。

一七四七年，清政府派去的大臣們被西藏人殺害，乾隆皇帝採取各種措施來鞏固其統治勢力。在選達賴喇嘛時，使用將兩個候選者的名字放入金瓶中、並由皇帝直接抽取的「金瓶掣簽」的制度，這個制度強化了班禪喇嘛的權力。從十六世紀起，班禪喇嘛作為西藏佛教教團中僅次於達賴喇嘛地位的僧侶，被認為是觀音菩薩的化身，且其根據地位於日喀則的札什倫布寺，而清政府為牽制達賴喇嘛，利用班禪喇嘛達到自身的政治目的。一七七九年，在乾隆皇帝七十大壽之際，熱情邀請班禪喇嘛赴壽宴，並在避暑山莊擺設宴席。當時見到他的朴趾源曾將此事詳細記錄在《熱河日記》中。

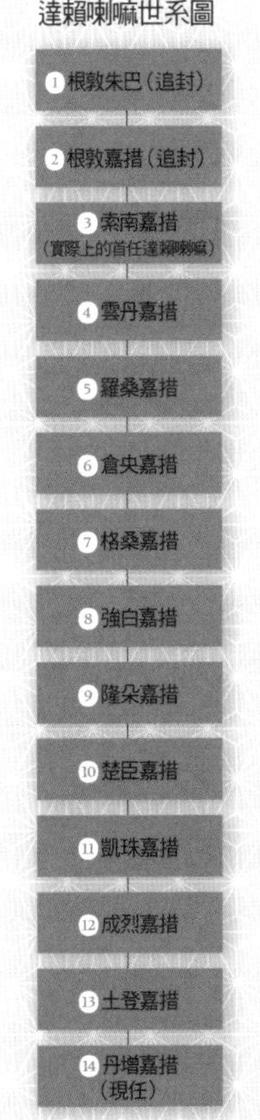

西元1697年～1727年

最後的遊牧國家——準噶爾

1697 年
噶爾丹逝世
其侄策妄阿拉布坦繼位

1698 年～ 1699 年
策妄阿拉布坦挺進額爾濟斯河

1716 年
策妄阿拉布坦進攻雅美什湖附近的俄羅斯城堡俘虜瑞典出身的雷納特

1722 年～ 1724 年
俄羅斯派遣烏可夫斯基懷柔策妄阿拉布坦失敗

1727 年
策妄阿拉布坦逝世
其子噶爾丹策凌繼位

在噶爾丹進攻喀爾喀蒙古，與清帝國展開正面對決時，策妄阿拉布坦在準噶爾的根據地伊犁發動叛亂，這是促使噶爾丹勢力迅速衰敗的主要原因。與此相對應，清帝國在和噶爾丹對峙的同一時間，也派遣使臣會見策妄阿拉布坦並提議結盟。策妄阿拉布坦藉此機會，使前往清國進行朝貢貿易的使臣團人數從限額二百名增加至三百名。噶爾丹逝世後，策妄阿拉布坦的地位得到鞏固，雖然他繼續與清帝國維持著和睦關係，但圍繞著西藏而發生的一系列事件也顯現出雙方的不同立場，甚至因此而發生軍事衝突。

與從達賴喇嘛處獲得「可汗」封號的噶爾丹不同，策妄阿拉布坦及其後的準噶爾君主更為偏好「琿台吉」這一稱號。琿台吉原本是藉用漢文的「皇太子」，而在當時的蒙古草原上，它指的是地位僅次於可汗的第二領導人。於是，俄羅斯人也將準噶爾君主稱為「Kontaisha」。由此可見，準噶爾的君主既不屬於成吉思汗的後裔，而他們也不以可汗自稱，因此將準噶爾稱為「汗國」其實並不妥當。

雷納特繪製的地圖

波爾塔瓦會戰中成為俄軍的俘虜，被押送至西伯利亞的瑞典炮兵長官雷納特，於1716年再次被準噶爾軍俘虜，之後在那裡生活了十七年。以下的地圖是1733年，雷納特返回瑞典時，作為從準噶爾君主策凌手中收到的禮物，現收藏於瑞典烏普薩拉大學圖書館。

策妄阿拉布坦時代，中央歐亞遊牧民的活動空間已經開始受到很大的限制。在東部，清帝國掌握了青海，並將勢力延伸至吐魯番，而俄羅斯帝國的軍力則從西伯利亞方向進逼。策妄阿拉布坦為謀求活路，將目光轉向了西方，於一六九八年到一六九九年期間往額爾濟斯河流域推進，對哈薩克的勢力造成壓迫。與此同時，西伯利亞的原住民對於向俄羅斯繳納皮草稅一事存在不同意見，也和俄羅斯人多次發生武力衝突。一七一六年，俄羅斯帝國在雅美什湖附近建造的城堡竣工不久，策妄阿拉布坦便派遣一萬名士兵負責摧毀。俄羅斯人則在一七二二到二四年間，派遣炮兵軍官烏可夫斯基（I. Unkovskii）到準噶爾，要求策妄阿拉布坦承認沙皇在政治上的宗主權，遭到後者拒絕。

為了克服遊牧經濟的限制，策妄阿拉布坦也作出非常多的努力。他將居住在喀什噶爾的穆斯林遷移到伊犁河流域，讓他們以耕種為生，這些新住民被稱為「Taranchi」（塔藍基，農民的意思）。俄羅斯帝國的各種技術來自於他們的歐洲俘虜，策妄阿拉布坦也積極運用歐洲人所掌握的技術。一七一六年的雅美什湖戰役中，瑞典出身的俄羅斯帝國國軍人雷納特（Johan Gustaf Ranat）被準噶爾軍隊俘虜，策妄阿拉布坦要求他為自己製造火藥和

薩法維王

大炮。策妄阿拉布坦也打算與窩瓦河流域的土爾扈特部建立關係以擴展貿易，而康熙帝為了牽制準噶爾，也派遣圖理琛拜訪土爾扈特部的阿玉奇汗。

一七二七年，策妄阿拉布坦逝世，其子噶爾丹策凌繼位。在他的統治期間（一七二五～四五年），噶爾丹策凌與清帝國維持著友好關係，而朝貢貿易和邊關貿易也穩定運作。朝貢貿易是以每隔四年到北京訪問一次的形式進行，而在肅州也每四年進行一次邊關貿易。準噶爾主要售出肉製品和奶製品，以換取紡織品、茶葉、大黃等。

然而主導這些貿易活動的人並非準噶爾的遊牧民，而是出身於中亞、專門從事長途貿易並被統稱為「布哈拉商人」的群體。在國際貿易這一層面上，他們以俄羅斯、中亞、印度、蒙古高原、中國等地作為自己的舞台而活躍，這一事實使學者們重新檢討「陸地上的絲綢之路在十六世紀大航海時代以後就陷入衰退」的舊有觀點。除了與中國的貿易，準噶爾和西藏也有著密切的商務來往，特別是經由西寧前往拉薩的熬茶布施，成為蒙古和西藏之間的一種朝聖貿易。

圖理琛的《異域錄》

圖理琛於1712到1715年，作為康熙皇帝的使臣，前往窩瓦河流域會見了土爾扈特部的首領阿玉奇汗。圖理琛回國後，於1723年出版的旅行記錄便是《異域錄》。

西元1715年～1840年

哈薩克的降服

1715 年～ 1716 年
布赫霍茲的俄羅斯帝國軍隊在雅美什湖遭受準噶爾的攻擊
雷納特成為俘虜

1717 年
彼得大帝遠征烏茲別克

1719 年
利哈列夫訪問準噶爾

1722 年～ 1724 年
烏可夫斯基一行人訪問準噶爾

1731 年
哈薩克的小玉茲和中玉茲降服於俄羅斯帝國

1734 年～ 1737 年
哈薩克的大玉茲降服於俄羅斯帝國

1770 年代
普加喬夫叛亂

1812 年
俄羅斯帝國和小玉茲分割內玉茲獨立

1820 年代
中玉茲和小玉茲可汗被廢位

1836 年～ 1846 年
卡西莫夫叛亂
烏茲別克汗國積極支援

1840 年代
內玉茲可汗被廢位

俄羅斯帝國從一八五〇年正式開始攻入突厥斯坦，直到一八七〇年代結束，中間過程的迅速發展，讓人感到十分驚訝。然而人們也應該留意，在這個成功的背後是三個世紀當中所經歷的各種挫折和失敗。俄羅斯帝國在一五五〇年代末正式接觸到中亞地區，從英國商人詹金生拿著伊凡四世的親筆書信訪問烏茲別克和布哈拉開始，之後一直到十六世紀末，並因正式交換使臣而使貿易量急劇增長。即便到了十七世紀，雙方也繼續進行政治經濟的交流。中亞的汗國非常在意貿易活動，反之，俄羅斯帝國更關注於斯拉夫人奴隸的交易現況，以及前往印度之路的勘察進度。

十八世紀初，俄羅斯帝國因為聽聞中亞藏有巨量的黃金，對南進的態度表現得更加積極。彼得大帝在當時和瑞典的戰爭中需要大量資金，故曾派遣偵查隊前去查找黃金。偵查者必須開通經由準噶爾的路線，才有機會成功；而準噶爾便以此為藉口，向清政府請求軍事支援。彼得大帝相繼派出布赫霍茲（Buchholz）、利哈列夫、烏可夫斯基，但都未達到預期的目的。一七一七年，彼得大帝對烏茲別克獨自進行了遠征，但是由三千五百名士兵組成的遠征軍，在路經沙漠時，因為物資的輸送問題，加上當地居民激烈的對抗，最終幾乎全軍覆沒、慘烈失敗。

俄羅斯帝國緊接著重新為南進做準備，一七一六到一九年，一部分的哈薩克人申請歸屬俄羅斯帝國以求保護；一七三一年，小玉茲和中玉茲歸順；一七三四到三七年，大玉茲自求成為沙皇的臣子。一七二〇年代大玉茲發生的大饑荒，就發生在準噶爾的威脅和統治階級的內鬥這個背景下。俄羅斯帝國的學者們過去主張哈薩克族是自發性加入，而不是俄羅斯帝國用武力來支配哈薩克。但是一七七〇年代普加喬夫（Pugachev）叛亂發生時，哈薩克的首領西林巴特爾（Syrym Batyr）卻支持這次叛亂事件，顯示了哈薩克的降服只是表

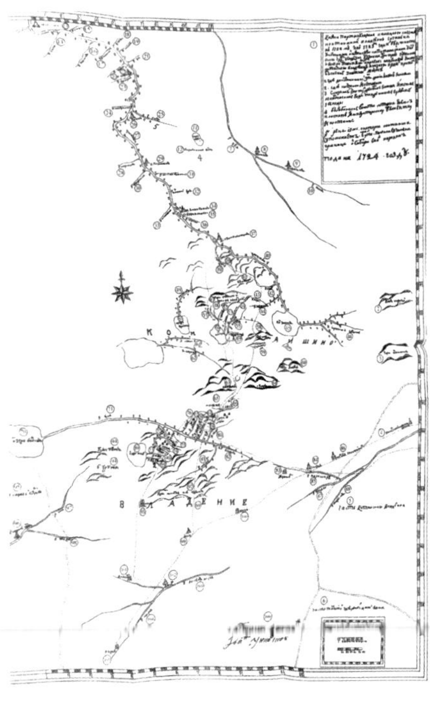

烏可夫斯基一行人繪製的準噶爾地圖

俄羅斯帝國的炮兵士官烏可夫斯基，在1722年至1724年訪問準噶爾的策妄阿拉布坦，回國後記錄下報告書。在準噶爾停留期間，他們透過跟當地的重要人物打聽資訊，完成了地圖，並對所訪問地區的情況進行了詳細的記錄。

面的假象。

鎮壓叛亂後，俄羅斯帝國政府趨向直接統治哈薩克，為了牽制哈薩克的可汗們，強制將他們遷移到奧倫堡（Orenburg）並支付他們年薪。在小玉茲發生紛亂後，俄羅斯帝國政府便以此為藉口於一八一二年分割小玉茲，讓內玉茲（Bukei juz）獨立。至一八二〇年代，廢除中玉茲和小玉茲的可汗；一八四〇年代，已無利用價值的內玉茲可汗也人間蒸發。此前哈薩克問題一直由俄羅斯帝國的外交部處理，但從這時候開始移交給財政部，將哈薩克的地位視為與俄羅斯帝國統治的其他區域等同。

而十九世紀前期的大多數哈薩克人，不認同這種俄羅斯的單方面降級行為，因此他們頻繁發起「叛亂」。而且反抗俄羅斯帝國的其他中亞可汗們，也開始掠奪帝國的財貨來後援哈薩克。最具代表性的例子，是一八三六到四六年間發生的卡西莫夫叛亂，以及積極支援該叛亂的烏茲別克。俄羅斯帝國為此嚴懲烏茲別克，於一八三九到一八四〇年，派遠征軍到烏茲別克，但在到達目的地之前就已經失敗。不過，俄羅斯帝國對哈薩克的統治權已經鞏固，為了掌控中亞，開始更加積極地推進南進政策。

彼得大帝

沙皇彼得大帝將帝國的中心遷至西部的波羅的海沿岸，建設聖彼得堡，並以此為首都。但試圖進入中亞的行動跟遠征烏茲別克的失敗一樣，造成了無法挽回的局面。

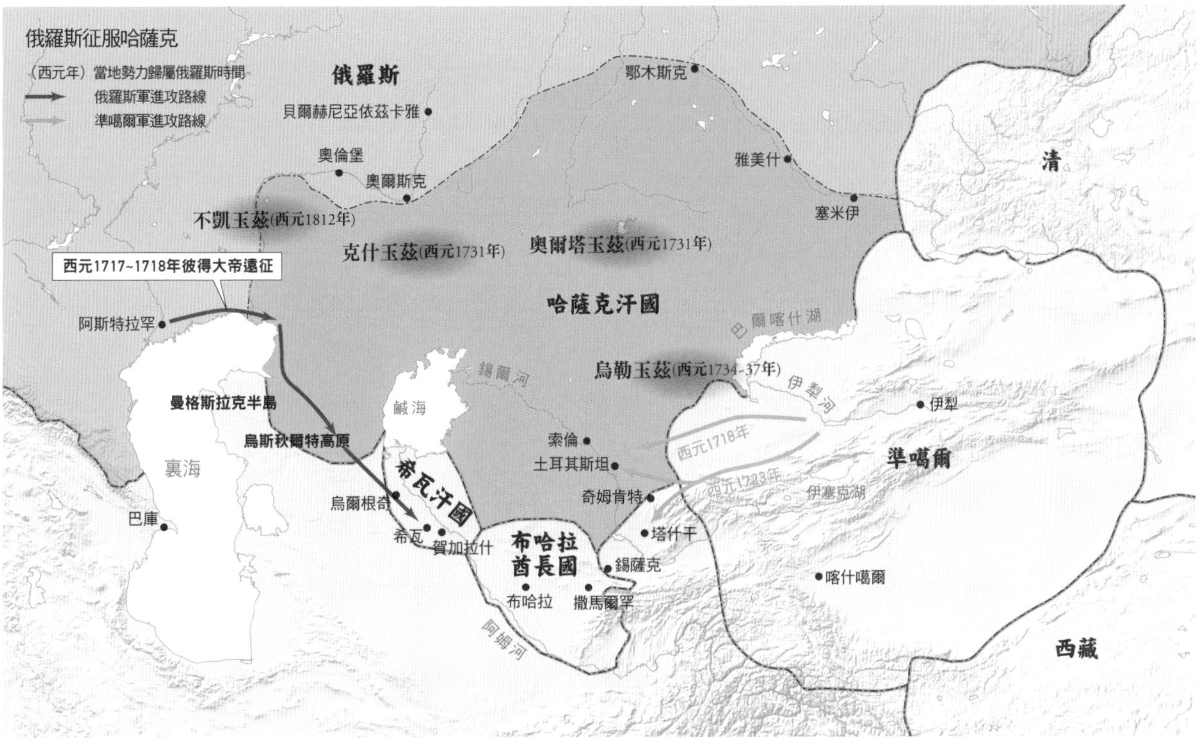

俄羅斯征服哈薩克
（西元年）當地勢力歸屬俄羅斯時間
俄羅斯軍進攻路線
準噶爾軍進攻路線
俄羅斯
貝爾赫尼亞依茲卡雅
奧倫堡
奧爾斯克
鄂木斯克
雅美什
塞米伊
清
不凱玉茲(西元1812年)
克什玉茲(西元1731年)
奧爾塔玉茲(西元1731年)
西元1717~1718年彼得大帝遠征
阿斯特拉罕
哈薩克汗國
巴爾喀什湖
錫爾河
烏勒玉茲(西元1734-37年)
伊犁河
伊犁
曼格斯拉克半島
鹹海
烏斯秋爾特高原
裏海
索倫
土耳其斯坦
西元1718年
西元1723年
準噶爾
希瓦汗國
烏爾根奇
奇姆肯特
伊塞克湖
巴庫
希瓦
賀加拉什
布哈拉酋長國
塔什干
錫薩克
喀什噶爾
布哈拉
撒馬爾罕
阿姆河
西藏

西元1746年～1772年

準噶爾的滅亡

1746 年
準噶爾策妄多爾濟那木札爾繼位

1750 年
喇嘛達爾札繼位

1753 年
達瓦齊繼位

1754 年
準噶爾首領阿睦爾撒納請求臣服於乾隆帝

1755 年
清帝國以阿睦爾撒納為先鋒，進攻達瓦齊並獲勝

1756 年～ 1758 年
青衮雜卜發動反清叛亂（撤驛之變）

1757 年
大清將軍兆惠遠征準噶爾滅亡

1771 年～ 1772 年
乾隆皇帝勸說土爾扈特部（卡爾梅克）移居至伊犁河谷

一七五四年秋，準噶爾的首領阿睦爾撒納（Amursana）帶領兩千士兵及兩萬遊牧民，突然南下至清帝國與準噶爾的邊界，願意成為乾隆帝的附庸。這件事讓乾隆帝有了介入準噶爾內政的藉口，並因此導致這個中央歐亞歷史上的末代遊牧國家於一七五七年瓦解。

阿睦爾撒納原本是和碩部首領拉藏汗之孫丹忠的兒子。丹忠在與策妄阿拉布坦之女成親不久後就被殺害，他的夫人其後和輝特部（Khoit）的首領再婚，但這時候已經懷上了阿睦爾撒納。於是阿睦爾撒納得以成為輝特部的首領。一七四六年，準噶爾的君主噶爾丹策凌逝世，他的兒子們圍繞著汗位繼承展開了激烈鬥爭，隨後演變成一場內戰。阿睦爾撒納也捲入到了這件事當中，同時他又與達瓦齊爭霸，最後因情勢不利而逃亡至清帝國。

一七五五年，乾隆帝以阿睦爾撒納為先鋒，帶領清軍攻入伊犁地區並擊敗了達瓦齊。其後乾隆帝選出四名準噶爾首領，並賜予他們汗號。希望成為準噶爾唯一可汗的阿睦爾撒納對此十分不滿，因此他與喀爾喀蒙古的青衮雜卜達成共識，向清帝國一同舉起了反旗。因此，乾隆帝於一七五七年下令兆惠將軍再次遠征，最終擊敗阿睦爾撒納，準噶爾宣布投降。

此後，清軍對準噶爾的遊牧民實施大規模的屠殺。根據魏源在《聖武記》中的記載，準噶爾有百分之四十人口患天花而病逝、百分之三十的人口在清軍的大屠殺中喪生、百分之二十的人口死於逃亡到哈薩克的途中，只有一萬人在準噶爾故地倖存下來。乾隆帝禁止人們繼續使用「準噶爾」這個稱呼，而以「Ölöt」（額魯特）或者「Oyirat」（厄爾拉特）代替。為了填補當地人口，乾隆帝要求當時已經遷往窩瓦河流域的準噶

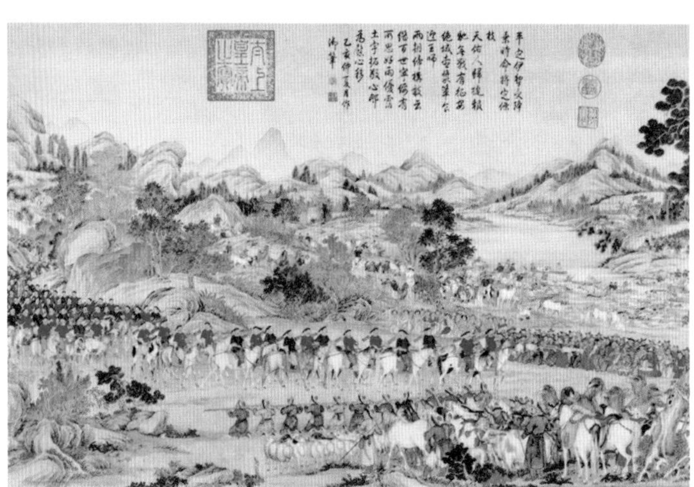

《平定伊犁受降圖》

1755年，阿睦爾撒納帶領清軍征服準噶爾的腹地伊犁地區後，達瓦齊投降的場面。此為義大利出身的傳教士郎世寧所畫的《平定伊犁受降圖》中的一部分。

爾居民們回遷到天山北部。在俄羅斯帝國境內被稱為卡爾梅克人（Kalmuk）的土爾扈特部，在一七七一年至一七七二年期間對此積極響應而參加大逃亡的人數有十七萬之多，但他們到達伊犁河谷時，只剩下一半的人數。乾隆帝對外表示這些人是因仰慕自己而前來歸順，因此建造了紀念土爾扈特部回遷的石碑。

準噶爾戰敗並投降後，清帝國也將喀什噶爾地區理所當然的視為帝國領土的一部分，但卻出乎意料地，遭到了以蘇非派長老「和卓」為首的當地穆斯林人的頑強抵抗。作為準噶爾的代理人，和卓們負責向當地居民徵收貢賦。而在清帝國征服新疆之際，政權由黑山派的和卓們掌握，而與之對立的白山派諸和卓則被囚禁在伊犁。清軍占領伊犁後，也救出了白山派的兩位首領，也就是號稱「大、小和卓」的波羅尼都與霍集占兄弟，雙方聯手打倒宿敵黑山派，白山派和卓因此掌握了喀什噶爾地區的統治權。然而，大小和卓之後卻殺害清帝國派駐當地的將軍，打算建立新的獨立王國。因此，乾隆帝在一七五八到一七六〇年再次派出遠征軍進攻大小和卓。大小和卓逃至巴達克山（Badakhshan），但在那裡被當地遊牧民殺害，而他們的首級也被移交清軍，大和卓波羅尼都的幼子則逃至浩罕汗國避難。最後的遊牧國家準噶爾，就這樣從歷史的舞台永遠消失，而清帝國則同時掌握了天山南北，完成征服中央歐亞的目標。

達瓦齊的肖像畫

準噶爾帝國末期發生內戰，達瓦齊雖掌握權力，但很快就敗於阿睦爾撒納和清政府帝國的聯軍，他投降後被押送至北京，獲乾隆帝賜予綽羅斯和碩親王封號。照片為身著滿洲官服的達瓦齊的模樣。

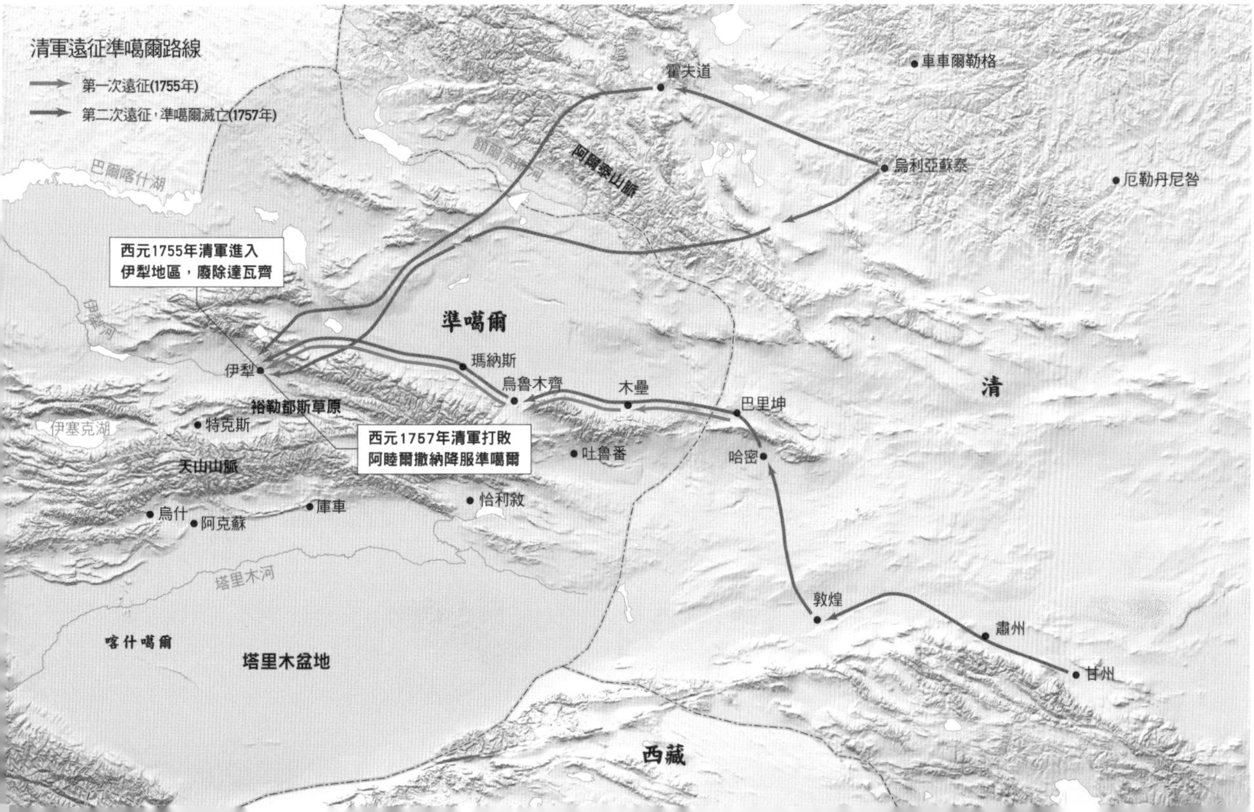

清軍遠征準噶爾路線
第一次遠征(1755年)
第二次遠征，準噶爾滅亡(1757年)
西元1755年清軍進入伊犁地區，廢除達瓦齊
西元1757年清軍打敗阿睦爾撒納降服準噶爾
霍夫道
車車爾勒格
烏利亞蘇泰
厄勒丹尼昝
巴爾喀什湖
阿爾泰山脈
準噶爾
伊犁河
伊犁
瑪納斯
烏魯木齊
木壘
巴里坤
哈密
清
裕勒都斯草原
伊塞克湖
特克斯
天山山脈
吐魯番
烏什
阿克蘇
庫車
恰利敦
塔里木河
喀什噶爾
塔里木盆地
敦煌
肅州
甘州
西藏

西元1576年～19世紀

蒙古遊牧社會的變質

1576 年
俺答汗於青海會見索南嘉措

1586 年
光顯寺建立

1628 年～ 1629 年
《大藏經》出版

1639 年
札那巴札爾被擁戴為一世哲布尊丹巴

1690 年～ 1696 年
康熙帝第一次親征準噶爾

1696 年
康熙帝第二次親征準噶爾

1736 年
哲布尊丹巴二世即位

1756 年～ 1758 年
青袞雜卜發動反清叛亂（撤驛之變）

1796 年
哲布尊丹巴二世呼圖克圖圓寂

18 世紀～ 19 世紀
蒙古逐漸形成定居社會

十八到十九世紀，蒙古社會呈現的最大變化為遊牧性特徵減弱，而定居性的傾向漸漸增強。產生這種變化的誘因有很多，其中最直接的有三點。第一，清帝國八旗制度的施行，導致了遊牧政治體系的變化；第二，因藏傳佛教的傳播產生的政治、社會的變化；第三，漢族商人們的進出和活動，使蒙古的商業經濟和都市得以發展。其中，與八旗制度相關聯的內容因為已經在前文中提及過，在此僅對後面兩個誘因做進一步的解釋。

西藏的佛教、特別是格魯派黃教，自十六世紀中葉以來在蒙古遊牧民中迅速擴散，包括喀爾喀蒙古的佛教教團在內，皆得益於這種趨勢，被稱為蒙古的達賴喇嘛的哲布尊丹巴呼圖克圖，因此成為了新的統治核心。在一六三九年，從土謝圖汗袞布多爾濟之子札那巴札爾轉世成為哲布尊丹巴一世以來，哲布尊丹巴給蒙古人民帶來了雙重的巨大影響；此外，哲布尊丹巴二世也是由土謝圖汗家族推選而出。如此一來，蒙古的貴族家族和佛教教團之間的連帶關係，更加鞏固堅定。這種狀況引起了乾隆的憂心，他在哲布尊丹巴二世圓寂之後，將不是蒙古草原血脈、而是出生在西藏的後代，任命為新哲布尊丹巴轉世。不僅如此，就如同為了牽制西藏的達賴喇嘛，而支援班禪喇嘛一樣，清政府在蒙古推舉章嘉呼圖克圖為掌管內蒙古喇嘛教的活佛，並使其奉詔駐守北京。

由於佛教在蒙古大範圍擴散，佛教寺院的外觀和種類也逐漸從移動式的帳篷，變成了定居式的大型建築物。一五八六年，阿巴岱汗修建的光顯寺（額爾德尼召）就是很好的例子。到了十七至十八世紀，在蒙古多處建造了類似的佛教寺院，僧侶的數量也急速增加。根據二十世紀初的統計資料顯示，內蒙古有一千座以上、外蒙古有七百五十座的寺院，僧人的數量在內蒙古占了男子人口數百分之三十到六十五，而在外蒙古達到了百分之四十五，但這種趨勢從十七世紀就已經出現了。當然，出家的僧人並非全部居住在寺院中，大概有三分之二的僧人居住在自己的帳房裡。雖然這樣大範圍的佛教擴散發生於十八世紀之後，是蒙古遊牧民族軍事力量下降的重要誘因之一，但並沒有證據表明禁止殺生的佛教教理，和失去好戰心有直接的關係。相較之下，因佛教的擴散而產生的社會變化，也就是寺院和僧侶的數量激增，使蒙古草原內部定居傾向更加明顯，反倒成為蒙古遊牧民族軍事力量下降的合理說法。特別是將這些寺院作為根據地，開始進行商業活動的漢商，和這些漢商所握有的資金，成為了蒙古遊牧民族傳統社會構造瓦解的催化劑。

十七世紀後半葉康熙遠征準噶爾時，漢商們才第一次進入蒙古草原，而進入十八世紀之後，漢商、特別是山西商人，已經開始在蒙古投入大量資金進

漢人農民的定居（1907 年前後）

圖中可以看出蒙古東北部的一小部分地區，集中出現了相當多的漢人農耕、商業的根據地。

● 漢人商業據點
◇ 漢人農業據點
◇ 蒙古農業據點（隸屬於寺廟）

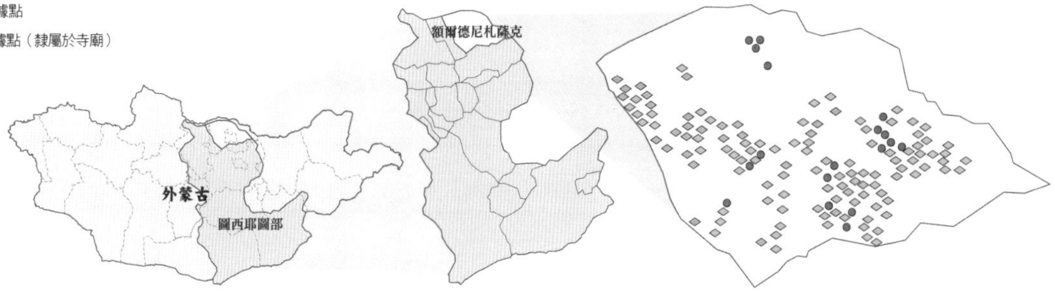

額爾德尼札薩克
外蒙古
圖西耶圖部

行貿易活動，他們所進行的商業活動已不僅僅局限於物品買賣，同時開始涉及到高利貸交易。漢商向蒙古的王公貴族提供貸款以購買物資，結果就是蒙古的王公貴族們，和商人之間形成了互相支援的商業關係結構。漢族商人資金的侵入，使遊牧民族的貧困化加劇，因為即使是該旗首領欠下的債務，也需要該旗全部人民共同承擔。因此，蒙古社會的負債金額劇增，蒙古遊牧民在經濟上完全附屬於漢商之下；嚴重的負債情況也是一七五六到五八年青袞雜卜叛亂的原因之一。蒙古傳統遊牧社會的經濟結構崩潰，加深了社會中不滿的聲浪，到了十九世紀後半葉，漢商的商店遭襲擊、縱火事件頻傳。

移居到蒙古草原上的漢人農民

清代漢人遷徙蒙古地區路線

→ 遷徙路徑
— 清、俄邊境
▭ 今天蒙古國界

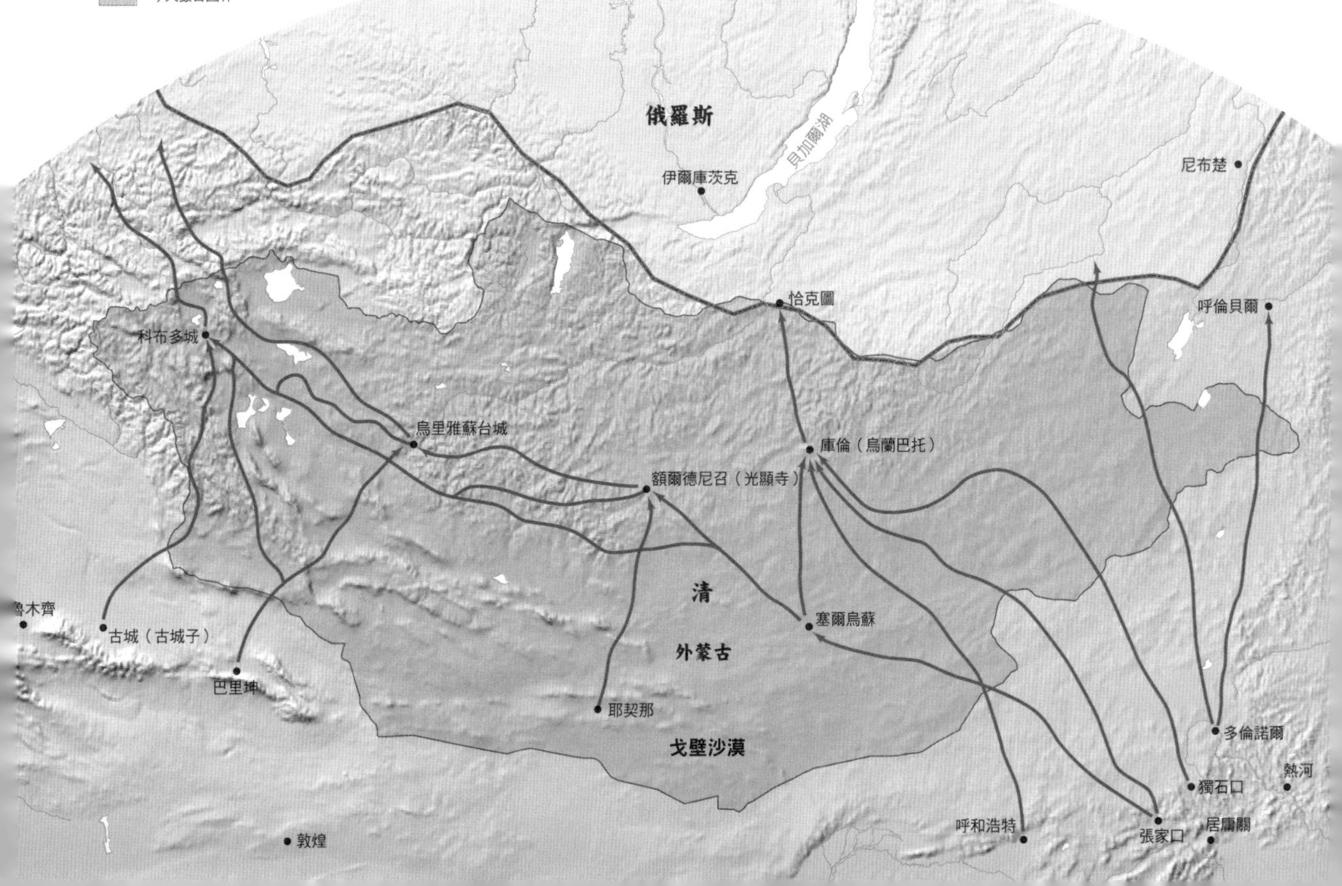

俄羅斯
貝加爾湖
伊爾庫茨克
尼布楚
恰克圖
呼倫貝爾
科布多城
烏里雅蘇台城
庫倫（烏蘭巴托）
額爾德尼召（光顯寺）
清
外蒙古
戈壁沙漠
塞爾烏蘇
烏木齊
古城（古城子）
巴里坤
耶契那
多倫諾爾
熱河
獨石口
呼和浩特
張家口
居庸關
敦煌

西元1697年～1760年

清帝國統治新疆

1697 年
策妄阿拉布坦即位

1698 年～ 1699 年
策妄阿拉布坦向額爾濟斯河流域推進

1727 年
策妄阿拉布坦死亡
其子噶爾丹策凌即位

1754 年
準噶爾首領阿睦爾撒納歸順乾隆皇帝，並請求支援

1755 年
清軍進攻準噶爾
收服達瓦齊

1757 年
準噶爾向清帝國投降

1758 年～ 1760 年
和卓兄弟逃亡被殺
清帝國統治新疆

清帝國在擊敗準噶爾、征服了天山南北廣闊的草原和沙漠後，將那片區域命名為新疆，意為「新的疆域」。與內地不同，新疆並未被劃定為「省」，而是和蒙古、西藏、滿洲等一樣，被劃定為一種特殊的軍事區域。也就是說，清庭為了維持對遠離王朝腹地的新疆等地的統治權，便在當地屯駐軍隊，派任軍官而非民官，這種在外地人和當地住民之間，保持行政差異及空間距離感的做法，正是當時實行分割統治原則的結果。

為此，清帝國將新疆劃分為三個軍事區域，以伊犁和塔城為中心的准噶里亞，即天山北路；以維吾爾斯坦為中心的天山東路；以及包括喀什噶里亞在內的天山南路。過去準噶爾的大本營位於天山北路和東路，而天山東路腹地伊吾和吐魯番地區的首領，很早之前就已經和清庭聯手，所以該地區被劃為郡王獨立治理的軍事勢力範圍；回鶻穆斯林居住的南路綠洲地區被稱為南路八城。其中焉耆、阿克蘇、庫車、烏什被稱為東四城，喀什、英吉沙、莎車、于闐（又名和闐）被稱為西四城。而當地維吾爾語中，則把喀什噶利亞（Kashgaria）地區所有的綠洲城市統稱為「Altishahr」（六城），六城以外的哈密和吐魯番則稱為維吾爾斯坦（Uyghurstan）。

伊犁將軍總管新疆事務，在東路中心設有烏魯木齊都統，南路中心喀什噶爾設置參贊大臣，其他城市則由擔任軍職的領隊大臣，率領麾下的八旗兵屯駐。八旗兵大致可分駐防八旗兵和換防八旗兵兩類，駐防八旗兵長期舉家屯駐在天山北路、東路，換防八旗兵屯駐在天山南路，並每隔三年輪替一次，士兵的確切人數現已不得而知，且每個時期也略有不同。舉例來說，嘉慶年間（一七九六年～一八二〇年）駐防八旗兵的人數超過兩萬名，換防八旗兵的人數在五到六千名之間，士兵總人數估計約三萬名左右。他們在穆斯林居住的回城旁築城居住，被稱為「滿城」或「漢城」。當地人將這兩種城稱為「舊城」（Kuhna Shahr）和「新城」（Yängi Shahr）。

清帝國通過被稱為「伯克」（Beg）

斯文·赫定的速寫

1895年，瑞典探險家斯文·赫定在新疆各地展開探索時，於塔什干遇到這位漢人官僚，並以速寫描繪了他的樣貌。

的當地統治階層來統治管理原住民，「伯克」過去是對遊牧集團首領的稱呼，隨著十七世紀以後遊牧集團的定居，該稱謂就成了當地統治階層的名稱。在清廷征服該地區後，將舊有的各種官職後面統一加上了「伯克」，施行伯克官制。舉例來說，管理城市或農村居民事務的官職叫做阿奇木（Hakim）伯克、水利方面的官職叫做米拉（Mirab）伯克。清政府同時結合了品階制，將所有的伯克官吏分為三品至七品，按品級定俸祿，賜給他們耕地和隸屬的農民（Taranči，塔蘭奇），並實施年班制。年班制是透過定期去北京覲見皇帝，以表自己忠誠的制度。現在推測伯克官吏的數量大約為東突厥斯坦二百七十名、准噶里亞二十名左右。當然，僅通過少數當地官吏維持統治仍有困難，這時就用到了村莊裡較低等級的輔助官員。透過十九世紀的戶籍文書得知，僅在莎車一城中就有伯克官吏五十二名，其下有千人長（Mingbashi）八十四名，百人長（Yuzbashi）三百四十六名。也就是說，當時在伯克階層下還有一個名為「巴席」（Bashi）之人數較多的中間階層。

定邊將軍一等武毅謀勇公戶
部尚書兆惠
濟尔哈朗喀喇烏蘇兩番報迫
均保無虞以智濟險以誠感衆
阜我崇勳闢我提封

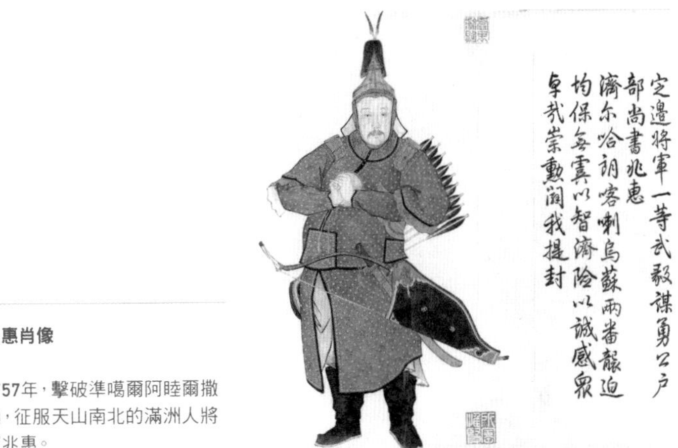

兆惠肖像

1757年，擊破準噶爾阿睦爾撒納，征服天山南北的滿洲人將軍兆惠。

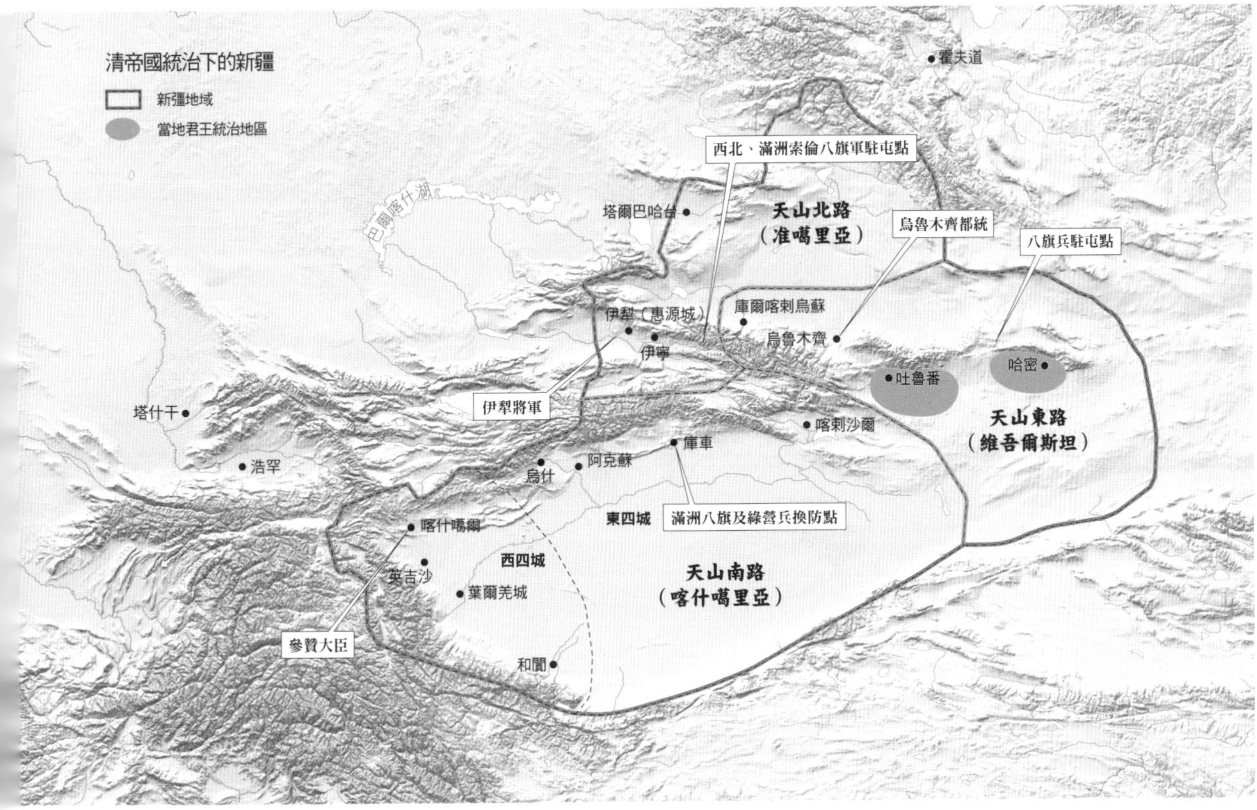
清帝國統治下的新疆
新疆地域
當地君王統治地區
霍夫道
西北、滿洲索倫八旗軍駐屯點
巴爾喀什湖
塔爾巴哈台
天山北路
（准噶里亞）
烏魯木齊都統
八旗兵駐屯點
伊犁（惠源城）
庫爾喀剌烏蘇
烏魯木齊
伊寧
吐魯番
哈密
伊犁將軍
塔什干
喀剌沙爾
天山東路
（維吾爾斯坦）
庫車
浩罕
阿克蘇
烏什
東四城
滿洲八旗及綠營兵換防點
喀什噶爾
西四城
英吉沙
葉爾羌城
天山南路
（喀什噶里亞）
參贊大臣
和闐

清帝國統治蒙古

1636 年
清廷設立蒙古衙門

1638 年
蒙古衙門改稱理藩院

1655 年～ 1765 年
蒙古的旗（hošon）數目從八個增加到八十六個

1733 年
清廷在烏里雅蘇台設立定邊左副將軍，完全統合喀爾喀各部

1762 年
清廷設立庫倫辦事大臣

清帝國對蒙古的統治方式，基本上和統治中國內陸不同，與其說是一般的統治、從屬、君臣關係，倒不如說更類似於以結盟合作為基礎的夥伴關係。在蒙古人的概念裡，清的皇帝是「可汗」，清帝國則是「Our Great Qing」（我們[蒙古人]的大清國）；但是從清政府的角度來看，蒙古的存在有利有弊，蒙古可以彌補滿清在統治漢人的人數劣勢，並且是一個能夠提供騎兵部隊的有力同盟；另一方面，若蒙古在強大領袖的領導下團結起來，則有可能會發展成令人畏懼的遊牧國家，進而威脅到清帝國的存亡，所以清政府對蒙古採取了懷柔和統治並用的策略。

懷柔一般通過聯姻和會盟來實行，滿洲皇室通過和蒙古王公貴族通婚，讓後者產生出作為統治集團一員的歸屬感。例如，皇太極娶了科爾沁蒙古的女子，兩者的子嗣即為後來的順治帝。滿洲大汗和蒙古首領常在內蒙古草原會盟、宰殺牲畜、祭天盟誓、飲酒會獵，以增進感情。

另一方面，清政府通過八旗制和理藩院對蒙古進行統治。所謂八旗制原是為滿洲人所制定的社會、軍事組織制度，但在管理蒙古人時也被有效利用。亦即，讓蒙古人保持原有的遊牧生活，在確保能提供騎兵部隊兵力的同時，將其劃分為小集團，劃定牧地來防止其出現統一的政治勢力。理藩院是在一六三八年由蒙古衙門（於一六三六年設立）改稱而來。最初只管轄蒙古人，後來也負責新疆、西藏、俄羅斯等地事務，理藩院總管封爵、朝覲、訴訟等事務。

清廷廢止了蒙古的汗國、土綿（萬戶）、鄂托克等傳統社會單位，換以八旗制為基礎的旗、甲喇、蘇木來治理。蒙古的旗相當於滿洲八旗制中的固山，

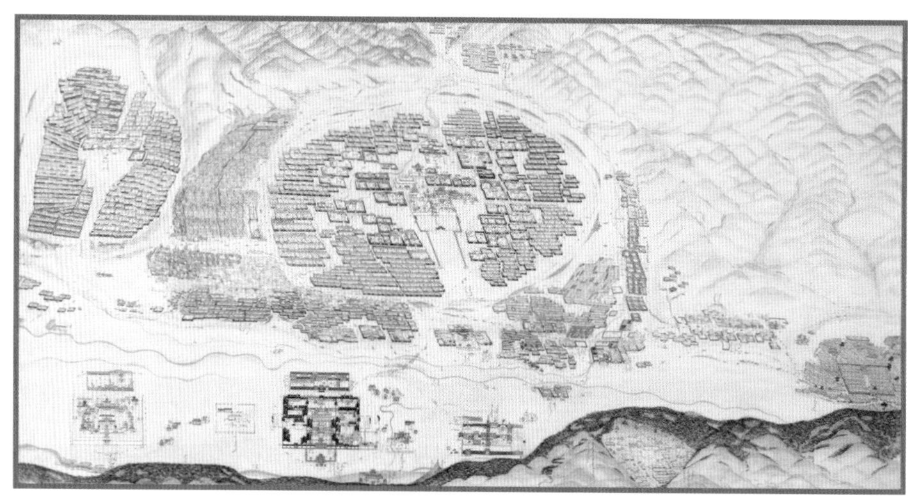

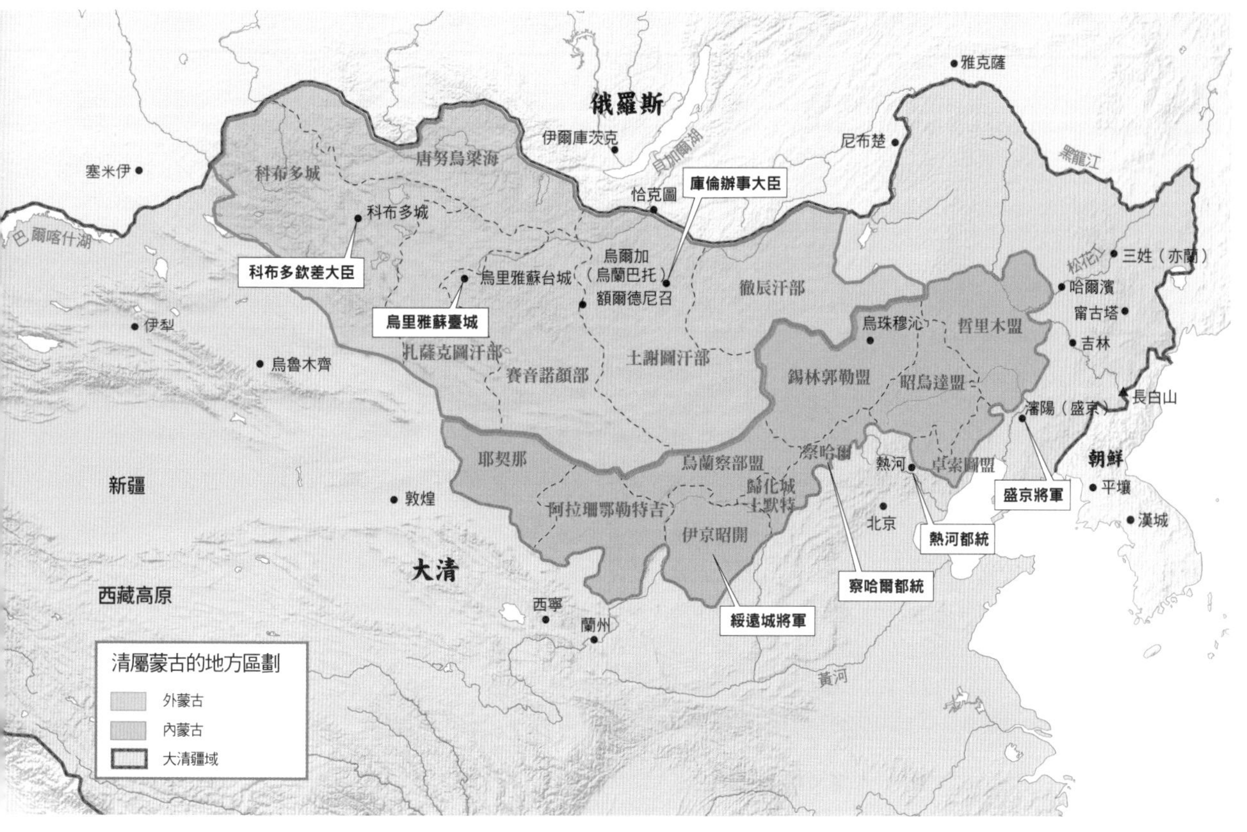

蘇木則相當於牛彔。隨著清政府將蒙古遊牧社會的細化，後者的凝聚力被逐漸削弱，旗的數量則持續增加。最終內蒙古、外蒙古以及科布多、阿勒泰地區的所有蒙古人被分成了共十三盟一百八十一旗。因為他們無法隨意離開自己所屬的旗地，導致最終喪失了遊牧民靈活機動的特性。清庭抹去了蒙古貴族傳統的頭銜，而將其編入清的爵位和官制，分別任命為汗、親王、君王、貝勒、貝子、鎮國公、輔國公、台吉等，並按照等級分配俸祿（pönglü）與隨丁（khamjilgha）。但他們需要向大清皇帝繳納象徵性的貢納，高層官員進行「九白之貢（yisün chaghan-u alban，意為其貢物為八匹白馬和一匹白駱駝）」，低層官員則需上納「一般的貢品（keb-ün alban）」。

清庭向蒙古各地派遣辦事大臣（amban）和軍人。一七三三年，設烏里雅蘇台定邊左副將軍以統轄外蒙古；一七六二年在庫倫（Urga，現烏蘭巴托）設庫倫辦事大臣，一七八五年開始，管理其轄下左翼的土謝圖汗部和車臣汗部，烏里雅蘇台定邊左副將軍只負責管轄右翼的札薩克圖汗部和賽音諾顏汗部。除此以外，科布多參贊大臣在烏里雅蘇台定邊左副將軍的統領下管理西蒙古地區。內蒙古地區則由熱河都統、察哈爾都統、綏遠城將軍、盛京將軍等進行管轄。

烏拉格

烏拉格（今烏蘭巴托）於1913年時的景象。左方是以甘丹寺為核心的西庫倫，而中間為東庫倫寺廟群（Züün Khüree Temple-Palace Complex），右側則為交易區「買賣城」。河流的南岸是博克多汗的冬宮。

統治新疆的弱點與「聖戰」

1820 年、1825 年、1826 年
張格爾的進攻

1830 年
浩罕汗派玉素甫出兵

1847 年
七和卓之亂

1852 年、1857 年
倭里罕的活動

1862 年
陝西、甘肅的回民叛亂

1864 年
新疆穆斯林大叛亂

新疆被清帝國征服後，亡命於浩罕汗國的大和卓波羅尼都之孫張格爾，於一八二六年夏天攻擊了喀什噶爾，並在占領了莎車和和闐之後繼續東進，包圍了阿克蘇。之後，張格爾和來自中國內地的清軍交戰，戰敗後被押送至北京處斬。不過，他的攻擊一舉暴露了清帝國對新疆統治的薄弱性。

清軍攻陷準噶爾，將天山南北地區盡數囊括至帝國的新版圖中後，為了統治這片廣闊的領域，需要駐紮大規模的軍隊，而由此產生的財政問題也越來越明顯。一七六〇年，清政府所統計的新疆地區人口約為四十萬人，而政府駐屯的軍隊人數就達三萬人。雖然在新疆徵收的稅金用於當地管理，但是在耕地欠缺、人口不足的新疆，這些財政收入卻只是九牛一毛。因此，清政府向各省攤派支援款項用來援助新疆，每年款項金額總計一百五十萬兩白銀（一作三百萬兩）。準噶爾統治時期及清帝國征服新疆後的初期，新疆的稅收總額只有七萬兩白銀，由此可見收支失衡的狀況非常嚴重，加上清政府在張格爾進攻後增派軍隊，經費更是有增無減。

清庭為了解決財政問題，展開調查隱田及私墾地，用以增加墾荒地的數量，實施屯田，將維吾

爾農民移居至伊犁河谷進行耕種，以促進農業發展，並且整修水利設施、實施休耕制等，力圖農業技術的革新。然而事與願違，單單靠著新疆地區的收入，遠不足以維持管理所需的經費。因此，清庭通過增收稅金、增加稅目、開發礦山等方法來彌補短缺，其結果就是加重了維吾爾人的經濟負擔，出現了大量壓榨勞動力的惡果。不僅如此，官吏和下級輔助人員為了滿足一己私利，加收稅金或者進行非經濟的壓榨，也引發了維吾爾人的不滿，財政短缺的狀況導致清軍難以補強軍事裝備，成為了戰鬥力低落的原因。對社會經濟問題的憤怒和不滿，很快就轉變成打著「聖戰」旗號的叛亂；穆斯林原住民認為，問題的根本在於異教徒的統治。在蒙古或西藏，大清皇帝以藏傳佛教的護教者自居，但在新疆卻沒有任何合理化統治的宗教基礎。白山派和卓正是利用這樣的弱點，掌控了叛亂的主導權，浩罕汗國也援助了和卓的「聖戰」。浩罕汗國與新疆接壤，和新疆的貿易是其最大的經濟收入來源，因此他們利用了和卓的「聖戰」，藉以要求對自己有利的交易條件。一八二六年張格爾進攻時，浩罕汗親自率領軍隊攻打喀什噶爾城，一八三〇年又派張格爾的哥哥玉素甫攻打清軍。清政府最終不得不接受了他們的要求，締結了和約，其內容包括優惠浩罕汗國的關稅政策，並把對喀什噶利亞的浩罕人的管制權，交到浩罕官吏的手中。

清帝國在進入十九世紀中葉後，面對西方列強的侵略、白蓮教的叛亂以及太平天國等內憂外患，最終喪失了對新疆的掌控。浩罕汗國和鄰國布哈拉酋長國的戰爭也日漸激烈，遊牧民勢力大增導致君主或被殺、或被廢，最終引發內政混亂，喪失了對和卓的控制。於是白山派和卓在新疆如入無人之境，此後開始呼籲啟動聖戰。

瓦里漢諾夫的速寫

出身於哈薩克貴族家庭的喬罕·瓦里漢諾夫，其後成為俄羅斯軍官，在1858年到1859年期間，喬裝成商人到達喀什噶爾，詳細查探當地的風土人情並加以記錄。這是他對喀什噶爾當地住民的速寫。

西元1847年～1877年

阿古柏政權

1847 年
七和卓之亂

1852 年
鐵完庫里和倭里罕進攻清屬新疆

1855 年
玉散霍卓依善和卓進攻清屬新疆

1857 年
倭里罕再次進攻清屬新疆
德國探險家阿道夫．舒拉金維遭殺害

1862 年
陝西、甘肅的回民叛亂

1864 年
爆發庫車穆斯林大叛亂，天山山脈南北均告獨立

1865 年
阿古柏越過喀什噶爾，建立穆斯林政權

1871 年
阿古柏占領烏魯木齊

1877 年
阿古柏的穆斯林政權崩潰

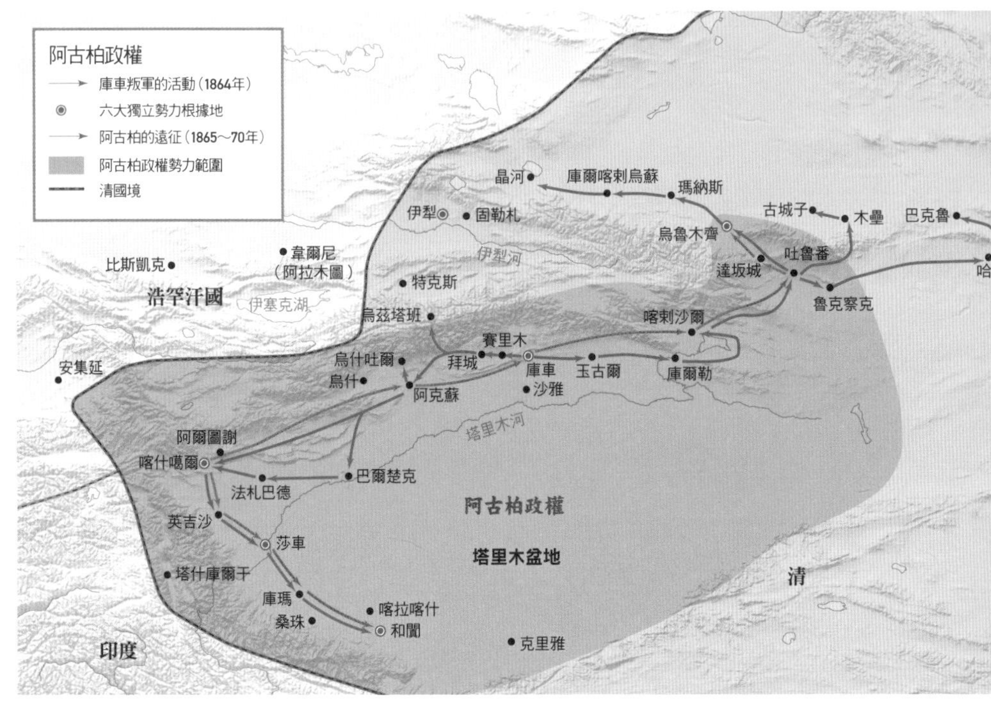

一八六四年六月四日爆發的穆斯林大叛亂始於庫車，之後擴散至新疆全境，但是在一八四〇到五〇年代，浩罕的和卓們頻繁越過國境挑起「聖戰」時，叛亂就已經顯現端倪。一八四七年的「七和卓」、一八五二年的鐵完庫里和倭里罕、一八五五年的玉散霍卓依善、一八五七年的倭里罕等和卓接連不斷侵擾新疆。不過一八六四年大叛亂的導火線，則是一八六二年在陝西和甘肅兩省發生的回民叛亂。當時有傳聞說，清庭官吏深恐新疆穆斯林也會從中協助並引起叛亂，因此對其大肆屠殺，導致在庫車爆發了叛亂並取得成功。消息一經傳出，叛亂在新疆全境迅速蔓延。

穆斯林叛亂事件發生得十分突然，沒有核心勢力對此進行事前周密的謀劃，而是在各地區出現彼此獨立的反叛勢力。六個獨立勢力分別為：①庫車：在叛亂成功後擁戴拉希丁和卓（一作熱希丁和卓）為領袖；②喀什噶爾：吉爾吉斯首領薩迪克和東干人（Tungan）聯手掀起叛亂後，招來浩罕白山派布素魯克和卓，最終和他同行的阿古柏掌握了實權；③莎車：擁戴宗教領袖阿拉曼（Abd al-Rahman）為領導人，占領回城，和守備漢城的清軍進行對峙；④和闐：叛亂成功後推舉宗教領袖哈比不拉為領導人；⑤烏魯木齊：擁戴陝、甘地區穆斯林領袖妥明為領導人，宣布成立「清真國」；

⑥伊犁：推舉邁孜木雜特（邁孜木汗）為「蘇丹」，並建立了塔蘭奇人政權。

而當中征服六城諸勢力，建立起新的統一政權的就是阿古柏。他在浩罕汗國時有從軍的經歷並且官至高位，在俄羅斯攻打塔什干時，浩罕汗國的實際掌權人阿力木庫爾，曾派遣布素魯克和卓跟隨阿古柏穿越帕米爾，並在一八六五年一月到達喀什噶爾。

爾後，阿古柏在莎車、庫車、于闐等地收服叛軍勢力，甚至奪取了烏魯木齊漢人穆斯林的政權，統一了新疆大部分地區。但是由於阿古柏出身浩罕汗國，完全沒有當地勢力基礎，所以比起當地穆斯林，他更加重用以浩罕汗國為主的外地出身手下，他以「伊斯蘭的保護者」自居，過著節儉樸素的生活，同時要求民眾遵守沙里亞律法的規定。阿古柏為了防備清政府的反擊，著重在培養戰鬥力，派人前往阿富汗、土耳其、英屬印度等地，大量採買軍用火槍、大炮、火藥等，並從土耳其引進軍官，用更先進的方式訓練他的部隊，這些行動不可避免地導致稅收增加，最終招來了人民的不滿。另一方面，他派使臣前往倫敦，想透過英國從中斡旋與清廷協商，表示如果清政府能保證新疆的政治獨立，他就承認大清皇帝的君主政權。

雖然阿古柏做出了種種努力，左宗棠所率領的清軍，仍以破竹之勢直入新疆，並收復新疆全境，穆斯林政權最終在一八七七年崩潰。大部分對於失敗原因的解讀，強調是因為左宗棠部隊強大的戰鬥力和清軍的優勢，但事實上當地人的不滿情緒，造成了阿古柏政權內部的薄弱，才是導致失敗的主因。不僅如此，阿古柏希望通過外交手段，而非軍事對決來抵擋清軍進攻的策略，也被視為重大的決策失誤。不要向清軍開炮的命令讓他的軍隊士氣大減，清軍也輕而一舉成功收復新疆。為躲避清軍而來到新疆的陝、甘回民，在阿古柏政權倒台後即遷往俄羅斯境內，他們的後代現在被稱為「Dongan」（東干），在哈薩克和吉爾吉斯等地聚居生活。

阿古柏

1865年到1877年在塔里木盆地建立穆斯林政權、和清帝國對峙的阿古柏。

《伊米德史》

毛拉．穆薩．賽拉米的著書《伊米德史》中，準確詳細地記載了關於1864年新疆穆斯林叛亂以及阿古柏政權的內容。圖為該書影印本。（藏於瑞典隆德大學）

西元1853年～1873年

俄羅斯占領中亞

1853 年
俄羅斯的佩羅夫斯基占領了阿克麥吉特

1864 年
經由奧列阿塔占領奇姆肯特

1865 年
塔什干陷落，浩罕汗國瓦解

1867 年
俄羅斯將突厥斯坦升格為省

1868 年
布哈拉宣布對俄聖戰
考夫曼占領撒馬爾罕
俄羅斯和布哈拉酋長國締結和約

1869 年
俄羅斯占領克拉斯諾沃斯克

1871 年
阿古柏占領烏魯木齊

1873 年
希瓦汗國被佔領並淪為俄羅斯的附屬國

一八五三年七月，俄羅斯的佩羅夫斯基占領了錫爾河中游一個不起眼的城市——阿克麥吉特（現哈薩克的克孜勒奧爾達），這個事件被認為是俄羅斯正式入主中亞的開端。浩罕汗國和希瓦汗國支持哈薩克人對俄採取敵對措施，於是俄羅斯藉著防患於未然之名揮師南下。

當時俄羅斯的西部國境，是從哈薩克延伸至阿克麥吉特的「錫爾河要塞線」；東部國境是從西伯利亞至七河地區維爾諾的「西伯利亞要塞線」，俄羅斯國內有部分人主張，應該將這兩條要塞線連接。因此在一八六四年，俄羅斯經維爾諾南部的奧列阿塔（現塔拉茲）占領奇姆肯特，最終建構了「新浩罕要塞線」。但俄羅斯軍部和野戰司令官們，為了建立完整的中亞防禦體系，主張應該深入至塔什干地區。切爾尼亞耶夫所率領的俄軍於一八六五年五月，經過四十多天的戰爭後占領塔什干，因此導致浩罕汗國瓦解。

布哈拉酋長國在俄攻占塔什干期間動員軍隊，趁機占領了浩罕汗國南部地區，因此導致兩國關係急速惡化，在俄羅斯占領了浩罕後，就開始以武力壓制布哈拉酋長國。一八六七年，俄羅斯將突厥斯坦升格為省，由考夫曼出任總督、握有重權，以至於當地人都稱他為「半皇帝」。

隔年，布哈拉宣布進行聖戰、表明反俄立場，考夫曼立刻派遣軍隊占領了撒馬爾罕。但是俄中央政府因為顧忌英國的反對，並未占領首都布哈拉，而是在一八六八年七月和布哈拉酋長國簽訂了條款，規定布哈拉領土開放給俄羅斯商人，並且應對自由貿易予以保障，另外附有祕密條款，內容包括強調兩國的「友好關係」、布哈拉希望接受俄皇「保護」等。此後，布哈拉酋長國雖然名義

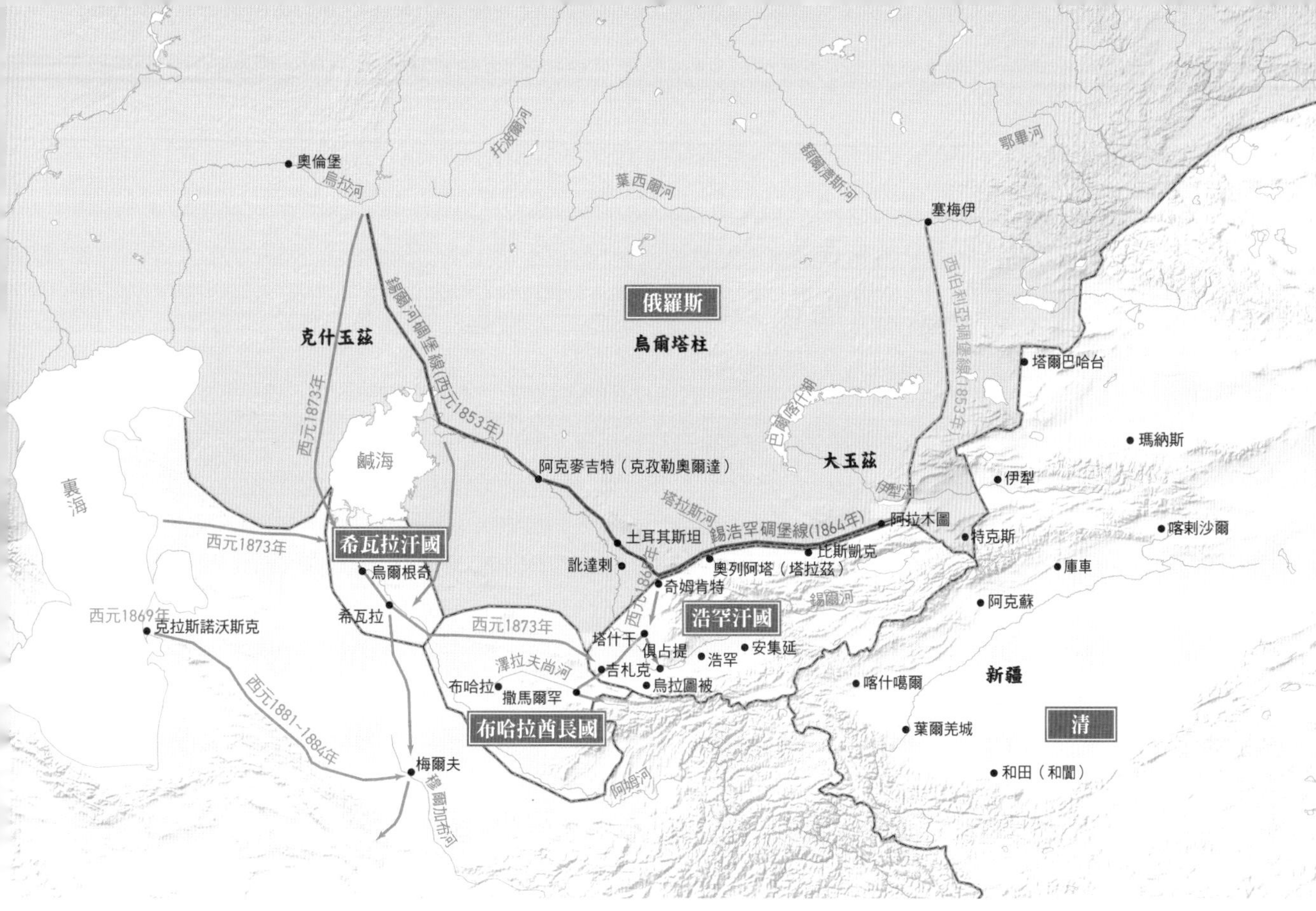

俄羅斯對中央歐亞的征服

俄羅斯領土

俄羅斯的入侵路線

上仍為獨立國家，但事實上已經淪為俄羅斯的「附庸國」。

在解決了布哈拉問題後，俄羅斯為了嚴懲希瓦汗國堅守反俄立場的穆罕默德．拉希姆汗，有意把希瓦汗國收至俄羅斯麾下。有鑑於過去經歷兩次慘痛的失敗，俄羅斯決定放棄沙漠路線，轉利用水路進攻。一八六九年，俄羅斯軍隊沿窩瓦河順流而下至裏海，占領了克拉斯諾沃斯克。但因為一八七一年，阿古柏占領烏魯木齊而爆發了伊犁問題，而使得戰爭推遲。一八七三年，俄羅斯開始進行軍事行動，占領了希瓦汗國、簽訂和約。比布哈拉更甚，此和約中明確指出，希瓦汗國君主是俄皇「順從的臣子」，希瓦汗國連獨立的外交權和宣戰權也被俄羅斯剝奪。

俄羅斯聲稱要保護本國商人不受哈薩克、希瓦、浩罕等敵對勢力的掠奪和威脅，同時也要捍衛自己的國境，以此名義入主中亞。但真正的原因是錯綜複雜的。俄國一面力圖維持邊境穩定，卻又面臨鄰國不時挑起的爭端；此外也擔憂在對英國作戰中有可能失利，以及希望外交平衡的想法；還有經濟、軍事利益的誘惑等各種因素。因此，控制了中亞的俄羅斯和占領了印度的英國，各自操控著這些地區的弱小國家，為了最大化自身的利益而展開了一場「大博弈」（The Great Game）。

俄羅斯軍隊和中亞原住民之間的戰鬥

這是俄羅斯著名畫家韋列夏金於1872年的畫作，描繪了俄羅斯軍隊與中亞穆斯林戰鬥的場面。

後記

蘇維埃革命與中亞

早在十月革命之前，社會主義思想便已透過部分知識分子在中亞傳播。這包括流亡到中亞的社會主義分子，以及接受西方教育的當地人，他們尤其透過發行以扎吉德主義（Jadidism，意為新文化運動）內容為主的刊物，以及建立新式學校來宣揚社會主義思想。窩瓦韃靼人的「烏拉人」（Uralchïlar）、巴庫穆斯林的「奉獻」（Hümmet）等社會主義組織，也在這期間成立。

但與其說這些人是社會主義者，倒不如說他們是受到沙皇的壓迫而挺身反抗的穆斯林民族主義者。對他們來說，社會主義並非直接通向解放之路的思想或理念，而是建立解放組織所需的手段。有觀點認為史達林「表面上看起來是民族主義者，但實際上是社會主義者」，而這些人卻正好相反——標榜自己是社會主義者，但實際上卻是民族主義者。

俄羅斯帝國由於一九一七年的二月革命之後崩潰，雖然在之後成立了俄國臨時政府，但他們所提出的管治政策，和中亞社會主義者的期待相去甚遠。同年五月，在全俄羅斯的穆斯林大會上，確立了泛伊斯蘭主義與泛突厥主義的方針，中亞社會主義者們開始捨棄原有的理念。俄國內戰爆發後，穆斯林陷入了必須在紅、白兩軍之間選邊站的困境。大部分人加入了紅軍，而未加入紅軍的人則發起巴斯瑪奇運動（Basmachi，即突厥斯坦解放組織），在各地展開游擊戰，直到一九三六年。白軍的領導層認為穆斯林民族主義者屬於分離主義者，並沒有跟他們聯手的意願。另一方面，史達林與其他紅軍領導人作出了「為贏得內戰勝利，有必要爭取當地居民支持」的判斷。史達林在一九一七年建立「民

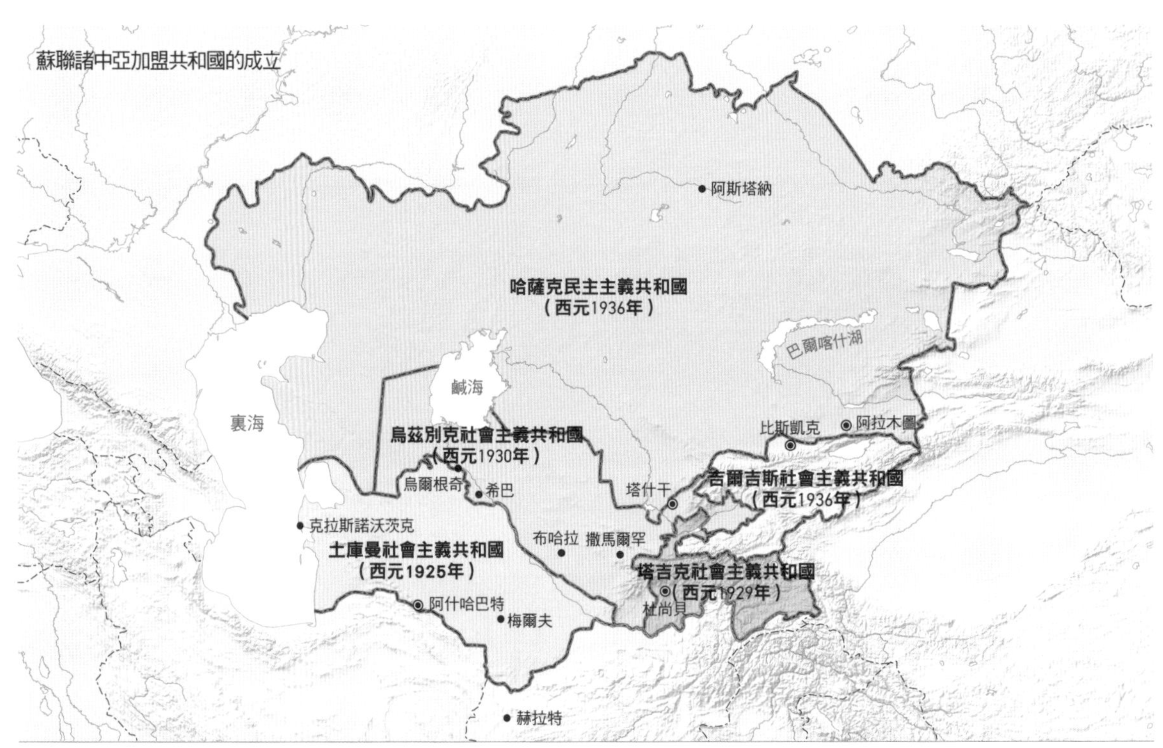

烏茲別克的文化象徵：雷吉斯坦廣場（位於撒馬爾罕）

族問題人民委員部」（Narkomnat），並在其中設立了「Muskom」（穆斯林委員會），因此得到許多穆斯林的支持。

但是紅軍在取得內戰勝利之後，完全改變了他們對於民族問題的原有立場，因此紅軍與穆斯林民族主義者的衝突在所難免。其中一個例子是，包括蘇丹加里耶夫（Sultan Galiev）在內的當地知識分子，在史達林時代就在《民族生活》雜誌積極提出自己的見解。他們的主張用一句話總結就是「穆斯林民族共產主義」。在這其中，所謂「無產階級民族」的概念值得一提。根據這個理論，全世界最為根本的問題並非階級之間的對立，而是弱勢民族受到的差別待遇；為了實現諸民族的共同解放，重點應是「消除民族之間的不平等」而不是「消除階級之間的不平等」。換言之，世界革命的出發點應該是「民族解放」。與此同時，原始的伊斯蘭精神也和社會主義理念有共通之處，因此要實現社會主義理想，就要組織一個穆斯林的共同體。如此一來，加里耶夫得出「中央歐亞各民族應以伊斯蘭教這個共同遺產為基礎，協手建立圖蘭共和國」的結論。

這樣的立場差異，終於在一九二三到一九二四年的俄國共產黨（布爾什維克）第十二次共產黨大會導致雙方爆發衝突。大會中，蘇丹加里耶夫受到史達林的猛烈批判，被控以違反黨章與背叛黨組織的罪名而喪失黨籍，此外史達林也開始肅清其餘的穆斯林共產黨員。在對史達林的個人崇拜加深的同時，批判和肅清中亞社會主義者的行動也越來越劇烈，這樣的趨勢在一九三七到一九三八年達到頂峰。除了這些社會主義者被迫害，數以千計的作家、藝術家、學者也遭到鎮壓，中亞地區於一九四二年所留存的清真寺，數量從二萬六千座銳減到一千三百一十二座。就這樣，在第二次世界大戰爆發前，中亞的「穆斯林民族共產主義」被斬草除根。

蒙古的社會主義革命與發展

進入十九世紀後半葉，清庭對蒙古的態度產生了變化。在此之前，為了保護遊牧民，清帝國將蒙古草原和中國內地區隔開來，限制漢人進入和移居蒙古。但是從十九世紀後半葉開始，清庭不僅取消了這些政策，而且滿洲統治階層和蒙古王公之間的連帶感也變得薄弱。

清政府在一九〇六年實行的光緒新政中，將蒙古的治理體制改為與中國內地相同，哲布尊丹巴呼圖克圖和喀爾喀蒙古四部的王公，因此聯名派遣代表團前往聖彼得堡請願，希望俄國可以向清政府施壓，取消清政府在蒙古推行的政制改革。

一九一一年十月辛亥革命爆發，清政府垮台，蒙古王公在庫倫會面，成立蒙古臨時政府並宣布獨立。翌年，新建立的中華民國向蒙古提出回歸要求，而蒙古方面則答覆說過去中國和蒙古是透過滿洲皇帝而整合，現在清政府既然已經垮台，雙方都獲得各走各路的權利。哲布尊丹巴八世被冊封為博格多汗，庫倫臨時政府在民族主義的基礎上打出「泛蒙古主義」的口號，以喀爾喀蒙古為中心，成功將科布多收入麾下。但問題出在興安嶺地區和內札薩克蒙古的蒙古人身上。日本和中國都主張對這兩個區域擁有既得權利，同時一部分的蒙古貴族並不願意加入庫倫政府。結果，中、俄、蒙三方在一九一五年簽署《恰克圖條約》，承認中國對蒙古擁有主權，意味著這四年來、標榜民族主義的第一次蒙古革命以失敗告終，只能以社會主義為基礎重新摸索新的走向。

當時在蒙古的俄羅斯人從事著各種各樣的活動。其中一項是建立起近代化學校，而在這些學校接受教育的蒙古青年，成為其後蒙古社會主義

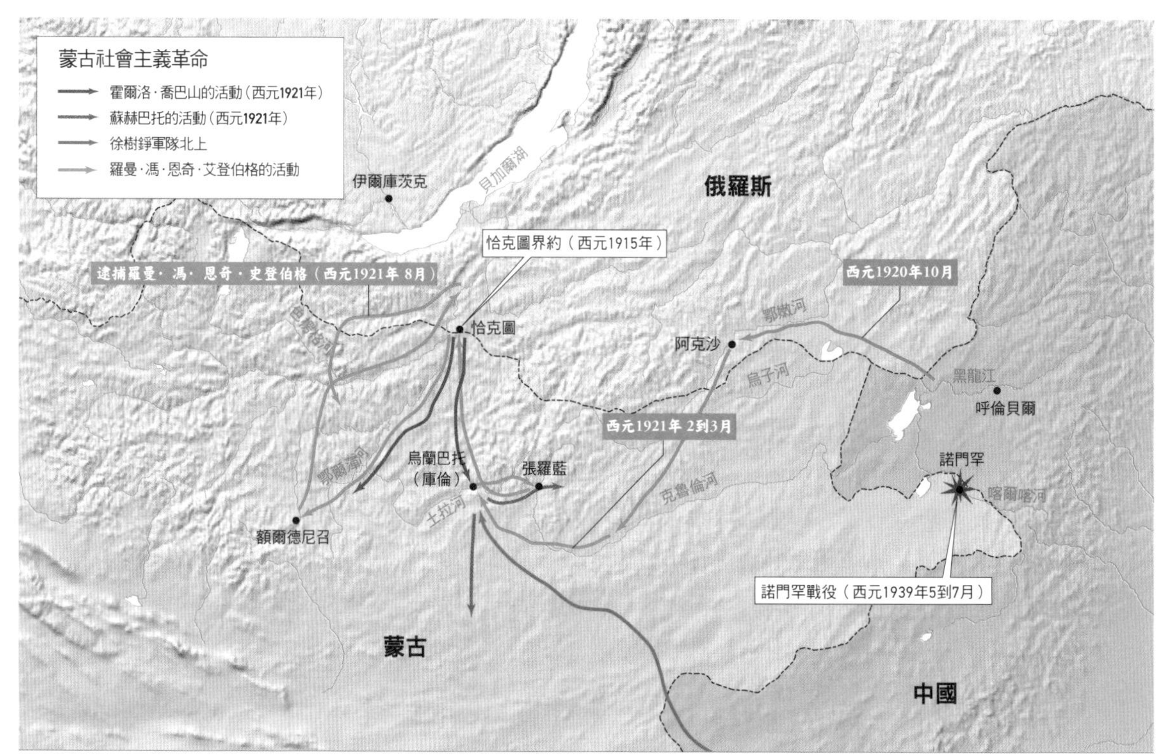

蘇赫巴托銅像（位於烏蘭巴托）

革命的核心力量，蘇赫巴托和喬巴山是其中的代表人物。一九一七年十月革命後俄國陷入混亂，中國趁此機會於一九二〇年與蘇俄締結新協定，讓蘇俄否認蒙古的自治權，並承認中國對蒙古的統治。在這時候，羅曼・馮・恩奇・艾登伯格（Roman von Ungern-Sternberg，外號「瘋男爵」）率領白軍大舉闖入蒙古，實施殘酷的屠殺和掠奪，以此為契機，獲得布爾什維克黨支持的蒙古青年革命者們登上了歷史舞台。

一九一九年末，蘇赫巴托和喬巴山先後在庫倫成立了兩個革命組織，與共產國際成功聯繫並得到其支援，正式開始革命活動。一九二〇年，共產國際的代表到達庫倫，兩個組織也合併為蒙古人民革命黨。蘇赫巴托攜帶哲布尊丹巴的親筆書信，前往伊爾庫茨克請求俄國的支援。一九二一年，人民革命黨開始投入作戰，攻擊的目標是羅曼・馮・恩奇・艾登伯格麾下的俄國白軍，以及由安福系集團派遣的少量中國士兵。一九二一年三月，蒙古人民革命黨在庫倫成立臨時政府，與中國駐軍展開了全面的戰鬥，最終將中國駐軍驅逐出境，建立以哲布尊丹巴為首的獨立國家。一九二四年哲布尊丹巴病逝後，蒙古人民共和國宣告成立。

一九三〇年代，日本在九一八事變後占領東蒙古，並於一九三九年發動諾門罕事件，試圖控制外札薩克蒙古，但在哈拉哈河敗給蘇蒙聯軍。一九三七年，日本關東軍扶植德王，在內札薩克蒙古建立名為蒙古聯盟自治政府的傀儡政權，一九四五年因日本戰敗而垮台。一九四七年，在烏蘭夫的主導下建立內蒙古自治政府，於其後中華人民共和國成立時，將內札薩克蒙古以自治區的形式編入中國的領土。這樣一來，內札薩克蒙古和東蒙古自此與外札薩克蒙古分離，歸屬中國管轄。

中國共產黨收納新疆

左宗棠遠征軍消滅阿古柏的穆斯林政權之後，清政府意識到「不能繼續以原有方式管理新疆地區」的事實。相對地，此前龔自珍提議將新疆改編為行省，鼓勵漢人移居及開發當地的主張開始受到重視。最終清庭在一八八四年建立新疆省，增設巡撫和布政使，打破過去由滿洲人和蒙古人獨占要職的傳統，破例任命漢人劉錦棠擔任新疆巡撫。伴隨著管治體制的巨大變化，前往新疆的漢人移民數目也在劇增。這些漢人移民當中有很多人都參加過反清運動，因此哥老會等祕密組織得以在當地壯大。一九一一年十月武昌起義爆發，烏魯木齊的革命黨人也在同年十二月二十八日發動起義。雖然這次起義被時任新疆巡撫袁大化鎮壓，但翌年一月七日，革命黨人於伊犁再次發動起義，建立臨時政府。大清國末代皇帝退位之後，繼任新疆巡撫的楊增新和伊犁臨時政府進行協商，以「前者接受民主共和制、後者承認楊增新為都督」為條件而達成和平。

如此一來，新疆和中國內地一樣，開始了被軍閥統治的時代。一九一二年到一九四四年間，新疆陸續由楊增新（一九一二年～一九二八年掌權）、金樹仁（一九二八年～一九三三年掌權）、盛世才（一九三三年～一九四四年掌權）等軍閥統治，與中國內地的來往幾乎隔絕，殘暴的軍閥獨裁和激烈的權力爭奪在當地盛行。在這段時間內，新疆的社會經濟狀況每況愈下，在列強為爭奪新疆而引發的各種利害衝突中，新疆民眾產生了民族意識的覺醒並展開革命運動。對此發揮關鍵作用的，是出現於

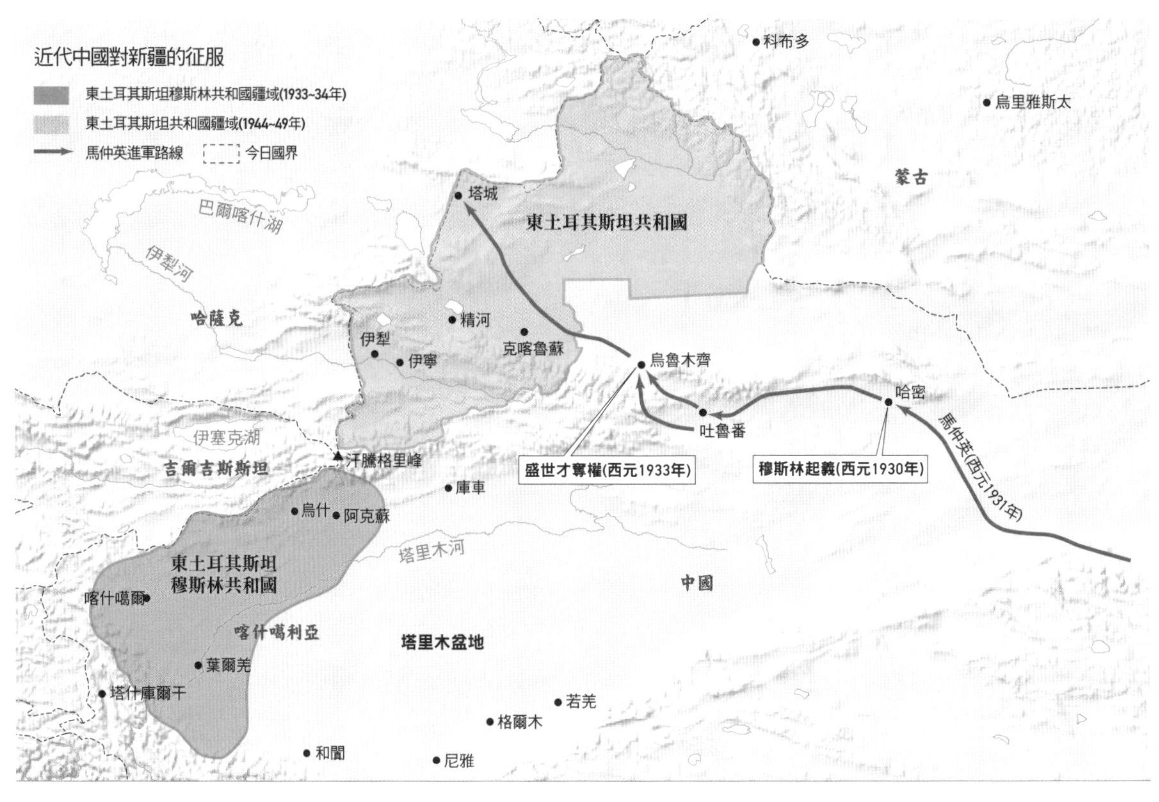

因為世代差異而穿著不同式樣上衣的新疆人

十九世紀末、以泛伊斯蘭主義和泛突厥主義為基礎而展開的扎吉德主義。楊增新加強了對出版物的審查，監禁建立新式學校的人，但隨後在一九二八年的「七七政變」中被殺。

繼任新疆都督的金樹仁缺乏權力基礎。一九三〇年哈密爆發穆斯林起義之後，陝甘地區的回族軍閥馬仲英率領部隊支援叛軍勢力。馬仲英的軍隊包圍了烏魯木齊，金樹仁政權面臨滅亡的威脅。基於這樣的狀況，一九三三年四月十二日爆發了政變，盛世才開始掌權。但是盛世才率領的漢人部隊，完全無法與占領哈密和吐魯番的馬仲英，以及以喀什噶爾為根據地的東突厥斯坦伊斯蘭共和國分庭抗禮。因此，盛世才從史達林取得軍事支援，成功地驅逐了這兩個競爭勢力。一九三九年第二次世界大戰爆發，隨後形勢也發生變化，於是盛世才和中國國民黨合作，在一九四二年對新疆當地的共產黨員實施大規模肅清。

一九四四年，蔣介石在重慶召見盛世才，改派吳忠信為新疆省政府主席。但是同年在伊寧東南的尼勒克爆發了反對國民黨統治的三區革命，並擴散到整個天山北部。革命勢力在十一月成立了東突厥斯坦共和國，但在一九四六年與蔣介石協商後，解散共和國改為新疆省代表會議。如此一來，原東突厥斯坦共和國勢力和重慶政府代表共同組成的新疆聯合政府得以成立，同時共產黨的勢力也開始在當地迅速茁壯。一九四九年，聯合政府主席包爾漢．沙希迪宣布與國民黨決裂，改為支持共產黨。新疆最終被編入中華人民共和國，反對共產黨統治當地的人士被迫逃亡海外。

西藏的命運

一九一一年辛亥革命爆發，西藏也和蒙古一樣想要脫離中國的掌控，取得政治獨立。當時逃亡到印度的十三世達賴喇嘛，派人返回拉薩祕密組建軍隊。西藏各地均爆發起義，守軍因為沒有足夠的武器而陷入了苦戰。最終在一九一三年初透過尼泊爾的仲裁，民國政府撤回了在西藏駐守的軍隊，達賴喇嘛從印度回到西藏，於同年三月發表《水牛年文告》。他宣稱，西藏和中國此前在宗教和政治層面的共存關係，是基於弘法者與護法者的立場，現在清帝國已經垮台，這種關係也應該隨之而終結，強調西藏將邁向獨立之路。以袁世凱為首的北京政府，向達賴喇嘛所寄的信函中提出「回歸祖國」的要求，被其明確拒絕。事實上，達賴喇嘛在此前一個月已經與蒙古締結《蒙藏條約》，互相承認對方屬於獨立國家。

達賴喇嘛以驅逐西藏東部的漢人勢力為目標，他一方面提升西藏軍的裝備，另一方面走訪英國，希望能說服英國正式承認西藏的獨立地位。但是中國持續向英國強調自己對西藏擁有宗主權，最終在英國的斡旋下，一九一三年十月西藏政府、中華民國北洋政府、英國的印度殖民地政府三方的代表齊聚一堂，在位於旁遮普北部山區的西姆拉召開會議。會議中，英國代表麥克馬洪（Sir Henry McMahon）提出以金沙江為界、將西藏分為東西兩部分，只對東部的康巴地區承認中國宗主權，遭到中方的反對而導致談判破裂。

另一方面，西藏軍在東部地區與中國的戰鬥越來越激烈，最終在一九一七年成功驅逐了駐守在金沙江西岸昌都的中國軍隊，並越過金沙江，進攻康巴地區。但是英國認為西藏的攻擊違反了自己提

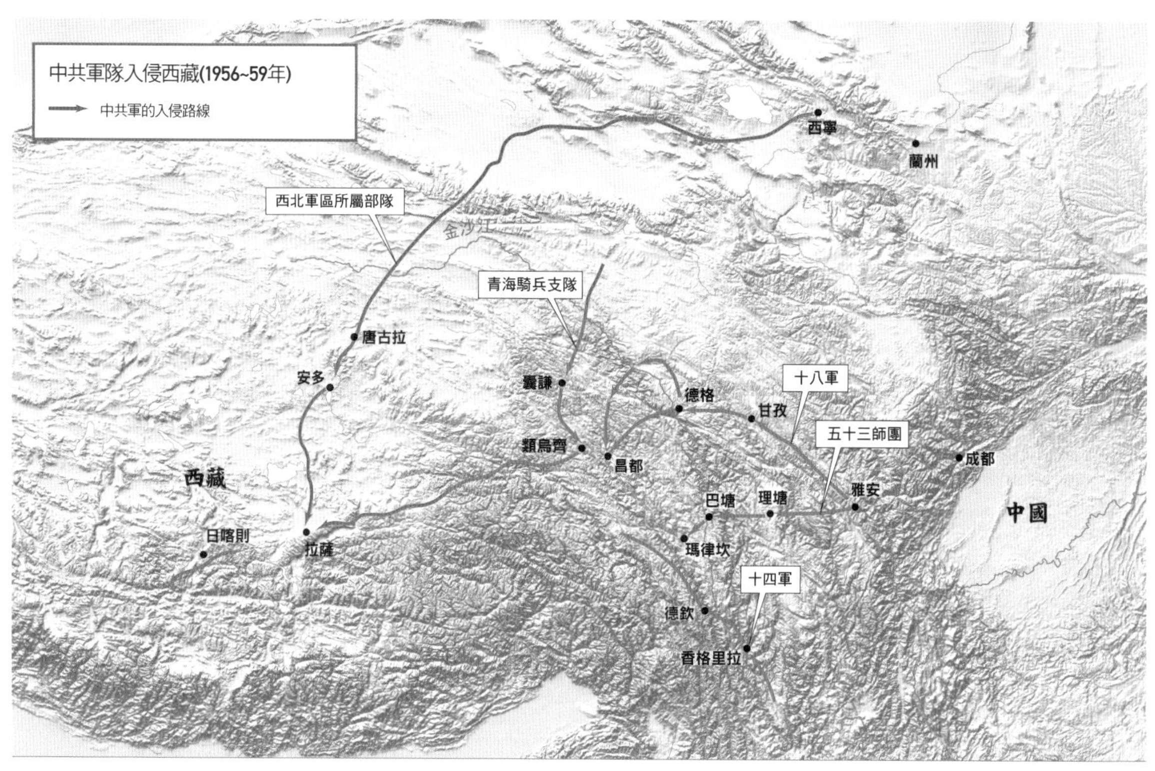

青藏鐵路車站一景：連接青海西寧到西藏拉薩的「青藏鐵路」，是今天中亞通往藏區的重要交通路線

出的「麥克馬洪線」原則，因而向西藏施加壓力，欲使其終止軍事行動。達賴喇嘛為了應對劇增的軍事費用，向包括九世班禪（傾向與中國合作）的駐地札什倫布寺在內的各大寺院徵收新稅項。對此表示抗議的九世班禪在一九二三年經青海逃亡中國，一九二五年到達北京。但是中國方面由於國民黨與共產黨的對立白熱化，因此喪失了對西藏的掌控力。

一九三三年，十三世達賴喇嘛圓寂，一九四〇年一位在青海出生的孩童被認為是其轉世靈童，於是以丹增嘉措之名繼位。一九四五年第二次世界大戰結束，中國與西藏之間的狀況再次驟變。一九四九年，掌控中國的共產黨在北京宣告西藏是中國的一部分，同年十月開始向西藏進攻，西藏以印度政府為中介要求中國撤軍，但中國並未接受。逃到印度的十四世達賴喇嘛，和中方簽訂了《十七條協議》之後回到西藏，協議中承認西藏為中國的一部分，軍事和外交權由後者掌握，但承認西藏的自治權和達賴喇嘛的統治權。然而此後中共採取相應的措施以強化對西藏的控制，駐軍的規模也急遽增加。一九五六年，中共將西藏設為自治區並成立了籌備委員會，導致西藏各地出現叛亂。中國對此進行了武力鎮壓，率領軍隊攻入拉薩。達賴喇嘛在一九五九年三月逃亡印度，建立了流亡政府。

當代的中央歐亞

二十世紀前期，中央歐亞的西部和東部分別被蘇聯和中華人民共和國占據，成為它們各自領土的一部分。這意味著，在遊牧勢力和定居勢力持續了兩千多年的對決中，定居者一方最終徹底取得勝利。生活在中央歐亞草原上的遊牧民，憑著以極高機動性為基礎的軍事優勢而壓制周邊農耕民的時代已經逝去，而這一點也決定了在政治、經濟、文化層面與遊牧民都有著相互依存關係的突厥斯坦綠洲居民們的命運。直到二十世紀為止，遊牧帝國長期以軍事力量稱霸於中央歐亞、進而在世界史當中占據重要地位，如今它們都已成為往事。與此同時，中央歐亞則被蘇聯和中國共同封鎖在社會主義國家的內圈，與外部世界中斷了聯繫。這樣的情況持續到二十世紀末才有所改變，蘇聯在此時突然解體，同時中國則實行改革開放以發展經濟，因此中央歐亞獲得新的歷史可能性。

一九九一年十二月，蘇維埃聯邦正式解體，而中央歐亞則出現五個獨立國家，分別是哈薩克、烏茲別克、吉爾吉斯、土庫曼和塔吉克。這一帶在二十世紀初被劃歸蘇聯，莫斯科的領導層為了提高管治效率，人為劃分了它們的界線，在當地主要居民的族群名稱後面，冠上「社會主義共和國」這個詞彙，而這些集團在接近一個世紀之後，都變成實際上（De Facto）的「國族」。這五個新生國家在脫離蘇聯統治之後，各自獨立摸索著生存之道，同時也面對著政治和經濟方面的諸多侷限和難關。最關鍵的原因，還是因為這些國家並非憑藉自身的準備和努力而取得獨立，而是由於蘇聯解體所造成的偶然幸運，所以原有體制內部的問題沒有得到解決，甚至還持續至今。蘇聯體制所造就的既定利益集團，成為中央歐亞各國推動經濟、政治層面改革時的阻力，這一點所言非虛。

蘇聯的解體，同樣影響了作為蘇聯衛星國的蒙古人民共和國。它在一九九二年頒布了新的憲法，推動政治、經濟層面的改革，包括建立多黨制和實行自由市場經濟政策。至於國家的名稱，也由「蒙古人民共和國」改為單純的「蒙古國」（Mongol Uls），明確宣示與社會主義決別。

由清帝國占據的中央歐亞部分，除了外札薩克蒙古之外，其餘地區都被納入中華人民共和國的統治，直到現在（本書出版之時）。中國共產黨認為漢族和五十五個少數民族都是「中華民族」不可缺少的一分子，而少數民族所居住的區域也就是滿洲、內札薩克蒙古、新疆、西藏等地，也都是中國不可分割的領土。維吾爾族和藏族反對這一主張，並展開激烈的政治抗爭。

從二十世紀末開始的這一連串變化，向中央歐亞的民眾提出了新的挑戰。十八世紀中葉末代遊牧國家的滅亡，象徵著中央歐亞歷史地位的衰落，而中央歐亞諸國能否在二十一世紀獲得發展的契機，還是未知之數。但是，最近國際社會又開始重視橫跨中央歐亞的內陸交通線，因此我們可以推測，中央歐亞將會邁向與之前完全不同的歷史發展新階段。

今日的中央歐亞

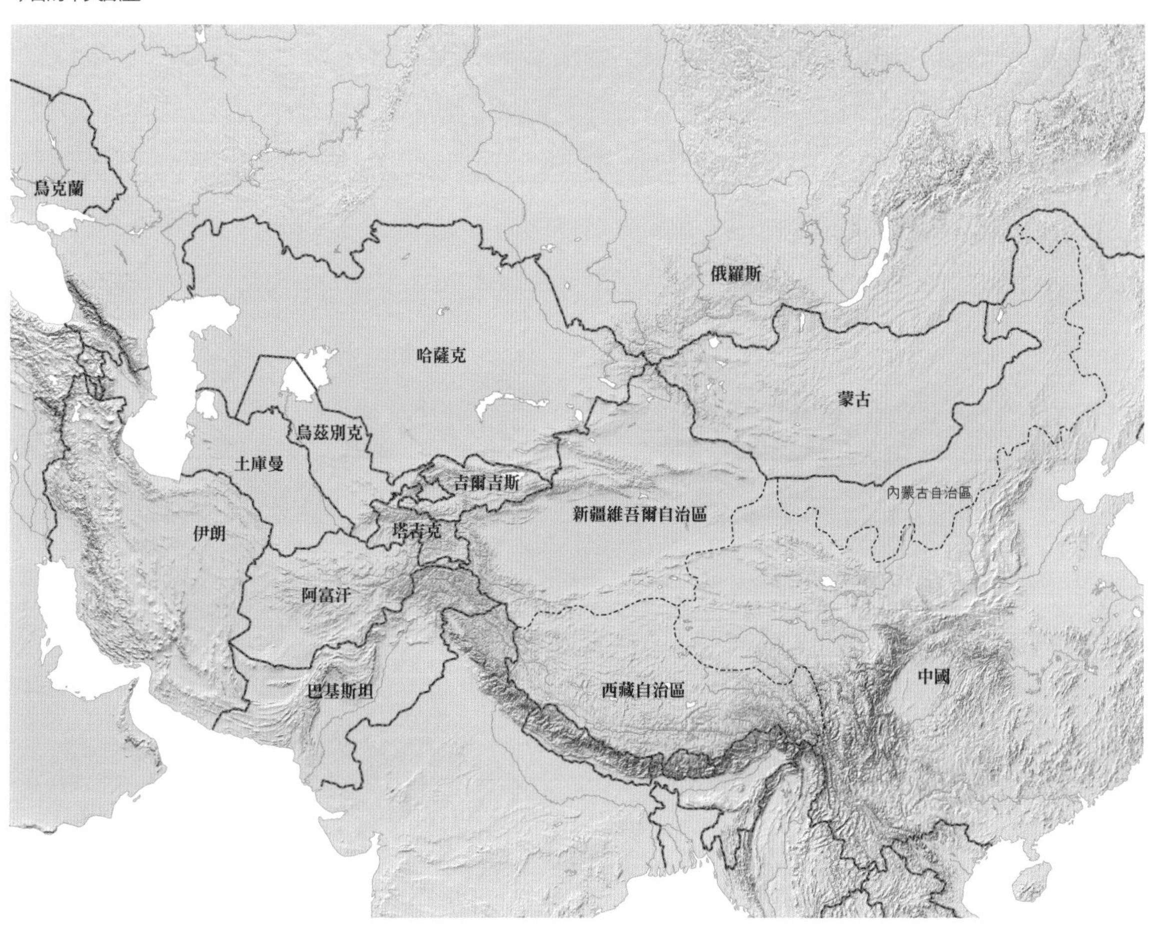
烏克蘭
俄羅斯
哈薩克
蒙古
烏茲別克
土庫曼
吉爾吉斯
內蒙古自治區
新疆維吾爾自治區
伊朗
塔吉克
阿富汗
中國
巴基斯坦
西藏自治區

插圖出處

●前言

[P.012] 몽골 초원의 유목민 : 김호동

[P.017] 사막을 지나는 카라반 : 『실크로드, 길 위의 역사와 사람들』 (김영종, 사계절출판사, 2009), p.4 | 게르를 조립하는 사람들 : 김호동

[P.019] 유목민의 일상생활 : 『유라시아 유목제국사』 (르네 그루쎄, 김호동·유원수·정재훈 역, 사계절출판사, 1998) 표지

[P.021] 오아시스 시장의 향신료 상인: 김호동

PART 01 | 古代遊牧國家

[P.022] 스키타이의 황금 빗 : 『스키타이 황금』 (국립중앙박물관, 조선일보사, 1991), p.115

[P.024] 구석기 시대의 비너스상 : 『알타이문명전』 (국립중앙박물관, 서울: 거손, 1995), p.31

[P.025] 누란의 미녀 : The Mummies of Ürümchi(E. J. W. Barber, New York, 1999), Plate 9

[P.026] 우르 전차 : 5000 years of the art of the mesopotamia(Eva Strommenger, Max Hirmer, New York: Harry N. Abrams, 1964)

[P.027] 스키타이의 은제 마구 : Scythian Gold: Museum of Historic Treasures of Ukraine(Tokyo: Nihon Hōsō Kyōkai, 1992), p.160, cat. No.186

[P.028] 아르잔 고분 평면도 : 『스키타이 황금』 , p.239

[P.029] 스키타이의 황금 항아리 : The Golden Deer of Eurasia: perspectives on the steppe nomads of the ancient world(Metropolitan Museum of Art; edited by Joan Aruz, Ann Frakas, Elisabetta Valtz Fino, Metropolitan Museum of Art, 2006), p.208

[P.030] 비스툰 비문 : 김호동

[P.031] 소그드인 조공단 : 김호동

[P.033] 쿠르간 스케치 : The Golden Deer of Eurasia, p.45, Figure 45 | 스키타이의 황금 빗: 『스키타이 황금』 , p.115

[P.035] 아키나케스 검 : 『스키타이 황금』 , p.245 | 파지리크의 말 가면: 『스키타이 황금』 , p.232 | 사슴 모양 방패 장식판: 『스키타이 황금』 , p.63

[P.036] 진의 장성 : 『文物中國史』 3(中國國家博物館, 山西教育出版社, 2003), p.106

[P.037] 흉노인의 모습 : Treasures of the Xiongnu(edited by G. Eregzen, S.N., Ulaanbaatar, 2011), p.259

[P.041] 흉노의 금관 : 『草原文化: 游牧民族的廣闊舞台』 (陳万雄 主編, 上海: 上海遠東出版社, 1998), p.99, 도판 96

[P.043] 카펫에 새겨진 얼굴 : Nomads of Eurasia(edited by Eladimir N. Basilov, Natural History Museum of Los Angeles, 1989), p.40 | 흉노 무덤에서 나온 그리스 신상: Treasures of the Xiongnu, p.128, 도판 162 | 유니콘 은 장식 : Treasures of the Xiongnu, p.208, 도판 304

[P.044] 옥문관 : 『돈황의 역사와 문화』 (나가사와 카즈토시, 민병훈 역, 사계절출판사, 2010),

p.98

[P.045] 하늘에서 내려다본 오아시스 도시 호탄의 모습 : 『실크로드와 둔황: 혜초와 함께하는 서역기행』(국립중앙박물관 편, 국립중앙박물관, 2010), p.31

[P.046] 마답흉노 석상 : 민병훈

[P.047] 청동분마상 : 중국 감숙성박물관 홈페이지

[P.049] 장건의 서역사행도 : 『돈황의 역사와 문화』, p.86

[P.052] 교하고성 : 김호동

[P.055] 오아시스 도시, 아이 하늠 : 김호동

[P.057] 시집가는 왕소군 : 『실크로드』3(三省堂 저, 三省堂, 1987), p.119

[P.058] 한 조정이 흉노의 수령에게 준 인장 : 『文物中國史』4, p.100

[P.061] 크즐아드르 출토 동복 : 장은정 | 몽골 출토 동복 : 장은정

[P.063] 진오환기의후 금인 : 『草原文化: 游牧民族的廣闊舞台』, p.115, 도판 122-123 | 칙륵천 수렵도 벽화 : 『草原文化 : 游牧民族的廣闊舞台』, pp.116-117, 도판 124

[P.064] 알선동 : 『아틀라스 중국사』(박한제 외, 사계절출판사, 2015), p.65

[P.065] 알선동 석각 축문 : 『아틀라스 중국사』, p.65

[P.067] 탁발인 무사 : 『草原文化: 游牧民族的廣闊舞台』, p.138, 도판 159

[P.068] 바미얀 대불 : Central Asian Painting(M. Bussagli, New York : Skira, 1979), p.37; 『아프가니스탄, 잃어버린 문명』(이주형, 사회평론, 2004), p.278

[P.070] 쿠차의 봉수대 : 김호동

[P.071] 호탄어로 쓴 문서 : The Silk Road: Trade, Travel, War And Faith(Susan Whitfield, Ursula Sims-Williams, Serindia Pubns, 2004), p.138, 도판 28

[P.073] 소그드인 서한 : The Silk Road: Trade, Travel, War And Faith, p.248, 도판 191 | 소그드 상인들 : The Silk Road : Trade, Travel, War And Faith, p.125, 도판 12a-b

[P.074] 쿠차의 불교사원 유적 : 김호동

[P.075] 인도에서 돌아오는 현장법사

PART 02 | 突厥系民族的活動

[P.076] 빌게 카간과 퀼 테긴의 비석 : 김호동

[P.078] 돌궐 카간의 금관 : 김호동

[P.080] 사산 왕과 비잔티움 황제 : 김호동

[P.081] 석인상 : 김호동

[P.082] 금미주 도독의 묘지명 : 김호동

[P.084] 고창고성 : 김호동

[P.087] 빌게 카간 사당 복원도

[P.089] 부구트 비문 : 김호동 | 빌게 카간과 퀼 테긴의 비석 : 김호동 | 옹긴 비석 유적지 : 김호동

[P.090] 살보의 묘지명(史君墓 銘文) : 『從撒馬爾刊到長安』(北京圖書館出版社, 2004), p.62

[P.092] 조캉 사원 : 김호동

[P.093] 문성공주가 티베트에 가져온 불상 : 『황하에서 천산까지』(김호동, 사계절출판사, 2002), p.37

[P.095] 샤히 진다 : 김호동

[P.098] 판지켄트 : 출처 미상

[P.099] 한반도에서 온 사신

[P.100] 카라발가순 성터 : 김호동

[P.102] 카라발가순 비석 잔편 : https://mediaevalmusings.files.wordpress.com/2012/03/karakorum3.jpg

[P.103] 돌궐·소그드 수령 회맹도 : 『從撒馬爾刊到長安』, p.70

[P.104] 타리아트 비석과 비문 : 김호동

[P.105] 바이발릭 성터 : http://bitig.org/show_big.php?fn=pictures/1283.jpg | 시네 우수 비석과 비문 : 출처 미상

[P.107] 키르기즈 비석 : Website "Türik Bitig"

[P.108] 호탄 군주 공양도 : http://en.people.cn/features/dunhuang/pages/murals15.htm | 위구르 왕 공양도 : https://en.wikipedia.org/wiki/Uyghur_Khaganate#/media/File:Dunhuang_Uighur_king.jpg

[P.110] 북정 서대사 : 김호동

[P.111] 위구르 왕자와 왕녀 : Central Asian Painting(Bussagli), pp.106~107

[P.112] 유수프 하스 하집의 능묘 : 김호동

[P.113] 『투르크어 사전』의 세계지도 : Kitabu Divani Lügati't-Türk(Ankara: Kültür ve Turizm Bakanli, 2008)

PART 03 | 征服王朝與蒙古帝國

[P.114] 바그다드 함락 : Cengiz Han ve Mirasilari, pp.348~349

[P.116] 관음보살 석조상 : 김호동

[P.118] 거란 상경 : 『內蒙古東南部航空攝影考古報告』(中國歷史博物館遙感與航空攝影考古中心, 內蒙古自治區文物考古研究所 編著, 科學出版社, 2002), p.87

[P.119] 거란 벽화 : 『宣化遼墓壁畫』(河北省文物研究所, 2001), pp.24~25, 圖1

[P.120] 대금득승타송비: 『中華文明傳眞』 8, p.39

[P.121] 쌍어문 대동경 : 『文物中國史』 7, p.112

[P.122] 거란 소자 동경 : 『韓半島から眺めた契丹・女真』(愛新覺羅 烏拉熙春, 京都大学学術出版会, 2011), pp.113~120

[P.123] 여진의 모극 인장 : 『中華文明傳眞』 8, p.57

[P.124] 카라 키타이인의 모습 : 『三才圖會』(王圻)

[P.125] 친 톨고이 : 김호동

[P.126] 룸 셀주크 왕조의 카라반사라이 : 김호동

[P.127] 술탄 마흐무드 : 14세기 초 라시드 앗 딘의 <집사> 삽화 (에딘버러 대학 소장본) | 쿠틉 앗 딘 미나렛: 김호동

[P.128] 에르구네 강가의 마을 : 김호동

[P.131] 『몽골비사』(홍무간본) : 『大汗的世紀: 蒙元時代的多元文化與藝術』(故宮博物院, 2001), p.47 | 몽골의 갑옷과 무기 : Dschingis Khan und seine Erben: Das Weltreich der Mongolen(Hirmer Verlag, Hirmer Verlag, 2005), p.100

[P.133] 칭기스 석 및 탁본 : Dschingis Khan und seine Erben, p.27

[P.134] 바그다드 함락 : Cengiz Han ve Mirasilari, pp.348-349

[P.137] 톨루이와 그의 후손들 : 김호동

[P.138] 아릭 부케의 은화 : The Coins of Mongol Empire and Clan Tamgha of Khans XII-XIV (B. Nyamaa, Ulaanbatar, 2005)

[P.139] 사냥하는 쿠빌라이 : 『大汗的世紀』, p.27

[P.140] 알말릭 성터 : 김호동

[P.143] 울제이투의 편지(일부) : Cengiz Han ve Mirasilari, pp.382

[P.145] 아유르바르와다의 성지 : Documents de l'époque mongole des XIIIe et XIVe siècles(Bonaparte, R. N., Paris: Grave et imprimé pour l'auteur, 1895)

[P.146] 상도 항공사진 : 『內蒙古東南部航空攝影考古報告』, p.155

[P.149] 『지정조격』 : 김호동 | 『원전장』 : 『大汗的世紀』, p.46

[P.151] <원경세대전여지도> : http://astronote.org/bbs/board.php?bo_table=ancient&wr_id=23470&page=5

[P.153] 주치 울루스 은제 그릇 : Cengiz Han ve Mirasilari, p.320 | 리그니츠 전투 : Dschingis Khan und seine Erben, p.212

[P.154] 훌레구 울루스 유적 : Dschingis Khan und seine Erben, p.244

[P.155] 채색 타일 : 출처 미상

[P.156] 순천 송광사 티베트문 법지 : 『고려·조선의 대외교류』(국립중앙박물관 편, 통천문화사, 2002), p.36

[P.158] 위구르문 패자: 출처 미상

[P.159] 파스파문 패자 : 『成吉思汗』, p.238 | 상락참 동인 : 『成吉思汗』, p.241

[P.161] 구육의 친서 : http://www.karakalpak.com/histgolden.html

[P.162] <혼일강리역대국도지도> : 서울대학교 규장각한국학연구원 소장 사본

[P.163] 『집사』 : A Conpendium of Chronicles: Rashid al-Din's Illustrated History of the World(S. Blair, London, 1995), folio 254a | <카탈루냐 지도> : http://prettyawfulthings.com/2013/09/13/the-catalan-atlas-of-1375

[P.165] 경교 묘석 : 출처 미상 | 에르데니인 톱치: 출처 미상

PART 04 | 後蒙古帝國時代

[P.166] 티무르 왕조의 회화 : http://www.matrix.msu.edu/hst/fisher/HST150/unit2/mod/inc_a.html

[P.171] 아르샤드 앗 딘 성묘 편액 : 『황하에서 천산까지』, p.177

[P.173] 티무르 왕조의 회화 : http://www.matrix.msu.edu/hst/fisher/HST150/unit2/mod/inc_a.html | 티무르 복원상 : http://www.matrix.msu.edu/hst/fisher/HST150/unit2/mod/inc_a.html

[P.175] 아부 사이드의 편지 : 출처 미상

[P.176] 샤히 진다 : 김호동

[P.177] 울룩 벡 천문대 내부 : https://en.wikipedia.org/wiki/Ulugh_Beg

[P.178] 샤이바니 칸 : 출처 미상

[P.179] 『라시드사』 사본 : 김호동 소장 사본 마이크로필름 복사

[P.180] 히바 고성 : 김호동

[P.181] 부하라 구시가지의 모습 : 출처 미상

[P.182] 우와이스 칸 성묘 : 김호동

[P.184] 알탄 톱치 : 『成吉思汗』

[P.187] 사마대 장성 : 김호동

[P.189] 아마니사 한 성묘 : 김호동

[P.190] 호자 아팍크 성묘 : 김호동

[P.191] 야사비 성묘 : http://www.architectureweek.com/2004/0107/culture_1-1.html

[P.192] 에르데니 조오 사원 : 김호동

[P.193] 칸주르 : 출처 미상 | 소남 갸초 : http://treasuryoflives.org/biographies/view/Third-Dalai-Lama-Sonam-Gyatso/12828

PART 05 | 遊牧國家的衰退

[P.194] 레나트 지도 : 김호동

[P.197] 만주기인의 초상 : 출처 미상

[P.199] 예르막의 시베리아 정복 : https://en.wikipedia.org/wiki/Yermak_Timofeyevich#/media/File:Surikov_Pokoreniye_Sibiri_Yermakom.jpg

[P.200] 네르친스크 : China Marches West : The Qing Conquest of Central Eurasia(Peter C. Perduet, Belknap Press, 2010), p.162

[P.201] 네르친스크 조약 문서 : Russko-Kitaiskie, p.647

[P.204] 포탈라궁의 모습 : 주수완

[P.206] 레나트 지도 : 김호동

[P.207] 툴리셴의 『이역록』 : 今西春秋 撰, 『校注異域錄』 (天理市, 1964)

[P.208] 운코프스키 일행이 작성한 준가르 지도 : Russia, Mongolia, China(J. F. Baddley, London : Macmillan and Co., 1919), clxxiv 맞은 쪽

[P.209] 표트르 대제 : 출처 미상

[P.210] <평정일리수항도> : https://commons.wikimedia.org/wiki/File:Receiving_the_surrender_of_the_Yili.jpg

[P.211] 다와치의 초상 : Die Mongolen: Beiträge zu ihrer Geschichte und Kultur(W. Heissig,

Darmstadt: Wissenschaftliche Buchgesellschaft, 1986), p.84

[P.213] 몽골 초원으로 이주한 한인 경작자: 출처 미상

[P.214] 스벤 헤딘의 그림 : Sven Hedin as artist(Stockholm: Statens Etnografiska Museum, 1964)

[P.215] 조혜의 초상화 : https://zh.wikipedia.org/wiki/兆惠#/media/File:Jaohui.jpg

[P.216] 우르가 : Die Mongolen : Beiträge zu ihrer Geschichte und Kultur

[P.219] 발리하노프의 스케치 : Sobranie sochinenii (Ch. Ch. Valikhanov, Alma-Ata, 1984), vol. 3, p. 169

[P.221] 야쿱 벡 : Zapiski Vostochnogo Otdeleniya Imperato no. 11, 1899 | 『하미드사』 : 김호동

[P.222] 러시아군과 중앙아시아 토착민 사이의 전투 : http://www.artexpertswebsite.com/pages/artists/vereshagin.php

● 後記

[P.225] 우즈베키스탄의 문화적 상징, 레기스탄 광장 : 김호동

[P.227] 수흐바타르 동상 : 김호동

[P.229] 세대에 따라 상이한 복장을 한 신강의 위구르인들 : 김호동

[P.231] 서녕과 라싸를 잇는 청장青藏(칭짱) 철도 : 주수완

●概論書籍

고마츠 히사오(小松久男) 외 (2005). 『중앙유라시아의 역사』. 이평래 역. 서울: 소나무.

그루쎄 (1998). 『유라시아 유목제국사』. 김호동, 유원수, 정재훈 역. 서울: 사계절출판사.

나가자와 가즈도시(長澤和俊) (1996). 『실크로드의 역사와 문화』. 이재성 역. 서울: 민족사.

마노 에이지(間野英二) 등 (2009). 『교양인을 위한 중앙아시아사』. 현승수 역. 서울: 책과함께.

스기야마 마사아키(杉山正明) (1999). 『유목민이 본 세계사: 민족과 국경을 넘어』. 이진복 역. 서울: 학민사.

스타인 (2004). 『티벳의 문화』. 안성두 역. 서울: 무우수.

정수일 (2001). 『씰크로드학』. 서울: 창비.

정수일 (2002). 『문명교류사연구』. 서울: 사계절출판사.

정수일 (2013). 『실크로드사전』. 서울: 창비.

間野英二 等 (1992). 『內陸アジア』. 東京: 朝日新聞社.

江上波夫 編 (1987). 『中央アジア史』. 東京: 山川出版社.

護雅夫, 岡田英弘 編. (1990). 『中央ユーラシアの世界』. 東京: 山川出版社.

護雅夫, 神田信夫 編. (1981). 『北アジア史』. 東京: 山川出版社.

Adle, Chahryar, Irfan Habib, Karl M. Baipakov eds. (2003). History of Civilizations of Central Asia. Vol. 5, Development in Contrast: From the Sixteenth to the Mid-Nineteenth Century. Paris: UNESCO.

Barfield, Thomas J. (1989). Perilous Fronteir: Nomadic Empires and China. Cambridge: Basil Blackwell. (『위태로운 변경』. 윤영인 역. 서울: 동북아역사재단, 2009.)

Beckwith, C. I. (2009). Empires of the Silk Road: A History of Central Eurasia from the Bronze Age to the Present. Princeton: Princeton University Press.

Bosworth, C. E., M. S. Asimov eds. (2000). History of Civilizations of Central Asia. Vol. 4-1, The Age of Achievement: A.D. 750 to the End of the Fifteenth Century : The Achievements. Paris: UNESCO.

Bosworth, C. E., M. S. Asimov (2000) eds. History of Civilizations of Central Asia. Vol. 4-2, The Age of Achievement: A.D. 750 to the End of the Fifteenth Century : The Achievements. Paris: UNESCO.

Bregel, Yuri ed. (2000). Historical Maps of Central Asia, 9th-19th Centuries A.D. Bloomington, Ind.: Indiana University Research Institute for Inner Asian Studies.

Christian, David (1998). A History of Russia, Central Asia, and Mongolia. Vol. 1 (Inner Asia from Prehistory to the Mongol Empire), Malden, MA: Blackwell Publishers.

Dani, A.H., V. M. Masson eds. (1992). History of Civilizations of Central Asia. Vol. 1, The Dawn of Civilization, Earliest Time to 700 B.C. Paris: UNESCO.

Golden, P. B. (2011). Central Asia in World History. New York: Oxford University Press.

Grousset, René (1970). The Empire of the Steppes: A History of Central Asia. Translated by Naomi Walford. New Brunswick: Rutgers University Press.

Hambly, Gavin, et. al., (1969). Central Asia. London: Morrison and Gibb.

Harmatta, János ed. (1999). History of civilizations of Central Asia. Vol. 2, The Development of sedentary and nomadic Civilizations, 700 B.C. to A.D. 250. Paris: UNESCO.

Jagchid, Sechin, Paul Hyer (1979). Mongolia's Culture and Society. Boulder, Colorado: Westview Press.
Litvinsky, B. A. ed. (1999). History of Civilizations of Central Asia. Vol. 3, The Crossroads of Civilizations, A.D. 250 to 750. Paris: UNESCO.
Palat, Madhavan K., Anara Tabyshalieva eds. (2005). History of Civilizations of Central Asia. Vol. 6, Towards the Contemporary Period : From the Mid-Nineteenth to the End of the Twentieth Century. Paris: UNESCO.
Richardson, H. E. (1962). A Short History of Tibet. New York: E. P. Dutton.
Shakabpa, W. D. (1984). Tibet: a Political History. New York: Potala Publications.
Sinor, Denis ed. (2008). The Cambridge History of Early Inner Asia. Cambridge: Cambridge University Press.
Snellgrove, David L., Hugh Richardson (1968). A Cultural History of Tibet. London: Weidenfeld & Nicolson.
Soucek, Svatopluk (2000). A History of Inner Asia. Cambridge University Press.
Stein, Rolf A. (1972). Tibetan Civilization. Translated by J. E. Stapleton Driver. Stanford: Stanford University Press.
Tucci, Giusepe (1967). Tibet: Land of Snows. Translated by J. E. Stapleton Driver. London: Paul Elek.

●前言

하자노프 (1990). 『유목사회의 구조』. 김호동 역. 서울: 지식산업사.
松田壽男 (1986). 『遊牧民の歴史』. 東京: 六興出版.
松田壽男 (1986). 『砂漠の文化』. 東京: 六興出版.
王明珂 (2009). 『游牧者的抉擇 : 面對漢帝國的北亞游牧部』. 臺北: 中央研究院聯經出版事業股份有限公司.
後藤富男 (1968). 『内陸アジア遊牧民社會の研究』. 東京: 吉川弘文館.
Bemmann, Jan, Michael Schmauder eds. (2015). Complexity of Interaction along the Eurasian Steppe Zone in the First Millennium CE. Bonn: Rheinische Friedrich-Wilhelms-Universität Bonn.
Hansen, Valerie (2012). Silk Road: A New History. Oxford: Oxford University Press.
Huntington, E. (1907). The Pulse of Asia. Boston: Houghton Mifflin Company.
Khazanov, Anatoly M. (1984). Nomads and the Outside World. Cambridge: Cambridge University Press.
Khazanov, Anatoly M., André Wink eds. (2001). Nomads in the Sedentary World. Richmond, Surrey: Curzon.
Krader, Lawrence (1963). Social Organization of the Mongol-Turkic Pastoral Nomads. The Hague: Mouton.
Lattimore, Owen (1951). Inner Asian Frontiers of China. New York: American Geographical Society.
Lattimore, Owen (1962). Studies in Frontier History: Collected Papers 1928-1958. London: Oxford University Press.
Liu Xinru (2010). The Silk Road in World History. Oxford: Oxford University Press.
Sneath, David (2007). The Headless State : Aristocratic Orders, Kinship Society, & Mmisrepresentations of

Nomadic Inner Asia. New York: Columbia University Press.
Togan, Isenbike A. (1998). Flexibility and Limitation in Steppe Formations. Leiden: Brill.

PART 01 | 古代遊牧國家

디 코스모 (2005). 『오랑캐의 탄생』. 이재정 역. 서울: 황금가지.
『몽골 호드긴톨고이 흉노무덤』 (2003). 서울: 대한민국국립중앙박물관.
미사키 요시아키(三崎良章) (2007). 『五胡十六國: 中國史上의 民族大移動』. 김영환. 서울: 경인문화사.
박한제 (1988). 『中國中世胡漢體制硏究』. 서울: 一潮閣.
뻬레보드치꼬바 (1999). 『스키타이 동물양식: 스키타이 시대 유라시아의 예술』. 정석배 역. 서울: 학연문화사.
『史記 外國傳 譯註 (譯註 中國 正史 外國傳 1)』 (2009). 서울: 동북아역사재단.
사와다 아사오(澤田勳) (2007). 『흉노』. 김숙경 역. 서울: 아이필드.
『三國志 晉書 外國傳 譯註 (譯註 中國 正史 外國傳 4)』. (2009). 서울: 동북아역사재단.
『스키타이 황금 : 소련 국립 에르미타주 박물관 소장』. (1991). 서울: 조선일보사.
오다니 나카오(小谷仲男) (2008). 『대월지』. 민혜홍 역. 서울: 아이필드.
정수일 (2001). 『고대문명교류사』. 서울: 사계절출판사.
최진열 (2011). 『북위황제 순행과 호한사회』. 서울: 서울대학교출판문화원.
『漢書 外國傳 譯註 上,下(譯註 中國 正史 外國傳 2)』. (2009). 서울: 동북아역사재단.
헤로도토스 (1987). 『역사』. 박광순 역. 서울: 범우사.
『後漢書 外國傳 譯註 上,下 (譯註 中國 正史 外國傳 3)』. (2009). 서울: 동북아역사재단.
江上波夫 (1948). 『ユウラシア古代北方文化: 匈奴文化論考』. 東京: 山川出版社.
內田吟風 (1975). 『北アジア史硏究: 鮮卑柔然突厥篇』. 東京: 同朋社.
內田吟風 (1975). 『北アジア史硏究: 匈奴篇』. 東京: 同朋社.
藤川繁彥 (1999). 『中央ユ–ラシアの考古學』. 東京: 同成社.
林幹 (1986). 『匈奴通史』. 北京: 人民出版社.
林俊雄 (2007). 『スキタイと匈奴: 遊牧の文明』. 東京: 講談社.
山田信夫 (1989). 『北アジア遊牧民族史硏究』. 東京: 東京大學出版會.
王炳華 (2009). 『絲綢之路考古硏究』. 烏魯木齊: 新疆人民出版社.
田村實造 (1985). 『中國史上の民族移動期: 五胡・北魏時代の政治と社會』. 東京: 創文社.
Anthony, D. W. (2007). The Horse, the Wheel and Language. Princeton: Princeton University Press.
Aruz, Joan, et, al, ed. (2000). The Golden Deer of Eurasia. New York: Metropolitan Museum of Art.
Benjamin, Craig (2007). The Yuezhi : Origin, Migration and the Conquest of Northern Bactria. Turnhout: Brepols.
Briant, Pierre (2015). Darius in the Shadow of Alexander. Cambridge, Massachusetts: Harvard University Press.
Brosseder, Ursula & Bryan K. Miller ed. (2011). Xiongnu Archaeology : Multidisciplinary Perspectives of

the First Steppe Empire in Inner Asia, Bonn.
Di Cosmo, Nicola (2002). Ancient China and Its Enemies: The Rise of Nomadic Power in East Asian History. Cambridge, UK: Cambridge University Press.
Frye, R. N. (1983). The History of Ancient Iran. Müenchen: Beck.
Herzfeld, Ernst (1968). The Persian Empire. Studies in Geography and Ethnography of the Ancient Near East. Wiesbaden: F. Steiner.
Kuzmina, E. E. (2008). The Prehistory of the Silk Road. Translated by Victor H. Mair. Philadelphia: University of Pennsylvania.
Leslie, D. D., K. H. J. Gardiner (1996). The Roman Empire in Chinese Sources. Roma: Universita di Roma <La Sapienza>.
Mallory, J. P., Victor H. Mair (2000). The Tarim Mummies: Ancient China and the Mystery of the Earliest Peoples from the West. London: Thames & Hudson.
Rice, David Talbot (1958). The Scythians. 2nd ed. London: Thames and Hudson.
Rostovtzeff, Michael Ivanovitch (1922). Iranians & Greeks in South Russia. Oxford: The Clarendon Press.
Sinor, Denis ed. (2008). The Cambridge History of Early Inner Asia. Cambridge: Cambridge University Press.
Torday, Laszlo (1997). Mounted Archers: The Beginnings of Central Asian History. Edinburgh: The Durham Academic Press.
Yü Ying-shih (1967). Trade and Expansion in Han China. Berkeley: University of California Press.

PART 02 | 突厥系民族的活動

박한제 (2015), 『대당제국과 그 유산』, 서울: 세창출판사.
정재훈 (2005). 『위구르 유목제국사』. 서울: 문학과지성사.
탈라트 테킨 (2008). 『돌궐비문연구』. 이용성 역. 서울: 제이앤씨.
內藤みどり (1988). 『西突厥史の硏究』. 東京: 早稻田大學出版部.
李樹輝 (2010). 『烏古斯和回鶻研究』. 北京: 民族出版社.
林幹 (2007). 『突厥與回紇史』. 呼和浩特: 內蒙古人民出版社.
林旅芝 (1967). 『鮮卑史』. 香港: 中華文化事業公司.
馬長壽 (1962). 『烏桓與鮮卑』. 上海: 上海人民出版社.
米文平 (1997). 『鮮卑石室尋訪記』. 濟南: 山東畫報出版社.
森部豊 (2010). 『ソグド人の東方活動と東ユ–ラシア世界の歷史的展開』.
吹田: 關西大學出版部.
森安孝夫 (2007). 『シルクロ-ドと唐帝國』. 興亡の世界史 5, 東京: 講談社.
森安孝夫 (2015). 『東西ウイグルと中央ユ–ラシア』. 名古屋: 名古屋大學出版會.
森安孝夫, オチル(Ochir) 編 (1999). 『モンゴル國現存遺蹟·碑文調查研究報告』. 大阪: 中央ユーラシア學研究會.

森安孝夫. (2011). 『ソグドからウイグルへ―シルクロード東部の民族と文化の交流』, 東京: 汲古書院.

石見清裕 (1998). 『唐の北方問題と國際秩序』. 東京: 汲古書院.

薛宗正 (1992). 『突厥史』. 北京: 中國社會科學出版社.

吳玉貴 (2009). 『突厥第二汗國漢文史料編年輯考(上·中·下)』. 北京: 中華書局.

岑仲勉 (1958). 『突厥集史(上·下)』. 北京: 中華書局.

周偉洲 (1983). 『敕勒與柔然』. 上海: 上海人民出版社.

中國科學院歷史研究所史料編纂組. (1962). 『柔然資料輯錄』, 北京: 中華書局.

護雅夫 (1967). 『古代トルコ民族史研究 I』. 東京: 山川出版社.

護雅夫 (1992). 『古代トルコ民族史研究 II』. 東京: 山川出版社.

荒川正晴 (2010). 『ユ―ラシアの交通・交易と唐帝國』. 名古屋: 名古屋大學出版會.

Chen, Sanping (2012). Multicultural China in the Early Middle Ages. Philadelphia: University of Pennsylvania Press.

Drompp, Michael R. (2005). Tang China and the Collpase of the Uighur Empire. Leiden: Brill.

Frye, R. N. (1975). The Golden Age of Persia: The Arabs in the East. London: Weidenfeld and Nicolson.

Frye, R. N. (1996). The Heritage of Central Asia from Antiquity to the Turkish Expansion. Princeton: Markus Wiener Publishers.

Gillman, Ian, Hans-Joachim Klimkeit (1999). Christians in Asia before 1500. Ann Arbor: University of Michigan Press.

Golden, P. B. (1992). An Introduction to the History of the Turkic Peoples. Wiesbaden: Otto Harrassowitz.

Golden, P. B. (2003). Nomads and Their Neighbours in the Russian Steppe: Turks, Khazars and Qipchaqs. Ashgate: Aldershot, Hampshire: Ashgate.

Golden, P. B. (2010). Turks and Khazars: Origins, Institutions, and Interactions in Pre-Mongol Eurasia. Farnham, Surrey: Ashgate Publishing Company.

Grenet, Frantz (2003). Regional Interaction in Central Asia and Northwest India in the Kidarite and Hephthalite Period. Oxford: Oxford University Press

Ibn Fadlan (2005). Ibn Fadlan's Journey to Russia: A Tenth-Century Traveler from Baghdad to the Volga River. Translated by R. N. Frye. Princeton: Markus Wiener Publisher.

Kashghari, Mahmud al- (1982). Compendium of the Turkic Dialects (Dīwān Lughāt at-Turk). Translated by Robert Dankoff. Duxbury, MA.: Harvard University.

Li Tang, Dietmar W. Winkler eds. (2013). From the Oxus River to the Chinese Shores: Studies on East Syriac Christianity in China and Central Asia. Wien: Lit Verlag.

Mackerras, Colin (1972). The Uighur Empire according to the T'ang Dynastic Histories: A Study in Sino-Uighur Relations 744-840. Columbia, South Carolina: University of South Carolina Press.

Narshakhi (1954). The History of Bukhara: Translated from a Persian Abridgment of the Arabic Original by Narshakhi. Translated by R. N. Frye. Cambridge, Mass.: The Medieval Academy of America.

Pulleyblank, Edwin G. (1955). The Background of the Rebellion of An Lu-shan. London: Oxford University Press.

Saeki, Yoshirō (1916). The Nestorian Monument in China. London: S.P.C.K.

Skaff, Johathan Karam (2012). Sui-Tang China and Its Turko-Mongol Neighbors: Culture, Power, and Connections, 580-800. Oxford: Oxford University Press.

Stepanov, Tsvetelin (2010). Bulgars and the Steppe Empire in the Early Middle Ages : the Problem of the Others. Boston: Brill.

Vassiere, Etienne de (2005). Sogdian Traders: A History. Translated by James Ward. Leiden: Brill.

Yūsuf Khāss Hājib (1983). Wisdom of Royal Glory (Kutadagu Bilig): A Turko-Islamic Mirror for Princes. Translated by Robert Dankoff. Chicago: The University of Chicago Press.

PART 03 | 征服王朝與蒙古帝國

김당택 (1998). 『元干涉下의 高麗政治史』. 서울: 一潮閣.

김위현 역 (2012). 『國譯 遼史(上·中·下)』. 서울: 단국대학교출판부.

김호동 (2002). 『동방기독교와 동서문명』. 서울: 까치.

김호동 (2007). 『몽골帝國과 高麗』. 서울: 서울대학교 출판부.

김호동 (2010). 『몽골제국과 세계사의 탄생』. 서울: 돌베개.

라시드 앗 딘 (1992). 『라시드 앗 딘의 집사 1: 부족지』. 김호동 역. 서울: 사계절출판사.

라시드 앗 딘 (2003). 『라시드 앗 딘의 집사 2: 칭기스 칸기』. 김호동 역. 서울: 사계절출판사.

라시드 앗 딘 (2005). 『라시드 앗 딘의 집사 3: 칸의 후예들』. 김호동 역. 서울: 사계절출판사.

라츠네프스키 (1992). 『칭기스칸: 그 생애와 업적』. 김호동 역. 서울: 지식산업사.

로사비 (2008). 『쿠빌라이 칸: 그의 삶과 시대』. 강창훈 역. 서울: 천지인.

『몽골비사』 (2004). 유원수 역. 서울: 사계절출판사.

메이 (2007). 『몽골병법』. 신우철 역. 서울: 대성닷컴.

모어건 (2012). 『몽골족의 역사』. 권용철 역. 서울: 모노그래프.

미야 노리코 (2010). 『조선이 그린 세계지도 : 몽골 제국의 유산과 동아시아』. 김유영 역. 서울: 소와당.

사위민 (2009). 『위대한 통일』. 배숙희 역. 서울: 한국학술정보.

스기야마 마사아키 (1999). 『몽골세계제국사』. 임대희, 김장구, 양영우 역. 서울: 신서원.

여원관계사연구팀. (2008). 『譯註 元高麗紀事』, 서울: 선인.

아부 루고드 (2006). 『유럽 패권 이전 : 13세기 세계체제』. 박흥식, 이은정 역. 서울: 까치글방.

오도릭 (2012). 『오도릭의 동방기행』. 정수일 역. 서울: 문학동네.

오타기 마쓰오(愛宕松男) (2013). 『대원제국』. 윤은숙, 임대희 역. 서울: 혜안.

윤영인 外 (2010). 『외국학계의 정복왕조 연구 시각과 최근 동향』. 서울: 동북아연구재단.

윤용혁 (1991). 『高麗對蒙抗爭史研究』. 서울: 一志社.

윤은숙 (2010). 『몽골제국의 만주 지배사』. 서울: 소나무.

이강한 (2013). 『고려와 원제국의 교역의 역사』. 서울: 창비.

이개석 (2013). 『高麗-大元 관계 연구』. 서울: 지식산업사.

이븐 바투타 (2001). 『이븐 바투타 여행기』. 정수일 역. 3권. 서울: 창비.

이용범 (1988). 『中世滿洲・蒙古史의 硏究』. 서울: 동화출판공사.

이용범 (1989). 『韓滿交流史硏究』. 서울: 동화출판공사.

이재성 (1996). 『古代 東蒙古史硏究』. 서울: 법인문화사.

장지우허 (2009). 『몽골인 그들은 어디서 왔나?』. 북방사연구팀. 서울: 소나무.

주채혁 (2009). 『몽・려전쟁기의 살리타이와 홍복원』. 서울: 혜안.

플라노 카르피니, 윌리엄 루브룩 (2015). 『몽골제국기행』. 김호동 역. 서울: 까치.

岡田英弘 (2010). 『モンゴル帝國から大淸帝國へ』. 東京: 藤原書店.

宮紀子 (2006). 『モンゴル時代の出版文化』. 名古屋: 名古屋大學出版會.

党寶海 (2006). 『蒙元驛站交通硏究』. 北京: 崑崙出版社.

島田正郎 (1978). 『遼代社會史硏究』. 東京: 巖南堂書店.

島田正郎 (1978). 『遼朝官制の硏究』. 東京: 創文社.

島田正郎 (1979). 『遼朝史の硏究』. 東京: 創文社.

李治安 (2003). 『元代政治制度硏究』. 北京: 人民出版社.

白石典之 (2002). 『モンゴル帝國史の考古學的硏究』. 東京: 同成社.

史衛民 (1996). 『元代社會生活史』. 北京: 中國社會科學出版社.

史衛民 (1998). 『元代軍事史』. 北京: 軍事科學出版社.

杉山正明 (1996). 『モンゴル帝國の興亡』. 2卷. 東京: 講談社.

杉山正明 (2004). 『モンゴル帝國と大元ウルス』. 京都: 京都大學學術出版會.

杉山正明 (2005). 『疾驅する草原の征服者: 遼·西夏·金·元』. 中國の歷史 8卷. 東京: 講談社.

杉山正明 (2008). 『モンゴル帝國と長いその後』. 中國の歷史 9卷. 東京: 講談社.

杉山正明, 北川誠一 (1997). 『大モンゴルの時代』. 東京: 中央公論社.

森平雅彦 (2013). 『モンゴル覇權下の高麗』. 名古屋: 名古屋大學出判會.

蕭啓慶 (1999). 『元朝史新論』. 臺北: 允晨文化.

蕭啓慶 (2007). 『內北國而外中國: 蒙元史硏究』. 2卷. 北京: 中華書局.

安部建夫 (1972). 『元代史の硏究』. 東京: 創文社.

姚大力 (2011). 『蒙元制度與政治文化』. 北京: 北京大學出版社.

魏良弢 (1987). 『西遼史硏究』. 銀川: 寧夏人民出版社.

劉迎勝 (2006). 『察合台汗國史硏究』. 上海: 上海古籍出版社.

陳高華 (1991). 『元史硏究論稿』. 北京: 中華書局.

陳高華 等 點校 (2011). 『元典章』. 4卷. 北京: 中華書局.

陳高華, 史衛民 (2010). 『元代大都上都硏究』. 北京: 人民大學出版社.

陳高華, 張帆, 劉曉 (2009). 『元代文化史』. 廣東: 廣東教育出版社.

村上正二 (1993). 『モンゴル帝國史硏究』. 東京: 風間書房.

村上正二 譯註 (1970-76). 『モンゴル秘史ーチンギス·カン物語』. 3卷. 東京: 平凡社.

韓儒林 主編 (1986). 『元朝史 (上·下)』. 北京: 人民出版社.

Abu-Lughod, Janet L. (1989). Before European Hegemony : The World System A.D. 1250-135. New York: Oxford University Press.

Allsen, Thomas T. (1987). Mongol Imperialism: The Policies of the Grand Qan Möngke in China, Russia, and the Islamic Lands, 1251-1259. Berkeley: University of California Press.

Allsen, Thomas T. (1997). Commodity and Exchange in the Mongol Empire. Cambridge: Cambridge

University Press.

Allsen, Thomas T. (2001). Culture and Conquest in Mongol Eurasia. Cambridge: Cambridge University Press.

Amitai, Reuven, David Morgan eds. (1999). The Mongol Empire and Its Legacy. Leiden: Brill.

Amitai, Reuven, Michal Biran eds. (2005). Mongols, Turks, and Others: Eurasian Nomads and the Sedentary World. Leiden: Brill.

Amitai, Reuven, Michal Biran eds. (2015). Nomads as Agents of Cultural Change: The Mongols and Their Eurasian Predecessors. Honolulu: University of Hawai'i Press.

Amitai, Reuven. (1995). Mongols and Mamluks: the Mamluk-Īlkhānid War, 1260-1281. Cambridge: Cambridge University Press.

Barthold, V. V. (1977). Turkestan down to the Mongol Invasion. Philadelphia: Porcupine.

Bat.t.ūt.a, Ibn (1958). The Travels of Ibn Bat.t.ūt.a A.D. 1325-1354. Translated by H. A. R. Gibb et al. 4 vols., Cambridge: The Hakluyt Society.

Biran, Michal (1997). Qaidu and the Rise of the Independent Mongol State in Central Asia. Surrey: Curzon.

Biran, Michal (2005). The Empire of Qara Khitay in Eurasian History: Between China and Islamic World. Cambridge: Cambridge University Press.

Biran, Michal (2007). Chinggis Khan. Oxford: Oneworld.

Boyle, J. A. (1977). The Mongol World Empire, 1206-1370. London: Variorum Reprints.

Boyle, J. A. ed. (1968). The Cambridge History of Iran: The Saljuq and the Mongol Periods. Vol. 5. Cambridge: Cambridge University Press.

Ciočiltan, Virgil (2012). The Mongols and the Black Sea Trade in the Thirteenth and Fourteenth Centuries. Edited by Samuel Willcocks. Leiden: Brill.

Cleaves, F. W. (1982). The Secret History of the Mongols. Cambridge, Mass.: Harvard University Press.

Dardess, John W. (1973). Conquerors and Confucians: Aspects of Political Change in Late Yuan China. New York: Columbia University Press.

Di Cosmo, Nicola, Allen J. Frank, Peter B. Golden eds. (2009). The Cambridge History of Inner Asia: The Chinggisid Age. Cambridge, UK: Cambridge University Press.

Dunn, Ross E. (2012). The Adventures of Ibn Battuta: A Muslim Traveler of the Fourteenth century. Berkeley: University of California Press.

Endicott-West, E. (1989). Mongolian Rule in China: Local Administration in the Yuan Dynasty. Cambridge, Mass.: Harvard University Press.

Farquhar, David. M. (1990). The Government of China under Mongol Rule, A Reference Guide. Stuttgart: Franz Steiner Verlag.

Halperin, Charles J. (1987). Russia and the Golden Horde: the Mongol Impact on Medieval Russian history. Bloomington: Indiana University Press.

Jackson, Peter (2005). The Mongols and the West, 1221-1410. Harlow: Pearson.

Jackson, Peter (2009). Studies on the Mongol Empire and Early Muslim India. Farnham, England: Ashgate/ Variorum Pub.

Juvayni, Ata Malik (1958). The History of the World-Conqueror. Translated by John Andrew Boyle. 2 vols.,

Cambridge, Mass.: Harvard University Press.
Komaroff, Linda ed. (2006). Beyond the Legacy of Genghis Khan. Leiden: Brill.
Komaroff, Linda, Stefano Carboni eds. (2002). The Legacy of Genghis Khan: Courtly Art and Culture in Western Asia, 1256-1353. New York: Metropolitan Museum of Art.
Langlois, John D. ed. (1981). China under the Mongol Rule. Princeton, N.J.: Princeton University Press.
May, Timothy (2007). The Mongol Art of War: Chinggis Khan and the Mongol Military System. Yardley, Penn: Westholme.
Morgan, David O. (1986). The Mongols. London: Basil Blackwell.
Ostrowski, Donald (2002). Muscovy and the Mongols: Cross-Cultural Influences on the Steppe Frontier, 1304-1589. Cambridge: Cambridge University Press.
Park Hyunhee (2012). Mapping the Chinese and Islamic Worlds: Cross-Cultural Exchange in Pre-Modern Asia. Cambridge: Cambridge University Press.
Pfeiffer, Judith ed. (2014). Politics, Patronage and the Transmission of Knowledge in 13th-15th Century Tabriz. Leiden: Brill.
Rachewiltz, Igor de (1971). Papal Envoys to the Great Khans. London: Faber and Faber Ltd.
Rachewiltz, Igor de tr. (2004). The Secret History of the Mongols: A Mongolian Epic Chronicle of the Thirteenth Century. 2 vols. Leiden: Brill.
Ratchnevsky, Paul (1992). Genghis Khan : His Life and Legacy. Translated by Thomas N. Haining. Oxford: Blackwell.
Robinson, David M. (2009). Empire's Twilight: Northeast Asia under the Mongols. Cambridge, MA.: Harvard University Press.
Rossabi, Morris (2005). Khubilai Khan: His Life and Times. London: The Folio Society.
Rossabi, Morris ed. (1983). China among Equals : The Middle Kingdom and Its Neighbors, 10th-14th Centuries. Berkely: University of California Press.
Rossabi, Morris ed. (2013). Eurasian Influences on Yuan China. Singapore: Institute of Southeast Asian Studies.
Smith, Paul J., Richard von Glahn eds. (2003). The Song-Yuan-Ming Transition in Chinese history. Cambridge, Mass.: Harvard University Press.
Vemadsky, G. (1953). The Mongols and Russia. New Haven: Yale University Press.

PART 04 | 後蒙古帝國時代

『역주 몽골황금사』 (2014). 김장구 역. 서울: 동북아역사재단.
宮脇淳子 (2002). 『モンゴルの歴史: 遊牧民の誕生からモンゴル國まで』. 東京: 刀水書房.
馬大正, 成崇德 編 (2006). 『衛拉特蒙古史綱』, 烏魯木齊: 新疆人民出版社.
『明代西域史料: 明實錄抄』 (1974). 京都: 京都大學文學部內陸アジア研究所.
蒙古社會科學院歷史研究所 編 (2008). 『阿勒坦汗: 紀念阿勒坦汗誕辰五百周年』, 呼和浩特: 內蒙古人民出版社.

『蒙古源流』 (2004). 岡田英弘 譯. 東京: 刀水書房.

薄音湖, 王雄 點校 (2006). 『明代蒙古漢籍史料匯編』, 3卷. 呼和浩特: 內蒙古大學出版社.

愛宕松男 (1998). 『モンゴルと大明帝國』. 東京: 講談社.

魏良弢 (1994). 『葉爾羌汗國史綱』. 哈爾賓: 黑龍江教育.

田村實造 (1963). 『明代滿蒙史研究: 明代滿蒙史料研究篇』, 京都: 京都大學文學部.

准噶爾史略編寫組 (2007). 『准噶爾史略』. 北京: 人民出版社.

准噶爾史略編寫組. (1982). 『明實錄瓦剌資料摘編』, 烏魯木齊: 新疆人民出版社.

陳高華 (1984). 『明代哈密吐魯番資料滙編』, 烏魯木齊: 新疆人民出版社.

萩原淳平 (1980). 『明代蒙古史研究』. 京都: 同朋社.

和田淸 (1959). 『東亞史研究: 蒙古篇』. 東京: 東洋文庫.

Bawden, C. R. tr. (1955). The Mongol Chronicle Altan Tobči: Text, Translation and Critical Notes. Wiesbaden: Otto Harrassowitz.

Chan, Hok-lam (1999). China and the Mongols : History and Legend under the Yuan and Ming. Aldershot, Hampshire: Ashgate.

Crossley, Pamela Kyle , Helen F. Siu, Donald S. Sutton eds. (2006). Empire at the Margins: Culture, Ethnicity, and Frontier in Early Modern China. Berkeley: University of California Press

Farmer, Edward L. ed. (1995). Zhu Yuanzhang and Early Ming Legislation : The Reordering of Chinese Society Following the Era of Mongol Rule. New York: E.J. Brill.

Hambis, Louis ed. (1969). Documents sur l'Histoire des Mongols à l'Epoque des Ming. Paris: Presses universitaires de France.

Pelliot, Paul (1948). Le Hōǰa et le Sayyid Husain de l'Histoire des Ming. Leiden: E. J. Brill.

Pelliot, Paul (1960). Notes Critiques d'Histoire kalmouke. Paris: Librairie d'Amérique et d'Orient.

Pokotilov, Dmitrii (1976). History of the Eastern Mongols during the Ming Dynasty from 1368 to 1634. Translated by R. Lowenthal. Philadelphia: Porcupine Press.

Robinson, David M. (2013). Martial Spectacles of the Ming Court. Cambridge, Mass.: Harvard University Press.

Rossabi, Morris (1975). China and Inner Asia : From 1368 to the Present day. London: Thames and Hudson.

Serruys, Henry (1959). The Mongols in China during the Hungwu Period (1368-1398). Bruxelles: Juillet.

Serruys, Henry (1967). Sino-Mongol Relations during the Ming. Bruxelles: Institut belge des hautes études chinoises.

Serruys, Henry (1987). The Mongols and Ming China: Customs and History. Translated by Françoise Aubin. London: Variorum Reprint.

Waldron, Arthur (1990). The Great Wall of China: From History to Myth. Cambridge: Cambridge University Press.

구범진 (2012). 『청나라, 키메라의 제국』. 서울: 민음사.

엘리엇 (2009). 『만주족의 청제국』. 김선민 역. 서울: 푸른역사.

이시바시 다카오(石橋崇雄) (2009). 『대청제국, 1616-1799』. 홍성구 역. 서울: 휴머니스트.

퍼듀 (2012). 『중국의 서진: 청(淸)의 중앙유라시아 정복사』. 공원국 역. 서울: 길.

Tulishen(トゥリシェン) (1985). 『異域錄 : 淸朝使節のロシア旅行報告』. 今西春秋 譯注, 羽田明 編譯. 東京: 平凡社.

岡洋樹 (2007). 『清代モンゴル盟旗制度の研究』. 東京: 東方書店.

岡田英弘 (1979). 『康熙帝の手紙』. 東京: 中央公論社.

宮脇淳子 (1995). 『最後の遊牧帝國: ジューンガル部の興亡』. 東京: 講談社. 『최후의 몽골유목제국』. 조병학 역. 서울: 백산출판사, 2000.

潘志平 (1991). 『中亞浩罕國與清代新疆』. 北京: 中國社會科學出版社.

承志(Kicengga) (2009). 『ダイチン-グルンとその時代』. 名古屋: 名古屋大學出版社.

佐口透 (1963). 『十八-十九世紀東トルキスタン社會史研究』. 東京: 吉川弘文館.

萩原守 (2006). 『清代モンゴルの裁判と裁判文書』. 東京: 創文社.

Allworth, Edward ed. (1994). Central Asia, 130 Years of Russian Dominance: A Historical Overview. Durham: Duke University Press.

Baddeley, John F. (1919). Russia, Mongolia, China. 2 vols., London: Macmillan and Co.

Bawden, C. R. (1968). The Modern History of Mongolia. London: Weidenfeld and Nicolson.

Becker, Seymour (2004). Russia's Protectorates in Central Asia: Bukhara and Khiva, 1865–1924. New York: Routledge Curzon.

Elliott, Mark C. (2001). The Manchu Way: The Eight Banners and Ethnic Identity in Late Imperial China. Stanford: Stanford University Press.

Elverskog, Johan (2006). Our Great Qing: The Mongols, Buddhism and the State in Late Imperial China. Honolulu: University of Hawai'i Press.

Kim Hodong (2004). Holy War in China: The Muslim Rebellion and State in Chinese Central Asia, 1864-1877. Stanford: Stanford University Press.

Lee, Robert H. G. (1970). The Manchurian Frontier in Ch'ing History. Cambridge, Mass.: Harvard University Press.

Mancall, Mark (1971). Russia and China: Their Diplomatic Relations to 1728. Cambridge, Mass.: Harvard University Press.

Miasnikov, V. S. (1985). The Ch'ing Empire and the Russian State in the 17th Century. Moscow: Progress Publishers.

Millward, James A. et al. (2004). New Qing Imperial History: The Making of Inner Asian Empire at Qing Chengde. London & New York: Routledge Curzon.

Newby, L. J. (2005). The Empire and the Khanate: A Political History of Qing Relations with Khoqand c. 1760-1860. Leiden: Brill.

Perdue, Peter C. (2005). China Marches West: the Qing Conquest of Central Eurasia. Harvard University

Press.

Pipes, Richard (1997). The Formation of the Soviet Union: Communism and Nationalism, 1917-1923 (revised edition). Cambridge, Mass.: Harvard University Press.

Shinmen Yasushi, Sawada Minoru, Edmund Waite (2013). Muslim Saints and Mausoluems in Central Asia and Xinjiang. Paris: Librairie d'Amérique et d'Orient.

Struve, Lynn A. (ed) (2004). The Qing Formation in World-Historical Time. Cambridge, Mass: Harvard University Asia Center.

Wheeler, Geoffrey (1964). The Modern History of Soveit Central Asia. Westport, Connecticut: Greenwood Press.

●後記

김한규 (2003). 『티베트와 중국의 역사적 관계』. 서울: 혜안.

김호동 (1999). 『근대 중앙아시아의 혁명과 좌절』. 서울: 사계절출판사.

밀워드 (2013) 『신장의 역사: 유라시아의 교차로』. 김찬영, 이광태 역. 서울: 사계절출판사.

山口瑞鳳 (1987). 『チベット(上・下)』. 東京: 東京大學出版會.

王柯 (1995). 『東トルキスタン共和國硏究: 中國のイスラムとア民族問題』. 東京: 東京大學出版會.

羽田明 (1982). 『中央アジア史硏究』. 東京: 臨川書店.

佐口透 (1982). 『ロシアとアジア草原』. 東京: 歷史春秋.

佐口透 (1986). 『新疆民族史硏究』. 東京: 吉川弘文館.

佐口透 (1995). 『新疆ムスルム硏究』. 東京: 吉川弘文館.

Bennigsen, Alexandre A., S. Enders Wimbush (1979). Muslim National Communism in the Soviet Union. Chicago: Chicago University Press.

Forbes, Andrew D. W. (1986). Warlords and Muslims in Chinese Central Asia: a Political History of Republican Sinkiang 1911-1949. Cambridge University Press.

Lattimore, Owen (1950). Pivot of Asia: Sinkiang and Inner Asian Frontiers of China and Russia. Boston: Little, Brown and Company.

Lattimore, Owen (1958). Sinkiang: Pawn or Pivot? East Lansing, Michigan: Michigan University Press.

Millward, James A. (2007). Eurasian Crossroads: A History of Xinjiang. New York: Columbia University Press.

Shakya, Tsering (1999). The Dragon in the Land of Snows: A History of Modern Tibet since 1947. New York: Columbia University Press.

全彩圖解中央歐亞史——重現騎馬遊牧民的世界，二千年草原文明演變

아틀라스 중앙유라시아사

作者｜金浩東（Kim Ho Dong）
初譯｜鄒宜姮
校譯｜紐承豪

出版社說明：本出版著作除原譯者翻譯，亦經由專業人士校譯修稿，合多人之力完成。特此感謝深圳大學蔡偉傑教授、中正大學朱振宏教授所提供的審訂協助

主編｜洪源鴻
編輯｜穆通安、涂育誠、洪源鴻
校對｜朱雅菁、黃曉彤
行銷企劃總監｜蔡慧華
封面設計、內頁排版｜虎稿．薛偉成
出版｜八旗文化／遠足文化事業股份有限公司
發行｜遠足文化事業股份有限公司（讀書共和國出版集團）
231 新北市新店區民權路 108 之 2 號 9 樓
電話｜ 02-2218-1417
傳真｜ 02-2218-8057
客服專線｜ 0800-221-029
信箱｜ gusa0601@gmail.com
Facebook ｜ facebook.com/gusapublishing
部落格｜ gusapublishing.blogspot.com
法律顧問｜華洋法律事務所／蘇文生律師
印刷｜成陽印刷股份有限公司
出版｜ 2022 年 11 月（初版 1 刷）
2024 年 4 月（初版 3 刷）
定價｜ 1000 元
ISBN ｜ 978-957-8654-20-4（平裝）
978-626-7234-00-6（EPUB）
978-626-7234-01-3（PDF）

아틀라스 중앙유라시아사

全彩圖解中央歐亞史：
重現騎馬遊牧民的世界，二千年草原文明演變
金浩東作／鄒宜姮譯／新北市／八旗文化出版／遠足文化發行／ 2022.11
ISBN：978-957-8654-20-4（平裝）
1. 中亞史　2. 遊牧民族　3. 歐亞大陸

734.01　107009354　國家圖書館出版品預行編目（CIP）資料